Betriebliche Interessenregulierung in Deutschland

Arbeit – Interessen – Partizipation

Herausgegeben von Ludger Pries und Rainer Trinczek

Band 1

Ludger Pries ist Professor für Soziologie und Inhaber des Lehrstuhls Organisation, Migration, Mitbestimmung an der Ruhr-Universität Bochum. *Axel Hauser-Ditz* und *Markus Hertwig* sind dort wissenschaftliche Mitarbeiter.

Axel Hauser-Ditz, Markus Hertwig, Ludger Pries

Betriebliche Interessenregulierung in Deutschland

Arbeitnehmervertretung zwischen demokratischer Teilhabe und ökonomischer Effizienz

Unter Mitarbeit von Sebastian Jeworutzki, Veronika Rott und Lisann Rückriem

Campus Verlag
Frankfurt/New York

Editorische Notiz:
Die im Anhang erwähnten Fragebögen sind komplett einsehbar unter
www.campus.de/isbn/3593387387

Bibliografische Information der Deutschen Nationalbibliothek
Die Deutsche Nationalbibliothek verzeichnet diese Publikation in der Deutschen Nationalbibliografie; detaillierte bibliografische Daten sind im Internet unter http://dnb.d-nb.de abrufbar.
ISBN 978-3-593-38738-3

Gedruckt auf säurefreiem und chlorfrei gebleichtem Papier.
Printed in Germany

Besuchen Sie uns im Internet: www.campus.de

Inhalt

Vorwort

Dieses Buch ist das Ergebnis des Forschungsprojektes »Betriebliche Interessenregulierung in Deutschland – Survey und Strukturanalyse« (BISS), das mit Förderung der Hans-Böckler-Stiftung am Lehrstuhl Organisationssoziologie und Mitbestimmungsforschung der Ruhr-Universität Bochum durchgeführt wurde. Wir danken dem Förderer für sein Engagement, ohne das eine Flächenerhebung in mehr als 3.200 Betrieben nicht möglich gewesen wäre. Gleichzeitig sind wir allen Interviewpartnern der Geschäftsleitungen und der Interessenvertretungen der Arbeitnehmer zu Dank verpflichtet, die durch ihre Auskunftsbereitschaft ganz wesentlich zum Gelingen unseres Forschungsvorhabens beigetragen haben.

Im Rahmen der die eigentliche Befragung vorbereitenden, begleitenden und nachbereitenden Gespräche und Experteninterviews haben uns unsere Kooperationspartner im Deutschen Gewerkschaftsbund in Berlin, im Wirtschafts- und Sozialwissenschaftlichen Institut in der Hans-Böckler-Stiftung in Düsseldorf, im Institut für Arbeitsmarkt- und Berufsforschung der Bundesagentur für Arbeit in Nürnberg, am Lehrstuhl für Soziologie der Technischen Universität München und am Institut der Deutschen Wirtschaft in Köln wichtige Hinweise, Kritiken und Vorschläge gegeben. Darüber hinaus bedanken wir uns bei den Mitgliedern des Projektbeirates, der unsere Arbeit konstruktiv begleitet hat, für die vielfältigen Anregungen. Von den intensiven Beratungsgesprächen mit Martin Behrens, Bernd Frick, Peter Ellguth und Rainer Trinczek haben wir dabei in besonderer Weise profitiert. Ganz besonders danken wir auch den engagierten Mitarbeiterinnen und Mitarbeitern des Zentrums für Sozialforschung Halle an der Martin-Luther-Universität Halle-Wittenberg, die unter Leitung von Christina Buchwald die computergestützte Telefonbefragung durchgeführt und mit viel Energie und Professionalität zur Erstellung eines qualitativ hochwertigen Datensatzes beigetragen haben. Ein großes Dankeschön für ihren maßgeblichen Anteil am reibungslosen Ablauf des Projektes gebührt auch der Chefsekretärin unseres Lehrstuhls, Susanne Axt-Sokolowski. Nicht zuletzt hat Peter Ittermann unseren Bericht durch zahlreiche wertvolle Impulse bereichert.

Wir legen hiermit eine erste Gesamtauswertung der BISS-Befragung vor. Weitere Datenauswertungen zu Einzelaspekten werden folgen. Auch wenn dieses Projekt in ein komplexes Netzwerk von Wissenschaftlerinnen und Wissenschaftlern sowie von Vertreterinnen und Vertretern aus der betrieblichen Praxis eingebunden war, liegt die Verantwortung für das hier Dargestellte allein bei den Autoren.

Die Autoren, Bochum, im Juli 2008

1 Einleitung

Seit über einem halben Jahrhundert ist für die Wirtschaft und die Gesellschaft in Deutschland ein rechtlich reguliertes System der Arbeitnehmer-Mitbestimmung in Betrieben und Unternehmen strukturprägend. Es hat seine Wurzeln schon in der Gewerbeordnung aus dem Jahre 1891, wurde während des Ersten Weltkrieges, in der Weimarer Republik und dann vor allem nach dem Zweiten Weltkrieg weiterentwickelt. Von den Arbeitnehmerinnen und Arbeitnehmern[1] gewählte Interessenvertretungen auf der Betriebs- und auf der Unternehmensebene sind zu einem festen Bestandteil des wirtschaftlichen und politisch-demokratischen Institutionensystems in Deutschland geworden. Sie existieren auch in einigen anderen europäischen Ländern wie beispielsweise Österreich, den Niederlanden oder Finnland (Carley u.a. 2005). Generell jedoch ist es schwierig, einem Gewerkschafter aus den USA, einem Manager aus Indien oder einem Politiker aus Mexiko dieses System der Mitbestimmung zu erklären; denn seine Logik erschließt sich erst bei Betrachtung anderer gesellschaftlicher Institutionen, wie dem stark am Prinzip der Beruflichkeit orientierten Arbeitsmarkt, der besonderen Kultur einer Konfliktpartnerschaft (Müller-Jentsch 1991), in denen auch die Gewerkschaften eine wesentliche Rolle spielen, und der dualen Unternehmensverfassung in Deutschland, die für größere Unternehmen jeweils einen Vorstand und einen kontrollierenden Aufsichtsrat vorsieht. Dieses System der Arbeitnehmerpartizipation auf verschiedenen Ebenen und in unterschiedlichen Formen hat sich insgesamt bewährt. Es muss aber immer wieder auch dem gesellschaftlichen Wandel angepasst werden.

Generell herrscht zwar gegenwärtig bei den Sozialpartnern sowie in den politischen Parteien ein recht breiter Konsens darüber, dass die institutionalisierte Mitbestimmung die wirtschaftliche Wettbewerbsfähigkeit der

---

1 Nachfolgend wird der Einfachheit wegen nur die männliche Form verwendet, wobei jedoch stets beide Geschlechter gemeint sind.

Unternehmen nicht notwendigerweise schwächt, dass sie die Wirtschaftsakteure auf langfristiges strategisches und an den gemeinsamen Interessen von Beschäftigten und Unternehmen ausgerichtetes Denken orientiert und dass sie ein nicht zu unterschätzendes Element einer demokratischen Wirtschafts- und Gesellschaftsverfassung darstellt (vgl. Kommission Mitbestimmung 1998). Obwohl Deutschland also schon seit über hundert Jahren ein vergleichsweise ausgeprägtes System der Mitbestimmung auf betrieblicher Ebene aufweist und obgleich unser Land nach wie vor zu den weltweit führenden Exportnationen gehört, haben sich in den letzten fünfzehn Jahren dennoch eine beachtliche Zahl an Unternehmern und Managern, aber auch einige Wissenschaftler für eine ›Reform‹ und konkret für eine Reduktion des Ausmaßes unternehmensbezogener, aber auch betrieblicher Mitbestimmung ausgesprochen.[2]

Es erscheint angemessen und sogar notwendig, die gegenwärtigen strukturellen Veränderungen in Deutschland, Europa und in der Welt zum Anlass zu nehmen, um nach der Zukunft der Mitbestimmung und der Arbeitnehmerpartizipation insgesamt zu fragen. Manchmal besteht dabei allerdings die Tendenz, historisch gewachsene Institutionen recht leichtfertig aus kurzfristigen Überlegungen heraus zur Disposition zu stellen oder gar über Bord werfen zu wollen. Umgekehrt werden zuweilen aber auch etablierte Strukturen einfach blind gegen jede Veränderung verteidigt, selbst wenn ihre Überlebensfähigkeit und Nützlichkeit durch gezielte Anpassungen verbessert werden kann. Vor dem Hintergrund der mitunter kontrovers ausgefochtenen gesellschaftspolitischen Auseinandersetzung ist es ein Anliegen dieser empirisch angelegten Studie, zur Versachlichung der Diskussion um die Zukunft der betrieblichen Arbeitnehmerpartizipation beizutragen.

Weder die historischen Aspekte noch die gesellschaftliche Einbettung der Mitbestimmung insgesamt stehen hier allerdings im Vordergrund. Im Folgenden geht es *erstens* ›nur‹ um einen Teil des deutschen Mitbestim-

2 Nachdem der Präsident des Bundesverbandes der Deutschen Industrie (BDI), Michael Rogowski, bereits im Oktober 2004 die Mitbestimmung als einen »Irrtum der Geschichte« bezeichnet hatte, forderte der Präsident der Bundesvereinigung der Deutschen Arbeitgeberverbände, Dieter Hundt, im März 2006 anlässlich der Konflikte beim Softwarehersteller SAP öffentlich die Änderung des Betriebsverfassungsgesetzes. Vgl. als Originaldokumente zur Debatte die zwölf Thesen des »Berliner Netzwerkes zur Corporate Governance« unter http://www.bccg.tu-berlin.de/main/publikationen/12-Thesen-Papier.pdf; Säcker 2005; Hans-Böckler-Stiftung 2004; Kommission Mitbestimmung 2004; Deutscher Gewerkschaftsbund 2004.

mungssystems, nämlich um die Beteiligung und Mitbestimmung auf der *betrieblichen Ebene* – damit bleibt die ebenfalls sehr wichtige und gegenwärtig durchaus kontroverser diskutierte Ebene der Unternehmensmitbestimmung in den Aufsichtsräten ausgeklammert. *Zweitens* wird aber die traditionelle Perspektive auf die betriebliche Mitbestimmung insofern erweitert, als nicht nur nach Typen und Wirkungsweisen von Betriebsräten gefragt wird, sondern auch *andere Formen kollektiver betrieblicher Interessenregulierung*[3] gezielt beleuchtet werden. Schließlich sollen *drittens* der gegenwärtige Stand und mögliche Entwicklungstendenzen der betrieblichen Beschäftigtenpartizipation vor allem unter dem Gesichtspunkt ihrer *gegenwärtigen Herausforderungen* behandelt werden. Wie sich zeigen wird, bleibt der hier zu behandelnde Gegenstand auch trotz dieser Einschränkungen noch recht umfangreich.

Die Fokussierung auf die gegenwärtigen Herausforderungen soll die praktische Verwendbarkeit der hiermit vorgelegten Forschungsbefunde erleichtern. Denn die Relevanz dieser Studie ergibt sich nicht zuletzt aus der skizzierten gesellschaftlichen und teilweise auch wissenschaftlichen Auseinandersetzung über die Zukunft und Zukunftsfähigkeit von Mitbestimmung und betrieblicher Beschäftigtenpartizipation. Ihr Ausgangspunkt ist dabei, dass es jenseits ideologisch motivierter Einschränkungsabsichten einerseits und ungeprüfter prinzipieller Beharrungsstrategien andererseits sinnvoll ist, auf der Basis gesicherter empirischer Erkenntnisse über ihre produktive und nachhaltige Weiterentwicklung nachzudenken. Denn nach allen vorliegenden wissenschaftlichen Studien gibt es keinen empirischen Nachweis für durchschlagende negative Effekte der betrieblichen Mitbestimmung auf die Wettbewerbsfähigkeit oder die nachhaltige Entwicklungsfähigkeit von Unternehmen. Vieles spricht vielmehr dafür, dass die individuelle *und* die kollektive Beteiligung der Beschäftigten an betrieblichen Entscheidungen und speziell auch das deutsche System der Mitbestimmung längerfristig eher ein Standortvorteil denn ein Standortnachteil sind – dies allerdings nur dann, wenn sie kontinuierlich weiterentwickelt und den grundlegenden Veränderungen und Herausforderungen angepasst werden.[4]

---

3 Diese Gremien werden nachfolgend als *Andere Vertretungsorgane (AVOs)* bezeichnet.

4 Es mutet schon fast wie eine Ironie der Geschichte an, dass seit den 1990er Jahren in Deutschland vermehrt Forderungen zur Abschwächung oder gar Abschaffung der Mitbestimmung erhoben werden, während in den USA eine Regierungskommission und viele Wissenschaftler über Möglichkeiten der Ausweitung von kollektiver Arbeitnehmerpartizipation auf betrieblicher Ebene diskutieren (vgl. Commission on the Future of Worker-Management 1994; Kaufman/Taras 2000; Singh 2001).

1.1 Herausforderungen für die betriebliche Interessenregulierung

Wenn man sich mit dem gegenwärtigen Stand und den aktuellen Herausforderungen der betrieblichen Interessenregulierung beschäftigt, können zumindest fünf grundlegende Entwicklungstendenzen identifiziert werden, die für die Beschäftigtenpartizipation auf der betrieblichen Ebene und deren Institutionen von direkter Bedeutung sind. Nur vor diesem Hintergrund lassen sich die Fragen angemessen erörtern: Was hat sich bewährt? Was muss weiterentwickelt werden?[5]

1.1.1 Globalisierung und Europäisierung

Die betriebliche Interessenregulierung in Form der Betriebsrats-Mitbestimmung gibt es zwar nicht nur in Deutschland, aber sie ist bei uns besonders stark ausgeprägt. Im Zuge der wirtschaftlichen, sozialen, politischen und kulturellen Globalisierung und Europäisierung geraten nun nicht nur Unternehmen in einen verschärften internationalen Wettbewerb. Kommunen als Standorte und ganze Länder als Institutionensysteme geraten unter Druck. In diesem Regimewettbewerb (Streeck 1997; Marginson/Arrowsmith 2006) gerät auch die betriebliche Mitbestimmung in neue Legitimationszwänge. Unternehmen, die diese Form der Beschäftigtenpartizipation als wettbewerbseinschränkend wahrnehmen, könnten geneigt sein, ihr durch Betriebsverlagerungen beziehungsweise nach Mittel- und Osteuropa oder nach Asien auszuweichen oder erst gar nicht in Deutschland zu investieren.

Aber nicht nur für die Unternehmen, auch für die Beschäftigten, die Betriebsräte und die Gewerkschaften stellt die Globalisierung das tradierte System betrieblicher Mitbestimmung unter Veränderungsdruck. Wenn die realen Produktionsketten und Wertschöpfungsprozesse immer stärker transnational organisiert werden, verliert das Instrument einer starken

5 Der Begriff der *betrieblichen Interessenregulierung* bezieht sich auf die Aushandlung von Interessen betrieblicher Akteure oder Akteursgruppen. *Beschäftigtenpartizipation* stellt auf den Grad und die Formen des Einbezugs und der Beteiligung an operativen und strategischen Entscheidungen ab und umfasst damit sowohl die betriebliche Mitbestimmung nach dem Betriebsverfassungsgesetz als auch andere individuelle und kollektive Formen der Interessenregulierung.

Arbeitnehmerbeteiligung, die nur oder in erster Linie auf die betriebliche Ebene fixiert ist, dann nicht an Wirkungskraft? Betriebliche Mitbestimmung in Deutschland kann dadurch unterhöhlt werden, dass das Management deutsche und ausländische Standorte, an denen es kein ausgeprägtes System betrieblicher Beteiligung gibt, gegeneinander um Produkte und Beschäftigung konkurrieren lässt. Es kann also ganz allgemein vermutet werden, dass betriebliche Interessenregulierung im Zeitalter der Globalisierung dann an Wirksamkeit verlieren wird, wenn sie nicht in überbetriebliche Prozesse der Erwerbsregulierung eingebunden ist.

Die vorliegenden Forschungen zeigen, dass die Globalisierung das von »Konfliktpartnerschaft« und »kooperativer Konfliktbewältigung« geprägte deutsche duale System der Erwerbsregulierung und auch die betriebliche Mitbestimmung nicht grundsätzlich in Frage gestellt hat (Müller-Jentsch 2004; Pries 2002). Wie verschiedene Untersuchungen belegen, sind Maßnahmen der Unternehmensinternationalisierung zum Großteil Markt- und Produktionserweiterungen. Nur ein kleinerer Teil – für die Automobilzulieferindustrie etwa ein Drittel – ist vorrangig eine Verlagerung von Aktivitäten. Bei dieser stehen eindeutig Kosten und hier tatsächlich Arbeitskosten im Vordergrund (Kinkel u.a. 2004). Es gibt aber keine empirischen Hinweise darauf, dass dies in erster Linie als ›Mitbestimmungsflucht‹ gedeutet werden könnte. Die Nähe zu Märkten und wichtigen Kunden sowie Kosteneinsparungen spielen eine entscheidendere Rolle. Eine nicht absolut vorrangig an diesen Motiven ausgerichtete Internationalisierung, etwa eine eher ideologisch-politisch begründete ›Mitbestimmungsflucht‹, kann sich heute kein Unternehmen leisten. Mitbestimmung kann höchstens ein sehr nachgelagerter Aspekt für Verlagerungsentscheidungen sein (Vitols 2004).

Wenn also bisher Investitionen hemmende oder Verlagerungen fördernde Wirkungen der betrieblichen Mitbestimmung empirisch nicht belegt sind, könnte sie unter Umständen umgekehrt auch positive Wirkungen im Globalisierungsprozess entfalten. So kann sie beispielsweise eine Bremse für voreilige und unüberlegte Verlagerungen sein, etwa dadurch, dass Betriebsräte dem Management glaubhaft machen können, dass es Alternativen zur Verlagerung gibt. Denn Verlagerungsentscheidungen werden immer unter großen Unsicherheiten getroffen, nicht selten spielen auch Managementmoden dabei eine Rolle. Die regelmäßigen Untersuchungen des Fraunhofer-Instituts für Systemtechnik und Innovationsforschung in Karlsruhe zeigen, dass neben Verlagerungen auch durchaus in nicht unerheblichem Ausmaß Rückverlagerungen von Betrieben beziehungsweise Betriebsteilen stattfinden (Kinkel u.a. 2004; Kinkel/Zanker 2007).

Obwohl der Zusammenhang zwischen Unternehmensglobalisierung und betrieblicher Arbeitnehmerbeteiligung bisher nur wenig wissenschaftlich ausgeleuchtet wurde und keine wirklich empirisch gesicherten Ergebnisse hierzu vorliegen, kann angenommen werden, dass die Globalisierung nicht völlig ohne Wirkungen auf die betriebliche Interessenregulierung bleibt. Damit stellt sich zum einen die Frage, wie die positiven Effekte der Mitbestimmung gerade in einem globalisierten Handlungsumfeld bewahrt und auch beispielsweise den Beschäftigten und Managern an ausländischen Standorten verdeutlicht werden können. Zum anderen kann aber auch gefragt werden, inwiefern die Mitbestimmung selbst Möglichkeiten bietet, den wechselseitigen unternehmensinternen Unterbietungswettbewerb zwischen Standorten in unterschiedlichen Ländern zu bremsen und die Globalisierungsprozesse somit nachhaltig zu beeinflussen. In besonderer Weise dürfte sich die Frage dort stellen, wo es keine unternehmensbezogenen transnationalen Gremien der Beschäftigtenpartizipation (wie Europäische Betriebsräte oder Weltbetriebsräte) gibt.

Diese Fragen können im Folgenden nicht hinreichend behandelt werden. Sie zeigen aber, dass die Globalisierung durchaus eine ernste Herausforderung für das bestehende System der betrieblichen Beschäftigtenpartizipation darstellt und dass Veränderungen im System der betriebsverfassungsrechtlichen Mitbestimmung denkbar und vielleicht sogar notwendig sind. Der Schwerpunkt der hier vorgelegten Studie lag zwar nicht auf den Aspekten der Globalisierung. Ihre repräsentativen Ergebnisse können aber eine gute Grundlage für eine Versachlichung der Diskussion bilden und gleichsam einer Erstarrung der Auseinandersetzung zwischen denjenigen entgegenwirken, die eher aus ideologischen Gründen und gestützt auf anekdotische Evidenz das bestehende System in Frage stellen und denjenigen, die dieses unter allen Umständen unangetastet lassen wollen.

1.1.2 Verbetrieblichung und Dezentralisierung der Erwerbsregulierung

Ein zweiter Problemkomplex, in dem die betriebliche Interessenregulierung vor neue Herausforderungen gestellt wird, betrifft die Tendenzen einer zunehmenden Dezentralisierung der Erwerbsregulierung hin zur betrieblichen Ebene. Traditionell zeichnete sich das System der Erwerbsregulierung in Deutschland durch seine duale Struktur aus. Gewerkschaften und Arbeitgeberverbände verhandelten auf regionaler und Branchenebene Tarifverträge, und die Betriebsräte regulierten auf der betrieblichen Ebene für alle Beschäftigten bestimmte zusätzliche Arbeits- und Beschäftigungsbedingungen wie die Arbeitszeitordnung oder Eingruppierungsrichtlinien. Die entsprechenden gesetzlichen und tariflichen Bestimmungen sahen eine recht klare Funktionstrennung zwischen beiden »Arenen« (Müller-Jentsch 1997) vor: Die Betriebsräte konnten über keinerlei Themen verhandeln, die tariflich reguliert wurden und nicht ausdrücklich für betriebliche Zusatzverhandlungen ›geöffnet‹ waren, und die Tarifvertragsparteien überließen die betriebliche Arbeitspolitik den jeweiligen Betriebsräten und Managern. Für genau diese duale Struktur der Erwerbsregulierung ist die gegenwärtig bestehende Betriebsverfassung ausgelegt.

Allerdings hat sich seit den 1980er Jahren eine nachhaltige Öffnung und Flexibilisierung der Tarifverhandlungen ›nach unten‹ vollzogen. In Bezug auf die Flächentarifverträge als dem bisher wichtigsten verbandlichen Handlungs- und Gestaltungsinstrument wurden vor allem im Bereich der Arbeitszeit durch Öffnungsklauseln immer mehr Gestaltungsmöglichkeiten auf die Ebene betrieblicher Aushandlungen von Betriebsvereinbarungen verlagert. Seit den 1990er Jahren hat sich dann das Themenspektrum betrieblicher Aushandlungen nochmals erweitert, etwa um die Fragen von Standortsicherungsabkommen und von Qualifizierungsmaßnahmen. Diese Dezentralisierungs- und Verbetrieblichungstendenzen von traditionell tariflichen Regelungsgegenständen sind einerseits eine Antwort auf Strukturprobleme, vor denen Gewerkschaften wie Arbeitgeberverbände stehen (Mitgliederschwund, Ausdifferenzierung der betrieblichen Bedingungen). Andererseits schaffen sie für diese wiederum neue Strukturprobleme (noch stärkere Zentrifugalkräfte, Überforderung der Organisationen) und bedeuten auch eine enorme Herausforderung für das traditionelle System der betrieblichen Beschäftigtenpartizipation.

Vor allem hat sich mit dieser Entwicklung das thematische Aufgabenfeld der Betriebsratsarbeit erheblich ausgeweitet. Standen früher soziale und personelle Angelegenheiten und in größeren Unternehmen die Gestaltung technischer Veränderungen im Mittelpunkt seiner Arbeit, so muss ein Betriebsrat heute auch in mittleren und kleineren Betrieben eine enorme Sachkenntnis beispielsweise in Bezug auf Arbeitszeitformen und Arbeitszeitkontensysteme oder hinsichtlich von Qualifizierungs- und Personalentwicklungsmaßnahmen aufweisen. Aufgrund der Ausdifferenzierung von

Beschäftigtengruppen wird das Spannungsfeld der unterschiedlichen Interessen, die dabei zu berücksichtigen sind, immer vielfältiger. Nicht selten müssen auch im Rahmen von wirtschaftlichen Krisensituationen betriebliche Abkommen zur Standort- und Beschäftigungssicherung ausgehandelt werden. Grundsätzlich stellen sich ähnliche Differenzierungs- und Dezentralisierungsnotwendigkeiten auch in Betrieben, die über keinen Betriebsrat verfügen. Wie gehen die Geschäftsleitungen und die Beschäftigten hier mit diesen Herausforderungen um? Auf welche anderen Formen kollektiver betrieblicher Regulierung von Arbeits-, Beschäftigungs- und Partizipationsbedingungen können sie dabei bauen?

Zu diesen Fragen gibt die vorliegende Studie zahlreiche Antworten. Besonders zu den zwei aktuellen Themenkomplexen ›Arbeitszeitregulierung‹ und ›betriebliche Beschäftigungssicherung‹ wurden umfangreiche Informationen erhoben. Diese können Hinweise darauf liefern, inwiefern die bestehende, institutionell verankerte Form der betrieblichen Interessenregulierung durch Betriebsräte für die neuen Anforderungen hinreichend gerüstet oder aber strukturell überfordert ist. Umso mehr stellt sich dieses Problem dort, wo keine Betriebsräte sondern Andere (gesetzlich nicht regulierte) Vertretungsorgane existieren: Sind diese hinreichend qualifiziert, und über welche Ressourcen zur Interessenregulierung verfügen sie? Welche Unterschiede lassen sich beispielsweise in Bezug auf die Regulierungsergebnisse im Bereich von Arbeitszeiten und Beschäftigungssicherung zwischen Betriebsräten und AVOs empirisch nachweisen?

1.1.3 Neue Produktionssysteme und neue Personalstrategien

Nicht nur aus dem veränderten Verhältnis zwischen tariflicher und betrieblicher Regulierungsarena ergeben sich neue Herausforderungen für die betriebliche Interessenregulierung. Viele Wandlungsprozesse in den Betrieben selbst bringen völlig neue Aufgaben mit sich. Dies betrifft beispielsweise die Umwälzungen in den betrieblichen Produktionssystemen, also der jeweils spezifischen Art und Weise, wie Menschen und Produktionstechniken organisatorisch in einem Leistungserstellungsprozess miteinander verwoben sind. Auch hier haben sich in den letzten zwanzig Jahren erhebliche Umbrüche ergeben. Einzelarbeitsplätze sind in sehr vielen Branchen der Organisation in Arbeitsgruppen und Fertigungsteams gewichen. Diese Gruppenarbeit bringt nun innerhalb der Betriebe eine

Dezentralisierung von Regulierungsgegenständen und -mechanismen mit sich. Während früher Pausenregelungen oder Abwesenheits- und Ferienregelungen zentral durch den Betriebsrat mit der Geschäftsleitung verhandelt wurden, existieren heute in immer mehr Betrieben bestimmte Rahmensetzungen, innerhalb derer dann aber viele Entscheidungen auf der Abteilungs- oder gar der Gruppenebene getroffen werden. Durch diese Aufgabenerweiterungen wird es schwieriger, einheitliche Gruppeninteressen oder gar betriebsweite gemeinsame Interessen zu formulieren.

In die Aufgaben der Arbeitsgruppen werden unter Stichworten wie beispielsweise *Lean Production* verstärkt auch Funktionen integriert, die früher in spezialisierten Abteilungen angesiedelt waren. Dies betrifft etwa in der industriellen Fertigung die Qualitätskontrolle, die einfache Maschineninstandhaltung und Teile der Arbeitsplanung. Vielfach sollen sich die Arbeitsgruppen auch stärker direkt untereinander koordinieren und nicht auf zentrale Anweisungen von oben warten (vgl. zu dieser »rekursiven Selbststeuerung« beispielsweise Minssen 1999). All diese Veränderungen der betrieblichen Aufbau- und Ablaufstrukturen stellt die betriebliche Interessenregulierung vor neue Aufgaben. Nicht mehr zentralistische und einheitliche materiale Regelungen für alle sind gefragt, sondern auch im Bereich der Beschäftigteninteressen halten Elemente einer «rekursiven Selbststeuerung« Einzug. Dies bedeutet etwa, dass auf gesamtbetrieblicher Ebene nur einige materiale Normen wie beispielsweise die individuelle regelmäßige wöchentliche Arbeitszeit sowie prozedurale Grundregeln festgelegt werden. So könnte die Regelungskompetenz (genaue Lage der Arbeitszeit) beispielsweise auf Arbeitsgruppen übertragen werden, wobei im Konfliktfall höhere Unternehmensinstanzen schlichtend eingreifen. Eine solche Art betrieblicher Regulierung erfordert offensichtlich ganz andere Denkweisen bei allen beteiligten Akteuren, der Geschäftsleitung wie dem Betriebsrat oder anderen kollektiven Interessenvertretungen.

Ähnlich misstrauisch wie den neuen Formen der Arbeitsorganisation und Produktionssysteme standen viele Betriebsräte zunächst auch neuen Personalstrategien gegenüber. Unter Stichworten wie »neue Personalführung« oder »innovatives Human Resource Management« wurden seit den 1990er Jahren von den Personalabteilungen Maßnahmen entwickelt, um die Motivation und Identifikation der Beschäftigten mit ihrer Arbeit und ›ihrem‹ Unternehmen zu fördern. Dies betrifft etwa solche Instrumente wie Zielvereinbarungen, Mitarbeitergespräche, gruppenbezogene Entlohnungsbestandteile oder neue Mitarbeiterbeteiligungsverfahren. All diese Instrumente spiegeln Versuche wider, das Arbeitshandeln und die Leistungsverausgabung der Beschäftigten nicht mehr in erster Linie über ›harte extrinsische‹, sondern über ›weiche intrinsische‹ Vorgaben und Kontrollen zu steuern beziehungsweise zu beeinflussen. Diese neuen Personalstrategien sind also in gewisser Hinsicht das Pendant zu den oben beschriebenen Veränderungen auf der Ebene der Produktionssysteme.

Für die betrieblichen Interessenvertretungen und deren angestammte Partizipationsmöglichkeiten bedeuten diese neuen Arbeitspolitiken eine erhebliche Herausforderung. Denn nicht wenige dieser Instrumente greifen in die Grauzonen ein, die üblicherweise einer tariflichen oder betrieblich-kollektiven Regulierung bedürfen. Teilweise wurden solche Strategien auch explizit als ›Betriebsratsvermeidungsmittel‹ verstanden: »Der Abbau hierarchischer Distanz zwischen Führungskräften und Mitarbeitern und die möglichst weitgehende Beteiligung der Mitarbeiter an Entscheidungen des Unternehmens fördern die Identifikation mit dem Unternehmen, unterstützen die Leistungsmotivation und können im Grenzfall sogar als Substitution von Mitbestimmungsregelungen wirken« (Damm 2001, S. 68, vgl. auch S. 70). Andererseits zeigen internationale Studien (Kochan u.a. 1991; Singh 2001), dass innovative Personalstrategien und eine kollektive Mitarbeiterbeteiligung durchaus kein Widerspruch sein müssen. Vor diesem Hintergrund stellt sich beispielsweise die Frage, ob es signifikante Zusammenhänge zwischen dem jeweiligen typischen Muster der betrieblichen Interessenregulierung und der betrieblichen Personalstrategie gibt. Wie verbreitet sind bestimmte Beteiligungsstrategien der Geschäftsleitungen und unter welchen betrieblichen Kontextbedingungen kommen sie gehäuft vor? Beeinflussen sie die konkrete Zusammenarbeit zwischen Management und Betriebsräten beziehungsweise AVOs?

1.1.4 Wissensgesellschaft und Wertewandel

Ein vierter Themenbereich, der die bestehenden Formen betrieblicher Interessenregulierung vor neue Herausforderungen stellt, hängt mit dem vorhergehenden zusammen und lässt sich mit den Stichworten ›Übergang von der Industrie- zur Wissensgesellschaft‹ und ›Wertewandel in der Arbeit‹ umschreiben. Grundlegende Veränderungen vollziehen sich nicht nur in den Produktionssystemen der Gütererstellung. Mit der Informations- und Kommunikationstechnologie, der Softwareindustrie, der expandierenden Forschung und Entwicklung in Unternehmen und Hochschulen sowie mit der sich ausweitenden Produktion von Inhalten für die alte und neue Medienindustrie entstehen zunehmend Arbeitsfelder, in denen nicht die Umwandlung und Formung materieller Stoffe im Mittelpunkt stehen, sondern die Verarbeitung und Generierung von Wissen. Traditionell schon waren die Bereiche von hochqualifizierter und Wissensarbeit weitaus weniger als beispielsweise die industrielle Fertigung von kollektiver Interessenregulierung geprägt. Dies zeigt sich etwa an den Anteilen von Betriebsräten und Gewerkschaftsmitgliedern in diesen Sektoren. Und dies gilt auch für den Bereich der so genannten ›Neuen Wirtschaft‹.

Vielfach wurde diagnostiziert, dass diese ›neue Arbeit‹ zu einer weitgehenden Individualisierung von Erwerbsregulierung führe. Tatsächlich zeigen Untersuchungen, dass selbst nach dem wirtschaftlichen Einbruch in der ›Neuen Wirtschaft‹ zu Beginn dieses Jahrzehnts die individuelle Interessenaushandlung weiterhin dominiert (Abel u.a. 2005). Dies gilt sogar in den Unternehmen, in denen Betriebsräte bestehen. Gerade in einigen dieser Wirtschaftsbereiche lassen sich auch neue betriebliche Interessenvertretungsgremien finden wie beispielsweise Runde Tische, gemeinsame offene Direktoriumsbesprechungen oder weitgehend autonome Projektgruppen. Einerseits sind solche ›alternativen‹ Gremien wegen ihrer fehlenden rechtlichen Absicherung eher Diskussionspartner und Berater der Geschäftsleitung, die in dieser Funktion auch Stimmungen und Ansprüche der Beschäftigten ›nach oben‹ weitertragen. Andererseits behandeln viele dieser Gremien durchaus weit reichende und strategische Fragen der Geschäftspolitik, der Einbindung und Information der Belegschaft.

Betrachtet man die Entwicklung der Interessenregulierung in der ›Neuen Wirtschaft‹ seit dem Beginn dieses Jahrzehnts, so lässt sich durchaus und mit aller Vorsicht eine Zunahme kollektiver Regulierung erkennen. Die Gründe dafür liegen zum einen sicherlich in der seit der Krise von 2001 von vielen Arbeitnehmern erfahrenen Beschäftigungsunsicherheit. Zum anderen handelt es sich aber auch um einen natürlichen ›Alterungsprozess‹ der Beschäftigten. Diese sind dem ›Turnschuhalter‹ entwachsen, haben Familien gegründet, ein Haus gebaut, und bestimmte Rahmensicherheiten sind ihnen wichtiger geworden als noch vor zehn Jahren. Schließlich schlägt sich hier auch ein ›Reifungsprozess‹ der Unternehmen nieder. Vielfach extrem schnell und spontan gewachsen, haben diese – vor allem nach der Krise von 2001 – formalere Strukturen (Abteilungen, Hierarchien etc.) und häufig auch einen formaleren Umgang mit der Belegschaft eingeführt. Letzteres ist nicht zuletzt auf Wechsel in den Managementpositionen zurückzuführen. Denn mit dem Wachstum der Unternehmen der ›Neuen Wirtschaft‹ rekrutierten diese teilweise auch Manager aus traditionellen Großunternehmen, die von dort andere Kommunikations- und Aushandlungsmuster mitbrachten (Abel u.a. 2005).

Dies bedeutet keineswegs, dass sich die von hochqualifizierter Wissensarbeit bestimmten Betriebe in Bezug auf ihre Interessenvertretungsmuster tendenziell den Strukturen der ›alten Wirtschaft‹ angleichen werden (Baukrowitz/Boes 2000). Qualitative Fallstudien deuten vielmehr darauf hin, dass hier einerseits die klassisch-kollektive Form von Betriebsräten deutlich andere Inhalte und Arbeitsweisen aufweist und dass andererseits alternative kollektive und individuelle Formen der betrieblichen Beschäftigtenvertretung eine verhältnismäßig größere Rolle spielen. Ganz offensichtlich führt der vielbeschworene Wertewandel in der Arbeit nicht dazu, dass den Menschen die Beteiligung und Teilhabe an Informationen und Entscheidungen unwichtiger wird. Vielmehr zeigen die vorliegenden Fallstudien, dass die Erwartungen an individuelle und kollektive Partizipation auf der Ebene des Arbeitsbereiches und des Unternehmens mit der Qualifikation der Beschäftigten eher zu- als abnehmen, auch wenn sich diese Erwartungen von den kollektivistischen Orientierungen des früheren Fabrikarbeiters völlig unterscheiden. Wie stellt sich vor diesem Hintergrund die Verteilung von unterschiedlichen Formen der betrieblichen Beschäftigtenvertretung nach Wirtschaftsbranchen, Betriebsgrößenklassen, dem Alter der Betriebe und anderen wichtigen Kennzahlen für Deutschland insgesamt dar? Lassen sich eindeutige Entwicklungstrends ausmachen, die eine Weiterentwicklung der betrieblichen Partizipationsmöglichkeiten nahe legen?

1.1.5 Expansion des Niedriglohnsektors

Nicht nur wissensbasierte, hochqualifizierte Dienstleistungen gewinnen an Bedeutung; auch ›einfache‹, niedrig entlohnte Dienstleistungen, wie sie sich beispielsweise im Reinigungsgewerbe, bei den Wachdiensten, in Call Centern oder auch im expandierenden Markt der Postdienstleister finden, sind auf Wachstumskurs. Dieses Wachstum geht einher mit der Forderung zahlreicher Politiker, Wirtschaftswissenschaftler und Unternehmensvertreter, einen so genannten ›Niedriglohnsektor‹ in Deutschland zu schaffen. Hier herrschen häufig Beschäftigungsverhältnisse vor, die in vielerlei Hinsicht als ›atypisch‹, als abweichend vom ›Normalarbeitsverhältnis‹ bezeichnet werden können.

Atypische Beschäftigungsverhältnisse sind aber nicht automatisch mit prekärer Beschäftigung gleichzusetzen (Keller/Seifert 2006: 238). So lassen sich zunächst unter ›atypischer‹ Arbeit jene Formen zusammenfassen, die vom Normalarbeitsverhältnis (Mückenberger 1985) abweichen: Hierbei handelt es sich um Teilzeitarbeit, um geringfügige oder befristete Beschäftigung sowie um Leiharbeit. Der Anteil dieser Arbeitsverhältnisse hat in den vergangenen Jahren stark zugenommen: So hatten 2004 insgesamt 23 Prozent der Beschäftigten eine Teilzeitstelle inne, gegenüber 14 Prozent im Jahre 1991. Gerade auch durch die Neuregelung der geringfügigen Arbeitsverhältnisse übten 2004 fast 20 Prozent aller Beschäftigten eine solche Tätigkeit aus (Keller/Seifert 2006). Insgesamt geht damit etwa ein Drittel aller Beschäftigten in Deutschland einer ›atypischen‹ Arbeit nach; bei Frauen sind es sogar über 50 Prozent (vgl. Keller/Seifert 2006).

›Prekär‹ werden diese Arbeitsverhältnisse erst dann, wenn sie keine eigenständige Existenzsicherung ermöglichen und keinen oder nur einen geringen Anspruch auf Leistungen aus den sozialen Sicherungssystemen nach sich ziehen (Bäcker 2006). Dies gilt vor allem für die mehrheitlich von Frauen ausgeübten (und nicht sozialversicherungspflichtigen) Mini-Jobs im Niedriglohnbereich[6]. In bestimmten Branchen übersteigt der Anteil dieser geringfügigen Beschäftigungsverhältnisse mittlerweile den Anteil sozialversicherungspflichtiger Beschäftigung (Bundesagentur für Arbeit 2004: 8). In anderen Bereichen wie beispielsweise bei den privaten Briefzustellern weitet sich geringfügige Beschäftigung mittlerweile rasant aus (input consulting 2006: 42).

Doch nicht nur geringfügige Beschäftigungsverhältnisse unterliegen der Gefahr, ›prekär‹ zu werden. In einigen Niedriglohnbranchen sind sogar Vollzeitbeschäftigte teilweise den *›working poor‹* zuzurechnen, da sie weniger als 60 Prozent des durchschnittlichen Arbeitnehmerentgeltes verdienen und damit nach der gängigen Definition als ›arm‹ gelten können. Oftmals sind diese Arbeitnehmer zwar im Niedriglohnbereich beschäftigt, aber keinesfalls unqualifiziert: Drei Viertel der geringfügig Beschäftigten verfügen über einen beruflichen Abschluss (Bäcker 2006: 259). Ihre Arbeit hingegen muss hinsichtlich der verlangten Qualifikationen als ›einfach‹ charakterisiert werden.

6 Die Niedriglohnschwelle entspricht zwei Dritteln des Medianstundenlohnes (Kalina/Weinkopf 2006).

Aufgrund der geringen fachlichen Anforderungen ihrer Arbeit und der damit einhergehenden potentiellen Ersetzbarkeit verfügen diese Arbeitnehmer nur über eine geringe Primärmacht, ihre Interessen in direkter individueller Verhandlung wirksam durchzusetzen. Umso stärker sind sie daher für die Verbesserung ihrer Arbeits- und Beschäftigungsbedingungen auf eine kollektive Interessenvertretung (Sekundärmacht) angewiesen. Gerade im Bereich ›einfacher‹ und niedrig entlohnter Dienstleistungen sind jedoch nach bisherigen Erkenntnissen kaum Betriebsräte vorhanden. So wurde für das Briefgewerbe festgestellt, dass in nur 3,5 Prozent der betriebsratsfähigen Konkurrenzbetriebe zur Deutschen Post auch tatsächlich ein Betriebsrat gegründet wurde (input consulting 2006: 58). Diese geringe Verbreitung wird neben der Unternehmens- und Beschäftigtenstruktur[7] vorrangig auf die »dort vorherrschende[n] Unternehmens- und Führungskultur« sowie den »zum Teil massiven Widerstand der Geschäftsleitungen« gegen Betriebsratsgründungen zurückgeführt« (ebd.).

Da es sich bei den expandierenden Dienstleistungsunternehmen meist um relativ junge Organisationen handelt, ist derzeit nicht klar, ob sich im Zeitverlauf auch hier eine gewisse ›Normalisierung‹ betrieblicher Vertretungsstrukturen einstellen wird. Sollte sich ein Muster aus preissensitiven Märkten, begrenzten Rationalisierungsspielräumen, niedriger Wertschöpfung und geringer Primärmacht verfestigen, dürfte die derzeit geringe Bedeutung kollektiver Regulierung durch Betriebsräte längerfristig Bestand haben. Inwiefern diese restriktiven Bedingungen Raum für die Etablierung von Anderen Vertretungsorganen (AVOs) jenseits von Betriebsräten lassen, ist zudem eine gänzlich offene Frage. Krisen- und Konsolidierungsprozesse könnten – wie teilweise im Bereich der Hochqualifizierten zu beobachten – allerdings auch hier unter bestimmten Umständen die Bildung von Betriebsräten fördern. Schließlich könnten auch staatliche Interventionen – etwa Allgemeinverbindlichkeitserklärungen von Tarifverträgen, die Anwendung des Entsendegesetzes auf weitere Branchen oder die Einführung eines allgemeinen gesetzlichen Mindestlohns – die Situation grundlegend verändern. Die Beobachtung der Interessenregulierung gerade in Dienstleistungsbranchen mit vergleichsweise niedrigen Qualifikationsanforderungen dürfte somit in den nächsten Jahren einiges an Dynamik zutage fördern.

7 Die Beschäftigten im Bereich niedrig qualifizierter Dienstleistungen – vorrangig gering Qualifizierte und Frauen – sind für eine kollektive Interessenvertretung nur schwer zu gewinnen (Trinczek 2006: 21).

1.2 Wissenschaftlicher und arbeitspolitischer Kontext

Die skizzierten grundlegenden Herausforderungen für die betriebliche Interessenregulierung können keinesfalls im Rahmen dieser Studie hinreichend und empirisch fundiert behandelt werden. Sie können aber verdeutlichen, dass erstens die Ebene der betrieblichen Beschäftigtenpartizipation von grundlegender Bedeutung ist und dass zweitens deren Weiterentwicklung behutsam und in einem angemessenen und breiten Rahmen erörtert werden sollte. Gleichzeitig gibt es neben diesen generellen Rahmenbedingungen aber auch einen konkreteren arbeitspolitischen und wissenschaftlichen Zusammenhang, in dem die genauere Erforschung der betrieblichen Interessenregulierung als wichtige Aufgabe erscheint. Zwar hat sich in den letzten Jahrzehnten das grundlegende quantitative Verbreitungsmuster von Betriebsräten weniger stark verändert, als vor dem Hintergrund tief greifender wirtschaftlicher und sozialer Umbrüche vielleicht zu erwarten gewesen wäre (Pries 2001). Gleichwohl scheinen sich qualitative Wandlungsprozesse innerhalb der betrieblichen Beschäftigtenpartizipation selbst zu vollziehen. Vieles deutet beispielsweise darauf hin, dass neue Muster der Erwerbsregulierung neben den bekannten Mechanismen betriebsrätlicher Interessenaushandlung an Bedeutung gewinnen. Gleichzeitig gibt es sehr widersprüchliche Aussagen über den tatsächlichen Verbreitungsgrad von Betriebsräten und über deren Zusammensetzung . Zumindest drei Fragenkomplexe bedürfen näherer wissenschaftlicher Untersuchungen:

Erstens ist aufgrund unterschiedlicher Schätzungen (Ellguth 2003; 2006; 2007; Wassermann 2003) von grundlegendem Interesse, wie hoch der Verbreitungsgrad von Betriebsräten in der Privatwirtschaft Deutschlands tatsächlich ist. Auch wenn es keinen grundlegenden Einbruch in der quantitativen Bedeutung von Betriebsräten gab, so sind seit den 1990er Jahren – besonders in wissensintensiven Bereichen – neben diesem betriebsverfassungsrechtlich regulierten Organ neue Formen betrieblicher Interessenvertretung und Beteiligung entstanden wie beispielsweise Sprecher, Runde Tische, Ältestenräte etc. (Bertelsmann-Stiftung/Hans-Böckler-Stiftung 2002; Kluge 2001; Voß/Wilke 2002; Pries u.a. 2002; Ittermann 2003a; Ittermann/Abel 2002; pol-di.net 2001). Da hierzu bisher nur Fallstudien und eine erste repräsentative Annäherung auf der Grundlage der IAB-Betriebspanelbefragung von 2005 (Ellguth 2006) vorliegen, stellt sich die Frage, wie verbreitet diese Anderen Vertretungsorgane wirklich sind. Handelt es sich hierbei um eine nur vorübergehende Erscheinung, die mittelfristig in das System der betriebsverfassungsrechtlichen Mitbestimmung integriert wird? Oder deuten sich grundlegend andere Formen betrieblicher Partizipation an, die längerfristig auch die traditionelle Mitbestimmung herausfordern?

Ein *zweites* wichtiges Thema ist die interne Zusammensetzung der Betriebsräte nach relevanten Merkmalen. So ist beispielsweise nach einigen – allerdings nicht repräsentativen – Untersuchungen (Niedenhoff 2002; Rudolph/Wassermann 2002: 64) der Anteil von DGB-gewerkschaftlich organisierten Betriebsrats-Mitgliedern und Betriebsrats-Vorsitzenden in den vergangenen zehn Jahren rückläufig. Dagegen nahmen die Anteile von Betriebsrats-Mitgliedern zu, die entweder gar nicht oder in nicht dem DGB angeschlossenen Verbänden organisiert sind. Handelt es sich hierbei um einen säkularen Trend? Neben der Organisationszugehörigkeit wandelt sich die Zusammensetzung der Betriebsräte auch hinsichtlich anderer Merkmale wie beispielsweise der Präsenz von Frauen. Deren Anteil verdoppelte sich in den letzten 25 Jahren auf etwa ein Viertel aller Betriebsrats-Mitglieder und erhielt im Zuge der Betriebsverfassungsnovelle von 2001 eine neue Dynamik (vgl. Schäfer 2003: 146; Niedenhoff 2002) Andere bedeutsame Aspekte betreffen das Alter, die Zusammensetzung nach nationaler Herkunft, die Qualifikationen und die betrieblichen Funktionen und Positionen der Betriebsrats-Mitglieder.

Neben der quantitativen Verbreitung von Betriebsräten und AVOs ist *drittens* deren inhaltliche Arbeit und Funktion im Betriebsgeschehen für die Unternehmen, die Beschäftigten und die Gewerkschaften von großer Bedeutung. In Bezug auf das Selbstverständnis, die Tätigkeitsschwerpunkte und die Arbeitsweisen von betrieblichen Interessenvertretungen sowie deren Beziehungsstrukturen zur Belegschaft, zum Management, zu den Gewerkschaften und zu außerbetrieblichen Akteuren liegen umfangreiche qualitative Fallstudien und einige breitere Untersuchungen vor (Trinczek 1989 und 1993; Bosch u.a. 1999; Kotthoff 1994). Inzwischen existieren auch wissenschaftliche Erkenntnisse über die Interessenregulierung in Betrieben ohne Betriebsrat (Artus u.a. 2006). Weitgehend unerforscht ist jedoch die quantitative Bedeutung dieser meist fallstudienbasierten Erkenntnisse über typische Konstellationen von Betriebsräten und Interessenregulierungsmustern in Betrieben ohne Betriebsrat.

Die kurze Darstellung der allgemeinen Herausforderungen und der konkreten Fragestellungen, vor denen die Partizipations- und Mitbestimmungsforschung gegenwärtig steht und zu deren Beantwortung diese Studie einen Beitrag leisten will, deutet auch darauf hin, für wen die hier präsentierten Ergebnisse von Bedeutung sind. Dies betrifft zunächst die direkt am betrieblichen Geschehen beteiligten Gruppen der Beschäftigten, der Arbeitnehmervertreter sowie der für Personalfragen, Arbeitsbeziehungen und Erwerbsregulierung verantwortlichen Manager. Indem sie ihr eigenes alltägliches betriebliches Handeln in eine größeren Kontext stellen und mit anderen Betrieben unter ähnlichen oder auch ganz anderen Bedingungen vergleichen, kann die Studie zur Verbesserung ihrer Arbeit beitragen. Für die Gewerkschaften und die Arbeitgeberverbände können die hier vorgelegten Ergebnisse hilfreich sein, um die eigene Verbandspolitik in Bezug auf Mitbestimmung und Beteiligung zu überdenken und gegebenenfalls weiterzuentwickeln. Für Verantwortliche in Politik und öffentlicher Verwaltung ergeben sich aus dem Dargestellten Ansatzpunkte, um die Weiterentwicklung der rechtlichen Rahmenordnungen und der politischen Leitlinien von Arbeitnehmerpartizipation im Kontext der skizzierten globalen Herausforderungen zu präzisieren.

Für den Bereich der Sozial- und Wirtschaftswissenschaften, aber auch der Verwaltungs- und Verhaltenswissenschaften bietet die Studie vielfältiges empirisches Material und konzeptionelle Überlegungen zum individuellen und organisierten Interessenhandeln in Leistungsorganisationen, die für die Lehre und für die Forschung nutzbar gemacht werden können. Schließlich eignet sich die Veröffentlichung auch für Wissenschaftler und Praktiker aus anderen Ländern, die die Besonderheiten der deutschen Betriebsverfassung *in actu* kennen und verstehen lernen wollen.

1.3 Aufbau und Inhalt der folgenden Darstellung

Die hiermit vorgelegte Untersuchung hat erstmals auf repräsentativer Basis für die deutsche Privatwirtschaft die Verbreitung und die betrieblichen Kontextbedingungen, die Struktur und die Arbeitsweise von betrieblichen Beschäftigtenvertretungen sowie deren Interaktion mit dem Management untersucht. Dabei wurde der Fokus bewusst über die betriebsverfassungsrechtlich vorgesehenen Organe hinaus auch auf Andere Vertretungsorgane – nachfolgend kurz AVOs genannt – wie Sprecher, Vertrauenspersonen, Mitarbeiterausschüsse und Runde Tische ausgedehnt. Ferner wurde untersucht, welche konkreten Kommunikations- und Beteiligungsangebote von Seiten der Geschäftsleitung in Betrieben mit und ohne Arbeitnehmervertretung existieren. Die Untersuchung erlaubt somit Aussagen über alle Betriebe – unabhängig davon, ob eine Interessenvertretung existiert. Schließlich ist ein Novum dieser Untersuchung, dass bei der Befragung in den Betrieben, in denen Betriebsräte oder AVOs existierten, nicht nur das Management, sondern auch die kollektive Arbeitnehmervertretung befragt wurde.

Einen Überblick über den Stand der Forschung sowie einige *konzeptionelle Überlegungen* und die Darstellung des methodischen Vorgehens enthält das nachfolgende Kapitel 2. Einschlägige zentrale Erkenntnisse früherer Studien werden dabei im Hinblick auf die in diesem Bericht thematisierten Untersuchungsgegenstände vorgestellt und diskutiert. Dies sind die Verbreitung und Kontextfaktoren von Interessenvertretungsgremien, ihre Strukturen und Arbeitsweisen, die Beteiligungsformen und -strategien der Geschäftsleitung sowie verschiedene Aspekte des Regulierungsoutputs. Vor dem Hintergrund der Forschungslandschaft werden verschiedene Typisierungen von Interessenvertretungsformen vorgenommen: Neben den Formen kollektiver Interessenvertretungen, die auf gesetzlicher Basis agieren (Betriebsräte und kirchliche Mitarbeitervertretungen[8]), werden vier Strukturtypen von AVOs[9] unterschieden, die als wichtige Auswertungskategorien in den späteren empirischen Analysen fungieren werden. Des Weiteren enthält das Kapitel einige theoretische Überlegungen zu den Kontextbedingungen und Voraussetzungen kollektiver betrieblicher Interessenregulierung. Dazu wird auf verschiedene Theoriekonzepte aus der Industrial Relations- und Organisationsforschung zurückgegriffen, ohne jedoch den Anspruch zu erheben, ein neues Theoriegebäude daraus zu errichten. Die Ansätze dienen in erster Linie der Systematisierung und konzeptionellen Verortung bereits aus anderen Studien bekannter Einflüsse und Kontextfaktoren.

Schließlich wird in diesem Kapitel das methodische Vorgehen der Studie ausführlicher vorgestellt. Den Kern der BISS-Studie bildet eine re-

8 Kirchliche MAVs agieren auf Basis des Kirchenrechts, welches eine zum BetrVG vergleichbare Rechtsgrundlage darstellt.

9 Diese werden entlang der Dimensionen *Legitimation/Einsetzungsverfahren* (gewählte gegenüber von der Geschäftsleitung eingesetzte Gremien) und *Zusammensetzung* (reine Arbeitnehmervertretungen gegenüber gemeinsamen Gremien aus Vertretern der Beschäftigten und der Geschäftsleitung) gebildet.

präsentative computergestützte telefonische Doppelbefragung (CATI) von Personalverantwortlichen und Arbeitnehmervertretern in zufällig und nach spezifischen Schichtungsmerkmalen ausgewählten Betrieben der Privatwirtschaft.[10] Bei der Entwicklung des Erhebungsinstrumentes wurde berücksichtigt, dass die Befragung an andere nationale und internationale Studien anschlussfähig sein sollte, ohne diese zu replizieren. Diese Forderung führte zu einem Design, welches zwischen der Breitenerhebung des IAB-Betriebspanels einerseits und der regelmäßig durchgeführten WSI-Betriebsrätebefragung andererseits angesiedelt ist. Gleichzeitig wurde angestrebt, zumindest in einigen Fragebogenteilen eine Vergleichbarkeit unserer Ergebnisse mit Befragungen aus anderen Ländern, vor allem dem WERS[11] aus Großbritannien, zu erhalten.

Ausführlich behandelt dieser Abschnitt auch Fragen des Stichprobendesigns und der Vorbereitung und Begleitung der CATI-Befragung. Zunächst werden die Kriterien für die Abgrenzung der Grundgesamtheit erläutert, bevor auf den Zuschnitt der Stichprobe und die Schichtungs- und Rückgewichtungsverfahren eingegangen wird. Schließlich werden die Entwicklung des Erhebungsinstrumentes und die unterschiedlichen Phasen der Feldarbeit dargestellt.

In Kapitel 3 werden Fragen nach der *Verbreitung* der verschiedenen Formen betrieblicher Interessenvertretung und den *Kontextbedingungen* ihrer Existenz untersucht. Dabei wird zunächst zwischen Betrieben mit ›gesetzlichen Vertretungen‹ (Betriebsrat beziehungsweise kirchliche MAV), mit einem ›Anderen Vertretungsorgan‹ (AVO) und solchen ohne kollektive Vertretungsstrukturen (›Selbstvertretung‹) unterschieden. Nach dieser ersten Differenzierung der drei Formen von Interessenvertretung werden in einem weiteren Schritt die Verbreitung und die Kontextbedingungen der in Kapitel 2 entwickelten Strukturtypen von AVOs behandelt.

Damit liegen erstmalig gesicherte repräsentative Erkenntnisse über die Verbreitung und die Charakteristika von AVOs vor. Im Zusammenhang der weiter oben skizzierten Diskussionen ist dann von großer Bedeutung, ob es systematische Zusammenhänge zwischen den so unterschiedenen Interessenvertretungsformen einerseits und den Merkmalen der jeweiligen Betriebe und Beschäftigten andererseits gibt. Finden sich AVOs beispielsweise besonders häufig in Kleinbetrieben oder in Betrieben mit einer bestimmten, beispielsweise überdurchschnittlich qualifizierten Belegschaft?

10 Zur Abgrenzung der Grundgesamtheit vgl. Abschnitt 2.4.1.

11 *Workplace Employment Relations Survey* (vgl. Cully u.a. 1999).

Oder variieren die Interessenvertretungsformen mit der Branchenzugehörigkeit des jeweiligen Betriebes?

Weitere in diesem Zusammenhang zu behandelnde Fragenkomplexe betreffen das Verhältnis der drei Interessenvertretungsformen zueinander. So ist es denkbar, dass AVOs unter Umständen eine Vorstufe für die Bildung von Betriebsräten darstellen könnten. Umgekehrt könnten sie auch eine Nachfolgeinstitution aufgelöster Betriebsräte in ehemaligen Betriebsratsbetrieben sein. Da im Fragebogen nach dem Gründungsjahr des gegenwärtig bestehenden Vertretungsgremiums gefragt wurde und auch für die Betriebe ohne Vertretungsorgan die Frage gestellt wurde, ob es früher einmal ein solches gegeben habe, lassen sich aus dieser Zeitverlaufsbetrachtung gewisse Schlussfolgerungen über die Entwicklungsdynamik der einzelnen Interessenvertretungsformen ziehen.

Die internen *Strukturen und Arbeitsweisen* der betrieblichen Vertretungsorgane werden in Kapitel 4 diskutiert. Hierbei geht es zunächst um die Beschreibung von Strukturdaten wie die Zusammensetzung der Gremien nach Merkmalen wie Geschlecht, Alter und beruflicher Position ihrer Mitglieder. Darüber hinaus wird untersucht, welche Themen hauptsächlich von den Interessenvertretungsorganen behandelt werden und welche Ressourcen (Räumlichkeiten, Zeit, Personal) ihnen zur Verfügung stehen. Schließlich ist bedeutsam, wie sich die Vertretungsorgane im Spannungsfeld zwischen Management und Belegschaft selbst verorten und wie sie diesbezüglich von den verantwortlichen Managern eingeschätzt werden.

In diesem Kapitel werden zudem die Daten der Managementbefragung und die Angaben der Interessenvertreter miteinander verglichen. Dadurch kann der Grad der Übereinstimmung beziehungsweise Unterschiedlichkeit in den Sichtweisen der beiden befragten Akteursgruppen bestimmt und ein Vergleich zwischen Betriebsrats- und AVO-Betrieben vorgenommen werden.

Nach diesen deskriptiven Darstellungen werden anschließend mit Hilfe multivariater Verfahren die Zusammenhänge zwischen Struktur, Strategie und Arbeitsweise einerseits und den jeweiligen Interessenvertretungstypen andererseits analysiert. Hier wird beispielsweise die Frage behandelt, inwiefern sich die Gremiengröße und die Ressourcenausstattung von Betriebsräten und AVOs signifikant voneinander unterscheiden und welche betrieblichen Kontextfaktoren dies beeinflussen.

Kapitel 5 thematisiert die Orientierungen und Strategien des Managements zur *Beteiligung* der Beschäftigten und ihrer Vertreter. Dabei wird von der Überlegung ausgegangen, dass die jeweiligen Strukturen und Mechanismen der individuellen und kollektiven Beteiligung der Beschäftigten im Betrieb sehr stark mit der vorherrschenden Philosophie und Strategie der Geschäftsleitung zusammenhängen. Daher werden zunächst die manageriellen Beteiligungsorientierungen auf der individuellen und kollektiven Ebene sowie die Einstellung zu überbetrieblicher Regulierung beleuchtet. In einem nächsten Schritt wird der Einsatz betrieblicher Kommunikationsinstrumente und materieller Beteiligungsformen untersucht. Außerdem wird gezeigt, in welchem Verhältnis individuelle und kollektive Beteiligungsstrategien zueinander stehen.

Im Anschluss daran wird die Beteiligungspraxis auf der kollektiven Ebene eingehender betrachtet. Welches Ausmaß an Beteiligung können Betriebsräte und AVOs auf verschiedenen betrieblichen Regulierungsfeldern realisieren? Dies wird entlang einer abgestuften Beteiligungsskala – die von Information über Beratung bis zur Mitentscheidung reicht – im Detail untersucht. Zudem ist wiederum von Interesse, inwiefern die Beurteilungen der befragten Manager und Interessenvertreter systematisch voneinander abweichen. Schließlich wird in multivariaten Analysen nach den strukturellen Ursachen für die beobachteten Unterschiede in der Beteiligungsintensität gesucht.

Nachdem die Strukturen, Arbeitsweisen und Beteiligungsmöglichkeiten der Interessenvertretungen diskutiert wurden, rückt Kapitel 6 die Frage des *Regulierungsoutput* der verschiedenen Interessenvertretungstypen in den Mittelpunkt. Darunter sind die betrieblichen Wirkungen zu verstehen, die der Existenz einer bestimmten Form der Interessenregulierung und dem strategischen Handeln der jeweiligen Akteure zuzuschreiben sind. In einer Vielzahl deskriptiver und multivariater Analysen wird hier sowohl nach beobachtbaren Effekten für die Arbeits- und Beschäftigungsbedingungen als auch nach den Auswirkungen auf die wirtschaftliche Situation und die betriebliche Flexibilität gefahndet. Angesichts der gegenwärtigen Diskussion um Mitbestimmung als Standortvorteil oder Standortnachteil kommt dieser Frage – gerade auch vor dem skizzierten Globalisierungshintergrund – eine besondere Bedeutung zu.

Im Einzelnen geht es bei den Output-Analysen um die Ertragslage, die betriebliche Arbeitszeit- und Überstundensituation, um den Einsatz flexibler Arbeitszeitformen sowie um die Existenz und Ausgestaltung betrieblicher Beschäftigungsbündnisse. Schließlich wird auch untersucht, wie häufig in den befragten Betrieben Konflikte auftreten und in welchem

Zusammenhang sie zur vorhandenen Interessenvertretungsform stehen. Die Breite der zur Verfügung stehenden Indikatoren erlaubt somit eine differenzierte, mehrdimensionale Einschätzung der untersuchten Formen der Interessenregulierung. Dabei bleibt jedoch festzuhalten, dass mit der Bestimmung des Regelungsoutput erhebliche methodische Probleme sowohl hinsichtlich der Messbarkeit von Output-Indikatoren als auch der Zuschreibung von Kausalitäten verbunden sind (vgl. Abschnitt 2.3.4). Viele der untersuchten Aspekte beeinflussen sich wechselseitig, wodurch sich die Isolierung der Wirkungen des jeweiligen Interessenvertretungstypus insgesamt als schwierig erweist. Es wird daher für eine zurückhaltende Interpretation der in den Daten nachweisbaren Zusammenhänge plädiert.

Im abschließenden Kapitel 7 werden zentrale Erkenntnisse der Befragung zusammengefasst und dabei die Bereiche herausgestellt, in denen eindeutige und signifikante Ergebnisse vorliegen sowie gleichzeitig die Felder abgesteckt, für die sich auf Grundlage des Datenmaterials keine wissenschaftlich gesicherten Aussagen treffen lassen. Ausgehend von den vorliegenden Ergebnissen werden schließlich Schlussfolgerungen für die weitere Forschung und die Diskussion um die Weiterentwicklung der Beschäftigtenpartizipation und der Mitbestimmung gezogen.

2 Theoretische und konzeptionelle Anlage der Untersuchung

Dieses Kapitel gibt zunächst einen kurzen Überblick über den Stand der Forschung in den verschiedenen Themenfeldern, die in den empirischen Kapiteln 4 bis 7 behandelt werden (Abschnitt 2.1). In Abschnitt 2.2 werden einschlägige Theoriekonzepte der Industrial Relations und der Organisationsforschung betrachtet und im Hinblick auf die in diesem Forschungsbericht zu untersuchenden Gegenstandsbereiche diskutiert. Diese Theoriekontexte liefern zum einen den notwendigen Rahmen, der wichtige Analysedimensionen aufzeigen und die empirische Untersuchung anleiten kann. Zum anderen erlauben sie es, die gefundenen Ergebnisse innerhalb etablierter Argumentationskontexte beziehungsweise Begründungszusammenhänge zu verorten und zu interpretieren. Vor diesem Hintergrund werden in Abschnitt 2.3 Konzept und Gang der empirischen Analyse beschrieben. In Anbetracht der Vielfalt und des Facettenreichtums der einzelnen Thematiken muss die empirische Untersuchung im Hinblick auf die Tiefe der Analysen notwendigerweise selektiv erfolgen.

2.1 Zum Stand der Forschung

2.1.1 Verbreitung und Kontextbedingungen

Die Strukturen, Arbeitsweisen und Bestimmungsgründe von Betriebsräten sind in den letzten Jahren bereits in erheblichem Umfang auf Basis von Fallstudien (vgl. beispielsweise Bosch u.a. 1999; Bosch u.a. 1995; Kotthoff 1994; 1981) und von einigen Breitenerhebungen (vgl. beispielsweise Addison u.a. 1999; Ellguth/Ahlers 2003; Ellguth 2006; Niedenhoff 2003; Schäfer 2003; Wassermann 2003) empirisch untersucht worden. Vor dem Hintergrund dieser reichhaltigen Forschung haben sich seit dem Ende der 1990er Jahre zwei wichtige Forschungslücken aufgetan: Zum einen stellte sich die Frage nach dem realen *Verbreitungsgrad von Betriebsräten* in der Privatwirtschaft. Denn obwohl das BetrVG vorsieht, dass in Betrieben mit fünf und mehr Beschäftigten Betriebsräte gewählt werden, klaffen Praxis und Rechtsnorm in der Realität auseinander. Damit trat zum anderen die Frage auf, wie *Interessenregulierung in Betrieben ohne Betriebsrat* funktioniert. Bereits die (ältere) Kleinbetriebsforschung und die (jüngere) Forschung über die ›Neue Wirtschaft‹ hatten Anzeichen dafür gefunden, dass neben den betriebsverfassungsrechtlichen Organen in der Praxis auch andere Formen von kollektiver Interessenvertretung der abhängig Beschäftigten existieren.

In Bezug auf die erste Frage – dem tatsächlichen Verbreitungsgrad von Betriebsräten – widersprechen sich die verschiedenen Untersuchungen in ihren Ergebnissen zum Teil erheblich. So wird in der vom Deutschen Gewerkschaftsbund (DGB) beauftragten Studie (Wassermann 2003) für das Jahr 2002 die Anzahl der Betriebe mit Betriebsrat – basierend auf einem freiwilligen gewerkschaftlichen Meldeverfahren – auf nur etwa 36.000 Betriebe geschätzt. Das entspräche einem Anteil von weniger als 4 Prozent aller betriebsratsfähigen Betriebe. Die Befragungen von Personalverantwortlichen im Rahmen des Betriebspanels des Instituts für Arbeitsmarkt- und Berufsforschung (IAB) ergaben dagegen auf der Basis einer ermittelten Betriebsratsquote von ca. 11 Prozent eine Schätzung von etwa 110.000 Betriebsratsgremien[12] Ein nahe liegender Grund für die mögliche Unterschätzung der Betriebsratsquote durch den DGB liegt in der früher verwendeten Befragungsmethode: Die Gesamtzahl bestehender Betriebsräte wurde auf der Basis der freiwilligen Angaben der den örtlichen DGB-Mitgliedsgewerkschaften bekannten Betriebsratsgremien selbst geschätzt; da nicht alle Betriebsräte Mitglieder von im DGB zusammengeschlossenen Gewerkschaften aufweisen müssen und da sich vermutlich auch nicht alle Betriebsräte mit DGB-Gewerkschaftsmitgliedern an der Befragung beteiligt haben, ergibt sich ein *bias* (systematischer Messfehler) in Richtung einer Unterschätzung der Betriebsratsquote[13]

---

12 In den für die gesamte Wirtschaft Deutschlands repräsentativen und für etwa 85 Prozent der Fälle im Folgejahr wieder in denselben Betrieben durchgeführten Befragungen des IAB wurde regelmäßig die Frage nach der Existenz eines Betriebsrates gestellt. Seit der Erhebung von 2003 wird auch nach anderen betrieblichen Vertretungsorganen gefragt (vgl. Ellguth 2003; 2005).

13 Vor allem Betriebsratsgremien in Kleinbetrieben und solche mit nicht gewerkschaftlich organisierten Mitgliedern fallen tendenziell aus der Meldestatistik des DGB heraus.

Ähnlich wie bei den DGB-Erhebungen handelt es sich bei den Studien des Instituts der deutschen Wirtschaft (IW) in der Regel um Verbandsbefragungen. Danach liegt beispielsweise der Anteil gewerkschaftlich organisierter Betriebsräte in allen befragten Betrieben bei nur etwa 60 Prozent (vgl. Niedenhoff 2003); aber über die Gesamtquote von Betrieben mit Betriebsrat können diese Verbandsbefragungen ebenfalls keine verlässlichen Informationen liefern, weil nur Verbandsmitgliedsunternehmen befragt werden und so kaum Rückschlüsse auf die Gesamtwirtschaft möglich sind. Auch die Befragungen, die das Wirtschafts- und Sozialwissenschaftliche Institut (WSI) der Hans-Böckler-Stiftung in der Vergangenheit durchführte (vgl. Schäfer 2003), ließen aufgrund ihrer Beschränkung auf Betriebsrats- und Personalratsbetriebe keine Aussagen über den Verbreitungsgrad dieser Gremien zu (für eine Diskussion hierzu vgl. auch Ellguth 2003).[14]

Die quantitative *Verbreitung* von kollektiven betrieblichen Interessenvertretungsformen – *Betriebsräten und AVOs* – konnte bislang flächendeckend und repräsentativ nur auf Basis des IAB-Betriebspanels untersucht werden (Ellguth 2005; Ellguth 2006). Hier kommt Ellguth zu einer Betriebsratsquote von 11 Prozent bezogen auf die Gesamtzahl aller Betriebe und von 48 Prozent (für Westdeutschland) bezogen auf die Gesamtzahl der hierin Beschäftigten (Ostdeutschland: 39 Prozent). Die Quote der Betriebe mit Betriebsrat steigt mit der Betriebsgrößenklasse eindeutig an. Für Kleinbetriebe von fünf bis 50 Beschäftigten wird nur für 7 Prozent aller Betriebe die Existenz eines Betriebsrates angegeben; in Großbetrieben mit über 500 Beschäftigten liegt die Betriebsratsquote bei 91 Prozent. Auch nach Branchen lassen sich starke und signifikante Variationen beobachten: Vor allem in den traditionellen industriellen Kernbranchen, dem Bergbau und dem verarbeitenden Gewerbe, aber auch im Bereich Kredit/Versicherungen sowie Nachrichten/Verkehr, vertreten Betriebsräte weit mehr als die Hälfte der jeweiligen Beschäftigten (Ellguth/Kohaut 2004: 453).

Seit der Erhebungswelle 2003 wird im Betriebspanel des IAB nicht nur nach der Existenz eines Betriebsrates, sondern auch nach möglichen

14 Dies änderte sich erst mit der jüngsten Erhebungswelle des WSI. Diese basiert auf einer repräsentativen BA-Stichprobe mit einer ähnlichen Struktur wie der des BISS-Projektes. Die von Infas durch ein Stichproben-Screening ermittelte Interessenvertretungsquote (gemischte Quote aus Betriebs- und Personalräten) liegt in vergleichbaren Betriebsgrößenklassen jedoch noch deutlich höher als die des IAB (vgl. Schäfer 2005), weshalb von einer Hochrechnung der Betriebsratsgremien Abstand genommen wurde.

»betriebsspezifischen Mitarbeitervertretungen« gefragt. Bezogen auf die Gesamtwirtschaft beläuft sich die Quote dieser Organe auf 4 Prozent für Westdeutschland und auf 3 Prozent für Ostdeutschland. Gewichtet nach der Verteilung auf Betriebsgrößenklassen vertreten sie damit 5 Prozent (West) beziehungsweise 4 Prozent (Ost) der Beschäftigten. Bezogen auf Branchen verfügen zwischen 2 und 8 Prozent der Betriebe über ein AVO. Die höchsten Verbreitungsgrade findet man im verarbeitenden Gewerbe und bei den sonstigen Dienstleistungen; hier werden etwa 6 beziehungsweise 10 Prozent der Beschäftigten von einem betriebsspezifischen Organ vertreten (Ellguth/Kohaut 2004: 452).[15] Aufgrund struktureller Begrenzungen des Frageumfangs im Rahmen des IAB-Betriebspanels wurden und werden detailliertere Informationen zu der konkreten Ausgestaltung dieser Alternativgremien nicht erhoben.

Zur Frage, welche kollektiven Formen von Interessenvertretung *jenseits des Betriebsrats* – wie beispielsweise Sprecher oder Beteiligungsrunden – auf der betrieblichen Ebene überhaupt existieren, liegen einige qualitative Ergebnisse vor. Ältere Untersuchungen über die Sozialordnung und Interessenvertretung in Kleinbetrieben (Hilbert/Sperling 1993; Kotthoff/-Reindl 1990) legen die Vermutung nahe, dass es sich bei den anderen Formen der kollektiven Interessenvertretung keineswegs um ein neues Phänomen handelt. Seit längerer Zeit ist bekannt, dass in einigen Betrieben nicht auf Basis der Betriebsverfassung agierende Betriebsräte, sondern Andere Vertretungsorgane existieren, die auch als ›betriebsspezifische‹ Interessenvertretungen oder ›Quasi-Betriebsräte‹ bezeichnet werden. Diese Gremien werden teilweise von der Geschäftsleitung als Gegenmodell zum Betriebsrat intentional eingesetzt, teilweise aber auch von den Beschäftigten selbst für die Vertretung ihrer Interessen gebildet.

Mit Bezug zur Interessenvertretung in den Unternehmen der sog. ›Neuen Wirtschaft‹ wurden in jüngster Zeit ebenfalls andere Formen kollektiver Interessenvertretung thematisiert (vgl. beispielsweise Abel u.a. 2005; Abel/Pries 2005; Artus u.a. 2006; Bertelsmann-Stiftung/Hans-Böckler-Stiftung 2002; Boes u.a. 2003; Boes 2004; Ittermann 2003b; Ittermann/Niewerth 2004; Lücking 2006; Kluge 2001; Voß/Wilke 2002). Dabei konnten empirisch unterschiedliche Partizipationsmodelle nachgewiesen werden, die gekennzeichnet sind durch eine jeweils spezifische Kombination aus individueller Selbstvertretung, betriebsrätlicher und/oder

15 Neuere IAB-Daten zeigen allerdings deutlich höhere Werte, die sich jenseits der 10-Prozent-Marke bewegen (vgl. Ellguth 2007).

nicht-betriebsrätlicher Kollektivvertretung und der durch die Charakteristika des Leistungserstellungsprozesses bedingten direkten Partizipation der Beschäftigten. Der Großteil dieser Veröffentlichungen basiert auf Fallstudienergebnissen und konzentriert sich auf die Interessenvertretung von hochqualifizierten Beschäftigten in expandierenden Dienstleistungsbranchen. Es bleibt deshalb schwer abzuschätzen, inwiefern es sich bei den Forschungsbefunden um singuläre Ergebnisse handelt, die den Besonderheiten der Beschäftigten (Qualifikation, Alter), der Betriebe (Betriebskultur) oder des Leistungserstellungsprozesses (Softwareentwicklung) geschuldet sind.

Artus u.a. (2006) haben systematischer in verschiedenen Branchen Fallstudien zur Interessenregulierung in Betrieben ohne Betriebsrat durchgeführt. Dabei zeigt sich unter anderem, dass die Kontextbedingungen und Gründe der Abwesenheit von Betriebsräten wie auch die Möglichkeiten der Beschäftigten, ihre Interessen in diesen Betrieben durchzusetzen sehr stark variieren – nach der Branche, dem Qualifikationsniveau, der vorherrschenden Unternehmenskultur etc. (vgl. auch Lücking 2006). Generell kann zwar davon ausgegangen werden, dass der Bereich der Betriebe ohne Betriebsrat nicht automatisch eine »mitbestimmungsfreie Zone« und noch weniger eine »partizipationsfreie Zone« (Abel u.a. 2005; Addison u.a. 2002) darstellt. Allerdings sind die wissenschaftlich gesicherten Erkenntnisse über die Vertretungsformen und Beteiligungselemente der Beschäftigten in diesen Betrieben noch sehr rudimentär.

Die *Kontextfaktoren* beziehungsweise Bestimmungsgründe der Existenz von Betriebsräten wurden bislang in einer Reihe von Untersuchungen thematisiert (vgl. Ellguth 2006; siehe auch Addison u.a. 1999; Frick/Sadowski 1995; Schnabel/Wagner 2001). Studien zu den Kontextfaktoren anderer, »betriebsspezifischer« Formen der Mitarbeitervertretung waren demgegenüber bislang ausschließlich auf Basis des IAB-Panels möglich (vgl. Ellguth 2003; Ellguth 2006).[16] Mit Hilfe multivariater Analysen stellt Ellguth dabei fest, dass die Wahrscheinlichkeit für das Auftreten von Betriebsräten durch eine Vielzahl von betrieblichen Strukturmerkmalen und Beschäftigtencharakteristika beeinflusst wird. Zentrale, starke Prädiktoren sind dabei die Betriebsgröße, die Betriebsstruktur (Mehrbetriebsunternehmen) und die Tarifbindung. Darüber hinaus sind auch Brancheneffekte nachweisbar.

16 Schnabel und Wagner (2001) untersuchen mit den Daten des Hannoveraner Firmenpanels die Determinanten von Gruppenarbeit oder Beteiligungsformen, die keine *Organe* der Interessenvertretung oder Interessenregulierung in unserem Sinne darstellen.

Bezüglich der Beschäftigtenmerkmale zeigen sich positive Einflüsse hoher Anteile qualifizierter Arbeitnehmergruppen (Facharbeiter oder Beschäftigte mit Hochschulabschluss).

Die Erklärung der »betriebsspezifischen Mitarbeitervertretungen« gelingt demgegenüber weniger gut, und das Modell weist eine weitaus geringere Anzahl signifikanter Einflussfaktoren als für die Betriebsratsvariable aus; für das Subsample der ostdeutschen Betriebe ergeben sich nur zwei signifikante Einflüsse. Für die westdeutschen Betriebe zeigt sich, dass auch die Existenz »betriebsspezifischer Mitarbeitervertretungen« durch Größe, Betriebsstruktur und Tarifbindung positiv beeinflusst wird. Zwar besteht ein positiver Zusammenhang zwischen dem technischen Stand im Betrieb und der Existenz betriebsspezifischer Vertretungsorgane, was auf die Bedeutung ›moderner‹ Interessenvertretungsformen in beispielsweise jungen und hochqualifizierten Dienstleistungsbetrieben schließen ließe. Ein damit korrespondierender, interpretierbarer (signifikanter) Effekt überwiegend hochqualifizierter Belegschaften lässt sich jedoch nicht nachweisen (Ellguth 2006: 66ff.). Ein zentrales Problem weitergehender Analysen auf Basis der IAB-Daten scheint dabei einerseits darin zu liegen, dass einige wichtige, mögliche Einflussfaktoren nicht abgebildet werden können. Andererseits erlauben die Daten keine Binnendifferenzierung der ›anderen Mitarbeitervertretungen‹, wodurch die in einigen Falluntersuchungen angedeutete Heterogenität dieser Organe (vgl. beispielsweise Artus u.a. 2006; Ittermann/Niewerth 2005; pol-di.net 2001; siehe auch Hauser-Ditz u.a. 2006b sowie Abschnitt 2.1.2 und Kapitel 4 dieses Forschungsberichtes) nicht angemessen erfasst werden kann.

Aus dem skizzierten Stand der Forschung ergeben sich zunächst zwei Fragenkomplexe, die Gegenstand der späteren empirischen Untersuchung sein werden:

- Welche Formen der individuellen und kollektiven Interessenvertretung finden sich in welchem Ausmaß in den Betrieben der deutschen Privatwirtschaft?[17] Angesichts der benannten Forschungsdesiderata interessiert dabei vor allem, welche anderen, gesetzlich nicht geregelten Formen kollektiver Vertretung existieren und wie sie sich auf Betriebe unterschiedlicher Branchen und Größensegmente verteilen.
- Welche Kontextbedingungen und Strukturmerkmale der Betriebe und Beschäftigten beeinflussen die Wahrscheinlichkeit der Existenz dieser

17 Zur Abgrenzung der Grundgesamtheit vgl. Abschnitt 2.4.1.

unterschiedlichen Formen der betrieblichen Interessenregulierung? Welches sind die zentralen Faktoren, die die Entstehung von Betriebsräten und AVOs bedingen?[18]

2.1.2 Strukturen, Funktionen und Arbeitsweisen kollektiver Interessenvertretungsorgane

Neben der quantitativen Verbreitung verschiedener Formen von Interessenvertretung ist aufgrund der bislang geringen Kenntnisse über AVOs vor allem deren *inhaltliche Arbeit und Funktion* in der betrieblichen Praxis von großem Interesse. In Bezug auf das Selbstverständnis, die Tätigkeitsschwerpunkte und die Arbeitsweisen von Betriebsräten sowie deren Beziehungsstrukturen zur Belegschaft, zum Management, zu den Gewerkschaften und zu außerbetrieblichen Akteuren liegen eine Vielzahl qualitativer Studien (vgl. beispielsweise Bosch u.a. 1999; Kotthoff 1981; 1994; Trinczek 1989; 1993) und einige breitere, quantitative Untersuchungen vor (vgl. beispielsweise Ellguth/Ahlers 2003; Müller-Jentsch u.a. 1998; Niedenhoff 1999; Schäfer 2005). Wenn Betriebsräte auch auf einer einheitlichen formalisierten Rechtsbasis konstituiert werden und agieren, so gibt es in der Praxis jedoch nicht *den* Betriebsrat. Betriebsräte unterscheiden sich bezüglich ihrer Strukturen und Arbeitsweisen, ihrer Funktionen und nicht zuletzt ihrer Vertretungswirksamkeit erheblich von dem, was gesetzlich normiert ist. Diese faktische Heterogenität wurde in der Mitbestimmungsforschung mit Hilfe einer Reihe von Typologien erfasst (vgl. beispielsweise Dilger 2002; Kotthoff 1994; Müller-Jentsch/Seitz 1998; Osterloh 1993). Das Hauptaugenmerk vieler Untersuchungen liegt dabei auf der Frage, ob und unter welchen Umständen Betriebsräte eine »wirksame« oder eher eine »defiziente« Vertretung und Durchsetzung der Beschäftigteninteressen realisieren können (Kotthoff 1994). Dabei wird betont, dass der Betriebsrat in

18 Die Beantwortung dieser Fragen ist von grundsätzlichem wissenschaftlichen Interesse, vor allem um denjenigen Bereich von Betrieben stärker auszuleuchten, in dem keine formellen Betriebsratsstrukturen existieren und in dem immerhin etwa die Hälfte aller in Deutschland abhängig Beschäftigten tätig sind. Nur genauere Kenntnisse hierzu werden etwa Prognosen über die mittelfristigen Stabilitätsbedingungen und zu den möglichen Entwicklungsverläufen der Erwerbsregulierung in Deutschland möglich machen. Von praktischer Relevanz ist die Klärung dieser Fragen, weil hierdurch mögliche Folgewirkungen der gegenwärtigen Verbetrieblichungstendenzen für die Betriebe selbst, aber auch für die Tarifpartner und den Staat abgeschätzt werden können.

die je spezifischen betrieblichen Handlungskontexte und »Sozialordnungen« (Kotthoff/Reindl 1991) beziehungsweise »Organisations- und Verhandlungskulturen« (Bosch u.a. 1999: 29) eingebunden ist, die seine Handlungs- und Beteiligungschancen entscheidend beeinflussen. Dementsprechend rücken die interaktiven Beziehungen zwischen Interessenvertretung und Geschäftsleitung, Belegschaft und auch außerbetrieblichen Akteuren in das Blickfeld vieler Analysen. Diese Fragen der Interaktion zwischen Interessenvertretung und Geschäftsleitung, der Einfluss der Beteiligungsstrategie und die realisierten Beteiligungsniveaus werden in Abschnitt 2.1.3 und später in Kapitel 5 genauer betrachtet.

Zu den Strukturen und Arbeitsweisen von AVOs finden sich in der Literatur bislang nur einige wenige auf Fallstudien basierende Forschungsergebnisse.[19] AVOs wurden in jüngster Zeit hauptsächlich mit starkem Bezug zur Interessenvertretung in Betrieben der ›Neuen Wirtschaft‹ thematisiert (vgl. beispielsweise Abel u.a. 2005; Artus u.a. 2006; Ittermann/Niewerth 2004; pol-di.net 2001; Schmierl/Heidling 2004; Schmierl 2006).[20] In der betrieblichen Praxis firmieren solche Gremien unter verschiedenen, oft schillernden Bezeichnungen wie ›crew doctors‹, ›coaches‹, ›Unternehmensphilosophen‹, Runde Tische, Ältestenräte oder Sprecher. Dabei ist jedoch von Bedeutung, dass sich AVOs nicht nur *nominal*, also bezüglich ihrer Bezeichnungen im Betrieb, sondern vor allem auch *strukturell* zum Teil erheblich unterscheiden (vgl. auch Hauser-Ditz u.a. 2006a; Hauser-Ditz u.a. 2006b und Kapitel 3 und 4 dieses Forschungsberichts). Die Sichtung der einschlägigen Literatur erweckt dabei zunächst den Eindruck, dass AVOs bezüglich ihrer Zusammensetzung, Funktionen und Arbeitsweisen in einer enormen Vielfalt betriebsspezifischer Modelle mit nahezu allen denkbaren Ausprägungen und Kombinationen existieren (pol-di.net 2001). Bei AVOs scheint es sich nicht um einen kohärenten Typus betrieblicher Interessenvertretung, sondern eher um eine *Vielzahl unterschiedlichster Modelle* betrieblicher Interessenregulierung zu handeln, von denen einige möglicherweise eher als Routinen oder Verfahren und weniger als klar definierte Gremien zu bezeichnen sind. Die Grenzen zwischen dauerhaften Gremien

19 Die Breitenerhebung des IAB-Panels erlaubt lediglich die Untersuchung des Vorkommens eines Betriebsrats und einer »andere[n] betriebsspezifische[n] Form der Mitarbeitervertretung«, während über deren Strukturen, ihre »Genese oder das mögliche Beteiligungspotenzial […] keine Informationen zur Verfügung [stehen]« (Ellguth 2005: 152).

20 Zur Verbreitung und Funktion von AVOs in mittelständischen Betrieben s. neuerdings auch Schlömer u.a. 2007.

mit festen Strukturen, Mitgliedern und Aufgaben einerseits und ›fluiden‹ Formen regelmäßiger (und mitunter durchaus institutionalisierter) Versammlungen andererseits sind dabei fließend (vgl. Schlömer u.a. 2007).

Bezogen auf den Grad der *Formalisierung* existieren in der Praxis unterschiedliche AVO-Modelle: Während einige Gremien auf Basis einer Satzung oder einer Vereinbarung agieren (vgl. Abel/Ittermann 2006: 206), die zwischen Belegschaft und Geschäftsleitung ausgehandelt wurden, handelt es sich bei anderen eher um recht informelle Routinen oder Handlungsgewohnheiten, die sich im Zeitverlauf zu mehr oder weniger festen Mustern verdichtet haben. Letzterer Kategorie sind beispielsweise verschiedene Formen von Versammlungen zuzurechnen. Für die ›Neue Wirtschaft‹ finden Ittermann und Niewerth eine hohe Bedeutung solcher ›Meetings‹, die sich oft aus den funktionalen Kommunikationsanforderungen oder der zunehmenden Komplexität der projektförmigen Leistungserstellungsprozesse ergeben und die in unterschiedlichen zeitlichen Abständen tagen oder einberufen werden (Ittermann/Niewerth 2005).

Auch bezüglich ihrer *Funktionen, Aufgaben* und *thematischen Schwerpunkte* unterscheiden sich die bislang untersuchten Organe erheblich. Während einige prinzipiell nur die Rolle eines Informationsübermittlers zwischen Geschäftsleitung und Belegschaft beziehungsweise bestimmten Belegschaftssegmenten wahrnehmen, fungieren andere eher als Organe der Interessenvertretung beziehungsweise Interessenregulierung zwischen Geschäftsleitung und Beschäftigten. Einige der AVOs agieren – in Analogie zum Betriebsratsmodell – als Interessenvertreter aller abhängig Beschäftigten eines Betriebes. Sofern es sich nicht um Ein-Personen-Organe handelt – wie beispielsweise bei einem Belegschaftssprecher – wird bei der Bildung des Gremiums teilweise Wert darauf gelegt, dass die Struktur der Belegschaft im Gremium abgebildet wird (Schmierl/Heidling 2004). Bei anderen Gremien wählt die Geschäftsleitung gezielt Führungskräfte oder ›Leistungsträger‹ aus, die bei unternehmenspolitischen, strategischen Fragen beteiligt werden (vgl. beispielsweise Abel/Ittermann 2006). Die Thematiken, die AVOs behandeln, variieren dabei erheblich in Abhängigkeit von der primären Zielsetzung der Organe. Während von der Geschäftsleitung eingerichtete Gremien als Berater auch bei strategischen Fragen fungieren, kümmern sich andere (auch) um ›typische‹ Betriebsratsthemen wie die Vermittlung bei und Flankierung von Entlassungen, individuelle Problemlagen oder Konflikte mit den Vorgesetzten (Abel/Ittermann 2006: 205ff.; Schmierl 2006).

Vor dem Hintergrund dieser Forschungslandschaft lassen sich zahlreiche Desiderata ausmachen, die eine tiefergehende Untersuchung sinnvoll erscheinen lassen: Zunächst stellt sich die Aufgabe einer systematischen Analyse der inneren Strukturen, der Arbeitsweisen und betrieblichen Funktionen von AVOs sowie deren Chancen und Möglichkeiten, unterschiedliche betriebliche Themenfelder zu besetzen. Darüber hinaus wurde bislang nicht auf breiter Basis untersucht, welche Beziehungen AVOs zu betrieblichen und außerbetrieblichen Akteuren unterhalten und wie ihr Verhältnis zur Belegschaft (beziehungsweise Belegschaftssegmenten), zur Geschäftsleitung oder zu Gewerkschaften gestaltet ist. Die folgenden Fragen sollen in Kapitel 4 auf Basis der BISS-Daten beantwortet werden:

– Wie sind die verschiedenen Interessenvertretungsgremien – Betriebsräte auf der einen Seite, AVOs beziehungsweise verschiedene Typen von AVOs auf der anderen Seite – *strukturiert*?
– Welche *Funktionen* übernehmen die verschiedenen Interessenvertretungsgremien? Wie arbeiten sie und welche *Themen* werden bearbeitet? Hierbei ist auch von Interesse, ob sich in den Daten Hinweise finden lassen, dass es sich bei AVOs um *dauerhafte* Gremien handelt, deren primäre Funktion die *Vertretung der Beschäftigteninteressen* ist.
– Auf welche Weise *interagieren* sie mit anderen betrieblichen (Geschäftsleitung, Beschäftigte) und außerbetrieblichen Akteuren? Welche Rolle spielen Gewerkschaften für die Arbeit von AVOs im Vergleich zu den Betriebsräten?
– Welche *Faktoren* beeinflussen die Strukturen und Arbeitsweisen der Interessenvertretungsorgane? Mit welchen Kontextvariablen variieren beispielsweise die Größe und die Ressourcenausstattung von Betriebsräten und AVOs? Hierbei ist unter anderem interessant, inwieweit von einem ›normierenden Effekt‹ der institutionellen Regelungen und Vorgaben des BetrVG gesprochen werden kann oder ob andere Aspekte, wie die Form der Aushandlungsbeziehungen zwischen den Betriebsparteien, die Struktur der Betriebe etc., die gesetzlichen Regelungen überlagern.

2.1.3 Managementstrategien und Beteiligungschancen

2.1.3.1 Managementstile, Beteiligungsstrategien und Interessenvertretung

Als zentrale Kontextbedingungen betrieblicher Interessenregulierung wurden bereits die Sozialbeziehungen im Betrieb sowie die Grundhaltungen und Beteiligungsstrategien des Managements genannt. Vor allem für AVOs ist aufgrund des Fehlens einer externen Rechtsbasis davon auszugehen, dass innerbetriebliche Aushandlungsprozesse und Managementphilosophien (Bosch u.a. 1999; Trinczek 1993) eine prominente Rolle für ihre Gestaltung und ihre Interessenvertretungschancen besitzen. In der Literatur finden sich zahlreiche Ansätze einer Abgrenzung verschiedener Typen von Management in Bezug auf die Beteiligungshaltung und die Einbindung der Mitarbeiter und Interessenvertretungen (Böhm/Lücking 2006; Bosch u.a. 1999; Trinczek 1987; 1993). Dabei lassen sich einerseits unterschiedliche Orientierungsmuster und Leitbilder des Managements unterscheiden; andererseits werden seit geraumer Zeit Beteiligungsstrategien im Rahmen von ›*Human Resource Management*‹ (HRM) und neuen Arbeitsformen diskutiert.

Bei ihrer Untersuchung in »Betrieben ohne Betriebsrat« haben Böhm und Lücking (2006) über eine qualitative Managementbefragung ein Konzept kollektiver Orientierungsmuster und spezifischer Einstellungen des Managements in Bezug auf die Einbeziehung und Beteiligung von Beschäftigten entwickelt. Ein wichtiger Aspekt betrieblicher Interessenregulierung ist dabei die Haltung des Managements gegenüber kollektiver Beteiligung und der Institution des Betriebsrates. Teilweise geht es dem Management darum, mit Hilfe geeigneter Führungskonzepte die Sozialintegration der Beschäftigten soweit sicher zu stellen, dass ein Betriebsrat von Seiten der Beschäftigten als überflüssig empfunden wird. Dabei lassen sich zwei Varianten von Führungskonzepten unterscheiden, die jeweils mit spezifischen Orientierungsmustern verbunden sind: Die offensive Überwindung des Modells Betriebsrat wird im Rahmen von »neo-paternalistischen« oder »versachlicht-leistungsbezogenen« Orientierungsmustern angestrebt; während Führungskonzepte zur defensiven Vermeidung von Betriebsräten bei »pragmatisch-interessenbezogenen« oder »hierarchisch-autoritären« Orientierungsmustern anzutreffen ist (Böhm/Lücking 2006). Auch Bosch u.a. (1999) ermitteln einen Unternehmenstyp, in dem trotz Existenz eines Betriebsrates ein Pakt zwischen Eigentümer und Belegschaft besteht, der den

Betriebsrat zumindest partiell ausschließt. In der Typologie von Bosch u.a. spricht man in diesem Fall von einer patriarchalischen Betriebsfamilie.

Als eine spezifische Form von Beteiligung werden in jüngerer Zeit Formen von HRM, neue, partizipative Arbeitsformen sowie materielle und immaterielle Beteiligungsangebote diskutiert (vgl. beispielsweise Braun 2002; Fischer 1998; Minssen 2001; Weitbrecht/Fischer 1993). Dabei stehen neben den oben angesprochenen Leitbildern oder Orientierungen managementbezogene Führungsprinzipien im Zentrum. Für die Frage kollektiver betrieblicher Interessenvertretung besitzen die Aspekte von HRM und neuen Arbeitsformen deshalb eine besondere Relevanz, weil eine Interdependenz der Beteiligung auf individueller und kollektiver Ebene vermutet werden kann (Braun 2002; Fischer 1998).

Im Mittelpunkt von Fischers Arbeit steht die Frage, inwieweit HRM die betriebliche Sozialordnung im Hinblick auf Kooperation und Konflikt zwischen Management, Betriebsrat und Arbeitnehmern zu verändern vermag. Er gelangt anhand seiner empirischen Überprüfung zu der Feststellung, dass HRM nicht nur zu einem Anstieg der Kooperation in den individuellen Arbeitsbeziehungen führt, sondern auch in den kollektiven Arbeitsbeziehungen (Fischer 1998: 178): »Das Praktizieren von HRM verändert über direkte und über indirekte Effekte die Sozialordnung im Betrieb dahingehend, dass sie sich zu einer gemeinschaftlichen Form mit kooperativen Beziehungen zwischen Management, Betriebsrat und Arbeitnehmer entwickelt« (ebd.: 179).

Während so genanntes ›hartes‹ HRM eher unter dem Gesichtspunkt der Kostenkontrolle auf die funktionalen Kosten- und Effizienzeffekte von HRM-Maßnahmen setzt, stehen beim ›weichen‹ HRM die Faktoren Kommunikation und Motivation sowie die langfristige Investition in die Fähigkeiten der Beschäftigten im Zentrum. Braun unterscheidet anhand der Ausprägungen ›weiches‹/›hartes‹ HRM (individuelle Ebene) und Kooperation/Konflikt beziehungsweise Neutralität (kollektive Ebene) zwischen instrumentalistischen, traditionalistischen, dualistischen und individualistischen Sozialbeziehungstypen (Braun 2002: 207). Elemente ›harten‹ HRMs können dabei auch als (Betriebsrats-)Vermeidungs- oder Verdrängungsstrategie des Managements interpretiert werden.

Während das Zusammenspiel von individueller und kollektiver Beteiligungsstrategie bislang nur in Ansätzen beleuchtet wurde, scheint eines der individuellen Beteiligungselemente bereits relativ gut erforscht zu sein. Zum Bereich der *materiellen Beteiligung* von Mitarbeitern und deren wirtschaftlichen Auswirkungen findet sich für Deutschland wie international eine Vielzahl von empirischen Untersuchungen. Für Deutschland kommt die überwiegende Mehrzahl der vorliegenden Studien zu dem Ergebnis, dass materielle Beteiligungsformen mit positiven Produktivitäts- und Beschäftigungseffekten für die Unternehmen verbunden sind. Exemplarisch können hier die Studien von Möller (2000), Schnabel/Wagner (1999), Strotmann (2002) und dem Institut für Arbeitsmarkt- und Berufsforschung (IAB 2001) genannt werden. Eine ifo-Umfrage zum Ende des Jahres 2001 bestätigt ebenfalls die Ergebnisse und Trends des IAB-Betriebspanels (Hofmann/Munz 2002).[21]

Vorliegende Analysen auf der Basis von IAB-Daten (Strotmann 2002) stellen zudem fest, dass in Betrieben mit Betriebsrat Gewinn- und Kapitalbeteiligungsmodelle weiter verbreitet sind als in Betrieben ohne Betriebsrat. Darüber hinaus haben Betriebe mit materieller Mitarbeiterbeteiligung im erfragten Zeitraum in großem Umfang auch Maßnahmen durchgeführt, die der stärkeren Einbindung der Mitarbeiter in betriebliche Entscheidungsprozesse dienen.

Beteiligungschancen kollektiver Interessenvertretungsorgane

Viele Studien zu den Arbeitsweisen, den bearbeiteten Thematiken und Funktionen von Betriebsräten behandeln diese Aspekte gerade auch im Hinblick auf die Frage, inwiefern Betriebsräte in der Lage sind, die Interessen der Belegschaft effektiv zu vertreten. Bezugspunkt der Diskussionen sind dabei die betriebsverfassungsgesetzlich kodifizierten Rechte des Betriebsrats. In der Regel werden unterschiedliche *Intensitäten* von Beteiligung und verschiedene Beteiligungs-*Gegenstände* beziehungsweise -Themenfelder differenziert (vgl. beispielsweise Keller 1997; Müller-Jentsch 1997; Niedenhoff 1990). Bezogen auf die Intensität der Beteiligung werden häufig Informationsrechte, Konsultations- oder Beratungsrechte und (echte) Mitbestimmungs- beziehungsweise Vetorechte unterschieden. Besonders bei *sozialen* Themen, wie Arbeitszeit, Entgelt oder Qualifizierung, verfügen die Betriebsräte über weitreichende Mitentscheidungsrechte. Bei *personellen* Angelegenheiten wie Einstellungen oder Entlassungen dominieren Konsultations- und Beratungsrechte. Die schwächste Form der Beteiligung, die

21 Als einzige der o.g. Studien, die keine positiven (auch keine schwach positiven) Effekte auf die Produktivität feststellen konnte, ist die Untersuchung von Wolf/Zwick 2002) zu nennen.

Informationsrechte, beziehen sich auf *wirtschaftliche* Fragen wie beispielsweise Investitionsplanungen.

Studien, die die *Vertretungswirksamkeit* und die Beziehungen zwischen Management und Betriebsrat thematisieren, stimmen dabei in dem Befund überein, dass die von Betriebsräten in der betrieblichen Praxis realisierten Beteiligungschancen erheblich von den gesetzlichen Vorgaben abweichen (Bosch u.a. 1999; Kotthoff 1994; Lengfeld 2003; Osterloh 1993). Die Frage, ob in einem Betrieb ein hoher »Wirkungsgrad« der Mitbestimmung (Lengfeld 2003) erreicht wird, ist dabei weniger von den formalrechtlichen Bestimmungen als von der Gestalt der betrieblichen Aushandlungskultur, den grundlegenden Haltungen und Einstellungen sowie von den Beziehungen zwischen den Betriebsparteien beeinflusst. Dies führt dazu, dass unter gewissen Umständen – einer kooperativen Verhandlungskultur oder einem beteiligungsorientierten Management – die Interessenvertretung durchaus weitreichendere Beteiligung realisieren kann, als im BetrVG vorgesehen ist. Umgekehrt leiden »defiziente« Betriebsräte (Kotthoff 1994) in der Regel unter einer beteiligungsaversen, repressiven Geschäftsleitung oder fehlendem Rückhalt in der Belegschaft (ebd.).

Einige Ergebnisse empirischer Untersuchungen zum Verhältnis zwischen Management und Betriebsrat lassen darauf schließen, dass trotz der vielerorts beschriebenen beteiligungsaversen Haltung von Managern eine zunehmende Einbeziehung von Betriebsräten in die betrieblichen Managementaufgaben stattfindet (Ellguth/Ahlers 2003; Kotthoff 1994; Müller-Jentsch/Seitz 1998). Demnach ist ein Großteil der Betriebsräte ein vom Management akzeptierter und respektierter Ansprechpartner, der dem Typus des »Co-Managers« zugerechnet werden kann (Müller-Jentsch 1997: 275).

Mit Bezug auf Interessenvertretungs- und Partizipationsformen jenseits der institutionalisierten Mitbestimmung durch Betriebsräte wird das Thema in jüngster Zeit auch von einigen wenigen Studien zu den Interessenregulierungsformen in ›neuen‹ Dienstleistungsbranchen thematisiert (Abel u.a. 2005; Abel/Ittermann 2006). Dabei wird die Frage beleuchtet, welche Vertretungswirksamkeit der Beschäftigteninteressen verschiedene Partizipationsstrukturen – vornehmlich *Selbstvertretung* beziehungsweise aus dem Leistungsprozess resultierende Partizipation – jenseits des Betriebsrats erreichen.

In einigen AVOs sind Mitsprache- beziehungsweise Mitentscheidungsmöglichkeiten der Beschäftigten nur rudimentär angelegt (Ittermann/Niewerth 2005: 137). Trotz der nicht gesetzlich verankerten Rechte können AVOs jedoch teilweise als »vertretungswirksam« bezeichnet werden. Die Bedingungen liegen dabei einerseits in einer hohen Akzeptanz der Gremien bei der Geschäftsleitung und einem hohen Rückhalt in der Belegschaft, der es der Geschäftsleitung schwer macht, gegen den Widerstand des Gremiums zu handeln, und andererseits in der zunehmenden Professionalisierung der Interessenvertretung (Abel/Ittermann 2006: 206f.)

Die wenigen vorliegenden Studien geben wichtige Einblicke in die Arbeit und Interessenvertretungspraxis von AVOs. Ein Teil der untersuchten AVOs besitzt demnach in bestimmten Gegenstandsbereichen durchaus weitgehende Beteiligungsrechte; in anderen Regulierungsfeldern haben AVOs eher den Charakter von ›Informationstransmittern‹, die aufgrund fehlender gesetzlicher Fundierung vom ›*good will*‹ beziehungsweise der (immer wieder zu reproduzierenden) Vertrauenskultur im Betrieb abhängen. Die Frage der Vertretungswirksamkeit von AVOs lässt sich auf Basis der vorhandenen empirischen Erkenntnisse jedoch nicht gesichert beziehungsweise lediglich für den Bereich neuer Dienstleistungen und privatwirtschaftlicher Sektoren mit einem hohen Anteil Hochqualifizierter erhellen. Diese Sektoren stellen jedoch vermutlich aufgrund der spezifischen partizipativen Leistungsprozesse und der hohen Primärmacht der Beschäftigten Sonderfälle dar. Insofern bleibt zu klären, inwiefern AVOs die Interessen der abhängig Beschäftigten tatsächlich ›vertreten‹ und ob sie überhaupt als ›Interessenvertretung‹ (und damit als prinzipiell mögliches Alternativmodell zum Betriebsrat) bezeichnet werden können.

Für die individuelle Beteiligung der Beschäftigten lässt sich resümieren, dass »in einigen Bereichen weitgehende Mitbestimmungsmöglichkeiten für die Beschäftigten existieren, während in anderen Bereichen die Beteiligungsangebote hinter den gesetzlich gewährten Teilhaberechten zurückbleiben« (Abel/Ittermann 2006: 217). Unternehmen ohne Betriebsräte weisen dabei »nicht per se ›defiziente Interessenvertretungsstrukturen‹ beziehungsweise eine schwächere ›Partizipationsintensität‹ [auf] als Unternehmen mit kollektiven Interessenvertretungen« (Abel/Ittermann 2006: 218). In einigen Betrieben ist vielmehr dem Betriebsrat ein im Vergleich zu den ausgeprägten Selbstvertretungsstrukturen deutliches Beteiligungsdefizit zu attestieren.

Das Kapitel 5 dieses Forschungsberichtes wird auf Basis der BISS-Befragung die Beziehungen zwischen verschiedenen Formen kollektiver Interessenvertretung – Betriebsräte und AVOs – untersuchen. Dabei wird gefragt, auf welchen Ebenen betriebliche Entscheidungen getroffen werden, wie das Verhältnis der verschiedenen Ebenen zueinander gestaltet ist und welche Bedingungen die Beteiligungsstärke der Kollektivorgane Betriebsrat und AVO beeinflussen. Folgende Fragenkomplexe stehen dabei im Zentrum:

- Welche Formen der *Managementorientierung* und *Beteiligungsstrategien* finden sich in den Betrieben der deutschen Privatwirtschaft und wie beeinflussen sie die Herausbildung und Arbeitsweise verschiedener Formen von betrieblicher Interessenregulierung beziehungsweise von Interessenvertretungsorganen?
- Welche Vertretungswirksamkeit beziehungsweise welches *Ausmaß an Beteiligung* können Betriebsräte und AVOs auf verschiedenen betrieblichen Regulierungsfeldern realisieren? Wie unterscheiden sich hierbei die Sichtweisen der Geschäftsleitungen und der Interessenvertreter?
- Welche *Faktoren* beeinflussen das Beteiligungsniveau von Betriebsräten und AVOs? In welchem Maße hängen Umfang und Intensität der realisierten Beteiligung beziehungsweise die Vertretungswirksamkeit von den Vorgaben des BetrVG ab und welche Rolle spielen andere, betriebskulturelle, personen- (Beschäftigte, Management, Interessenvertreter) oder aushandlungsbezogene Aspekte für die Beteiligungsrealität in den Betrieben?
- Wie gestaltet sich das Verhältnis von Beteiligung auf kollektiver und individueller Ebene?

2.1.4 Regulierungsoutput verschiedener Interessenvertretungsformen

Die Diskussion um die *wirtschaftlichen Effekte* unterschiedlicher Formen der betrieblichen Interessenregulierung nimmt seit Jahren sowohl in den wissenschaftlichen Diskursen als auch in den politischen Debatten einen bedeutenden Stellenwert ein. Etwa seit Mitte der 1990er Jahre wurde der Einfluss von Betriebsräten auf verschiedene betriebliche und betriebswirtschaftliche Performance-Aspekte – die Ertragslage (Dilger 2002), den Umsatz (Addison u.a. 2004), die Wertschöpfung (Frick/Möller 2003; Frick 2005), Personalfluktuationen (Dilger 2002; Frick/Möller 2003; Frick 2005) oder die Innovationskraft bezüglich der Produkte und Prozesse eines Unternehmens (Addison u.a. 2005; Hübler 2003) – mit Hilfe größerer empirischer Erhebungen untersucht. Die Ergebnisse dieser Untersuchungen variieren dabei zum einen bezogen auf die verschiedenen thematisierten *Gegenstände*. So wird teilweise herausgestellt, dass Betriebsräte beispielsweise im Hinblick auf die Produktivität positiv, im Hinblick auf die Ertragslage negativ zu bewerten sind. Zum anderen widersprechen sich verschiedene Studien, die auf unterschiedlicher empirischer Basis durchgeführt wurden, teilweise grundsätzlich in ihren Resultaten.

Auf Grundlage der ersten Welle des Hannoveraner Firmenpanels[22] untersuchen Addison u.a. (1999) den Zusammenhang von Betriebsrat und der vom Management subjektiv eingeschätzten *Ertragslage*. Sie ermitteln einen signifikant negativen Zusammenhang zwischen der Existenz eines Betriebsrates und der Ertragslage (Addison u.a. 1999; Addison/Wagner 1997). Ihre Untersuchung haben sie im darauffolgenden Jahr erweitert und bestätigen ihre vorangegangenen Ergebnisse für Betriebe bis zu einer Größe von 100 Beschäftigten. Bei Betrieben mit mehr als 100 Beschäftigten ist der Zusammenhang zwischen Betriebsrat und Ertragslage positiv, jedoch nicht signifikant (Addison u.a. 2000). Die Untersuchung von Jirjahn (1998) auf Grundlage des Hannoveraner Firmenpanels erweitert den Einfluss des Betriebsrates auf die *Wertschöpfung* des Unternehmens. Während die Ergebnisse des (teilweise) negativen Einflusses auf die Ertragslage von Addison u.a. bestätigt werden können, zeigt sich gleichzeitig ein signifikant positiver Einfluss des Betriebsrats auf die Wertschöpfung eines Unternehmens (Jirjahn 1998). Dieses Ergebnis wird von neuesten Untersuchungen auf Basis des IAB-Panels bestätigt (Frick 2005; vgl. auch Frick 2006).

Auch Dilger (1997, 2002) ermittelt unter Verwendung des NIFA-Panel-Datensatzes[23] einen negativen Einfluss des Betriebsrates auf die betriebliche *Ertragslage*. Im Unterschied zu den vorher genannten Studien betrachtet er Betriebsräte nicht als eine homogene Gruppe, sondern differenziert diese nach *Typen*. Dabei wird festgestellt, dass Betriebsräte, ›die sich einmischen‹ – die Beziehung zwischen Betriebsrat und Geschäftsleitung wird in Bezug auf betriebliche Reorganisationsmaßnahmen als konfrontativ oder

22 Das Hannoveraner Firmenpanel wurde zwischen 1994 und 1997 am Institut für Quantitative Wirtschaftsforschung des Fachbereichs Wirtschaftswissenschaften der Universität Hannover durchgeführt. Das Hauptanliegen des Forschungsprojektes bestand darin, die wichtigsten Handlungsbereiche von Betrieben in Niedersachsen zu analysieren und die Einflussfaktoren betrieblichen Handelns auf den Erfolg zu untersuchen.

23 »Neue Informationstechnologien und flexible Arbeitszeitsysteme«. Panelstudie des SFB 187 an der Ruhr-Universität Bochum zur technischen, betrieblichen, wirtschaftlichen und sozialen Entwicklung beim Einsatz flexibler Arbeitssysteme in der gewerblichen Wirtschaft; vgl.. Widmaier (2000).

»manchmal schwierig« eingeschätzt –, den stärksten signifikant negativen Einfluss auf die Ertragslage haben; passive, desinteressierte Betriebsräte besitzen lediglich einen nicht-signifikanten Einfluss (Dilger 1997; 2002). Neuere Untersuchungen auf der Basis des IAB-Betriebspanels konzentrierten sich auf objektiv messbare wirtschaftliche Größen wie die der Produktivität oder Wertschöpfung sowie auf Reorganisationsmaßnahmen, die auf Modernisierungsprozesse im Unternehmen schließen lassen (Jirjahn 2005). Hier konnten in der Regel positive Betriebsratseffekte ermittelt werden.

Zu anderen Partizipationsformen gibt es in Deutschland bisher kaum breitere quantifizierende Untersuchungen; diese sind eher im britischen oder US-amerikanischen Raum zu finden und beziehen sich auf Team-, Gruppen- und Ausschussstrukturen, so genannte *›high performance work systems‹* (Fernie/Metcalf 1995). Hierbei handelt es sich also eher um Partizipationsformen im Sinne neuer Arbeitsstrukturen, die in der Regel auch parallel zu einem Betriebsrat existieren können. Für den deutschen Raum untersuchen Carstensen, Gerlach und Hübler (1995) diese Partizipationsgremien anhand eines Index, der das Vorhandensein von Teamwork, Qualitätszirkeln sowie Beratungen zwischen Management und Betriebsrat misst. Sie erhalten einen insignifikant positiven Einfluss der Partizipationsformen auf die Produktivität (Carstensen u.a. 1995). Einen positiven, jedoch statistisch nicht signifikanten Einfluss von *Gruppenarbeit* auf die Ertragslage ermittelt auch Jirjahn (1998).

Für die Frage der *Arbeitszeit* existieren umfangreiche quantitative Analysen auf Basis des IAB-Betriebspanels sowie der WSI-Betriebsrätebefragung. Die IAB-Berechnungen konzentrieren sich auf den Einfluss der Betriebsratsexistenz, während AVOs lediglich als Vergleichsgröße herangezogen werden (vgl. Ellguth/Promberger 2004; 2007). Die vereinbarte Wochenarbeitszeit für Vollzeitbeschäftigte lag nach diesen Angaben im Jahr 2002 bei 38,8 Stunden in westdeutschen Betrieben und bei 39,6 Stunden in ostdeutschen Betrieben. In Westdeutschland verringerte sie sich signifikant, wenn ein Betriebsrat im Betrieb vorhanden war.

Auch das Vorhandensein von *Überstunden* wird nach den Befunden des IAB von der Betriebsratsexistenz beeinflusst. Insgesamt praktizierten im Jahr 2002 etwa die Hälfte aller Betriebe Überstunden (Ellguth/Promberger 2004), wobei die Betriebsratsexistenz auf die Anzahl der Überstunden selbst keinen signifikanten Einfluss ausübte. Allerdings ließ sich ein schwacher Zusammenhang zwischen Betriebsratsexistenz und dem Auftreten *bezahlter* beziehungsweise *ausgeglichener* Überstunden zeigen (Schank/

Schnabel 2004). Für »betriebsspezifische Formen der Mitarbeitervertretung« dagegen konnte kein Einfluss auf den Überstundeneinsatz festgestellt werden (Ellguth 2005). Allerdings lässt sich für AVO-Betriebe eine geringere *Personalfluktuation* nachweisen, ein Effekt, der auch schon für die Betriebsratsexistenz bestätigt wurde (Ellguth/Promberger 2004). Ebenso erhöhen AVOs den Anteil sozialversicherungspflichtiger Teilzeit und verringern die Wahrscheinlichkeit für das Auftreten ›prekärer‹ Teilzeit (geringfügiger Beschäftigung) im Vergleich zu Betrieben ohne Kollektivvertretung (Ellguth 2005).

Flexible *Arbeitszeitmodelle* und speziell *Arbeitszeitkonten* waren Gegenstand der WSI-Betriebsrätebefragung im Jahr 2004 (vgl. Seifert 2005). Hier zeigte sich vor allem der Einfluss der Betriebsgröße auf den Verbreitungsgrad von Arbeitszeitkonten. In den Daten des IAB-Betriebspanels war darüber hinaus eine deutliche Abhängigkeit der Arbeitszeitkonten von der Existenz eines Betriebsrates selbst nachweisbar (Ellguth/Promberger 2004).

Auch für die Verbreitung und die Inhalte so genannter *betrieblicher Bündnisse für Arbeit* existieren auf Basis der WSI-Betriebsrätebefragungen Analysen. Betriebliche Bündnisse sollen Arbeitsplätze sichern, die Wettbewerbsfähigkeit der Unternehmen stärken, die Verlagerung von Arbeitsplätzen stoppen und zur Flexibilisierung der Tariflandschaft beitragen – es wundert daher nicht, dass sie schon seit einigen Jahren Gegenstand auch der quantitativen Forschung sind (für das WSI beispielsweise Massa-Wirth/Seifert 2004; Hübler 2005a; 2005b). Hübler analysiert über die Verbreitung hinaus auch die Zusammenhänge zwischen Vereinbarung und Beschäftigungsentwicklung und die Rolle der Gewerkschaften bei Abschluss einer Vereinbarung. Er gelangt zu dem Schluss, dass eine starke Gewerkschaftsvertretung im Betrieb die Abschlusswahrscheinlichkeit eines Bündnisses tendenziell negativ beeinflusst. Zu entgegengesetzten Ergebnissen gelangt Heidemann (vgl. Heidemann 1999), der 2.800 Vereinbarungen untersucht hat. Eine eindeutige Wirkungsrichtung dieses Zusammenhangs konnte daher noch nicht ermittelt werden. Die verschiedenen Studien im Rahmen der WSI-Betriebsrätebefragung sind sich jedoch darüber einig, dass ein Großteil der Beschäftigungssicherungsvereinbarungen Zugeständnisse der Beschäftigten in den Bereichen Arbeitszeit sowie personale und organisatorische Maßnahmen beinhaltet (Hübler 2005b; Heidemann 1999). Zusagen der Arbeitgeber umfassen meist den Verzicht auf betriebsbedingte Kündigungen (Heidemann 1999; Massa-Wirth/Seifert 2004). Einschränkend muss jedoch gesagt werden, dass die hier genannten Studien sich auf die Daten der WSI-Betriebsrätebefragung und damit ausschließlich auf Betriebe mit Betriebs- oder Personalrat beziehen. Aussagen für AVOs und Betriebe ohne Kollektivvertretung sind damit nicht möglich.

Erkenntnisse über die Unterschiede zwischen Betrieben mit und ohne Betriebsrat in Hinblick auf betriebliche Bündnisse ermöglicht die Studie von Bernhold u.a. für den Maschinen- und Anlagenbau, die ein größeres Spektrum an Unternehmen abdeckt (Berthold u.a. 2003). Zum Zeitpunkt der Erhebung hatten bereits 40 Prozent der befragten Unternehmen ein betriebliches Bündnis für Arbeit abgeschlossen; 4 Prozent befanden sich in laufenden Verhandlungen. Die Ergebnisse zur Verbreitung von Bündnissen aus der WSI-Befragung fallen demgegenüber mit 23 beziehungsweise 3 Prozent im Jahre 2003 deutlich niedriger aus (Massa-Wirth/Seifert 2004). Als wichtigste Ziele der Vereinbarungen wurden bei Berthold u.a. die Verbesserung der Wettbewerbsfähigkeit (86 Prozent) sowie die Steigerung der Produktivität, die Arbeitskostenreduzierung und die Standortsicherung (jeweils über 70 Prozent) genannt. In 81 Prozent der Verhandlungen zu betrieblichen Bündnissen saßen Betriebsräte mit am Verhandlungstisch; für Gewerkschaftsvertreter galt dies in einem Viertel der Fälle.

Zwei Drittel der von Bernhold u.a. befragten Betriebe zeigten sich davon überzeugt, dass das gute Betriebsklima im eigenen Haus einen fördernden oder sogar sehr fördernden Faktor für das Zustandekommen des Bündnisses darstellte. Hierzu passt der Befund von Massa-Wirth und Seifert, die eine positive Kooperationsbeziehung zwischen Betriebsrat und Arbeitgeber als einen wesentlichen Einflussfaktor für den Abschluss von Bündnissen und von Arbeitgeberzusagen identifizierten (Massa-Wirth/-Seifert 2004). Außerbetriebliche Faktoren werden demgegenüber als kaum relevant für die Entstehung von Bündnissen erachtet.

Weit weniger erforscht ist der Zusammenhang zwischen der jeweils vorhandenen Form der betrieblichen Interessenvertretung und der *Qualität der betrieblichen Arbeitsbeziehungen*, wie sie sich etwa im Auftreten von betrieblichen Konflikten zwischen Arbeitnehmern und Arbeitgeber äußert. Zwar gibt es quantitative Untersuchungen, in denen die Konflikthaftigkeit der Beziehungen der kollektiven Akteure (Betriebsrat und Geschäftsleitung) beleuchtet wird. Hier wird in der Regel eine Einschätzung des Verhältnisses entlang der Achse Kooperation-Konflikt vorgenommen (Dilger 1997; Niedenhoff 1999; Nienhüser 2005) oder die Einberufung der Einigungsstelle (Behrens 2006) analysiert. Die Konflikthaftigkeit der individuellen Arbeitnehmer-Arbeitgeber-Beziehungen, die sich unter anderem in betrieblichen Auseinandersetzungen bis hin zu Arbeitsgerichtsverfahren äußert, wurde bisher in quantitativen Untersuchungen noch nicht in Beziehung zur vorhandenen Form der betrieblichen Interessenvertretung gesetzt.

Im Einzelnen wird Kapitel 6 dieses Forschungsberichtes folgende Fragen aufgreifen:

- Wie unterscheiden sich die *Arbeitsbedingungen* der Arbeitnehmer im Hinblick auf Arbeitszeiten, Überstunden und den Einsatz flexibler Arbeitszeitmodelle zwischen Betriebsratsbetrieben, AVO-Betrieben und Betrieben ohne kollektive Vertretung?
- Besitzt die Form der betrieblichen Interessenvertretung einen Einfluss auf die Existenz und die Ausgestaltung von betrieblichen *Bündnissen* zur Beschäftigungssicherung?
- Geben die Daten Hinweise darauf, dass die Form der betrieblichen Interessenvertretung die ökonomische *Performance* des Betriebs signifikant beeinflusst? Welche Effekte ergeben sich für das Betriebsklima und das betriebliche Konfliktniveau?

2.2 Erklärungsansätze für die Entstehung, die Struktur und die Arbeitsweise betrieblicher Vertretungsformen

In vielen Studien erfolgt die Analyse der *Bestimmungsgründe* und *Charakteristika* von Interessenvertretungsformen ohne einen systematischen Rückbezug auf theoretische Ansätze der Industrial Relations- und Organisationsforschung. Um die bestehenden Formen der individuellen und kollektiven betrieblichen Interessenvertretung typisierend zu erfassen und sie in einen systematischen Erklärungszusammenhang zu betrieblichen Struktur- und Kontextmerkmalen zu stellen, bedarf es theoretischer Annahmen zu den Voraussetzungen individueller und kollektiver Interessenregulierung. Im folgenden Abschnitt werden unterschiedliche theoretische Begründungszusammenhänge knapp skizziert und im Hinblick auf die empirisch zu untersuchenden Gegenstandsbereiche konkretisiert. Diese Überlegungen dienen vor allem der Strukturierung der späteren Datenauswertung und der Interpretation der empirischen Befunde; es geht hier keinesfalls darum, ein konsistentes Theoriemodell zu entwickeln.

Zunächst werden sechs theoretische Ansätze vorgestellt, die helfen können, die Verbreitung und Kontextbedingungen (Kapitel 3), Strukturmerkmale und Arbeitsweisen (Kapitel 4) und teilweise auch die Beteiligungschancen (Kapitel 5) verschiedener Interessenvertretungsorgane zu erklären:[24] (1) die eher funktional und effizienzbezogen argumentierende Transaktionskostentheorie, (2) das Primär- und Sekundärmacht-Konzept, (3) die organisationsbezogenen Ansätze der Betriebskultur beziehungsweise Managementstrategie/-Politik, (4) die individuenbezogenen berufskulturellen Orientierungsmuster, (5) das Pfadabhängigkeitskonzept und (6) das aus der neo-institutionalistischen Organisationsforschung stammende Modell organisationaler Felder.

Während Transaktionskostentheorie und Unternehmenskultur eher aus der Perspektive der Unternehmung die Form der betrieblichen Interessenregulierung erklären, geschieht dies beim Ansatz der Primärmacht und der berufskulturellen Orientierungsmuster aus der Perspektive der Beschäftigten. Die Erklärungsmodelle des organisationalen Feldes und der Pfadabhängigkeit fokussieren auf das Verhalten der Betriebe in ihrem jeweiligen Umfeld beziehungsweise vor dem Hintergrund ihrer historischen Entwicklung (vgl. Abb. 1).

---

24 Bei den ausgewählten Ansätzen handelt es sich um zentrale Theoriekonzepte der Organisations- beziehungsweise Industrial Relationsforschung; die Auswahl richtet sich nach dem Kriterium, ob sich mit ihrer Hilfe zentrale Einflussfaktoren auf die Betriebsrats- und AVO-Existenz, die in der Literatur und in anderen Studien behandelt werden, erfassen und Argumentationskontexten zuordnen lassen. Damit sei nicht bestritten, dass möglicherweise weitere theoretische Konzepte existieren, die dies auch leisten können.

Abbildung 1: Theoretische Ansätze zur Erklärung von Verbreitung und Charakteristika verschiedener Formen von Interessenvertretung

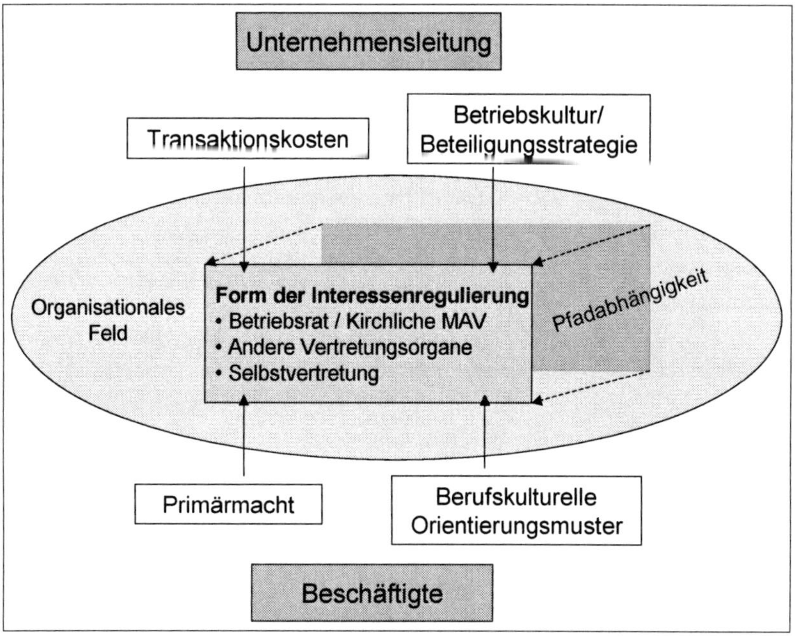

Für die Analyse der Charakteristika der Interessenvertretungsformen kann das Konzept um Überlegungen zu (7) den *Aushandlungsbeziehungen* zwischen Interessenvertretung und Geschäftsleitung und zu den Charakteristika beziehungsweise Strukturmerkmalen der Interessenvertretungsorgane ergänzt werden. Diese Erweiterung ist sinnvoll, weil beispielsweise die Mitgliederanzahl, die Verfügung über Ressourcen und nicht zuletzt der Zugang zu Informationen und die Beteiligungschancen der Interessenvertretungsorgane Gegenstand von Aushandlungsprozessen zwischen den Betriebsparteien sind.

2.2.1 Transaktionskosten

Die Existenz eines Betriebsrats wird vielfach mit Hilfe *transaktionskostentheoretischer* Argumente erklärt (Ellguth 2005; Schnabel/Wagner 2001). Der Betriebsrat als Vertretungsorgan der abhängig Beschäftigten besitzt für das Management den Vorteil, einen klar definierten, einheitlichen Ansprechpartner zu konstituieren. Informationen müssen nicht umständlich in Einzelgesprächen vermittelt und Abstimmungsprozesse nicht zwischen Geschäftsleitung und einzelnen Mitarbeitern verhandelt werden. Die Kommunikation kann im Idealfall effizient über einen eingespielten Kanal erfolgen. Der Kommunikations- und Abstimmungsaufwand und folglich die Transaktionskosten können auf diese Weise reduziert werden (Williamson 1985).[25]

Da der Koordinationsaufwand in komplexen Organisationszusammenhängen höher ist, kommen Transaktionskosteneffekte eher in Großbetrieben beziehungsweise in komplexen Organisationszusammenhängen wie Mehrbetriebsunternehmen zum Tragen als beispielsweise in Klein- und Mittelbetrieben. Aufgrund der Komplexität der Leistungserstellungsprozesse sieht das Management in Großbetrieben vermutlich eher die Vorteile kollektiver Regulierungsformen und steht möglicherweise auch der Wahl eines Betriebsrats aufgeschlossen gegenüber, wohingegen die Geschäftsleitung von KMU aufgrund der weniger komplexen Aufbau- und Ablauforganisation ein geringeres funktionales Interesse an kollektiver Regulierung haben wird. Die relativen Transaktionskosteneinsparungen sind hier geringer und werden zudem möglicherweise von anderen Aspekten überlagert, wie dem antizipierten Verlust der alleinigen Entscheidungskompetenz oder den Kosten der Finanzierung eines Betriebsrats.

Die transaktionskostentheoretischen Überlegungen können helfen, die Existenz kollektiver Formen von Interessenregulierung in Betrieben zu erklären. Als zentrale Einflussfaktoren auf das Vorkommen von Betriebsräten und AVOs erweisen sich aus dieser Perspektive die Betriebsgröße und die Unternehmensstruktur, da grundlegende Unterschiede zwischen Betrieben mit komplexen und weniger komplexen betrieblichen Austauschbeziehungen unterstellt werden. In Betrieben ab einer bestimmten Größenklasse beziehungsweise mit einer gewissen Komplexität der organisationalen Abstimmungsprozesse – als Indikator dient die Zugehörigkeit zu Konzern- beziehungsweise Mehrbetriebsunternehmen – kann erwartet werden, dass die *Geschäftsleitung ein entsprechendes Arbeitnehmergremium befürwortet* oder sogar von sich aus initiiert, um die Kosten der Information und

25 Die Verbesserung des Informationsflusses hat neben der Effizienzsteigerung der Koordination und Kommunikation auch die Reduktion von Unsicherheit und Opportunismus zur Folge, die vor allem in komplexen Organisationszusammenhängen auftreten können und die mit steigenden Transaktionskosten (beispielsweise Überwachungs- und Kontrollkosten) einhergehen (s. auch Schmidt 1992).

Aushandlung mit der Belegschaft zu verringern. In Betrieben, in denen kein Betriebsrat existiert, kann daher sogar erwartet werden, dass ein entsprechendes Alternativorgan auf Initiative der Geschäftsleitung eingerichtet wird. Dabei lässt sich erstens vermuten, dass die Geschäftsleitung nicht die Wahl eines Betriebsrates forcieren wird, der durch seine Rechte – auch gegen den Willen der Geschäftsleitung – weitgehenden Einfluss auf betriebliche Entscheidungen nehmen kann; zweitens kann erwartet werden, dass die Geschäftsleitung selbst das Organ einsetzt beziehungsweise seine Mitglieder *ernennt*, um weitest mögliche Kontrolle über dessen Aktivitäten zu behalten und sicherzustellen, dass es im Sinne der Geschäftsleitungsinteressen funktioniert und instrumentalisiert werden kann; und drittens ist – aus denselben Gründen – denkbar, dass die Geschäftsleitung selbst Mitglied des Organs ist und somit ein *gemeinsames* Kollektivorgan ähnlich dem französischem Modell der *comités d'entreprise*[26] oder dem britischen *joint consultative committee* konstituiert wird. Bezüglich der Kompetenzen dieser Organe ist davon auszugehen, dass sie primär Zwecken der Information und Konsultation dienen. Das Letztentscheidungsrecht wird sich die Geschäftsleitung vorbehalten.

Die Transaktionskostentheorie kann durchaus plausibel begründen, warum und unter welchen Bedingungen eine Geschäftsleitung die Existenz kollektiver *Informations- und Verhandlungsorgane* befürworten wird. Sie liefert jedoch *keine umfassenden und plausiblen Erklärungen für die Existenz von (originären) Interessenvertretungsorganen* der abhängig Beschäftigten. Bei Betriebsräten und, wie wir noch sehen werden, vielen anderen Kollektivvertretungen handelt es sich schließlich nicht um von der Geschäftsleitung eingesetzte Organe zur Verbesserung der betriebsinternen Kommunikationsabläufe, sondern um von den Beschäftigten gewählte Organe zum Zwecke ihrer Interessenvertretung.[27] Somit greift ein Transaktionskosten-

26 Allerdings agieren die französischen *comités d'entreprise* im Gegensatz zu den AVOs sehr wohl auf einer gesetzlichen Basis; sie werden zudem (zumindest teilweise) von der Belegschaft gewählt. Die Ähnlichkeit zwischen ihnen und den ›gemeinsamen AVOs‹ bezieht sich lediglich auf die *Struktur* der Gremien, da beide (auch) Vertreter der Geschäftsleitung einschließen.

27 Der Voice-Ansatz stellt einen entsprechenden Erklärungsansatz aus Sicht der Beschäftigten dar, wobei davon ausgegangen wird, dass die Bildung eines Kollektivorgans die Verbesserung der Interessenartikulation der Beschäftigten erlaubt (vgl. beispielsweise Freeman/Lazear 1995).

argument, welches allein auf die Effizienz von Kommunikationsbeziehungen abstellt, als alleinige Erklärung vermutlich zu kurz.[28]

2.2.2 Berufskulturelle Orientierungsmuster

Im Gegensatz zur streng-ökonomischen, funktionalen Argumentation der Transaktionskostentheorie lässt sich die Existenz verschiedener Formen kollektiver Interessenregulierung auch mit Hilfe kultureller Argumente – der auf Individuen oder Gruppen bezogenen *berufskulturellen Orientierungsmuster* und der auf die Organisation bezogenen *Betriebskultur* – erfassen. Auf der Mikroebene bilden die kulturellen und kognitiven (Wert-)Vorstellungen von Individuen oder betrieblichen Gruppen ein wichtiges Erklärungsmoment (vgl. beispielsweise Tolbert/Zucker 1983).[29] Für unsere Analysen können wir uns auf einige Aspekte der Beruflichkeit von Arbeit beschränken.[30] Bestimmte Arbeitnehmergruppen wie hochqualifizierte Angestellte

---

28 Schnabel und Wagner (2001: 452f.) argumentieren auch bezogen auf die Interessen der *Beschäftigten*, einen Betriebsrat zu initiieren, funktionalistisch: Mit steigender Betriebsgröße sieht das BetrVG ansteigende Beteiligungsrechte des Betriebsrats vor. Dies erhöhe bei Mitarbeitern großer Betriebe den Anreiz, einen Betriebsrat zu wählen. Umgekehrt wird unterstellt, dass Beschäftigte in Kleinbetrieben aufgrund der geringeren Einfluss- und Schutzrechte eines potenziellen Betriebsrats auf eine Betriebsratswahl verzichten.
Weitere wichtige Bezugspunkte transaktionskostentheoretischer Erklärungen organisationaler Strukturen und Prozesse sind Opportunismus und Unsicherheit, die letztlich jedoch nur bezüglich ihrer kostenrelevanten Effekte (auf Produktions- und Transaktionskosten) interessieren.

29 Der im organisationssoziologischen Neo-Institutionalismus konzipierte Mechanismus normativen Drucks (DiMaggio/Powell 1983) hebt dabei auf die berufskulturellen Vorstellungen und Leitbilder organisationaler Akteure ab. Argumentiert wird, dass bestimmte Berufs- oder Statusgruppen typischerweise ähnliche Sozialisationsphasen – beispielsweise den Besuch einer wirtschaftswissenschaftlichen Fakultät, eine Lehre oder Meisterschule – durchlaufen und hierbei ein typisches normatives Organisationsbild verinnerlichen, welches ihre Ansichten und Vorstellungen und damit auch ihr berufliches Alltagshandeln leitet (s. auch Scott 2001). Die fortlaufende Interaktion und Kommunikation innerhalb von Berufsnetzwerken befördert die Stabilisierung dieser kognitiven Strukturen (Kieser/Walgenbach 2003).

30 Die Auswirkungen berufskultureller Sozialisation auf die Erwerbsregulierung sind seit langem Gegenstand arbeits- und industriesoziologischer Forschung (vgl. Beck u.a. 1980; Baethge u.a. 1995; Kotthoff 1997; Fürstenberg 2000). Hierunter sollten aber nicht in enger Auslegung nur die aus der deutschen dualen Berufsausbildung bekannten Muster, sondern beispielsweise auch die in Frankreich und den USA sehr starken, auf gemeinsamem »Corpsgeist« beruhenden Gemeinschaften der Absolventen bekannter öffent-

akzeptieren den Betriebsrat typischerweise nicht als die geeignete Form ›ihrer‹ Interessenvertretung (Baethge u.a. 1995; Kotthoff 1997). Ein Betriebsrat wird oft nicht unbedingt vor dem Hintergrund rationaler Überlegungen – »Was bringt die Wahl eines Betriebsrats für mich?« –, sondern vielfach aufgrund der Wahrnehmungen und Vorstellungen von einem Betriebsrat, dessen Konnotationen (»unflexibel, gewerkschaftsdominiert, altmodisch, inkompetent« etc.) oder dem eigenen Selbstkonzept abgelehnt.[31]

Wie die Erforschung der Interessenregulierung in bestimmten Segmenten hochqualifizierter Wissensarbeit zeigte (Abel u.a. 2005; Boes/ Baukrowitz 2002; Boes u.a. 2003), treten insbesondere in solchen Bereichen andere kollektive Interessenvertretungsformen auf, in denen hochqualifizierte Angestellte in Leistungserstellungsprozessen arbeiten, die durch freie, aufgabenorientierte Arbeit charakterisiert sind. Ähnlich wie eine kleinbetriebliche Kultur die Chancen für eine Betriebsratswahl verringert, kann hier davon ausgegangen werden, dass die spezifische Branchenkultur, die wiederum durch die Berufssozialisation der dort tätigen Menschen und die jeweilige Form der Leistungserstellung geprägt ist, einen Einfluss auf die Wahl der Interessenvertretungsform besitzt.

Bezogen auf die Frage nach der *Existenz* unterschiedlicher Interessenvertretungsgremien müsste das Vorkommen von Betriebsräten und AVOs mit Status- und Qualifikationsmerkmalen der Beschäftigten und auch der Geschäftsleitungen erheblich variieren. Da im Rahmen des BISS-Projektes keine Mitarbeiterbefragung durchgeführt wurde, müssen Annahmen darüber getroffen werden, welche kulturell-kognitiven Strukturen und Verhaltensdispositionen bei bestimmten betrieblichen Gruppen typischerweise zu erwarten sind. Eine Präferenz für das Betriebsratsmodell kann bei älteren Beschäftigten und Belegschaften mit hohem Arbeiter- und Facharbeiteranteil vermutet werden. Betriebe mit einem hohen Anteil hochqualifizierter und/oder jüngerer Beschäftigter weisen demgegenüber vermutlich eher andere Formen kollektiver Regulierung oder aber Selbstvertretung

licher (wie beispielsweise der Ecole National d' Administration) oder privater (Harvard, Oxford, Stanford) Hochschulen verstanden werden (Hartmann 2001). Auch das Konzept der *epistemic communities* als Gemeinschaften, die eine bestimmte Sichtweise oder Perspektive auf ein Problem beziehungsweise einen Wirklichkeitsausschnitt teilen (Haas 1989), kann hier fruchtbar gemacht werden.

31 Dabei fungiert die Ablehnung des Betriebsrats auch als Distinktionsinstrument gegenüber den ›unteren‹ und auf betriebsrätliche Vertretung angewiesenen betrieblichen Statusgruppen. In ihrer eigenen Wahrnehmung können sich Hochqualifizierte am besten selbst vertreten und haben eine Kollektivvertretung nicht nötig.

auf. Die Mitgliedschaft in einer Gewerkschaft lässt auf eine gewisse Affinität zu Formen kollektiver Interessenvertretung schließen. Ein hoher gewerkschaftlicher Organisationsgrad sollte demnach dazu führen, dass die Belegschaft traditioneller Interessenvertretung durch einen Betriebsrat eher positiv gegenüber steht und eher einen Betriebsrat wählt, als es für mehrheitlich unorganisierte Belegschaften erwartet werden kann.

Berufskulturelle Orientierungen können zudem wichtige Hinweise bezüglich der Erklärung der *Strukturen und Arbeitsweisen* kollektiver Interessenvertretungsorgane liefern. So kann erwartet werden, dass gewerkschaftlich stark organisierte Belegschaften – sofern sie keinen Betriebsrat wählen – zumindest den AVO-Typ ›reine gewählte Arbeitnehmervertretung‹ bevorzugen. Analog hierzu kann auch die Vermutung aufgestellt werden, dass diese Arbeitnehmer weniger bereit sind, autoritäre oder einseitige Dekretierung betrieblicher Entscheidungen durch die Geschäftsleitung zu akzeptieren. Vermutlich wird eine Belegschaft mit einem hohen Anteil organisierter Beschäftigter eher versuchen, weitreichende *Beteiligungsrechte* auszuhandeln und zu realisieren, als eine unorganisierte Belegschaft. Insofern lässt sich ein positiver Effekt gewerkschaftlich gut organisierter Belegschaften auf die Beteiligungsstärke der Interessenvertretungsorgane erwarten. Für Belegschaften, die durch einen hohen Anteil von Teilzeit oder Geringfügigkeit der Beschäftigung gekennzeichnet sind, ist eher das Gegenteil zu erwarten, da das Betriebsgeschehen in geringerem Maße einen wichtigen Lebensmittelpunkt für diese Beschäftigten darstellt, als es für langjährige Vollzeitbeschäftigte angenommen werden kann.

2.2.3 Betriebskultur und Beteiligungsstrategie der Geschäftsführung

Die Partizipations- und Interessenregulierungsformen sind als Teil einer betrieblichen Sozialordnung (Kotthoff/Reindl 1990) immer auch in betriebsspezifische Kulturen und Beziehungsgeflechte eingebettet. In neueren Analysen zum betrieblichen Interessenhandeln wird der Betrieb daher analytisch als historisch »gewachsene Beziehungsstruktur« (Kotthoff/-Reindl 1991 :116) mit je eigenen »Organisations- und Verhandlungskulturen« (Bosch u.a. 1999: 29) verstanden. Wichtige betriebskulturelle Unterschiede verlaufen dabei entlang der Dimensionen der *Betriebsführung* und *Betriebsgröße*[32]: In von *Eigentümern* geführten Klein- und Mittelbetrieben herrscht oft ein Klima, in dem sowohl Geschäftsleitung als auch Beschäftigte die Einrichtung einer Kollektivvertretung (sei es ein Betriebsrat, sei es ein AVO) als Affront gegen die ›Betriebsfamilie‹ ansehen würden. In diesen Betrieben herrscht ein vergleichsweise hohes Maß an sozialer (Selbst-)Kontrolle, die die Wahl eines Betriebsrats erschwert. In der ›Anonymität von Großbetrieben‹ fällt es Beschäftigten hingegen leichter, eine Initiative zur Wahl einer Interessenvertretung zu wagen.

Für die klein- und mittelbetriebliche Praxis, in der Eigentümerführung vorherrscht, kann davon ausgegangen werden, dass die Selbstvertretung – also das Fehlen einer Kollektivvertretung – das vorherrschende Modell der Interessenregulierung darstellt. Allerdings ist auch denkbar, dass Eigentümerunternehmer ihren Beschäftigten ein gewisses Maß an Interessenvertretung ›zugestehen‹. Möglich ist hier die Bildung gemeinsamer oder eingesetzter AVOs. Wenn Interessenvertretungsorgane existieren, kann jedoch eine eher restriktive Haltung der Eigentümer zu den Beteiligungsrechten und der Ressourcenausstattung der Gremien erwartet werden. Demgegenüber ist in von *Managern* geführten Betrieben eine höhere Verbreitung von Betriebsräten und auch von AVOs zu erwarten.

Ein weiterer Aspekt betrifft die breit diskutierten Ansätze des *Human Resource Management* (HRM) sowie der direkten Partizipation und ihre möglichen Auswirkungen auf die Formen betrieblicher Interessenregulierung (Fischer 1998; Helfen/Krüger 2002; Minssen 1999; siehe auch Abschnitt 2.1). Wenn das Management im Rahmen seiner personalpolitischen Strategien den Beschäftigten weitreichende Mitsprachemöglichkeiten bei arbeitspolitischen Fragen einräumt, dann verringert dies – so die Annahme – die Notwendigkeit der Bildung einer eigenständigen Kollektivvertretung.[33] Von der Geschäftsleitung eingerichtete Runde Tische fügen sich dagegen in diese Strategie ein. Dabei ist zu beachten, dass Partizipation nicht unbedingt als Ausdruck einer betriebsratsfeindlichen Managementpolitik zu verstehen ist; in wissensintensiven Branchen ist Partizipation in der Regel ein

32 Die Variable Betriebsgröße lässt sich demnach nicht eindeutig zur Messung der Annahmen der Transaktionskostentheorie nutzen. Sie bildet immer auch betriebskulturelle Aspekte ab.

33 »Der Abbau hierarchischer Distanz zwischen Führungskräften und Mitarbeitern und die möglichst weitgehende Beteiligung der Mitarbeiter an Entscheidungen des Unternehmens fördern die Identifikation mit dem Unternehmen, unterstützen die Leistungsmotivation und können im Grenzfall sogar als Substitution von Mitbestimmungsregelungen wirken« (Damm 2001: 68, 70).

konstituierendes und nicht abwendbares Merkmal des Leistungserstellungsprozesses.

In den meisten quantitativen Studien wurden Aspekte der *Betriebskultur* lediglich über die Variablen der Führungsstruktur (Eigentümer- versus Managerführung) und der Betriebsgröße betrachtet. Weitergehende Einflussfaktoren wie die *Beteiligungsstrategie* oder die Wertschätzung der Beschäftigten durch die Geschäftsleitung sowie ihre *grundlegende Einstellung zur Beteiligung* der Beschäftigten bei betrieblichen Entscheidungen wurden in quantitativen Analysen bislang nicht abgebildet. Auf Basis der BISS-Daten können einige dieser Gesichtspunkte jedoch über eine Reihe von Einschätzungsfragen, die den Personalverantwortlichen gestellt wurden, abgebildet und in die empirischen Analysen einbezogen werden. Die interviewten Geschäftsleitungen wurden beispielweise gefragt, wie wichtig die langfristige Bindung der Mitarbeiter für den Betrieb ist oder ob Beschäftigte grundsätzlich bei betrieblichen Fragen einbezogen werden sollten. Der Grad der Zustimmung beziehungsweise Ablehnung auf einer Rating-Skala erlaubt es, zumindest tendenziell Aspekte der Beteiligungskultur des Betriebes einzufangen. Des Weiteren wurde in der BISS-Befragung nach dem Vorhandensein bestimmter Kommunikations- und Partizipationsformen gefragt, die die Partizipationskultur und die Rolle von HRM-Maßnahmen im Betrieb indizieren (Prinzip der offenen Tür, Kommunikationsangebote, materielle individuelle Beteiligungsformen). Dabei ist ein Einfluss dieser betriebskulturellen und beteiligungsstrategischen Faktoren sowohl auf die Frage der *Existenz* als auch auf die *Funktionen*, Arbeitsweisen und Ressourcen der Interessevertretungsorgane zu erwarten. Bezüglich der *Beteiligungsstärke* ist ebenfalls von Auswirkungen der Praktizierung von HRM auszugehen: Werden in einem Betrieb weitreichende HRM-Elemente eingesetzt, so ist infolge der Ausweitung der Kommunikation auch ein positiver Einfluss auf die Informations- und Beratungsbeteiligung zu erwarten.

Im Hinblick auf die Betriebskultur kann vermutet werden, dass die Einstellung der Geschäftsleitung zur Beteiligung einen erheblichen Einfluss auf die Beteiligungsstärke ausübt, die ein Interessenvertretungsorgan realisiert. In Betrieben, in denen die Geschäftsleitung eine positive Sichtweise auf die Partizipation der Interessenvertretung und der Beschäftigten besitzt und von sich aus Beteiligungsangebote offeriert, kann ein höheres Beteiligungsniveau der Interessenvertretung erwartet werden als in Betrieben, in denen die Geschäftsleitung der Beteiligung ablehnend gegenüber steht. Die Chancen für AVOs, weitreichende Beteiligungsmöglichkeiten auszuhandeln, sollten demnach stark mit der Einstellung des Managements variieren. So ist denkbar, dass die Geschäftsleitung in manchen AVO-Betrieben bestimmte Beteiligungsmöglichkeiten ›gewährt‹. Vermutlich können AVOs unter solchen günstigen Konstellationen durchaus eine vergleichsweise hohe Beteiligungsintensität erreichen.

2.2.4 Institutionensoziologie und das organisationale Feld-Konzept

Theoretische Erklärungen dafür, dass Geschäftsleitungen oder auch Beschäftigte eine bestimmte Form der betrieblichen Interessenregulierung favorisieren, finden sich in Ansätzen der eher kulturalistisch und teilweise konstruktivistisch orientierten Institutionensoziologie, die weitgehende Bezugspunkte zu den bereits vorgestellten Ansätzen der Betriebskultur und der berufskulturellen Orientierungen besitzt. Der Neo-Institutionalismus der soziologischen Organisationsforschung untersucht organisationale Strukturen und Praktiken in ihrer Abhängigkeit von beziehungsweise ihrem Zusammenspiel mit institutionellen Umweltbedingungen (für einen Überblick vgl. Hasse/Krücken 1999; Scott 2001; Walgenbach 2001; Walgenbach/Meyer 2006). Aus dieser Sichtweise sind Strukturen und organisationales Handeln nicht Folge organisationsinterner Effizienzanforderungen und Kostenkalküle – wie dies beispielsweise die Transaktionskostentheorie unterstellt –, sondern eine Reaktion auf Erwartungen aus der Umwelt. Organisationale Praxis und Strukturierung werden hierbei primär mit Hilfe kognitiver und kultureller Faktoren erklärt: Es wird angenommen, dass Organisationen für ihr Überleben Legitimität und Zuspruch benötigen, die sie durch Konformität mit institutionellen Umweltvorgaben erhalten. Organisationen werden sich daher, so die Annahme, an der innerhalb einer Bezugsgruppe (von Organisationen oder Individuen) als angemessen wahrgenommenen, akzeptierten oder ›institutionalisierten‹ Praxis orientieren (Meyer/Rowan 1977).[34]

34 Unternehmen, die den institutionellen Erwartungen der Umwelt nicht entsprechen, gelten als ›unnormal‹, rückschrittlich oder ineffizient. Die Konformität mit den institutionalisierten Umwelterwartungen hingegen sichert Legitimität und Akzeptanz seitens der Umweltakteure und damit nicht selten den Zufluss wichtiger Ressourcen. Nur im Einzelfall und unter bestimmten Bedingungen kann davon ausgegangen werden, dass diese institutionalisierten Aspekte hinterfragt, umgangen oder sogar strategisch beeinflusst werden.

Eine solche Bezugsgruppe bilden auf der organisationalen Makroebene so genannte *organisationale Felder*, die in der Forschungspraxis häufig über die Branchenzugehörigkeit operationalisiert werden. Es wird argumentiert, dass innerhalb dieser Felder bestimmte institutionelle Mechanismen die Anpassung organisationaler Strukturen an Umwelterwartungen bewirken (DiMaggio/Powell 1983; Scott 2003).

Dieser Anpassungsdruck an institutionelle ›Modelle‹ oder Leitbilder, so lässt sich folgern, gilt auch für die Formen und Praktiken der betrieblichen Interessenregulierung. In verschiedenen Branchen besitzen bestimmte Formen der Interessenregulierung einen Modell- oder Leitbildcharakter, der die Angleichung einer großen Zahl der in diesem Feld (Branche) agierenden Unternehmen an eben dieses Modell bewirkt. Wir erwarten daher, dass die institutionalisierten Modelle der Interessenvertretung und somit die Formen betrieblicher Interessenvertretung stark nach Branchen variieren. ›Traditionelle‹ Branchen wie das verarbeitende Gewerbe sollten eine Dominanz betriebsrätlicher Interessenregulierung aufweisen. In anderen, ›neuen‹ Branchen ist zu erwarten, dass sich andere Formen – die ›individuelle Selbstvertretung‹ oder aber AVOs – als dominantes Modell der Interessenregulierung herausgebildet haben.

Die Frage der Legitimität lässt sich nicht nur auf die Form oder das Modell der Interessenvertretung übertragen, sondern ebenso auf andere Aspekte, wie das betriebliche Beteiligungsniveau oder die Ressourcenausstattung des Gremiums. Es kann vermutet werden, dass die Beteiligung von Beschäftigten oder einer Kollektivvertretung in verschiedenen Branchen oder Sektoren mehr oder weniger stark akzeptiert sein beziehungsweise als *selbstverständlich* wahrgenommen wird. Die Beteiligungskultur variiert vermutlich ebenso nach Branchen wie die Verbreitung der verschiedenen Interessenvertretungsformen. Insofern beispielsweise eine hohe Beteiligung der Interessenvertretung in manchen Branchen auch von der Geschäftsleitung für ›natürlich‹ gehalten wird, kann die Interessenvertretung sicherlich mit geringerem Aufwand ein höheres Beteiligungsniveau in verschiedenen betrieblichen Regulierungsfeldern erzielen als in Branchen, in denen weitreichende Beteiligung von den handelnden Akteuren als ›unnormal‹ betrachtet wird.[35]

---

35 Hier zeigt sich die inhaltliche Nähe dieses theoretischen Arguments zu den (betriebs- und berufs-)kulturellen Orientierungen beziehungsweise zum normativen Isomorphismus der institutionalistischen Organisationssoziologie, wo argumentiert wird, dass die interna-

2.2.5 Primärmacht und Organisationsfähigkeit

Aus Sicht der Beschäftigten können eine Reihe funktionaler Gründe Motive liefern, um ein kollektives Vertretungsorgan zu bilden (für eine Übersicht vgl. beispielsweise Dilger 2002). Die Bildung eines Interessenvertretungsorgans kann den Arbeitnehmern dazu dienen, die geringe Macht, die der einzelne Beschäftigte gegenüber dem Arbeitgeber besitzt, durch einen Zusammenschluss der abhängig Beschäftigten zu erhöhen (Hirschman 1974). Dies erscheint vor allem dann relevant, wenn die aus den »Abhängigkeitsbeziehungen zwischen den sozialen Akteuren im Betrieb erwachsenen Machtpositionen« (Jürgens 1984: 61) der Arbeitnehmer aufgrund der Arbeitsmarktsituation oder der Qualifikationsausstattung der Beschäftigten eher gering sind. Während stark nachgefragte und hochqualifizierte Arbeitskräfte über ausreichend *Primärmacht* verfügen, um ihre Interessen gegenüber der Geschäftsleitung durchsetzen oder – wenn dies nicht gelingt – auch die Exit-Option wählen zu können, sind geringqualifizierte Arbeitnehmer in der Regel auf die Gewinnung von *Sekundärmacht* durch Bildung einer Allianz unter den abhängig Beschäftigten angewiesen. Eine kollektive Interessenvertretung fungiert für die Arbeitnehmer als ein Organ, welches ihnen eine ›kollektive Stimme‹ (Voice) verschafft und sie, im Falle des Betriebsrats, unter Umständen auch vor dem Verlust ihres Arbeitsplatzes schützen kann (Kündigungsschutzansatz). Demzufolge lässt sich vermuten, dass vor allem geringqualifizierte Arbeitnehmer kollektive Interessenvertretungsorgane bilden, während hoch-qualifizierte wegen des geringen Bedarfs an kollektiver Vertretung eher zu individuellen Formen tendieren.

Diese Sicht kann durch weitere Überlegungen ergänzt werden, die nicht nur den ›Organisationsbedarf‹, sondern auch die ›Organisationsfähigkeit‹ von Beschäftigten miteinbeziehen. Der von Traxler für seine Analyse der Verbandsbildung von Arbeitgebern und Arbeitnehmern vorgeschlagene »Ressourcenansatz« hebt genau auf diese Aspekte ab und kann auf unsere Fragestellung nach den Bestimmungsgründen der Existenz betrieblicher Interessenvertretungsformen und auch auf die Fragen nach den Strukturen, Arbeitsweisen und Beteiligungschancen übertragen werden. Traxler zufolge hängen die Chancen zur Verbandsbildung von den »Bedingungen der Interessenartikulation« (Traxler 1999: 66), das heißt wesentlich von den

---

lisierten Wertvorstellungen und Normen betrieblicher Akteure wichtige Bestimmungsfaktoren organisationaler Struktur und Praxis darstellen.

(Macht-)Ressourcen der Akteure ab: »Für die Interessendurchsetzung gilt wie für die Realisierung jeder anderen Form von Zwecksetzung, dass ihre Erfolgschancen entscheidend von den Ressourcen abhängen, die dafür jeweils mobilisiert werden können« (Traxler 1999: 67). In bestimmten Fällen ist die Organisationsfähigkeit der abhängig Beschäftigten zu gering, um eine Initiative zur Bildung einer kollektiven Interessenvertretung hervorzubringen. Dabei stehen Organisationsfähigkeit und -bedarf in einer inversen Beziehungen: Während mit steigender Machtressourcenmobilisierung die ›Organisationsfähigkeit‹ steigt, sinkt gleichzeitig der ›Organisationsbedarf‹ (ebd.: 70). Illustrieren lässt sich dies am Beispiel prekärer Beschäftigung: Wenn ein Betrieb in hohem Maße Leiharbeit praktiziert, kann dies die Chancen der Entstehung eines Kollektivorgans negativ beeinflussen, obwohl diesen Beschäftigtengruppen ein eher hoher Bedarf an Kollektivvertretung attestiert werden kann.

Übertragen auf unsere Fragestellung ist anzunehmen, dass die Formen der betrieblichen Interessenregulierung nach dem Grad variieren, in dem die abhängig Beschäftigten über *Primärmacht* verfügen sowie in Abhängigkeit von ihrer *Fähigkeit*, diese zu mobilisieren und in Verhandlungen zu aktualisieren. In Betrieben, in denen hauptsächlich hochqualifizierte Beschäftigte arbeiten, ist daher ein geringeres Maß kollektiver Interessenregulierung zu erwarten, denn diese Gruppe besitzt zwar ein hohes Maß an Organisationsfähigkeit, jedoch nur geringen ›Bedarf‹ an kollektiver Vertretung. Weiter kann davon ausgegangen werden, dass ein hoher Anteil prekärer Beschäftigung in einem Betrieb die Existenz eines Kollektivorgans eher verringert. So besitzen befristet und geringfügig Beschäftigte eine niedrigere Organisationsfähigkeit, da ihre Verweildauer im Betrieb nur kurz ist beziehungsweise der Betrieb in geringerem Ausmaß ihren ›Lebensmittelpunkt‹ darstellt. Zudem kann ihnen auch ein geringeres Machtpotenzial attestiert werden als unbefristet und in Vollzeit Beschäftigten.

Diese Überlegungen zur Bedeutung von Primärmacht und zur Organisationsfähigkeit lassen sich nicht nur auf die Frage der Bildung einer kollektiven Interessenvertretung anwenden. Sie sind auch relevant für die hier interessierenden Fragen der Arbeitsweisen, Ressourcenausstattung und Beteiligungschancen beziehungsweise der Vertretungswirksamkeit. Eine beteiligungsstarke, funktionsfähige Interessenvertretung wird vermutlich eher von solchen Belegschaften ausgehandelt werden können, die über die entsprechenden Machtpotenziale verfügen, die sie gegenüber der Geschäftsleitung in die Waagschale werfen können.

2.2.6 Pfadabhängigkeit

Das Argument der Pfadabhängigkeit hebt auf die Beharrungs- und Strukturierungskraft bestehender, historisch gewachsener Strukturen und Routinen ab (vgl. beispielsweise Beyer 2005; Schreyögg u.a. 2004). Die bestehenden Formen der Interessenregulierung in einem Betrieb sind demnach zu einem wesentlichen Teil durch existierende Institutionen beziehungsweise durch die Umstände, unter denen der Betrieb entstanden ist, beeinflusst (vgl. auch Müller-Jentsch 1997: 79). Bedingungen der Vergangenheit, die zur Bildung von Betriebsräten führten – beispielsweise ein hoher gewerkschaftlicher Organisationsgrad in der Branche oder die weit verbreitete Akzeptanz eines kollektiven Regulierungsmodells – werden in Organisationsstrukturen des Betriebes *konserviert* und zu einem gewissen Teil auch an neue Unternehmenseinheiten *weitergegeben.*

Für unsere Untersuchung der *Bestimmungsfaktoren* kollektiver Interessenvertretung erwarten wir demnach Einflüsse sowohl des *Alters* eines Betriebs als auch der Umstände der Betriebsgründung, wobei *Ausgründungen*[36] und ein hohes Betriebsalter positiv mit der Existenz eines Betriebsrates korreliert sein sollten. AVOs sind hingegen eher bei jungen und neu gegründeten Betrieben zu vermuten.

Allerdings ist auch hier denkbar, dass diese Effekte von einigen oben bereits genannten Faktoren der Kulturalität von Beruf und Branche überlagert werden: Denn selbst dann, wenn es sich beim Betrieb um eine Neugründung handelt, werden Mitarbeiter rekrutiert werden müssen, die eine bestimmte Berufs- oder zumindest Ausbildungssozialisation erfahren haben und damit eine bestimmte Interessenregulierungsform – sei es Betriebsrat, sei es Selbstvertretung – als ›selbstverständliche‹ oder angemessene Vertretungsstruktur erachten könnten. Zudem ist vorstellbar, dass sich die Betriebsgründer an den branchenüblichen Gepflogenheiten orientieren.

---

36 Das Argument der Ausgründungen ist insofern problematisch, als dass empirisch nicht festgestellt werden kann, welche Form der Interessenvertretung der ausgründende Betrieb besitzt. Handelt es sich um ein AVO, so begründet dies prinzipiell auch eine entsprechende Pfadabhängigkeit. Ausgründende Betriebe sind jedoch in der Regel älter und größer, weshalb wir ein verstärktes Auftreten von Betriebsräten bei Ausgründungen erwarten.

2.2.7 Aushandlungsprozesse

Für die im Verlauf dieses Forschungsberichtes interessierende Frage nach den Strukturen, Arbeitsweisen, Ressourcen und Beteiligungschancen verschiedener Interessenvertretungsformen sind theoretische Überlegungen zu den Aushandlungsprozessen zwischen Interessenvertretung und Geschäftsleitung von hoher Bedeutung, denn ein nicht unwesentlicher Teil der Interessenregulierungspraxis ist weniger durch externe (gesetzliche oder tarifvertragliche) Regelungen determiniert, sondern vielmehr Gegenstand impliziter und expliziter Verhandlungen (Trinczek 1989; 1993). Für Betriebsräte ist bekannt, dass der Zugang zu Bildungsmaßnahmen, die Anzahl von Freistellungen oder auch die Beteiligungsmöglichkeiten nicht unmittelbar von den gesetzlichen Bestimmungen determiniert sind, sondern zu mehr oder minder großen Teilen davon abhängen, ob der Betriebsrat den Zugang zu den entsprechenden Ressourcen oder Beteiligungsrechten mit der Geschäftsleitung aushandeln kann. Für die Handlungsspielräume von AVOs erscheint dieser Aspekt umso bedeutender, da diese im Gegensatz zum Betriebsrat nicht auf Basis des BetrVG agieren. Wenn auch vorstellbar ist, dass sich Geschäftsleitung beziehungsweise Beschäftigte bei der Wahl oder Einrichtung eines AVOs am Betriebsratsmodell orientieren, so existiert für AVOs dennoch keine verbindliche oder einklagbare externe Rechtsgrundlage, die Strukturen, Rechte und Arbeitsweisen vorgibt. Die fehlende oder eingeschränkte Wirksamkeit der gesetzlichen Vorgaben zeigt somit die Bedeutung von Aushandlungsprozessen an, innerhalb derer zwischen Geschäftsleitung und Interessenvertretung die Handlungsgrundlagen der Interessenvertretungsarbeit vereinbart werden.[37]

Ein analytisches Konzept von *Verhandlungsmodi* wurde von Walton und McKersie (1965) entwickelt (vgl. auch Kochan/Lipsky 2003). Der eher konfliktive Verhandlungstypus des *»distributive bargaining«* bezieht sich ihnen zufolge primär auf verteilungsrelevante Verhandlungsgegenstände; die Verhandlungssituation wird als Nullsummenspiel definiert, bei dem die eine Seite gewinnt, wenn die andere in entsprechendem Ausmaß verliert. Bezogen auf die Strukturen und Arbeitsweise der Interessenvertretungsor-

37 Darüber hinaus ist denkbar, dass auch die Einrichtung eines Interessenvertretungsorgans das Resultat von Verhandlungen zwischen Geschäftsleitung und Beschäftigten darstellt. Diese Aspekte können nur mittelbar über das Konzept der Primärmacht und Organisationsfähigkeit abgebildet werden.

gane ist hier an die Ressourcenausstattung, die Größe der Interessenvertretung oder die Anzahl der freigestellten Mitglieder zu denken. Beispielsweise steigt mit wachsender Verfügung über Ressourcen die Interessenvertretungsfähigkeit und -qualität eines Kollektivorgans (beispielsweise durch Teilnahme an Qualifizierungsmaßnahmen oder externe Beratung); gleichzeitig steigen aus Sicht der Geschäftsleitung jedoch die Kosten der Alimentierung der Interessenvertretung. Demgegenüber handelt es sich beim Modus *»integrative bargaining«* um einen auf Wechselseitigkeit und Kooperation zielenden Typus, wobei die Verhandlungspartner ein Interesse an der gemeinsamen Problemlösung und Kompromissfindung besitzen (Walton/McKersie 1965).[38] Typischerweise lassen sich den beiden Verhandlungsmodi unterschiedliche Regulierungsfelder zuordnen, wobei gemeinhin zwischen ›harten‹ (verteilungsrelevanten) und ›weichen‹ Regulierungsthemen unterschieden wird. Der Verhandlungsaspekt ›Beteiligungschancen‹ (vgl. Kapitel 5) kann innerhalb dieses Schemas durchaus unterschiedlich verortet werden. Denkbar ist, dass sowohl die Geschäftsleitung als auch die Interessenvertretung eine weitreichende Partizipation der Interessenvertretung bei betrieblichen Entscheidungen für wichtig halten, da betriebliche Entscheidungsprozesse auf diese Weise verbessert werden können. Umgekehrt kann die Geschäftsleitung selbst minimale Einflusschancen der Interessenvertretung als Angriff auf ihre Prärogative interpretieren, wodurch ihr Entscheidungsspielräume ›weggenommen‹ werden.

Diese Überlegungen lenken den Blick auf zweierlei Aspekte, die für die späteren Untersuchungen von Bedeutung sein können: *Erstens* sind Strukturen, Ressourcen und Beteiligungschancen von Betriebsräten und AVOs vermutlich beeinflusst von der Aushandlungssituation, die wiederum durch Definition und Gestalt der sozialen Beziehungen innerhalb des Betriebes geprägt wird. Indikatoren hierfür sind beispielsweise das Betriebsklima oder grundlegende Einstellungen der Geschäftsleitung zur individuellen

---

38 Walton und McKersie unterscheiden zwei weitere Verhandlungsmodi, die hier nicht weiter berücksichtigt werden: *»intra-organisational bargaining«* liegt quer zu den beiden oben genannten Extremen. In diesem Modus sind die Verhandlungspartner kollektive Akteure, die ihre Verhandlungsmasse, -strategie, -ergebnisse etc. an das von ihnen vertretene Kollektiv beziehungsweise die Entscheider rückkoppeln müssen. Hier wird *innerhalb* der verhandelnden Akteure selbst verhandelt, beispielsweise über die eigenen Forderungen oder darüber, ob ein Verhandlungsangebot der Gegenseite angenommen oder verworfen wird. *»attitudinal structuring«* bezeichnet schließlich die Beeinflussung der Einstellungen und Ansichten der jeweiligen Gegenseite, die auf den Abbau von Widerständen oder die Erzeugung von Konsens zielt.

und kollektiven Beteiligung.[39] *Zweitens* hängen die Charakteristika der Interessenvertretungsorgane und ihre Beteiligungschancen möglicherweise von der Verhandlungsmacht des Interessenvertretungsorgans beziehungsweise dem Verhandlungsgeschick seiner Mitglieder ab. Zwar besitzt der Betriebsrat Rechte, die ihm qua Gesetz eine gewisse Machtbasis eröffnen; andererseits können auch Strukturmerkmale der Interessenvertretung und ihrer Mitglieder eine wichtige Rolle spielen, um diese Rechte überhaupt einfordern und umsetzen zu können. So kann beispielsweise erwartet werden, dass – unabhängig von der Rechtsbasis, auf der ein Interessenvertretungsorgan agiert – eine Interessenvertretung mit hohem Rückhalt in der Belegschaft, mit starker gewerkschaftlicher Anbindung oder hohem Primärmachtpotenzial ihrer Mitglieder eher in der Lage ist, entsprechend weitreichende Ressourcen oder Beteiligungschancen mit Erfolg einzufordern.

2.3 Konzeptionelle Überlegungen und Vorgehensweise der Untersuchung

In den beiden vorangegangenen Abschnitten wurde zunächst der Stand der empirischen Forschung in den verschiedenen in diesem Forschungsbericht thematisierten Gegenstandsbereichen – Verbreitung und Kontextfaktoren der Interessenvertretung, Strukturen, Arbeitsweisen und Beteiligungschancen sowie Output der Interessenvertretung beziehungsweise die mögliche Wirkung auf betriebliche Performance und Beschäftigungsbedingungen – skizziert. Hierbei konnten vor allem im Hinblick auf die empirisch gesicherten Kenntnisse zu den AVOs Forschungsdesiderata aufgedeckt und wichtige Fragen formuliert werden, die die empirischen Analysen der folgenden Kapitel anleiten werden. Die Sichtung einschlägiger Theorieansätze der Organisations- und Industrial Relations-Forschung geschah mit dem Ziel, die empirischen Befunde systematisch in größere und bewährte Argumentations- und Begründungskontexte einzubetten und somit zu einem besseren Verständnis der Empirie beizutragen zu können.

In diesem Abschnitt werden zunächst einige Überlegungen zu den Formen und Typen betrieblicher Interessenvertretung beziehungsweise

39 Diese Aspekte wurden bereits weiter oben diskutiert.

Interessenregulierung angestellt. Die vorgestellten Typologien werden in den Kapiteln 3 bis 6 als zentrale Analysedimensionen dienen. Die daran anschließenden Abschnitte skizzieren in Kürze die Vorgehensweise der empirischen Untersuchung in den Einzelkapiteln. Dabei wird betont, dass die hier vorgenommenen Untersuchungen erstens nicht in der *Breite* sämtliche offenen Fragen, die beim Resümee des ›State of the Art‹ hervortraten, aufgreifen oder gar in Gänze beantworten können. Die empirische Untersuchung kann hier nur selektiv erfolgen. Bezogen auf die *Tiefe* der Untersuchung werden zweitens einige *ausgewählte Aspekte detailliert betrachtet*, andere können jedoch aufgrund von Restriktionen der Datenbasis oder des Analyseaufwandes vorerst nur angeschnitten beziehungsweise recht oberflächlich thematisiert werden. Gleiches gilt für die Interpretation der Ergebnisse: Während vielerorts die deskriptiven oder multivariaten Ergebnisse systematisch unter Rückgriff auf theoretische Konzepte erklärt werden, können an anderen Stellen lediglich erste Interpretationsangebote unterbreitet werden. Hier besteht weiterer Analysebedarf, der zum Teil auf Basis der vorhandenen BISS-Daten gedeckt werden kann, zum Teil jedoch auch weiter- und tiefergehende Feldarbeit notwendig macht.

2.3.1 Abgrenzung verschiedener Interessenvertretungsformen

Vor dem Hintergrund der bisherigen Ausführungen erscheint es notwendig, verschiedene Formen von Interessenvertretung für die Zwecke der späteren empirischen Untersuchungen zu definieren und abzugrenzen. Zwar ist seit längerem bekannt, dass Funktion, Arbeitsweise und Vertretungskraft von Betriebsräten stark variieren (vgl. Bosch 1997; Bosch u.a. 1999; Kotthoff 1981; 1994; Müller-Jentsch u.a. 1998; Osterloh 1993; siehe oben). *Was ein Betriebsrat ist*, definiert das BetrVG jedoch recht eindeutig. Demgegenüber steht eine Untersuchung der AVOs vor einigen gravierenden Problemen bezüglich der Definition und Abgrenzung, denn anders als beim Betriebsrat gibt es hier keine gemeinsame institutionelle Basis oder ein weit verbreitetes und allgemein akzeptiertes Leitbild, welches grundlegende Prinzipien und Eigenschaften der Interessenvertretungsorgane definieren könnte. Die neuere Literatur, in der AVOs behandelt werden (vgl. beispielsweise Abel u.a. 2005; Artus u.a. 2006; Böhm/Lücking 2006; Ellguth 2005; Schmierl/Heidling 2004), verzichtet in der Regel auf eine einheitliche Abgrenzung und Definition dieser Organe. Die bisherigen empirischen Befunde legen es nahe davon auszugehen, dass unterschiedliche Formen existieren, die sich zum einen *nominal* – bezüglich der jeweiligen Bezeichnung, die für sie im Betrieb verwendet wird –, zum anderen (und vor allem) aber bezüglich ihrer *Strukturen, Entstehungsbedingungen, Funktionen und Arbeitsweisen* sowie auch der realisierten *Beteiligungsrechte* beziehungsweise ihrer *Vertretungswirksamkeit* unterscheiden.

In diesem Abschnitt wollen wir zu einer Definition und Abgrenzung verschiedener *Formen* von Interessenvertretung gelangen, die zum einen der transparenten Definition und Abgrenzung des Forschungsgegenstands dienen und zum anderen auch in den späteren Analysen zum Einsatz kommen können. Wir nutzen drei verschiedene Differenzierungen: *Erstens* werden die drei gängigen Idealtypen von Interessenregulierung – Betriebsräte, Andere Vertretungsorgane (AVOs) und individuelle Selbstvertretung – unterschieden. *Zweitens* differenzieren wir die AVOs *nominal* nach den jeweiligen Bezeichnungen, die die Gremien im Betrieb besitzen. *Drittens* werden AVOs mit Hilfe einer formalen Typologie entlang *inhaltlich-struktureller Dimensionen* klassifiziert, die sich auf die *Legitimation* beziehungsweise das *Einsetzungsverfahren* (gewählte gegenüber von der Geschäftsleitung eingesetzten Organen) und die *Zusammensetzung* der Organe (gemeinsame Gremien gegenüber reinen Arbeitnehmervertretungen) beziehen.

Betriebsräte, AVOs und Selbstvertretung

Eine in der Literatur gängige Unterscheidung ist die zwischen Betriebsräten, anderen, nicht auf Basis des BetrVG agierenden Vertretungsorganen und der Selbstvertretung individueller Beschäftigter, die das Fehlen einer Kollektivvertretung im Betrieb kennzeichnet. Das Abgrenzungskriterium für Betriebsräte und AVOs ist dabei die ›gesetzliche Kodifizierung‹ beziehungsweise ›Legitimation‹ des Gremiums: Während Betriebsräte auf Basis des BetrVG gewählt werden und handeln, gibt es für AVOs keine gesetzlichen Regelungen, die ihr Einsetzungsverfahren, ihre Strukturen, Rechte und Handlungsfelder spezifizieren könnten. Prinzipiell ist davon auszugehen, dass die Eigenschaften von AVOs das Resultat entweder von Aushandlungen zwischen der Belegschaft und der Geschäftsleitung oder aber einseitiger Dekretierung der Geschäftsleitung sind.

Trotz der bereits geschilderten und im weiteren Verlauf dieser Abhandlung weiter zu demonstrierenden Heterogenität der AVOs bietet es sich an, grundlegende empirische Analysen zunächst auf Basis dieser Dreier-Klassifizierung durchzuführen. Ein zentrales methodisches Argument, weshalb in den empirischen Betrachtungen eine weitere Differenzierung der AVOs in vielen Fällen unterbleiben muss, ist die geringe Fallzahl von Betrieben im Datensatz, die ein AVO besitzen. Die Ausdifferenzierung der AVOs wird daher nur dort verwendet, wo die Fallzahlen ausreichen und die Verlässlichkeit der Ergebnisse nicht in Zweifel gezogen werden muss.

Betriebe in kirchlicher Trägerschaft sind – unabhängig von ihrer Rechtsform – aus dem Geltungsbereich des Betriebsverfassungsgesetzes (vgl. Paragraph 118 BetrVG) ausgenommen. Die großen Religionsgemeinschaften haben stattdessen eigene, am BetrVG orientierte Mitarbeitervertretungsordnungen (MAVO) beziehungsweise Mitarbeitervertretungsgesetze erlassen. Dementsprechend werden hier nicht Betriebsräte, sondern kirchliche *Mitarbeitervertretungen* (MAVs) gewählt. Diese unterscheiden sich im Grundsatz nicht von Betriebsräten, denn Kirchenrecht und BetrVG stellen eine vergleichbare externe Rechtsbasis dar, die ähnliche, wenn auch für die MAVs in vielen Belangen schwächere Regelungen vorsieht. Für die späteren Analysen fassen wir daher Betriebsräte und kirchliche Mitarbeitervertretungen zusammen. Da beide auf einer externen Rechtsgrundlage agieren und sich über dieses Kriterium von den AVOs und der individuellen Selbstvertretung unterscheiden, wird diese Interessenvertretungsform nachfolgend auch *»gesetzliche Vertretung«* genannt.

Runde Tische, Sprecher und Ältestenräte – zur nominalen Differenzierung von AVOs

Wie wir bereits sehen konnten, hat die bisherige fallstudienbasierte Forschung über AVOs eine Vielzahl unterschiedlicher Gremien zu Tage befördert, die sich bezüglich ihrer Strukturen und Funktionen und auch hinsichtlich ihrer Bezeichnungen im Betrieb erheblich voneinander unterscheiden. Um ein möglichst breites Spektrum von AVOs abbilden zu können, wurde den Interviewten in der BISS-Befragung zunächst eine Liste mit möglichen Bezeichnungen von Vertretungsorganen vorgelesen, darunter Runde Tische, Sprecher und Vertrauenspersonen. Daneben gab es eine offene Kategorie, unter der die Befragten »ihr« Vertretungsorgan – sofern es in der Liste nicht vorkam – benennen konnten.

Eine Auswertung dieser Organe liefert zwar zunächst einen Überblick über die Vielzahl an Begrifflichkeiten und Bezeichnungen, die zur Zeit für AVOs im Betriebsalltag verwendet wird. Auf ihrer Basis lassen sich jedoch noch keine Aussagen zu Strukturen, Funktionen oder typischer Gemeinsamkeiten bestimmter AVOs treffen. So kann ein AVO, welches in einem Betrieb A als »Ältestenrat« bezeichnet wird, dieselben Funktionen erfüllen wie ein AVO, das in Betrieb B »Runder Tisch« oder *»crew doctor«* heißt. Umgekehrt ähneln sich möglicherweise AVOs mit unterschiedlichen Bezeichnungen hinsichtlich ihrer Strukturen und Zusammensetzung. Daher kommt anstelle dieser nominalen Differenzierung in den späteren Analysen eine inhaltliche Strukturtypologie von AVOs zum Einsatz, die nachfolgend eingeführt wird.

Vier Strukturtypen Anderer Vertretungsorgane

Für den Betriebsrat lassen sich eine Reihe von Definitionsmerkmalen finden, die es – bei aller empirisch evidenter Varianz bezüglich der Arbeitspraxis, des Selbstverständnisses oder der Vertretungswirksamkeit – ermöglichen, Betriebsräte als einen kohärenten Typus von Interessenvertretung zu betrachten. Wichtige Definitionskriterien sind (1) die *Legitimitätsbasis* (der Betriebsrat ist gesetzlich durch das BetrVG legitimiert), (2) das *Einsetzungsverfahren* (der Betriebsrat ist ein Repräsentativorgan aller Beschäftigten und wird über eine Belegschaftswahl gebildet) und (3) die *Zusammensetzung* des Gremiums beziehungsweise die im Gremium *beteiligten Akteure* (der Betriebsrat ist ein Interessenvertretungsorgan der abhängig Beschäftigten ohne Einbezug beziehungsweise gegenüber der Geschäftsleitung).[40] Entlang dieser drei Kriterien können auch die hier interessierenden AVOs klassifiziert werden. In Tabelle 1 sind die Merkmalsausprägungen aller hier betrachteten Interessenvertretungsformen entlang der drei Definitionskriterien externe Rechtsbasis, Zusammensetzung und Einsetzungsverfahren dargestellt.

40 Dieses Strukturprinzip der deutschen Betriebsverfassung, den Betriebsrat als reines Arbeitnehmerorgan zu konstituieren, findet im europäischen Vergleich nicht durchgängig Anwendung. Nicht unüblich sind gemeinsame Organe, die sich jeweils aus Arbeitnehmer- und Arbeitgeberrepräsentanten zusammensetzen, wie dies etwa bei den französischen *comités d'enterprise* oder den betrieblichen Arbeitnehmervertretungen in Dänemark, Belgien oder Irland der Fall ist.

Tabelle 1: Strukturtypen der Interessenvertretung und ihre Definitionsmerkmale

	Strukturtypen					
		Andere Vertretungsorgane (AVOs)				
Defitions-merkmale	Gesetzliche Interessenvertretung (Betriebsrat, MAV)	Gewählte reine AN-Vertretung	Eingesetzte reine AN-Vertretung	Gewähltes gemeinsames Gremium	Eingesetztes gemeinsames Gremium	Keine kollektive Vertretung
Externe Rechtsbasis	ja	nein				–
Zusammen-setzung	reines Arbeitnehmerorgan			gemeinsames Gremium (aus Arbeitnehmern und Geschäftsleitung)		–
Einsetzungs-verfahren	Wahl durch Belegschaft		Ernennung durch Geschäftsleitung/ anderes Verfahren	Wahl durch Belegschaft	Ernennung durch Geschäftsleitung/ anderes Verfahren	–
(mögliche) Be-zeichnung im Betrieb	Betriebsrat, Mitarbeitervertretung nach Kirchenrecht (MAV)	Sprecher, Vertrauensleute/-personen, Mitarbeiterausschuss, Runder Tisch, etc.				Selbstvertretung, individuelle Aushandlung

BISS 2006; siehe auch Pries 2005; Hauser-Ditz u.a. 2006a

Da sich AVOs in der Dimension 1 (externe Rechtsbasis) nicht voneinander unterscheiden, können sie lediglich entlang der Dimensionen 2 und 3 sinnvoll differenziert werden. Kreuzt man die beiden Dimensionen, die jeweils zwei Merkmalsausprägungen besitzen (gewählt/eingesetzt beziehungsweise gemeinsames Gremium/reines Arbeitnehmerorgan), so entstehen vier *Strukturtypen*, die in Tabelle 2 in den vier Zellen im Zentrum dargestellt sind.

Tabelle 2: AVO-Strukturtypen nach Zusammensetzung und Legitimation

		Zusammensetzung des AVO		
		Ausschließlich Beschäftigte	Beschäftigte und Vertreter der Geschäftsleitung	
Legitimation/ Einsetzung	(Von der Belegschaft) gewählt	»Gewählte reine Arbeitnehmervertretung«	»Gewähltes gemeinsames Gremium«	Gewähltes Organ
	(Durch die Geschäftsleitung) eingesetzt	»Eingesetzte reine Arbeitnehmervertretung	»Eingesetztes gemeinsames Gremium«	Eingesetztes Organ
		Reine Arbeitnehmervertretung	Gemeinsames Gremium	

Quelle: BISS 2005; vgl. auch Hauser-Ditz u.a. 2006a

Die gewählten reinen Arbeitnehmervertretungen weisen strukturell die größte Übereinstimmung mit dem Betriebsrat auf; gemeinsame, von der Geschäftsleitung initiierte Gremien weichen hinsichtlich der Strukturprinzipien am stärksten vom Betriebsratsmodell ab. Für die späteren Analysen stellt sich die Frage, inwiefern die strukturelle Nähe zum Betriebsrat sich auch in inhaltlicher Nähe beziehungsweise in der Funktionsweise niederschlägt. Kann bei den reinen Arbeitnehmervertretungen am ehesten davon ausgegangen werden, dass es sich um Organe zum Zwecke der *Interessenvertretung* der abhängig Beschäftigten handelt, während die gemeinsamen Gremien vermutlich weniger ›Interessenvertretungsgremien‹ in diesem Wortsinn konstituieren? Diese Fragen werden wir in den empirischen Kapiteln 4 bis 6 beleuchten und im Schlussteil (Kapitel 7) resümierend wieder aufgreifen.

2.3.2 Verbreitung, Kontext und Wandel von Vertretungsformen

Für die Analyse der Verbreitung und der Kontextfaktoren der verschiedenen soeben beschriebenen Interessenregulierungsformen beziehungsweise Interessenvertretungsorgane wird in Kapitel 3 auf die bereits in vorhandenen Studien genutzten und bewährten Analysedimensionen (Betriebsgröße, Branche, Region) zurückgegriffen. Diese und weitere mögliche Einflussfaktoren, die die Existenz verschiedener Formen von Interessenregulierung bedingen können, lassen sich – wie bereits beschrieben – systematisch den Argumentationskontexten der ersten sechs der hier dargestellten Theoriemodelle zuordnen.

Die folgende Tabelle gibt eine Übersicht über zentrale Variablen, die in den späteren multivariaten Analysen – der Untersuchung der Verbreitung (Kapitel 3), der Gremiengröße und Ressourcen (Kapitel 4), der Beteiligungsstärke (Kapitel 5) und des Regulierungsoutputs (Kapitel 6) – zum Einsatz kommen. Die Tabelle zeigt außerdem die Zuordnung der Variablen zu den verschiedenen Theoriekontexten. Es fällt auf, dass sich manche Variablen nicht eindeutig einem einzigen Theorieansatz zuordnen lassen. So indiziert die Betriebsgröße nicht allein die aus transaktionskostentheoretischer Sicht bedeutsame Komplexität der Leistungserstellung, sondern mitunter auch betriebskulturelle Aspekte. Die Qualifikationsstruktur der Belegschaft kann sowohl Hinweise auf die berufskulturellen Orientierungen als auch auf die Verfügung über (Primär-) Machtpotenziale geben.

Tabelle 3: Theoriekontexte und Variablen in der Untersuchung

Variable	*Wertebereich (Dummies 0/1 Kodierung)*	*Theorieansatz*
Betriebsgröße	Beschäftigtenzahl (≥10)/ 6 Größenklassen	Transaktionskosten Betriebskultur
Betrieb Teil größeren Unternehmens	1=ja	Transaktionskosten
Eigentümer/Managementführung	1=Eigentümerführung	Betriebskultur
Langfristige MA-Bindung aus Managementsicht wichtig	1=Zustimmung	
Breite Einbeziehung MA aus Managementsicht wichtig	1=Zustimmung	
Betriebsklima	1-5; 1=sehr gut	
Prinzip der offenen Tür	1=vorhanden und wichtig	
Kommunikationsangebote	1=vorhanden und wichtig	
Materielle Beteiligung	1=vorhanden und wichtig	Beteiligungsstrategie
Gruppen- oder Projektarbeit	1=vorhanden und wichtig	
Qualifikation der Beschäftigten	Anteil Hochqualifizierte Anteil Facharbeiter Anteil Ungelernte	Berufskulturelles Orientierungsmuster Primärmacht/ Ressourcen
Altersstruktur der Belegschaft	Anteil <35 Jahre Anteil >50 Jahre	Berufskulturelles Orientierungsmuster
Gewerkschaftlicher Organisationsgrad	1=Mitglieder vorhanden/>50 %	
Anteil prekärer Beschäftigung	Anteil geringfügig Beschäftigter Anteil befristet Beschäftigter	
Branche	16 Branchen-Dummies	Organisationale Felder
Alter des Betriebes	Metrisch (logarithmiert)	Pfadabhängigkeit
Ausgründung/Neugründung Region Ost-/Westdeutschland	1=Ausgründung 1=Ost	
Mitgliederstruktur des Interessenvertretungsorgans	Anteil Hochqualifizierte Anteil Facharbeiter Anteil Ungelernte Anteil <35 Jahre Anteil >50 Jahre	Aushandlungsbeziehungen
Gewerkschaftlicher Organisationsgrad des Interessenvertretungsorgans	Anteil Gewerkschaftsmitglieder	
Rückhalt des Interessenvertretungsorgans in der Belegschaft	1=hoch	

Innerhalb dieses Forschungsberichts wird bewusst darauf verzichtet, im Vorfeld der empirischen Analysen explizite, theoriegeleitete und möglicherweise sogar konkurrierende (Detail-)Hypothesen zu entwickeln, um diese systematisch anhand des empirischen Materials zu überprüfen. Eine detaillierte Theoriediskussion, die konsequente Ableitung von Hypothesen und ein entsprechender empirischer Test bilden zum einen nicht das Hauptinteresse dieser Arbeit. Zum anderen würden sie den Rahmen dieses Forschungsberichtes sprengen und können allein schon aus Platzgründen hier nicht vorgenommen werden. Die theoretische Einbettung der empirischen Untersuchung erscheint jedoch sinnvoll, da nur so etablierte und bewährte Begründungs- und Argumentationszusammenhänge auch für die Analyse der betrieblichen Interessenregulierung nutzbar gemacht werden können. Lediglich anhand eines ausgewählten Empiriefeldes – der Frage der Bestimmungsfaktoren beziehungsweise Kontextbedingungen für die Existenz von Betriebsräten, AVOs oder reiner Selbstvertretung – sollen unterschiedliche Theoriekontexte kontrastierend betrachtet werden.

In Kapitel 3 werden neben der Verbreitung und dem betrieblichen Kontext der Interessenvertretungsformen einige Aspekte des *Wandels* im Zeitverlauf thematisiert. Da es sich hierbei um eine Analyse retrospektiver Angaben aus einer Querschnittsbefragung (und nicht um eine Panelbefragung) handelt, müssen die Ergebnisse mit Vorsicht interpretiert werden. Sie können prinzipiell nur mehr oder weniger starke und zwingende Hinweise auf die vermuteten Entwicklungen im Hinblick auf die *Fluktuation* zwischen den Interessenvertretungsformen Betriebsrat, AVOs und Selbstvertretung sowie den Einfluss der *BetrVG-Novelle* im Jahr 2001 geben.

2.3.3 Strukturen, Arbeitsweisen und Beteiligungschancen

Für die Untersuchung der Strukturen und Arbeitsweisen sowie auch der Beteiligungspraxis bietet der Datensatz der BISS-Befragung eine Vielzahl an Informationen und Indikatoren. Im Zentrum der Kapitel 4 (Strukturen und Arbeitsweisen) und Kapitel 5 (Beteiligung) stehen zunächst deskriptive Auswertungen zu den einzelnen Thematiken, wobei es darum geht, zentrale Unterschiede zwischen den weiter oben eingeführten Interessenvertretungstypen herauszuarbeiten. Für die Analyse der Kausalbeziehungen werden hier lediglich selektiv einige tiefergehende multivariate Analysen vorgenommen. Diese zielen im Wesentlichen darauf ab, feststellen zu können, welche Faktoren die beobachtete Varianz der Strukturen, Ausstattung, Arbeitsweisen und Beteiligungschancen der verschiedenen Interessenvertretungsorgane beeinflussen.

Bei der Analyse der Beteiligungschancen handelt es sich um ein Themenfeld, das auf Basis repräsentativer quantitativer Daten noch wenig erforscht ist. Hier werden verschiedene Aspekte von Beteiligung thematisiert: Neben der Untersuchung der Beteiligungsorientierung der Geschäftsleitung und verschiedener betrieblicher Kommunikations- und Beteiligungsformen wird besonderes Augenmerk auf die Beteiligungsstärke der Interessenvertretungsorgane gelegt. Dabei werden auch einige Auswertungen zu den unterschiedlichen Sichtweisen von Geschäftsleitung und Interessenvertretung auf die Stärke der Beteiligung vorgestellt. Auch das Verhältnis zwischen individueller und kollektiver Beteiligung bei verschiedenen betrieblichen Themen kann auf Basis der BISS-Befragung genauer analysiert werden. Somit ist es prinzipiell möglich, die ›Architektur‹ der betrieblichen Entscheidungsprozesse nachzubilden und mit multivariaten Analysen nach jenen Faktoren zu fahnden, die die jeweilige Ausformung der Beteiligungsarchitektur beeinflussen. Dies kann aufgrund der hohen Komplexität der Thematik hier jedoch nur in Ansätzen erfolgen.

Vor allem im Hinblick auf die AVOs stellt sich die Frage, aus welchen *Gründen* AVOs in den Betrieben eingerichtet werden, welche Ziele die verschiedenen betrieblichen Akteursgruppen mit der Einrichtung von AVOs verfolgen und warum es nicht zur Wahl eines Betriebsrats kam. Die letzte Frage drängt sich vor allem dann auf, wenn ein reines Arbeitnehmerorgan, also jener AVO-Typus, der die größte strukturelle Nähe zum Betriebsrat aufweist, gewählt wurde. In diesem Fall stellt ein Betriebsrat ein alternatives und – bezogen auf die rechtliche Absicherung, die Beteiligungsrechte etc. – vermutlich ›besseres‹ Interessenvertretungsmodell für die abhängig Beschäftigten dar. Prinzipiell sind unterschiedliche Gründe vorstellbar, weshalb dennoch ein AVO gebildet wird:[41] AVOs können von der Geschäftsleitung als eine Betriebsratsvermeidungsstrategie initiiert werden. Sie können jedoch auch den spezifischen Erfordernissen der betrieblichen (und möglicherweise branchentypischen) Leistungserstellungsprozesse geschuldet sein. Schließlich ist denkbar, dass ein AVO eher den Interessen, Bedürfnissen oder Vorstellungen der Beschäftigten und auch der Geschäftsleitung entspricht als ein Betriebsrat. Dabei kann ein AVO durchaus die Funktion eines ›Übungsplatzes betrieblicher Mitbestimmung‹ erfüllen und somit möglicherweise ein Durchgangsstadium zum Betriebsrat konstituieren. Auf Basis der BISS-Befragung lassen sich einige Hinweise auf

41 Hierzu geben auch die empirischen Studien aus dem Bereich der ›Neuen Wirtschaft‹, die weiter oben diskutiert wurden, einige interessante Hinweise; vgl. Abschnitt 2.1.

die Gründe finden, die möglicherweise zur Entstehung eines AVOs führen.

2.3.4 Regulierungsoutput

Die Sichtung vorliegender Studien legt es nahe, zentralen Fragen nach den Output-Effekten verschiedener Formen von Interessenvertretung auf Basis der BISS-Befragung nachzugehen. Denn erstens liegt ein offensichtliches Desiderat in der Erforschung der Effekte von AVOs. Zweitens zeigt sich, dass vorliegende Erhebungen oft zu keinen signifikanten Ergebnissen gelangen, was möglicherweise der fehlenden Ausdifferenzierung innerhalb der Interessenvertretungsform des Betriebsrates zuzuschreiben ist. Drittens scheint die Wirkung von Interessenvertretung in hohem Maße von der Art der gewählten ›Output‹-Indikatoren und möglicherweise auch der einbezogenen (beziehungsweise nicht einbezogenen) unabhängigen Variablen abzuhängen.

Es erscheint daher sinnvoll, wie auch in den anderen Empirie-Kapiteln *unterschiedliche Formen von Interessenregulierung* zu differenzieren; dabei wird für die hier durchzuführenden Analysen neben den unterschiedlichen AVO-Typen auch eine Binnendifferenzierung der Betriebsräte vorgenommen. Weiterhin liegt es nahe, *unterschiedliche Dimensionen des Outputs* zu unterscheiden, denn die alleinige Betrachtung ökonomischer Auswirkungen vernachlässigt unter Umständen weitere wichtige Effekte, die von der betrieblichen Interessenvertretung beispielsweise auf das Betriebsklima oder die Mitarbeitermotivation ausgehen.

Zur Beantwortung der Frage, welche Auswirkungen verschiedene Formen der Interessenregulierung haben beziehungsweise welche Ergebnisse unterschiedliche Interessenvertretungsstrukturen für die Beschäftigten einerseits und für den Betrieb andererseits erzielen, kann zum Teil auf die bereits vorhandenen Forschungsergebnisse rekurriert werden, die in Abschnitt 2.1 kurz skizziert wurden. Bezüglich der abhängigen und unabhängigen Variablen lassen sich wichtige Anhaltspunkte erkennen, die die hier angestrebte Untersuchung der Outputwirkungen anleiten können. Die theoretischen Überlegungen, die in Abschnitt 2.2 vorgenommen wurden, helfen jedoch nur zum Teil, die möglichen Einflüsse zu erklären und zu verstehen. Daher erscheint es sinnvoll, im Sinne einer Heuristik ein Modell[42] möglicher Einflussfaktoren auf den ›Output‹ zu entwickeln. In einer ganzheitlichen Betrachtungsweise sind bei der Frage nach dem ›Output‹ von Interessenvertretung grundsätzlich die ›Erträge‹ des jeweiligen Systems der betrieblichen Interessenregulierung für die Beschäftigten selbst, für den Betrieb beziehungsweise das Unternehmen, dessen Eigner und für weitere ›stakeholder‹ (beispielsweise die örtliche Kommune) sowie für das gesellschaftliche System insgesamt (beispielsweise Beteiligungs- und Demokratieförderung) zu berücksichtigen (siehe Abbildung 2). Im Folgenden können allerdings nur die auf der Grundlage der BISS-Daten messbaren Wirkungen betrieblicher Interessenregulierungstypen für die Beschäftigten und die Betriebe selbst behandelt werden. Doch schon dies ist ein äußerst komplexes Unterfangen, denn einige Gesichtspunkte lassen sich zwar relativ problemlos als Output für den Betrieb (beispielsweise wirtschaftliche Ertragslage) interpretieren, aber nicht unbedingt genauso einfach auch als direkte Auswirkung des jeweiligen betrieblichen Interessenregulierungstyps fassen. Bei anderen Aspekten stellt sich zudem das Problem, dass sie wesentlich schwieriger zu messen sind und dazu noch weniger eindeutig als Wirkung dem jeweiligen betrieblichen Interessenregulierungstyp zugeordnet werden können. Dies gilt beispielsweise für die Innovations- und Wandlungsfähigkeit eines Betriebes.

Im Vergleich hierzu sind die *Auswirkungen für die Beschäftigten* wie Beschäftigungssicherheit oder kürzere Arbeitszeiten relativ einfach zu messen. Aber auch hier ist eine eindeutige Zuschreibung der Effekte zu bestimmten Wirkungsfaktoren kaum möglich. Wenn beispielsweise Betriebsräte in Betrieben mit vorherrschend hochqualifizierter Wissensarbeit unterdurchschnittlich häufig vorkommen, weil viele dieser Beschäftigten andere Formen der Interessenregulierung vorziehen, kann sich ein nega-

42 Jedes aufzustellende Beeinflussungsmodell, welches diese Interessenvertretungs-Typen als die unabhängige Variable behandeln möchte, die den – wie auch immer operationalisierten – betrieblichen Output als abhängige Variable beeinflusst, ist vor mindestens zwei Probleme gestellt. Erstens muss – um die Wirkungen der Interessenvertretungstypen tatsächlich einigermaßen angemessen abschätzen zu können – der Output in mehr als nur einer ökonomischen Variable wie beispielsweise der Ertragslage und über einen längeren Zeitraum gemessen werden. Es müssten also Aspekte wie beispielsweise die Innovations- und Anpassungsfähigkeit, die Zufriedenheit und das *commitment* der Beschäftigten als integrale Bestandteile des Gesamtoutputs betrachtet werden. Zweitens müssten alle möglicherweise die Wirkung des Interessenvertretungstyps auf den Regelungsoutput beeinflussenden intervenierenden Variablen angemessen kontrolliert werden können. Dies setzt Datenbestände voraus, die als Längsschnittdatensätze in dieser umfassenden Weise bisher nicht vorliegen. Output-Analysen unterliegt daher immer hohen Unsicherheiten.

tiver Zusammenhang zwischen Betriebsratsexistenz und Lohnniveau ergeben, weil in den Betrieben mit vorwiegend hochqualifizierter Wissensarbeit die Durchschnittsgehälter sehr hoch sind, ohne dass dies dem Nichtvorhandensein von Betriebsräten zuzuschreiben wäre. Ähnliches gilt für die tatsächlich durchschnittlich geleisteten wöchentlichen Arbeitsstunden: Diese können während einer bestimmten Zeitperiode in Betrieben mit Betriebsräten niedriger ausfallen, weil sich Betriebsräte besonders in den Wirtschaftssektoren konzentrieren, in denen es im Untersuchungszeitraum eine konjunkturelle Abschwächung gegeben hat.

Ist also bei der Messung des Outputs unterschiedlicher Interessenregulierungstypen für die Betriebe selbst und deren Beschäftigten schon große Vorsicht geboten, so gilt dies erst recht für mögliche Wirkungen der Interessenvertretung auf Aspekte wie beispielsweise das *Betriebsklima* und das betriebliche *Konfliktniveau*. Denn erstens sind diese Aspekte häufig wesentlich schwieriger eindeutig zu messen; zweitens ist auch hier eine einfache *Wirkungszuordnung* zur Interessenregulierung oft *problematisch*. Drittens ist die Bewertung des Outputs in hohem Maße subjektiv geprägt. So ist nicht eindeutig zu klären, für welche der beteiligten Interessengruppen welches Betriebsklima als positiver oder als negativer Output zu interpretieren ist. Offene und kollektive Aushandlung von Interessenunterschieden kann unter bestimmten Bedingungen als normal und legitim, in einem anderen betrieblichen Kontext aber als störender Konflikt bewertet werden.

Wie bereits erwähnt handelt es sich bei vielen der interessierenden Outputgrößen um Merkmale, die im Verlauf mehrerer Jahre starken ›konjunkturellen‹ Veränderungen unterliegen können. Bei den jeweiligen Typen betrieblicher Interessenregulierung dagegen handelt es sich eher um langfristige und strukturelle betriebliche Muster. Für eine verlässliche Analyse würden deshalb eigentlich lange Datenzeitreihen benötigt.

Abbildung 2: Variablenmodell für die Regulierungsoutput-Messung

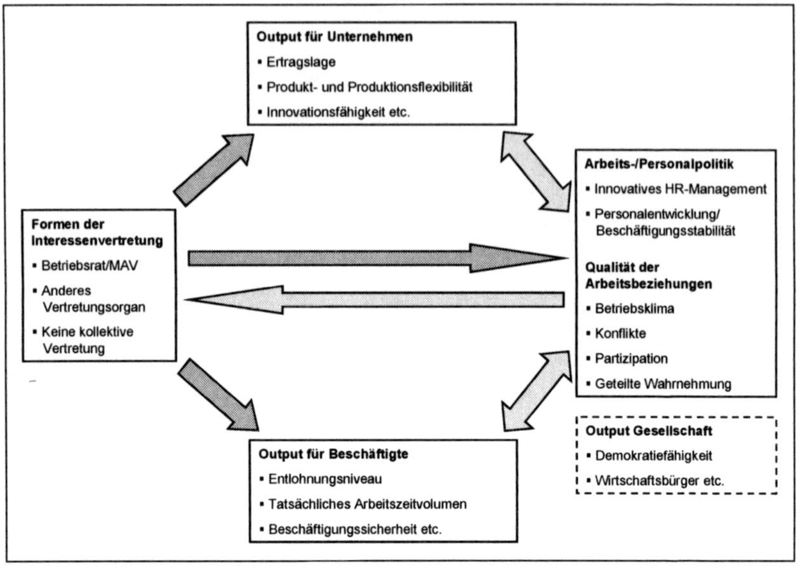

Es existieren also gleich mehrere Problempunkte, die eine (Kausal-)Analyse der Beziehungen zwischen verschiedenen Interessenvertretungsformen beziehungsweise Interessenregulierungstypen und betrieblichen Outputwirkungen verkomplizieren. Abbildung 2 veranschaulicht die komplexen Zusammenhänge zwischen der Interessenvertretungsform, dem mehr oder weniger eindeutig dem Betrieb oder den Beschäftigten zurechenbaren Output sowie wichtigen Aspekten der Arbeitspolitik und der Qualität der Arbeitsbeziehungen. In der BISS-Befragung wurden viele der in diesem Zusammenhang interessierenden Merkmale erhoben. Dementsprechend wird in den multivariaten Analysen (Kapitel 6) ein breites Variablenmodell genutzt, welches mögliche relevante Einflussgrößen auf die zu untersuchenden Aspekte mit einbezieht. Eine Kontrolle aller relevanten Einflussfaktoren ist mit dem vorliegenden Datensatz freilich dennoch nicht möglich.[43]

43 Dies ist unseres Erachtens allerdings keine besondere Schwäche des verwendeten Datensatzes sondern ein generelles Problem empirischer Untersuchungen.

2.4 Datenbasis und Erhebungsmethode

Die nachfolgenden Auswertungen basieren auf dem Datensatz der BISS-Erhebung 2005. Die Befragung richtete sich an privatwirtschaftlich organisierte Betriebe mit wenigstens zehn Beschäftigten. Einbezogen wurden alle Betriebe unabhängig von der vorgefundenen Form der Interessenvertretung. In insgesamt 3.254 Betrieben wurde jeweils ein Personalverantwortlicher (Geschäftsführer beziehungsweise Personalleiter) zur betrieblichen Praxis der Interessenvertretung und Mitarbeiterbeteiligung befragt. In 1.410 Betrieben wurde zusätzlich ein Interview mit den Betriebsratsvorsitzenden beziehungsweise den Vorsitzenden des jeweils vorhandenen Anderen Vertretungsorgans geführt. Die Befragung erfolgte als standardisiertes, computergestütztes Telefoninterview (CATI), durchgeführt vom Zentrum für Sozialforschung Halle e.V. (zsh) an der Universität Halle-Wittenberg. Als Grundlage für die Auswahl der Untersuchungsfälle diente eine disproportional nach Region, Betriebsgröße und Branche geschichtete Zufallsstichprobe, die aus der Betriebsdatei der Bundesagentur für Arbeit gezogen wurde. Durch das spezielle Schichtungsverfahren (annähernde Gleichverteilung in den Zellen) konnte gewährleistet werden, dass genügend Betriebsfälle in allen Betriebsgrößenklassen und Branchen für die Auswertung zur Verfügung stehen. Durch Rückgewichtungsfaktoren wird die Struktur des Datensatzes an die Struktur der Grundgesamtheit angepasst.[44] Die nachfolgenden Auswertungen stehen somit stellvertretend für die Gesamtheit der Betriebe ab zehn Beschäftigten in Unternehmen mit privater Rechtsform in Deutschland.

2.4.1 Abgrenzung der Grundgesamtheit

Die Grundgesamtheit umfasst alle Betriebe der Privatwirtschaft mit wenigstens zehn Beschäftigten. Die Untersuchung beschränkt sich auf den Bereich der Privatwirtschaft, weil hier im Unterschied zur öffentlichen Wirtschaft beziehungsweise zum öffentlichen Dienst ein breiteres Spektrum von Interessenregulierungsformen zu erwarten war und die Verbrei-

44 Die Gewichtungsfaktoren unterscheiden sich insbesondere nach der Betriebsgröße. Sie sind in den erfassten Kleinbetrieben unterhalb von 50 Beschäftigten am höchsten. Die Wahrscheinlichkeit von Schätzfehlern ist in diesem Bereich deutlich höher als bei den Großbetrieben.

tung gesetzlicher Vertretungsgremien (Betriebsräte) vergleichsweise gering ausgeprägt ist. Ein Schwellenwert von zehn Beschäftigten wurde unter Repräsentativitätsgesichtspunkten gewählt, weil hierdurch mehr als 60 Prozent aller betriebsratsfähigen Betriebe (beziehungsweise über 90 Prozent der Beschäftigten in betriebsratsfähigen Betrieben) erfasst werden und diese Betriebsgröße als ›gerade noch interviewbar‹ gilt. Hinzu kommt, dass unterhalb dieser Organisationsgröße kaum mit kollektiven Regulierungsformen zu rechnen ist.

Die Trennung zwischen Privatwirtschaft und öffentlicher Wirtschaft wurde ausschließlich anhand der Rechtsform der Unternehmensorganisation vorgenommen; Eigentumsverhältnisse (öffentliches Eigentum versus privates Eigentum) oder der Organisationszweck (Gewinnorientierung versus Versorgungsauftrag) wurden aufgrund der damit einhergehenden erhöhten Komplexität nicht berücksichtigt. Diese enge, formaljuristische Definition entspricht dem Geltungsbereich des Betriebsverfassungsgesetzes. Die formaljuristische Abgrenzung der Privatwirtschaft führt unter anderem dazu, dass hierunter auch ehemalige öffentliche Betriebe (vor allem kommunale Eigenbetriebe, Anstalten öffentlichen Rechts) fallen, die zwar in eine private Rechtsform überführt wurden, aber (zunächst) weiterhin vollständig in öffentlichem Eigentum bleiben und nur teilweise nach ähnlich strengen betriebswirtschaftlichen Kriterien geführt werden, wie dies in der übrigen Privatwirtschaft der Fall ist. Es ist zu vermuten, dass hier Traditionen der öffentlichen Wirtschaft beziehungsweise Verwaltung nachwirken, sowohl was den Verbreitungsgrad von Betriebsräten (ehemalige Personalräte) als auch ihre Einflussmöglichkeiten anbelangt. Somit dürften im Bereich privatisierter Betriebe die Rahmenbedingungen betrieblicher Interessenregulierung vom ›Soll-Modell‹ abweichen, ohne dass dies in der Befragung kontrolliert werden könnte. Betroffen hiervon sind vor allem Ver- und Entsorgungsbetriebe, Verkehrsbetriebe sowie Betriebe aus dem Gesundheitsbereich.

Die enge formaljuristische Abgrenzung führt auch dazu, dass Betriebe in kirchlicher Trägerschaft untersucht wurden, sofern sie privatrechtlich organisiert sind. In diesem Punkt geht der Untersuchungsbereich (Grundgesamtheit) der BISS-Befragung über den Geltungsbereich des Betriebsverfassungsgesetzes hinaus, da Einrichtungen von Religionsgemeinschaften aus dem BetrVG ausgeklammert sind und über eigene Vertretungsstrukturen (MAV) verfügen. Kirchliche Aktivitäten konzentrieren sich dabei vor allem auf den Gesundheits- und Bildungssektor.

Eine erste Selektion zwischen öffentlicher und privater Wirtschaft konnte bereits bei der Stichprobenziehung vorgenommen werden: Anhand der Klassifikation der Wirtschaftszweige wurden die gesamte öffentliche Verwaltung und die Organisationen der Sozialversicherung aus der Stichprobe ausgeschlossen. Nach Ziehung der Stichprobe fand eine weitere Selektion der Organisationen mit privater Rechtsform durch das Projektteam anhand der mitgelieferten Namenszusätze (Rechtsform) der Betriebe statt. Zusätzlich wurden während der Feldphase Betriebseinheiten aus der Befragung ausgeschlossen, die nach eigenen Angaben Organisationen öffentlichen Rechts waren beziehungsweise über einen Personalrat verfügten (vgl. Tabelle 5).

2.4.2 Stichprobenkonstruktion

Als Stichprobenquelle der BISS-Befragung diente die Betriebsdatei der Bundesagentur für Arbeit (BA).[45] Diese Datei enthält alle Betriebe in der Bundesrepublik Deutschland mit mindestens einem sozialversicherungspflichtig Beschäftigten. Die BA-Betriebsdatei gilt als derzeit beste Stichprobenquelle für Betriebsbefragungen in Deutschland. Sie wird von anderen regelmäßigen quantitativen Betriebsbefragungen wie dem IAB-Betriebspanel oder seit jüngstem auch von der WSI-Betriebsrätebefragung genutzt.[46]

Die Größe der Bruttostichprobe wurde mit 50.000 Betrieben so groß gewählt, dass sie sich robust gegenüber den im Vorfeld schwer zu kalkulierenden Ausfällen verhielt. Eine Nachziehung sollte auf jeden Fall vermieden werden. Die Bruttostichprobe betrug etwa das Zehnfache der ursprünglich geplanten Nettostichprobe von 5.000 Betrieben. Im Einzelnen mussten folgende Ausfallquellen in Betracht gezogen werden:

(1) Ausfall bei der Telefonnummernrecherche;

---

45 Ein Antrag zur Nutzung dieser Stichprobenquelle wurde im März 2005 beim damaligen Bundesministerium für Wirtschaft und Arbeit (BMWA) eingereicht und im April 2005 genehmigt.

46 Die BA-Betriebsdatei enthält alle Betriebe mit mindestens einem sozialversicherungspflichtig Beschäftigten. Sie gilt als derzeit repräsentativste Stichprobenquelle. Als teilweise problematisch erwies sich während der Feldarbeit die von der BA verwendete Betriebsdefinition (Beschäftigter, Produktionsort), die bei Mehrbetriebsunternehmen nicht mit der unternehmensinternen Betriebsdefinition übereinstimmen muss.

(2) Ausfall durch Bereinigung der Stichprobe um Betriebe des öffentlichen Dienstes, Betriebe mit zu geringer Beschäftigtenzahl (<10) und Betriebe mit nicht gesuchter Vertretungsform (*Screening*);
(3) Ausfall durch Interviewverweigerung oder Nichterreichbarkeit.

In der nachfolgenden Abbildung 3 sind die tatsächlichen Ausfälle (gerundete Werte) im Prozess der Generierung der Nettostichprobe dargestellt.

Abbildung 3: Prozess der Stichprobengenerierung (gerundete Werte)

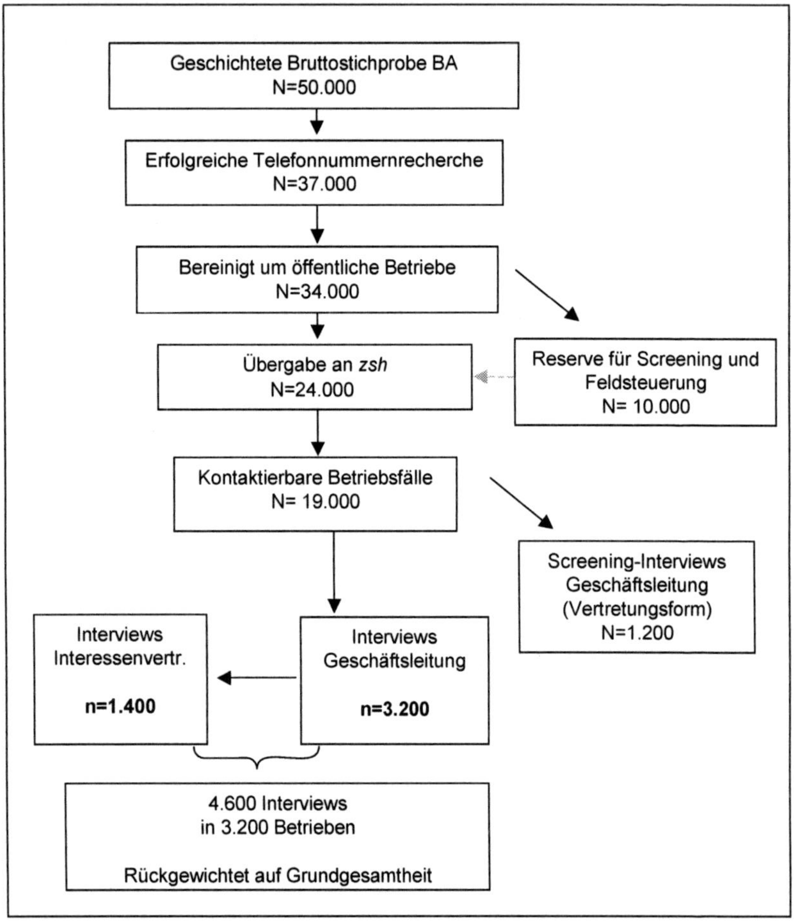

Die BA-Datei enthält neben der Firmierung und Betriebsadresse auch Informationen zur Betriebsgröße (Beschäftigtenzahl), zur Branchenzugehörigkeit (Klassifikation der Wirtschaftszweige WZ03) und zur Region (Ost-West), die als Schichtungsmerkmale für die Stichprobenziehung verwendet werden können. Eine einfache Zufallsauswahl war wegen der hohen Betriebsgrößen- und Branchendisparitäten nicht sinnvoll. Sie hätte zu einer Stichprobe geführt, die überwiegend aus Kleinbetrieben und Einzelhandelsbetrieben bestanden hätte. Der Vergleich zwischen Branchen und Betriebsgrößenklassen sowie Ost- und Westdeutschland wäre damit nur sehr eingeschränkt möglich.

Die BISS-Stichprobe sollte so konstruiert sein, dass jede Schicht aus Betriebsgrößenklasse, Branche und Region etwa eine gleich große Fallzahl enthält. Aus diesen Anforderungen folgt eine Übergewichtung von Großbetrieben, eine Über- beziehungsweise Untergewichtung einzelner Branchen(aggregate) und eine Übergewichtung von ostdeutschen Betrieben.

Bislang vorliegende Zahlen zur Verbreitung von Betriebsräten zeigen, dass der Betriebsgröße in Bezug auf die Form der Interessenvertretung ein entscheidender Einfluss beigemessen wird. So steigt insbesondere der Anteil von Betriebsratsbetrieben mit der Betriebsgröße. In Kleinbetrieben zwischen zehn und 19 Beschäftigten liegt die Betriebsrats-Quote bei unter 10 Prozent, in Großbetrieben mit über 2.000 Beschäftigten beträgt sie über 90 Prozent. Eine möglichst genaue Größenklassenschichtung erscheint deshalb sinnvoll. Das IAB-Panel nutzt zehn Betriebsgrößenklassen, wobei acht in unsere Grundgesamtheit fallen. Allerdings zeigte die Analyse der Fallzahlen in der Grundgesamtheit, dass eine Differenzierung jenseits einer Betriebsgröße von 500 Beschäftigten wenig sinnvoll erscheint, weshalb wir uns auf sechs Klassen beschränken (vgl. Tabelle 4).

Hintergrund dieser aufwändigen Branchengliederung war zum einen die Bemühung, eine möglichst große Anschlussfähigkeit an das IAB-Betriebspanel zu erreichen. Zum anderen wurde versucht, Branchenaggregate so zu gestalten, dass sie in Bezug auf die Regulierung der Arbeitsbeziehungen möglichst homogen waren. So wurde beispielweise der Bereich der sonstigen unternehmensnahen Dienstleistungen zwischen dem Beratungs-, Werbungs- und Ingenieurdienstleistungsbereich und den Personal-, Wach- und Reinigungsdienstleistungen geteilt.

Tabelle 4: Schichtung der Bruttostichprobe

Branchenaggregation	*Betriebsgrößenklassen* 10-19	20-49	50-99	100-199	200-499	500+	Gesamt
Bergbau/Energie/Ver- und Entsorgung	700	650	600	457	277	145	2.829
Ernährung/Genuss	700	650	600	500	400	125	2.975
Verbrauchsgüter	700	650	600	500	400	161	3.011
Produktionsgüter	700	650	600	500	400	400	3.250
Investitionsgüter/Gebrauchsgüter	700	650	600	500	400	400	3.250
Baugewerbe	1.400	1.000	600	500	284	44	3.828
Handel/Reparatur	1.400	1.300	900	500	400	283	4.783
Gastgewerbe	1.000	650	600	334	105	15	2.704
Verkehr/Nachrichten	700	650	600	500	400	232	3.082
Kredit/Versicherung/Grundstücks- und Wohnungswesen	700	650	600	500	400	328	3.178
Datenverarbeitung und Datenbanken	700	650	600	349	153	65	2.517
F&E/Beratung/Ingenieurdienstleist-ungen und Werbung	700	650	900	500	400	161	3.311
Personal-, Wach-, Reinigungsdienst-leistungen und sonstige DL	700	650	600	500	400	135	2.985
Erziehung und Unterricht	700	650	600	500	400	182	3.032
Gesundheits-, Veterinär- und Sozialwesen	700	650	600	500	400	400	3.250
Sonstige öffentliche und private DL	700	650	600	368	214	67	2.599
Gesamt	12.900	11.400	10.200	7.508	5.433	3.143	50.584

Quelle: BISS-Stichprobenplan

Die 96 Schichtungszellen der 6x16-Matrix wurden mit einem erhöhten Anteil von ostdeutschen Betrieben besetzt (jeweils ein Drittel), da von signifikanten Unterschieden in den Mustern der Interessenregulierung zwischen Ost- und Westdeutschland ausgegangen wird. Weitere Überlegungen zur Gestaltung der Stichprobe waren durch die vermutete höhere Ausfallwahrscheinlichkeit von Kleinbetrieben geprägt. Darüber hinaus sollte durch eine Überrepräsentanz der Größenklassen zwischen 20 und 99 Beschäftigten die Fallzahl der Betriebe mit Anderen Vertretungsorganen erhöht werden. Die stark abfallenden Zellengrößen bei den Großbetrieben sind dem Mangel an Fällen in der Grundgesamtheit geschuldet.

2.4.3 Telefonnummernrecherche

Da die Betriebsdatei der Bundesagentur für Arbeit keine Telefonnummern der Betriebsstätten enthält, musste vor dem Start der Feldphase eine separate Telefonnummernrecherche erfolgen. Diese wurde von einem auf Adressdatenbanken spezialisierten Dienstleistungsunternehmen (Prodata GmbH) durchgeführt. Aufgrund der Stichprobengröße von ca. 50.000 Adressen und der Budgetrestriktionen erfolgte eine rein maschinelle Telefonnummernrecherche. Auf eine zeit- und kostenintensive manuelle Nachrecherche wurde verzichtet. Das gewählte Verfahren führte zu einer Trefferquote von ca. 75 Prozent.

Wie eine nachgeschaltete Qualitätsanalyse zeigte, war für die Ausfälle vor allem die unterschiedliche Schreibweise von Firmennamen in den abzugleichenden Datenbanken verantwortlich. Besondere Probleme verursachte dabei die unterschiedliche Verwendung von Namensabkürzungen. Eine weitere Fehlerquelle stellte die teilweise von der unternehmensinternen Betriebsdefinition abweichende organisatorische Abgrenzung der Betriebseinheiten in der BA-Betriebsdatei dar. Dieses Phänomen konzentrierte sich jedoch vor allem auf Betriebe des öffentlichen Sektors (kommunale Eigenbetriebe), weshalb die Auswirkungen auf die Stichprobenqualität der BISS-Befragung als gering einzuschätzen sind.

Die nachfolgende Feldarbeit offenbarte allerdings, dass nicht alle der recherchierten Telefonnummern auch tatsächlich zur entsprechenden Betriebsstätte der BA-Betriebsdatei passten. Besondere Schwierigkeiten zeigten sich bei Unternehmen, die mit mehreren Betriebsstätten an einem Ort in der Stichprobe vertreten waren. Oft wurde in diesem Fall nur eine zentrale Telefonnummer für mehrere Betriebe ermittelt, was den Aufwand für Nachrecherchen durch die Interviewer während der Feldphase entsprechend erhöhte.

Insgesamt erbrachte die maschinelle Telefonnummernrecherche jedoch zufriedenstellende Ergebnisse. Allenfalls das Problem unterschiedlicher Schreibweisen von Firmennamen hätte durch eine manuelle Nachrecherche reduziert werden können. Dem strukturellen Problem divergierender Betriebsdefinitionen wäre jedoch auch durch einen erhöhten Rechercheaufwand kaum zu begegnen.

2.4.4 Erhebungsinstrument

Die Befragung erfolgte als computergestütztes Telefoninterview (CATI). Dieses Verfahren bietet unter bestehenden Ressourcenrestriktionen, die den Einsatz persönlich-mündlicher Interviews nicht erlauben, erhebliche

Vorteile gegenüber schriftlichen Befragungen. Zum einen kann von einer größeren Ausschöpfung der Stichprobe ausgegangen werden. Während schriftliche Befragungen oft nur Ausschöpfungsquoten von 10 bis 15 Prozent erreichen, können bei CATI-Befragungen durchaus Werte von über 50 Prozent realisiert werden. Zum anderen erlauben CATI-Befragungen den problemlosen Umgang mit komplexen Fragebogenfiltern, wodurch die Fragenkataloge an unterschiedliche Zielgruppen – Betriebsratsbetriebe, AVO-Betriebe und Betriebe ohne kollektive Vertretung – angepasst werden können. Darüber hinaus kann beim CATI-Verfahren zielgenauer im Feld (nach)gesteuert werden.

Die Konzeption des Fragebogens erfolgte in intensiver Auseinandersetzung mit qualitativen und quantitativen Forschungsergebnissen im deutschsprachigen und angelsächsischen Raum. Hierzu wurden die einschlägige Literatur und eine Vielzahl von Erhebungsinstrumenten gesichtet. Bei der Entwicklung des Fragebogens wurde darauf geachtet, das Format der Befragung bis hin zu einzelnen identisch operationalisierten Fragestellungen an andere einschlägige Erhebungen im Ausland anschlussfähig zu machen. Hervorzuheben ist dabei das britische *Workplace Employment Relations Survey (WERS)*, das die stärksten Parallelen zur BISS-Befragung aufweist. Die Erfahrungen aus anderen Befragungen wurden konsequent in die Konstruktion des Fragebogens übernommen; so war die Erfassung von Betriebs- und Beschäftigtenstrukturmerkmalen eng an das IAB-Betriebspanel angelegt. Inhaltliche Fragen orientierten sich teilweise an der Betriebsräte-Befragung des WSI.

Im Ergebnis entstand zunächst ein zweiteiliger schriftlicher Fragebogen, der in den Monaten März und April 2005 mit einer Vielzahl von externen Akteuren abgestimmt und fortlaufend verbessert wurde. Die Programmierung des CATI-Fragebogens auf der Grundlage der schriftlichen Fragebogenversion erfolgte in enger Abstimmung mit dem Projektteam durch die Mitarbeiterinnen und Mitarbeiter des Zentrums für Sozialforschung Halle e.V. (zsh). Eine Testversion stand dem Projektteam für eine Erprobungsphase vor Beginn des Pretests zur Verfügung. Während der Testphase wurden umfangreiche Verbesserungen in den Frageformulierungen und Filterführungen vorgenommen.

2.4.5 Feldarbeit

Die Durchführung der Feldarbeit wurde dem Zentrum für Sozialforschung Halle e.V. (zsh) an der Universität Halle-Wittenberg übertragen. Das zsh verfügt über ein eigenes CATI-Labor mit 18 Arbeitsplätzen. Die inhaltliche Schulung des Interviewerstamms wurde vor Ort durch das Projektteam durchgeführt, auch der Pretest und Feldstart wurden vor Ort durch das Projektteam begleitet.

Nach erfolgreichem Pretest Anfang Juni 2005 konnten im Zeitraum zwischen dem 14.6. und 30.11.2005 in insgesamt 3.289 Betrieben jeweils ein Personalverantwortlicher (Geschäftsführer beziehungsweise Personalleiter) und in 1.410 dieser Betriebe jeweils ein Arbeitnehmervertreter (in der Regel der Vorsitzende) zur betrieblichen Praxis der Interessenvertretung und Mitarbeiterbeteiligung befragt werden. Die Interviews hatten eine durchschnittliche Länge von 27 Minuten (Managementinterview) beziehungsweise 65 Minuten für ein Doppelinterview mit Geschäftsführung und Interessenvertretung. Damit fiel die Befragungszeit deutlich höher aus als geplant,[47] was durch eine Reduzierung der Fallzahlen kompensiert werden musste.

Der zweite Teil des Interviews sollte nur geführt werden, wenn die Interessenvertretung einen formellen Charakter aufwies und ein Ansprechpartner vorhanden war. Dieser sollte von der Geschäftsleitung am Ende des Interviews benannt werden. Wenn das nicht möglich war und von Seiten der interviewten Personalverantwortlichen keine Einwände bestanden, erfolgte die Kontaktaufnahme mit dem Ansprechpartner für den zweiten Teil des Interviews über das Sekretariat beziehungsweise die Zentrale des Betriebes.

Um die Kosten für die umfangreiche Befragung möglichst gering zu halten, wurde auf die übliche schriftliche Vorinformation der Betriebe per Post verzichtet und stattdessen beim Erstkontakt durch den Interviewer angeboten, die Geschäftsleitung in einem Fax-Anschreiben über die Befragung zu informieren. Von dieser Möglichkeit wurde auch in nahezu 10.000 Betrieben Gebrauch gemacht. War es nicht möglich ein Fax zu senden, so wurden die Informationen auch per E-Mail an die Befragungspersonen gesendet. Einigen wenigen Betrieben wurden diese Unterlagen auf Wunsch per Post zugeschickt.

---

[47] Ursprünglich vorgesehen waren durchschnittliche Interviewzeiten von 20 Minuten für Personalverantwortliche und 40 Minuten für Vertreter von Betriebsräten und AVOs.

Ein besonderes Verfahren der Kontaktaufnahme wurde in etwa einem Dutzend stark filialisierter Großunternehmen praktiziert. Hier erfolgte eine schriftliche Vorinformation der Personalvorstände mit der Bitte, die Befragung in den Stichprobenbetrieben, die zum Unternehmen beziehungsweise zum Konzernverbund gehörten, zu unterstützen.

2.4.6 Ausschöpfung der Stichprobe

Für die CATI-Befragung stand eine vorläufige Stichprobe mit Adressen und Telefonnummern von 24.079 Betrieben zur Verfügung. Diese vorläufige Stichprobe wurde, wie nachfolgend dargestellt, vom zsh um nicht kontaktierbare oder nicht zur Grundgesamtheit zählende Fälle bereinigt (Tabelle 5).

Tabelle 5: Bereinigung der vorläufigen Stichprobe der Telefonbefragung

Dispositionen	*Anzahl der Betriebe*
Vorläufige Stichprobe des Auftraggebers	24.079
Für die Untersuchung nicht zutreffende Unternehmen:	
Unternehmen mit falschen Kontaktdaten	1.068
nicht mehr existierende oder insolvente Unternehmen	128
Öffentlicher Dienst	874
Sonstige Ausfälle (z. B. doppelt im Datensatz)	493
Weniger als 10 Mitarbeiter	968
Kleiner Betrieb (weniger als 50 MA) ohne Betriebsrat/MAV	922
Großer Betrieb (mehr als 200 MA) mit Betriebsrat	314
Großer Betrieb (mehr als 200 MA) mit MAV	9
Bruttostichprobe für die Telefonbefragung	19.303

Quelle: zsh-Methodenbericht BISS-Befragung

Dies betraf zunächst mehr als 1.000 Betriebe, die aufgrund falscher Kontaktdaten (falsche Telefonnummer, Faxverbindung statt Telefonnummer, Privatanschluss statt eines Firmenanschlusses) trotz zusätzlicher Telefonnummernrecherche von Seiten des zsh nicht erreicht werden konnten. In 128 Fällen wurde bei der Kontaktaufnahme durch die Interviewer festgestellt, dass der betreffende Betrieb Insolvenz beantragt hatte oder bereits nicht mehr existierte. In der vorläufigen Stichprobe waren darüber hinaus auch Betriebe enthalten, die nicht den Definitionsmerkmalen der Grundgesamtheit entsprachen. Dies betraf laut erteilter Selbstauskunft beim Erstkontakt 874 Betriebe, die dem öffentlichen Dienst angehörten. Weitere 968 Betriebe beschäftigten weniger als die geforderten und ursprünglich bei der BA gemeldeten zehn Mitarbeiter. Sie wurden während der Erhebung herausgefiltert und nicht befragt. Unter der Rubrik »Sonstige Ausfälle« wurden weitere 493 Fälle zusammengefasst. Hierzu zählen Betriebe, bei denen sich erst im Gespräch – aufgrund ungenauer oder unterschiedlicher Firmennamen – herausstellte, dass sie doppelt im Datensatz vorhanden waren oder dass die Unternehmenszentrale für mehrere Filialbetriebe zusammen ein Interview geführt hatte. Während der Phase des Screenings[48] vom 28.09.2005 bis zum 26.10.2005 fielen weitere 1.245 Unternehmen aus der Stichprobe heraus, da sie nicht den Anforderungen an die Betriebsgröße und die Form der betrieblichen Interessenvertretung entsprachen. Somit konnte die vorläufige Stichprobe um alle nicht kontaktierbaren oder nicht zutreffenden Fälle bereinigt werden und es ergab sich eine Bruttostichprobe für die Telefonbefragung von insgesamt 19.303 Fällen.

Im Folgenden wird auf die Dispositionen eingegangen, die letztendlich zum Ergebnis einer Beteiligung der Unternehmen an der Telefonbefragung führten oder hätten führen können (Ausschöpfungsstatistik vgl. Tabelle 6). Trotz erster Kontaktaufnahmen kam bei 2.031 Betrieben bis zum Ende des Befragungszeitraumes kein Interview zustande, da der Anschluss im weiteren Verlauf (mindestens zehn Kontaktversuche) entweder besetzt war, nur der Anrufbeantworter der Firma erreicht wurde oder von den Interviewern kein Kontakt zum Ansprechpartner aufgenommen werden konnte. Für die Verweigerung zur Teilnahme an der Studie wurden folgende Gründe genannt:

- kein Interesse an der Untersuchung (8.485),
- (grundsätzlich) keine Teilnahme an telefonischen Interviews (1.363),
- keine Zeit (2.676).

Da die Befragung aus finanziellen und zeitlichen Gründen am 30. November 2005 beendet wurde, konnte die umfangreiche Bruttostichprobe nicht vollständig ausgeschöpft werden. Für 887 Unternehmen lagen noch Ter-

48 Ein Screening wurde zum Ende der Feldphase eingesetzt, um den Anteil der in bestimmten Betriebsgrößen selten vorkommenden Interessenvertretungsformen zu erhöhen und damit die Auswertungsqualität des Datensatzes zu verbessern. Das Screening wurde bei der Berechnung der Gewichtungsfaktoren berücksichtigt und die Stichprobenverzerrung damit ausgeglichen.

mine vor, die nicht mehr abgearbeitet werden konnten. Mit weiteren 345 Unternehmen war noch überhaupt kein Kontakt aufgenommen worden.

Tabelle 6: Ausschöpfung der CATI-Befragung

Disposition	*Anzahl der Betriebe*
Bruttostichprobe	19.303
Nicht kontaktierte Unternehmen	345
Kontaktierte Unternehmen insgesamt	18.958
Kein Kontakt/ Besetzt/Anrufbeantworter	2.031
Kein Interesse/Verweigerung	8.485
Kein telefonisches Interview	1.363
Überhaupt keine Zeit	2.676
Sonstiges (z. B. Verständigungsprobleme, aufgelegt)	227
Terminvereinbarung (nicht mehr befragt)	887
Geführte Interviews	3.289

Quelle: zsh-Methodenbericht BISS-Befragung

Nach der Bereinigung und Plausibilitätsprüfung der Daten durch das zsh standen dem Projektteam 3.289 Betriebsfälle zur Auswertung zur Verfügung. Eine weitere Bereinigung um vorzeitig abgebrochene Interviews durch das Projektteam führte zu einer endgültigen Fallzahl von 3.254, auf deren Basis die Auswertungen des Projektberichtes vorgenommen wurden.

Von den möglichen 2.041 Interviews mit der Interessenvertretung konnten 1.410 realisiert werden (vgl Tabelle 7). In 631 Betrieben wurden die Interviews nach dem ersten Teil der Befragung nicht fortgesetzt, da der erste Interviewpartner (der Vertreter der Geschäftleitung) eine Weiterführung nicht wünschte, der Interessenvertreter keine Zeit beziehungsweise kein Interesse an der Studie zeigte oder ein Befragungstermin innerhalb des Befragungszeitraums nicht mehr zu realisieren war. Die Erfolgsquote war dabei in Betriebsrats- und MAV-Betrieben mit 70 Prozent annähernd doppelt so hoch wie in Betrieben mit AVOs.

Tabelle 7: Interviewtypen in der Nettostichprobe

	Interview nur Geschäftsleitung	*Interview Geschäftsleitung und Interessenvertretung*	*Gesamt*
Betriebe ohne kollektive Vertretung	1.213	–	1.213
Betriebe mit kollektiver Vertretung	631	1.410	2.041
Gesamt	1.844	1.410	3.254

Quelle: zsh-Methodenbericht BISS-Befragung

Kam es zur Verweigerung des Interessenvertretungsinterviews durch die Geschäftsleitung, so wurden von den Interviewern keine Versuche unternommen, diese Entscheidung durch autonome Recherche im Betrieb oder Unternehmen zu umgehen und die Interessenvertretung separat zu kontaktieren.

Durch den Weg über die Geschäftsleitung kann möglicherweise eine Verzerrung in der Stichprobe der Interessenvertretungen entstehen, da zu vermuten ist, dass Betriebe mit besonders konfliktiven Arbeitsbeziehungen und solche, in denen die kollektive Vertretung nur einen geringen Institutionalisierungsgrad aufweist, überdurchschnittlich häufig an der Hürde des Doppelinterviews scheitern. Außerdem entstehen durch die nicht zustande gekommenen Interviews mit der Interessenvertretung Fälle, in denen kein Vergleich der unterschiedlichen Sichtweisen beider Akteure erfolgen kann. Es wurde jedoch entschieden, dies in Kauf zu nehmen und auf eine Vorabklärung der beiderseitigen Teilnahmebereitschaft zu verzichten, da hier ein noch größerer Selektionseffekt zu erwarten gewesen wäre.

Die *Beteiligungsquote* der Betriebe an der Telefonbefragung berechnet sich aus der Zahl der kontaktierten Betriebe der Bruttostichprobe und der erfolgreich durchgeführten Interviews. Insgesamt hat sich mit einer Quote von 17,3 Prozent etwa jeder sechste Betrieb an der Untersuchung beteiligt. Die Beteiligungsquote fällt damit im Vergleich zu anderen CATI-Untersuchungen gering aus. Sie bewegt sich eher im Bereich üblicher Rücklaufquoten von schriftlichen Befragungen. Zu beachten ist dabei jedoch, dass die Befragung eine als schwierig geltende Materie behandelt, die sensible betriebliche Fragen berührt und zudem die Interviewbereitschaft über den telefonischen Erstkontakt, also ohne schriftliche Vorinformation eingeholt werden musste.[49]

Zusammenfassend kann das telefonische Interviewverfahren somit trotz der geringen Beteiligungsquote als äußerst vorteilhaft eingeschätzt werden, da im Unterschied zu schriftlichen Befragungen eine hohe Feldtransparenz und -kontrolle herrschte. Doppelinterviews wären darüber hinaus auf schriftlichem Wege kaum realisierbar gewesen.

2.4.7 Gewichtungsverfahren

Um eine hinreichende Zellbesetzung bei den Mittel- und Großbetrieben sowie in allen 16 Branchenaggregaten zu erhalten, wurden, wie weiter oben dargestellt, die in der Grundgesamtheit schwach besetzten Zellen (vgl. Tabelle 8) bei der Stichprobenziehung überproportional mit einem höheren Auswahlsatz berücksichtigt. Stark besetzte Zellen aus dem kleinbetrieblichen Bereich gingen dagegen mit einem unterproportionalen Auswahlsatz in die Stichprobe ein. Hierdurch entstand eine weitgehend ausgeglichene Zellbesetzung in der Bruttostichprobe, die im Verlauf der weiteren Stichprobenbearbeitung (Telefonnummernrecherche, Feldphase) jedoch weiteren Verschiebungen in den Zellrelationen unterlag. Mit der in der Feldphase realisierten Nettostichprobe konnte die Zielstellung einer annähernd ausgeglichenen Zellbesetzung jedoch im Wesentlichen erreicht werden, wie Tabelle 8 (Werte in Klammern) zeigt. Nur im Bereich von Erziehung und Unterricht sowie bei den sonstigen öffentlichen und privaten Dienstleistungen fallen die Fallzahlen mit 93 beziehungsweise 125 Betrieben deutlich ab. Der Grund hierfür liegt im überdurchschnittlich hohen Anteil öffentlicher Betriebe in diesen Branchen, die aus der Bruttostichprobe ausgeschlossen werden mussten und somit nicht für die Befragung zur Verfügung standen.

---

[49] Bei einer Wiederholungsbefragung würde sich die Situation allerdings weniger schwierig gestalten, da 90 Prozent der befragten Geschäftsleitungen und 95 Prozent der befragten Interessenvertretungen ihre prinzipielle Bereitschaft erklärt haben, hieran teilzunehmen.

Tabelle 8: Betriebe in der Grundgesamtheit und Nettostichprobe (in Klammern)

Branche	*Beschäftigtengrößenklasse*						Gesamt
	10–19	20–49	50–99	100–199	200–499	500+	
Bergbau/Energie/Ver- und Entsorgung	1.664 (15)	1.505 (41)	735 (50)	371 (41)	243 (52)	125 (40)	4.642 (239)
Ernährung/Genuss	5.224 (33)	3.178 (29)	1.159 [illegible]	723 (60)	437 (39)	115 (23)	10.836 (212)
Verbrauchsgüter	4.912 (25)	3.763 (37)	1.686 (49)	1.022 (51)	573 (45)	153 (38)	12.109 (245)
Produktionsgüter	5.211 (31)	4.848 (45)	2.413 (39)	1.476 (49)	1.025 (52)	435 (40)	15.406 (256)
Investitionsgüter/Gebrauchsgüter	13.808 (27)	11.118 (58)	4.628 (38)	2.768 (43)	1.920 (44)	967 (36)	35.209 (246)
Baugewerbe	20.169 (68)	9.287 (46)	2.204 (32)	797 (29)	245 (34)	36 (25)	32.737 (234)
Handel/Reparatur	41.836 (83)	24.667 (58)	7.716 (46)	3.172 (30)	1.226 (17)	273 (35)	78.890 (269)
Gastgewerbe	8.000 (33)	4.813 (49)	1.021 (48)	307 (35)	110 (13)	13 (6)	14.265 (184)
Verkehr/Nachrichten	11.865 (26)	7.933 (30)	2.653 (38)	1.250 (30)	647 (31)	214 (25)	24.562 (180)
Kredit/Versicherung/Grundstücks- und Wohnungswesen	5.298 (28)	3.726 (28)	1.529 (34)	907 (29)	430 (39)	236 (46)	12.127 (204)
Datenverarbeitung und Datenbanken	2.757 (25)	1.930 (40)	690 (32)	328 (33)	165 (21)	62 (13)	5.933 (164)
F&E/Beratung/Ingenieurdienst-leistungen/Werbung	15.061 (40)	6.720 (48)	1.699 (53)	735 (38)	350 (28)	137 (22)	24.703 (229)
Personal-, Wach-, Reinigungs- und sonstige Dienstleistungen	5.242 (21)	5.521 (39)	2.947 (28)	1.619 (39)	632 (28)	135 (29)	16.096 (184)
Erziehung und Unterricht	1.870 (16)	1.195 (25)	484 (21)	286 (14)	121 (11)	41 (6)	3.997 (93)
Gesundheits-, Veterinär- und Sozialwesen	11.223 (34)	6.193 (37)	3.689 (43)	1.263 (34)	706 (19)	408 (23)	23.481 (190)
Sonstige öffentliche und private DL	3.993 (24)	1.769 (20)	589 (31)	294 (32)	117 (13)	26 (5)	6.787 (125)
Privatwirtschaft *Nettostichprobe*	158.132 (529)	98.165 (630)	35.841 (620)	17.317 (577)	8.946 (486)	3.376 (412)	321.778 (3.254)

Quelle: BA-Betriebsdatei 2005, eigene Berechnung für Grundgesamtgesamtheit Privatwirtschaft/BISS-Befragung 2005

Um die unterschiedlichen Auswahlsätze der Stichprobenschichten wieder auszugleichen und somit die Struktur der Grundgesamtheit für deskriptive Darstellungen der Befragungsergebnisse wiederherzustellen, wurde eine

Gewichtung des Datensatzes vorgenommen. Die Gewichtung erfolgte durch Umkehrung des Auswahlsatzes, der der Bildung der Nettostichprobe zugrunde lag, sowie durch Berücksichtigung unterschiedlicher Ausfallquoten in den Schichtungszellen. Zusätzlich wurden innerhalb bestimmter Zellen jene Verzerrungen wieder ausgeglichen, die zwischen den Vertretungsformen durch das Screeningverfahren entstanden waren.

Auf die Einführung von zusätzlichen Sample-Gewichten für die Ausfälle bei den Doppelinterviews wurde verzichtet, da die hiervon am stärksten betroffenen Betriebe (AVO-Betriebe) aufgrund ihrer im Vergleich zu den Betriebsratsbetrieben geringeren Betriebsgröße bereits über höhere Gewichte verfügten. In der Kombination mit einer deutlich geringeren Fallzahl der AVOs gegenüber den Betriebsräten hätte dies zu einer starken Steigerung des Stichprobenfehlers bei den AVOs geführt.

In der späteren Analyse des Datensatzes ist zu beachten, dass Zellen, in denen ein niedriger Auswahlsatz vorliegt, ein reziprokes Übergewicht erhalten und umgekehrt. Dies führt dazu, dass die Befragungsdaten von Großunternehmen nur geringes Gewicht erhalten, während Kleinbetriebe mit hohen Gewichten in die (deskriptiven) betriebsbezogenen Auswertungen eingehen. Kleinbetriebe mit weniger als 50 Beschäftigten beeinflussen, sofern keine nach Größen gestaffelte Auswertung vorgenommen wird, die Ergebnisse maßgeblich.

2.4.8 Bewertung der Stichprobenqualität

Um eine erste Einschätzung der Stichprobenqualität zu erhalten, wurde ein Vergleich von Betriebs- und Beschäftigtenmerkmalen des BISS-Datensatzes mit den Daten des IAB-Betriebspanels vorgenommen. Hierzu wurde im IAB-Betriebspanel der Zuschnitt der BISS-Grundgesamtheit (Privatwirtschaft ab zehn Beschäftigte) über entsprechende Filtersetzungen nachgebildet.[50] Im Anschluss erfolgte die Gegenüberstellung der auf die Betriebe der Grundgesamtheit gewichteten Stichproben. Einen Überblick über die Ergebnisse des Vergleichs liefert Tabelle 9.

Die in der Tabelle ersichtliche hohe Übereinstimmung der Betriebs- und Beschäftigtenmerkmale kann als ein Indiz für die hohe Qualität des

50 Unser besonderer Dank geht an Peter Ellguth, der uns beim Abgleich der Daten tatkräftig unterstützt hat.

BISS-Datensatzes gewertet werden. Die Abweichungen zwischen den beiden Stichproben betragen in der Regel nur wenige Prozentpunkte.

Tabelle 9: Betriebs- und Beschäftigtenmerkmale von BISS-Stichprobe und IAB-Betriebspanel bei identischem Zuschnitt

	IAB-Betriebspanel 2004	*BISS-Befragung 2005*
Einbetriebsunternehmen	[illegible]	[illegible]
Betriebsgründung vor 1990	64%	58%
Branchentarifvertrag	47%	40%
Haustarifvertrag	5%	4%
Löhne über Tarif	49%	37%
Betriebsrat	19%	22%[a]
Andere Vertretungsorgane	15%	19%
Anteil Ungelernte	19%	21%
Anteil Facharbeiter/Fachangestellte	56%	56%
Anteil Auszubildende	6%	7%
Anteil Frauen	43%	38%
Anteil Teilzeitkräfte[b]	27%	20%
Anteil befristet Beschäftigte[b]	14%	14%
Anteil Leiharbeitskräfte[b]	10%	11%

Quelle: BISS-Befragung 2005, IAB-Betriebspanel 2004; [a] inklusive MAV; [b] Anteil in Betrieben, die entsprechende Beschäftigungsformen aufweisen

Eine – aufgrund der thematischen Anlage der Untersuchung durchaus denkbare – Selbstselektion der Befragungsteilnehmer in Richtung des dualen Systems von institutionalisierter Mitbestimmung und Flächentarifvertrag ist nicht zu erkennen. Während die Betriebsratsquote in der BISS-Erhebung (hier inklusive MAV) etwas höher ausfällt als im IAB-Betriebspanel (MAV hier nicht abgrenzbar), kehrt sich das Bild beim Branchentarif um.

Weitere unkontrollierte Verschiebungen der BISS-Daten gegenüber der Grundgesamtheit könnten jedoch in Abhängigkeit von der Qualität der betrieblichen Arbeitsbeziehungen zu verzeichnen sein. Möglicherweise wurde der Betriebszugang in Fällen angespannter Arbeitsbeziehungen überdurchschnittlich häufig verweigert. Ein Indiz hierfür könnte der leicht erhöhte Ausfall in Branchen mit tendenziell prekären Beschäftigungsbedingungen darstellen. Auch das Nicht-Zustandekommen von Doppelinterviews könnte in diese Richtung weisen.

3 Verbreitung, Kontext und Wandel von Interessenvertretungsformen

Gegenstand dieses Kapitels ist die Untersuchung der Verbreitung verschiedener Formen von Interessenvertretung in den Betrieben der deutschen Privatwirtschaft sowie die Analyse der Kontextbedingungen ihrer Existenz. Folgende Fragestellungen stehen im Zentrum der Betrachtungen:

- Welche verschiedenen *Formen* von Interessenvertretung gibt es in den Betrieben der deutschen Privatwirtschaft und wie verbreitet sind die einzelnen Interessenvertretungsformen?
- Mit welchen *Kontextmerkmalen* der Betriebe und Beschäftigten variiert ihre Existenz? Welche Faktoren erhöhen die Wahrscheinlichkeit für das Auftreten von Betriebsräten beziehungsweise Anderen Vertretungsorganen, welche Faktoren machen die Existenz einer kollektiven Vertretung eher unwahrscheinlich?
- Welche *Wandlungstendenzen* der verschiedenen Interessenvertretungsformen lassen sich in den letzten Jahren erkennen? Gibt es eine Fluktuation zwischen den Interessenvertretungstypen und wie stark ist sie? In diesem Zusammenhang interessiert auch, welchen Einfluss die *BetrVG-Novelle* von 2001 auf die ›Interessenvertretungslandschaft‹, vor allem auf die Gründungsrate von Betriebsräten hatte.

Aufbauend auf den verschiedenen Klassifizierungen von Interessenvertretungsformen, die in Kapitel 2 eingeführt wurden, wird zunächst die Verbreitung von Betriebsräten und AVOs untersucht. Dabei wird in einem ersten Schritt betrachtet, welche Formen von Interessenvertretung – insbesondere bezogen auf die unterschiedlichen Formen von AVOs – sich auffinden lassen und wie verbreitet sie in den verschiedenen Branchen- und Betriebsgrößensegmenten der Privatwirtschaft sind (Abschnitt 3.1.1). Im Anschluss an diese deskriptiven Auswertungen analysieren wir mit Hilfe multivariater Verfahren die Kontextbedingungen des Vorkommens verschiedener Interessenvertretungsformen. Die in der vorliegenden Literatur diskutierten Faktoren, die das Auftreten bestimmter Interessenvertretungsformen begünstigen (beziehungsweise erschweren), werden in den theoretischen Kontexten der Industrial Relations- und Organisationsforschung verortet, die in Kapitel 2 bereits skizziert wurden. Aus ihnen wird ein Modell möglicher Einflussfaktoren entwickelt (Abschnitt 3.1.2).

In den beiden abschließenden Teilen (3.2 und 3.3) wird schließlich der Wandel der und die Fluktuation zwischen den Interessenvertretungsformen thematisiert. Ein interessanter Aspekt ist dabei die Frage nach dem Einfluss der Novelle des BetrVG von 2001 auf die Interessenvertretungsstruktur in der Privatwirtschaft, insbesondere auf die Verbreitung von Betriebsräten. Das Kapitel endet mit einem Zwischenresümee zentraler Erkenntnisse (Abschnitt 3.4).

3.1 Verbreitung und Kontextfaktoren verschiedener Interessenvertretungsformen

Die in Kapitel 2 vorgestellte Typisierung von Interessenvertretungsformen erlaubt eine detaillierte Darstellung der BISS-Ergebnisse, denn sowohl das Vorhandensein als auch die Zusammensetzung und die Legitimitätsbasis der Interessenvertretung wurden erhoben. Die folgenden Ausführungen konzentrieren sich auf die Fragen, wie verbreitet welcher Typus von Interessenvertretung ist und von welchen Faktoren dieses Verbreitungsmuster abhängt.

3.1.1 Verbreitung von Interessenvertretungsformen

In der BISS-Befragung wurde den Interviewten die Möglichkeit gegeben, mehrere Formen kollektiver Interessenvertretung zu nennen, sofern diese in dem entsprechenden Betrieb bestanden. Außerdem wurde erfragt, welche Interessenvertretungsform die wichtigste beziehungsweise dominante im Betrieb ist. Nachfolgend wird zunächst die Verbreitung von Interessenvertretungsformen nach der tatsächlichen Bezeichnung der Interessenvertretung im Betrieb betrachtet; daran anschließend werden die Verbreitung der Dreier-Typologie (Betriebsrat/MAV, AVO, Selbstvertretung) und der vier AVO-Strukturtypen analysiert.

Verbreitung nach nominaler Klassifizierung

Zu Beginn des Management-Interviews wurde erhoben, welche Gremien der Interessenvertretung der Beschäftigten im Betrieb vorhanden sind.[51] Tabelle 10 zeigt die gewichtete Verteilung der von den Geschäftsführern und Personalmanagern genannten Gremien.[52]

Tabelle 10: Existenz und Priorisierung von Interessenvertretungsorganen

Interessenvertretungsform		*Existenz (a)*	*Einziges oder wichtigstes Organ (b)*
		Prozent Betriebe	
Gesetzliche Vertretung	Betriebsrat	21	20
	Kirchliche MAV	2	1
Andere Vertretungsorgane	MA-Ausschuss	2	1
	Sprecher	9	5
	Vertrauensperson	7	4
	Runder Tisch	10	8
	Sonstige	1	1
Keine kollektive Vertretung	Keine Vertretung	56	56
	Kein fester Ansprechpartner	4	4
	Gesamt	112	100

Basis: Privatwirtschaft ab 10 Beschäftigte, Auskünfte von 3.254 Managementvertretern, Betriebsgewichtung, gerundete Werte; (a) Mehrfachnennungen von Vertretungsorganen möglich; (b) im Falle von Mehrfachnennungen das als Haupansprechpartner identifizierte Organ

Rund 40 Prozent der Betriebe verfügen demnach über (mindestens) ein Organ der betrieblichen Interessenregulierung. Rund 32 Prozent der Betriebe verfügen über lediglich ein Gremium, ca. 9 Prozent besitzen zwei oder mehrere Organe. Die Anzahl der Gremien nimmt dabei mit der Betriebsgröße zu. Die erste Datenspalte in Tabelle 10 zeigt die Verteilung aller genannten Vertretungsformen. Danach existiert etwa in jedem fünften Betrieb ein Betriebsrat. Es zeigt sich, dass daneben aber auch Sprecher,

51 Dazu wurde den Interviewten eine Liste mit möglichen Namen der Interessenvertretungsorgane (vgl. Spalte 2 der Tabelle 10) vorgelesen. Zusätzlich bestand die Möglichkeit offener Nennungen.

52 In der ungewichteten Stichprobe besitzen von den 3.254 untersuchten Betrieben 2.037 mindestens ein permanentes Organ für die Vertretung der Beschäftigteninteressen.

Vertrauenspersonen[53] und Runde Tische in einem relevanten Ausmaß von jeweils 7 bis 10 Prozent der Betriebe genannt wurden.

In Betrieben, die über mehrere Vertretungsorgane verfügen, sollten die befragten Manager angeben, welches Gremium ihren Hauptansprechpartner für die Interessenvertretung der Mitarbeiter darstellt – im Zweifelsfall sollte diejenige Vertretung genannt werden, welche die größte Beschäftigtengruppe im Betrieb repräsentiert. Das Ergebnis dieser Priorisierung ist in der letzten Spalte der Tabelle 10 dargestellt. Erwartungsgemäß wurden im Großteil der Fälle (97 Prozent) die Interessenvertretungsorgane mit gesetzlicher Basis (Betriebsrat und MAV[54]) von den Geschäftsleitungen als ›dominantes‹ beziehungsweise wichtigstes Vertretungsorgan genannt. Die AVOs sind in der Regel nur dann das wichtigste Organ, wenn kein Betriebsrat existiert.

Betriebsräte, AVOs und Selbstvertretung

Betrachtet man nun die Verbreitung von Interessenvertretungsformen auf Basis einer allgemeinen Unterteilung in gesetzliche Vertretung (Betriebsräte und MAVs), AVOs und Betriebe ohne kollektive Vertretung, so zeigt sich folgendes Bild: Nach den vorliegenden BISS-Daten haben Betriebe mit mindestens zehn und weniger als 20 Beschäftigten nur in 6 Prozent der Fälle einen Betriebsrat. Oberhalb von 500 Beschäftigten findet sich in ca. 90 Prozent der Betriebe ein Betriebsrat. Darüber hinaus verfügen 1 Prozent der Kleinbetriebe und 3 Prozent der Großbetriebe über kirchliche Mitarbeitervertretungen.

Bezogen auf die Verbreitung von Betriebsräten bestätigen die BISS-Daten damit im Wesentlichen die Ergebnisse des IAB-Panels. Innerhalb gestaffelter Betriebsgrößenklassen ergeben sich gegenüber den IAB-Daten geringe Abweichungen um wenige Prozentpunkte nach unten. Bezogen auf alle Betriebe ab zehn Beschäftigten verfügen nach der BISS-Erhebung ca. 22 Prozent der Betriebe und ca. 57 Prozent der Beschäftigten über einen Betriebsrat oder eine MAV. Da nur Betriebe ab zehn Beschäftigten unter-

53 Gewerkschaftliche Vertrauensleute sind darin nicht enthalten. Diese wurden in ca. 2 Prozent der Betriebe genannt. Dabei handelt es sich fast ausschließlich um Betriebsratsbetriebe.

54 Zur Einbeziehung kirchlicher Mitarbeitervertretungen siehe Abschnitte 2.3.1 und 2.4.1. Die dritte Form gesetzlicher Gremien, die Personalräte, wurde in der BISS-Befragung explizit ausgeschlossen.

sucht wurden, ist der Betriebsrats-Anteil an der Privatwirtschaft nicht direkt mit der IAB-Quote von 11 Prozent vergleichbar. Eine Projektion der im BISS-Projekt nicht untersuchten betriebsratsfähigen Betriebe zwischen fünf und neun Beschäftigten führt zu IAB-ähnlichen Betriebsrats-Quoten bei Betrieben und Beschäftigten.

Tabelle 11: Verbreitung (priorisierter) Vertretungsformen nach Betriebsgröße

Interessenvertretungsform	*Betriebsgrößenklassen (a)*						
	10-19	20-49	50-99	100-199	200-499	500+	Gesamt
	Prozent Betriebe						
Keine kollektive Vertretung	73	56	41	26	14	3	60
Andere Vertretungsorgane	20	21	15	8	7	3	19
Gesetzliche Vertretung (BR, MAV)	7	23	44	66	79	94	22
Gesamt	100	100	100	100	100	100	100

Basis: Privatwirtschaft ab 10 Beschäftigte, (a) ohne geringfügig Beschäftigte, Auskünfte von 3.254 Managementvertretern, Betriebsgewichtung, Rundungsfehler möglich

Bezogen auf die Verbreitung der AVOs weichen BISS- und IAB-Daten mit immerhin 19 zu nur 4 Prozent allerdings erheblich voneinander ab. Diese Unterschiede sind zum Teil ebenfalls auf den unterschiedlichen Zuschnitt der Grundgesamtheit zurückzuführen. Auswirkungen dürfte aber auch das unterschiedliche Fragedesign haben.[55] Interessant ist in diesem Zusammenhang, dass Folgebefragungen des IAB, die mit einem modifizierten Fragebogendesign (Mehrfachnennungen) durchgeführt wurden, mit 11 Prozent der Betriebe eine deutlich höhere als die zunächst ermittelte Quote »betriebsspezifischer Mitarbeitervertretungen« aufweisen (Ellguth 2007). Hierin zeigen sich die generellen methodischen Schwierigkeiten bei der ›Vermessung‹ betrieblicher Strukturen, die nicht auf einer gesetzlichen Basis aufbauen.

Es ist zu vermuten, dass in den BISS-Daten der Anteil der AVO-Betriebe überschätzt wird, weil die befragten Unternehmensvertreter ein eher weites Konzept von kollektiver Interessenvertretung zugrunde legten. Ein

55 Während das IAB-Betriebspanel 2003 Betriebsräte und andere »betriebsspezifische Formen der Mitarbeitervertretung« als alternative Antwortkategorien vorsah, ließ die BISS-Befragung wie auch spätere Erhebungswellen des IAB-Betriebspanels Mehrfachnennungen unterschiedlicher Gremien zu.

Indiz hierfür ist die doppelt so hohe Ausfallquote beim Übergang vom Managementinterview zum Interessenvertretungsinterview, die möglicherweise dadurch zustande kommt, dass es sich in manchen Fällen – entgegen der ursprünglichen Einschätzung der Geschäftsleitung – doch nicht um klar definierte Gremien mit festen Strukturen handelt und demzufolge kein (interviewbarer) Ansprechpartner vorhanden war. In etwa dreißig Fällen ist diese Vermutung durch das Interviewerprotokoll bestätigt worden. Bezieht man diese Information mit in die Berechung der AVO-Quote ein, so verringert sich diese auf 16 Prozent.

Tabelle 12: Verbreitung von Interessenvertretungsformen nach Branchen

Branche	Prozent Betriebe			Prozent Beschäftigte		
	Keine kollektive Vertretung	AVO	BR/ MAV	Keine kollektive Vertretung	AVO	BR/ MAV
Bergbau/Energie/Ver- & Entsorgung	38	6	56	12	5	83
Ernährung/Genuss	73	12	15	41	8	50
Verbrauchsgüter	52	12	36	22	8	69
Produktionsgüter	53	11	37	21	5	75
Investitionsgüter/Gebrauchsgüter	52	17	31	18	4	78
Baugewerbe	74	18	8	58	12	30
Handel/Reparatur	61	21	18	46	16	38
Gastgewerbe	66	26	8	57	22	21
Nachrichten/Verkehr	57	23	20	34	12	54
Kredit/Versicherung/Wohnungswesen	51	8	41	19	5	75
Datenverarbeitung/Datenbanken	67	19	14	45	12	43
F&E/Beratung/Werbung/Ingenieur-DL	71	19	10	52	14	34
Personal-, Wach-,Reinigungs-DL	65	19	16	60	16	24
Erziehung/Unterricht	37	10	28/26	20	11	56/13
Gesundheits- und Sozialwesen	37	29	17/18	15	15	39/30
Sonstige öffentliche und private DL	55	25	19	40	19	42
Gesamt	60	19	22	33	11	57

Basis: Privatwirtschaft ab 10 Beschäftigte, Auskünfte von 3.254 Managementvertretern, Betriebs- und Beschäftigtengewichtung

In Bezug auf die *Branchenverteilung* ergibt sich, wie Tabelle 12 verdeutlicht, folgendes Bild: Nur im Bereich von Bergbau und Energie, dem verarbeitenden Gewerbe, Nachrichten und Verkehr, Kredit und Versicherung, Erziehung und Unterricht sowie Gesundheits- und Sozialwesen werden mehr als die Hälfte der Beschäftigten durch einen Betriebsrat oder eine MAV vertreten.[56] Dabei spielen die kirchlichen Vertretungen in den Bildungs- und Erziehungseinrichtungen sowie im Gesundheits- und Sozialwesen eine ähnlich starke Rolle wie die Betriebsräte. Im Baugewerbe, dem Handel, in der Gastronomie, bei den hochqualifizierten Beratungsleistungen und, besonders ausgeprägt, bei den einfachen unternehmensnahen Dienstleistungen (Personal-, Wach-, Reinigungsdienstleistungen) fällt dagegen der Anteil gesetzlicher Gremien unterdurchschnittlich aus. Hier liegt der Anteil der von ihnen vertretenen Beschäftigten teilweise weit unter 40 Prozent. Generell lässt sich beobachten, dass gerade in den (Dienstleistungs-)Branchen, die sich durch eine unterdurchschnittliche Betriebsratsdichte auszeichnen, überdurchschnittlich viele AVOs zu finden sind. Man könnte hier eine Substitutionsfunktion der AVOs gegenüber gesetzlich legitimierten Gremien vermuten.

Die oft zitierte überdurchschnittliche Verbreitung von AVOs in Betrieben der Informationstechnologie (hier Datenverarbeitung) lässt sich nicht bestätigen. AVOs sind bei den hochqualifizierten Beschäftigten eher im Bereich F&E, Beratung, Ingenieurdienstleistungen und Werbung anzutreffen. Bemerkenswert – weil bisher nicht im Zentrum der Diskussion stehend – ist der hohe Anteil von AVOs gerade im Bereich niedrigqualifizierter Dienstleistungen. Da in diesen Branchen vor allem preissensitive Leistungen erstellt werden und Partizipation weniger einen Baustein des Leistungserstellungsprozesses darstellt, dürften diese Vertretungen eher Teil einer Betriebsrats-Vermeidungsstrategie der Betriebsleitung sein. Auf der anderen Seite haben wir es hier mit Branchen zu tun, die sich durch einen überdurchschnittlichen Anteil prekärer Beschäftigungsverhältnisse auszeichnen (Befristungen, geringfügige Beschäftigungsverhältnisse), die die Wahrscheinlichkeit von Betriebsratsgründungen ohnehin senken dürften.

56 Die mit der Betriebsgewichtung erzeugten Unterschiede in der Verbreitung der Interessenvertretungsformen sind zu einem großen Teil auf Größenklasseneffekte zurückzuführen, da sich die Branchen in ihrer Größenstruktur stark unterscheiden. Hier führt die Beschäftigtengewichtung zu einer besseren Vergleichbarkeit zwischen den Branchen und zu »neutraleren« Ergebnissen in Bezug auf die Gesamtbedeutung der AVOs. Bei einer Betriebsgewichtung stellen AVOs in den meisten Branchen die Mehrheit aller Vertretungen, was aus der hohen Anzahl dieser Organe im Kleinbetriebsbereich und dem hohen Anteil von Kleinbetrieben an der Grundgesamtheit resultiert.

Verbreitung von AVO-Strukturtypen

Wie oben erläutert, sind im Unterschied zu gesetzlich legitimierten Vertretungen die aufgeführten AVOs Mitarbeiter-Ausschüsse, Sprecher, Vertrauenspersonen, Runde Tische etc. inhaltlich und strukturell nicht definiert (vgl. Abschnitt 2.3.1). Was in einem Betrieb als »Vertrauensmann« bezeichnet wird, könnte in einem anderen bei identischer Struktur und Funktion ein »Sprecher« sein. Für eine inhaltlich geleitete Kategorisierung bietet sich die Unterscheidung nach der Legitimationsbasis (gewählte versus eingesetzte Gremien) und nach der Zusammensetzung (reine Arbeitnehmervertretung versus gemeinsame Gremien von Beschäftigten und Leitungsebene) an. Die Verteilung der erfassten Vertretungsorgane nach diesen zwei Konstitutionsmerkmalen zeigt Tabelle 13.

Tabelle 13: Verteilung der AVO-Strukturtypen

		Zusammensetzung		
		Reines Arbeitnehmergremium	Gemeinsames Gremium	
		Prozent Betriebe (Prozent Beschäftigte)		Gesamt
Legitimation	Gewählt	23 (30)	22 (22)	44 (52)
	Eingesetzt	14 (12)	42 (36)	56 (48)
	Gesamt	37 (42)	63 (58)	100

Basis: Privatwirtschaft ab 10 Beschäftigte, Betriebe mit kollektiver Vertretung, Auskünfte von 343 Interessenvertretern, Betriebs- und Beschäftigtengewichtung

Zunächst ist festzustellen, dass es sich bei den erfassten Vertretungsorganen überwiegend um gemeinsame Gremien von Geschäftsleitung und Arbeitnehmern handelt (63 Prozent), während die reinen Arbeitnehmervertretungen nur etwa ein Drittel (37 Prozent) der kollektiven Vertretungsorgane in den betriebsratslosen Betrieben ausmachen. Da gemeinsame Gremien aber überdurchschnittlich häufig im kleinbetrieblichen Bereich anzutreffen sind, ist deren Anteil in Bezug auf die betroffenen Beschäftigten mit 58 Prozent etwas geringer. Ähnlich verhält es sich mit der Legitimationsbasis der Vertretungen: Nach Betrieben sind weniger als die Hälfte (44 Prozent) der Vertretungen gewählte Organe, nach Beschäftigten sind es mit 52 Prozent mehr als die Hälfte. Diese Unterschiede resultieren im Wesentlichen aus den Betriebsgrößenstrukturen zweier Vertretungstypen: der gewählten reinen Arbeitnehmervertretungen und der eingesetzten gemeinsamen Organe von Beschäftigten und Betriebsleitung. Stellen die eingesetzten gemeinsamen Organe mit 42 Prozent der Betriebe die mit Abstand am häufigsten anzutreffende Gruppe, so relativiert sich ihr Anteil nach Beschäftigten auf 36 Prozent. Genau gegenläufig verhält sich der Anteil der gewählten reinen Arbeitnehmervertretungen (23 zu 30 Prozent). Demgegenüber gibt es bei den zwei anderen Typen (gemeinsames Gremium gewählt, reine Arbeitnehmervertretung eingesetzt) kaum Unterschiede zwischen Betriebs- und Beschäftigtenanteilen.

3.1.2 Kontextfaktoren und Bestimmungsgründe

In welchen betrieblichen Kontexten treten nun die verschiedenen Interessenvertretungsformen auf? Die bisherigen deskriptiven Befunde zur Verbreitung der unterschiedlichen Interessenvertretungstypen konnten bereits wichtige Anhaltspunkte für die Bedeutung der Betriebsgröße und der Branchenzugehörigkeit liefern. Für eine weitergehende Analyse stellt sich jedoch die Aufgabe, tragfähige Erklärungen dafür zu finden, warum in manchen Betrieben ein Betriebsrat existiert, in anderen ein AVO (beziehungsweise ein bestimmter AVO-Typus) und warum wieder andere Betriebe keine Form kollektiver Interessenvertretung aufweisen. In den folgenden Abschnitten wird daher der Frage nachgegangen, unter welchen *Umständen* und in welchen betrieblichen *Kontexten* die verschiedenen Interessenvertretungsformen auftreten und welche Aspekte die Wahrscheinlichkeit der Existenz einer spezifischen Form der Interessenvertretung begünstigen beziehungsweise verringern. Diese Fragen werden nachfolgend mit Hilfe multivariater Datenanalysen (multinomiale logistische Regression) beantwortet. Diese Vorgehensweise bietet gegenüber deskriptiven Darstellungen den Vorteil der Isolierung von Einzelzusammenhängen durch die gegenseitige Kontrolle der unterschiedlichen Einflussfaktoren.

Neben den bereits betrachteten Faktoren der Betriebsgröße und Branchenzugehörigkeit lassen sich aus den oben referierten Studien zahlreiche weitere Variablen und *Einflussfaktoren* ableiten, die für die hier betrachtete Fragestellung von Bedeutung sein können. Dabei ist vor allem auf die von Peter Ellguth (bereits wiederholt) auf Basis verschiedener IAB-Panel-

Wellen durchgeführten Analysen der Bestimmungsgründe von Betriebsräten und »betriebsspezifischen Mitarbeitervertretungen« (Ellguth 2005) zu verweisen. Ellguth nutzt ein breites Variablen-Modell, wobei sich die Einflussfaktoren grob zwei unterschiedlichen Kontexten zuordnen lassen: Wichtige Faktoren können zum einen *betriebsbezogene* Variablen (Größe, Mehrbetriebsunternehmen/Einzelbetrieb, Branche, Betriebsalter, technischer Stand, Ertragslage, Tarifbindung, Region, Auslandskontrolle), zum anderen aber auch *beschäftigtenbezogene* Variablen (Frauenanteil, Qualifizierung und Alter der Belegschaft) sein (vgl. Ellguth 2005; 2006). Diese Einflussvariablen finden sich dabei teilweise auch in anderen Studien zum Verbreitungsgrad von Betriebsräten (vgl. beispielsweise Addison u.a. 1999). Dabei fällt auf, dass betriebs-, aber auch berufs*kulturelle* Faktoren in den quantitativen Analysen in der Regel vernachlässigt werden.

Die Analyse der Verbreitung verschiedener Interessenvertretungsformen kann dabei auf die bereits vorhandenen Erkenntnisse zurückgreifen, die wiederum systematisierend den verschiedenen bereits in Kapitel 2 skizzierten *Theoriekonzepten* zugeordnet werden können. Die entsprechende Systematik sowie einen Überblick über die gewählten Indikatoren beziehungsweise Operationalisierungen und die auf Basis der Theorien abgeleiteten Zusammenhänge zeigt die nachfolgende Tabelle 14.

Tabelle 14: Existenz von Vertretungsformen: Theorieansätze, Einflussfaktoren, Operationalisierung und Prognosen

Theorieansatz	*Variable*	*Wertebereich (Dummies 0/1 Kodierung)*	*Prognose*	
			BR	*AVO*
Transaktions-kosten	Betriebsgröße	Beschäftigtenzahl (≥10)	+	+
	Konzernbetrieb	1=ja	+	+
Betriebskultur	Betriebsgröße	Beschäftigtenzahl (≥10)	+	0
	Eigentümer-/ Managementführung	1=Eigentümerführung	–	0
	Langfristige MA-Bindung	0=unwichtig; 1=wichtig	+	+
	Beteiligungssicht auf Beschäftigte und IV	0=negativ; 1=positiv	+	+
	Allgemeines Betriebsklima	1-5; 1=sehr gut	±	+
Beteiligungsstrategie	Prinzip der offenen Tür	1=vorhanden und wichtig	–	+
	Kommunikationsangebote	1=vorhanden und wichtig	–	+
	Materielle Beteiligung	1=vorhanden	–	+
Berufskulturelles Orientierungs-muster	Qualifikation der Belegschaft	Anteil Hochqualifizierte Anteil Facharbeiter Anteil Ungelernte	– + –	+ – +
	Altersstruktur der Belegschaft	Anteil <35 Jahre Anteil >50 Jahre	– +	+ –
	Gewerk. Organisationsgrad	1= über 50 Prozent	+	0
Organisationale Felder	Branche	16 Branchen-Dummies	±	±
Primärmacht/ Ressourcen	Qualifikation der Belegschaft	s.o.		
	Pekäre Beschäftigung	Anteil Geringfügiger Anteil befristeter Beschäftigung	– –	– –
Pfadabhängigkeit	Alter des Betriebes	Log	+	–
	Ausgründung/ Neugründung	1=Ausgründung	+	0
	Region Ost/ Westdeutschland	1=Ost	–	+

Auf Basis der effizienzbezogenen, funktionalistisch argumentierenden *Transaktionskostentheorie* (Williamson 1985) kann angenommen werden, dass Formen kollektiver Interessenvertretung vor allem in komplexen Leistungserstellungsprozessen – in Großbetrieben und Mehrbetriebsunternehmen beziehungsweise Konzernen – etabliert werden. Dabei kann auch vermutet werden, dass die Geschäftsleitung unter Umständen dem Betriebsratsmodell aufgeschlossen gegenüber steht. AVOs können in dieser Sichtweise auf Bestreben der Geschäftsleitung eingesetzt werden; vor allem die gemeinsamen und die eingesetzten AVOs stellen ein funktionales Instrument zur Information und Konsultation der Beschäftigten dar, weshalb die Wahrscheinlichkeit ihrer Existenz in Groß- und Mehrbetriebsunternehmen besonders hoch sein sollte.

Eine Reihe von Variablen lässt sich als Indikatoren für *betriebskulturelle Aspekte* fassen. So ist auch hier die Variable der Betriebsgröße zu verorten, da zwischen Klein- und Großbetrieben erhebliche betriebskulturelle Unterschiede bestehen (Kotthoff/Reindl 1990; Hilbert/Sperling 1993). Gleiches gilt für den Führungstypus. Eigentümerunternehmer stehen der verfassten betrieblichen Mitbestimmung in Form von Betriebsräten eher skeptisch-ablehnend gegenüber. Die spezifischen direkt-persönlichen oder autoritär-paternalistischen Sozialbeziehungen innerhalb der kleinbetrieblichen ›Betriebsfamilie‹ entfalten einen entsprechenden sozialen Druck auf die Beschäftigten, der dazu führt, dass auf die Wahl einer Interessenvertretung eher verzichtet wird. Zu erwarten ist also, dass die Eigentümerführung einen deutlichen negativen Einfluss auf die Wahrscheinlichkeit der Betriebsratsexistenz besitzt. Die Betriebskultur kann schließlich auch über die grundlegende *Einstellung* der Geschäftsleitung zur Beteiligung beziehungsweise zur Rolle der Mitarbeiter im Betrieb abgebildet werden. Wenn die Geschäftsleitung eines Betriebes die langfristige Bindung der Mitarbeiter für wichtig hält oder eine positive Einstellung zur breiten Beteiligung der Beschäftigten besitzt, so sollte dies sowohl die Wahrscheinlichkeit für die Betriebsrats- als auch für die AVO-Existenz erhöhen. Ähnliches gilt für die Variable *Betriebsklima*; allerdings muss hier in Rechnung gestellt werden, dass die Form der Interessenvertretung, die in einem Betrieb existiert, selbst einen Einfluss auf das Betriebsklima ausüben kann. Zudem kann nicht ausgeschlossen werden, dass die Beschäftigten bei guten Beziehungen zur Geschäftsleitung auf die Wahl eines Betriebsrats verzichten. Das Betriebsklima hängt des Weiteren mit anderen Einflüssen, wie der wirtschaftlichen Situation und den Zukunftsaussichten des Betriebes, zusammen. So wird zum Beispiel von Studien zur Interessenregulierung im Segment der ›Neuen Wirtschaft‹ vermutet, dass unter wirtschaftlichen Krisenbedingungen auch Beschäftigte ohne Affinität zu kollektiver Interessenvertretung einen Betriebsrat wählen (vgl. beispielsweise Boes 2004). Da die Einrichtung eines AVOs entweder auf Initiative oder aber in Absprache mit der Geschäftsleitung erfolgt, sollte ein gutes Betriebsklima zunächst positiv auf die AVO-Existenz wirken.

Die *Beteiligungsstrategie* der Geschäftsleitung kann eine wichtige Ursache für die Einrichtung eines AVOs darstellen. Da einige AVOs vermutlich Bestandteil einer umfassenderen Beteiligungsstrategie des Managements sind, sollte die Existenz verschiedener Beteiligungsinstrumente im Betrieb – wie materieller Anreize oder einer *open-door-policy* – die Wahrscheinlichkeit der AVO-Existenz erhöhen.

Im Zuge der Einführung neuer Arbeitsformen und weitreichender HRM-Praktiken wurde diskutiert, dass die Notwendigkeit der Bildung einer eigenständigen Kollektivvertretung verringert würde, wenn das Management im Rahmen seiner personalpolitischen Strategien den Beschäftigten weitreichende Mitsprachemöglichkeiten bei arbeitspolitischen Fragen einräumt (vgl. beispielsweise Damm 2001; Minssen 1999; Fischer 1998). Folgt man diesen Überlegungen, so sollte die Wahrscheinlichkeit der Betriebsratsexistenz in Betrieben mit extensivem HRM-Einsatz und einem hohen Anteil an Gruppen- oder Projektarbeit eher gering sein. Allerdings liegt dem Einsatz solcher HRM-Elemente nicht notwendigerweise eine Betriebsratsvermeidungsstrategie zugrunde; die Etablierung entsprechender Strukturen und Prozesse hängt in der Regel eng mit der Organisation der Leistungsprozesse zusammen. In diesem Sinne lassen sich auch die von der Geschäftsleitung eingesetzten und gemeinsamen Gremien verstehen. Sie können prinzipiell Bestandteile einer Beteiligungsstrategie beziehungsweise Ausdruck der Erfordernisse des Leistungsprozesses darstellen. Insofern ist davon auszugehen, dass sich die Wahrscheinlichkeit der AVO-Existenz – vor allem gemeinsamer und eingesetzter Gremien – in Betrieben mit einem hohen Anteil entsprechender Arbeitsstrukturen wie Gruppen- oder Projektarbeit erhöht.

Beschäftigtengruppen und auch Geschäftsleitungen (Manager und Eigentümer) unterscheiden sich bezüglich ihrer *Vorstellungen*, wie angemessene Interessenvertretungsstrukturen und Interessenregulierungsverfahren im Betrieb gestaltet sein sollten. In bestimmten betrieblichen Kulturen sozialisierte und interagierende Akteure verfügen über internalisierte, *berufskulturell* geprägte Wahrnehmungsweisen, die ihre Einstellungen und Handlungen prägen (vgl. beispielsweise Baethge/Oberbeck 1986; Kotthoff 1997). In diesem Zusammenhang kann erwartet werden, dass die Belegschaftsstruktur (Alter der Beschäftigten, Qualifizierungsgrad, gewerkschaftlicher Organisationsgrad) und die Charakteristika der Geschäftsleitung (Manager/Eigentümer)[57] die Form der Interessenvertretung in den Betrieben beeinflussen. Während Belegschaften mit hohem Durchschnittsalter

57 Sicher sind hier weitere Merkmale der Geschäftsleitung, wie beispielsweise Alter, Bildungsgrad und Werdegang, von hoher Bedeutung, die jedoch mit Hilfe der vorliegenden Daten nicht abgebildet werden können.

und mit hohem Arbeiter- und Facharbeiteranteil sowie einem hohen gewerkschaftlichen Organisationsgrad eher das Betriebsratsmodell präferieren sollten, kann erwartet werden, dass AVOs vor allem in Betrieben mit jüngeren, hochqualifizierten und nicht gewerkschaftlich gebundenen Belegschaften existieren. Teilweise lassen sich diese Indikatoren auch dem *Primärmachtkonzept* zuordnen (Jürgens 1984), wonach erwartet werden kann, dass vor allem diejenigen Beschäftigtengruppen eine kollektive Interessenvertretung zu etablieren versuchen, die über geringe aus ihrer Qualifikation und betrieblichen Position resultierende Machtpotenziale, gleichzeitig aber über eine hohe Organisationsfähigkeit verfügen (vgl. auch Traxler 1999). Während geringqualifizierten Beschäftigten vor allem ein hoher Organisations*bedarf* unterstellt werden kann, kann bei Teilzeit- oder geringfügig beziehungsweise befristet Beschäftigten aufgrund der nur partiellen (befristeten beziehungsweise kurzzeitigen) Einbindung in den Betrieb eine eher geringe Organisations*fähigkeit* vermutet werden. Aus diesen Gründen ist zu erwarten, dass ein hoher Anteil dieser Beschäftigtengruppen die Wahrscheinlichkeit sowohl der Betriebsrats- als auch der AVO-Existenz verringert.

Durch den Einbezug von *Branchendummies* kann der Effekt unterschiedlicher Institutionalisierungsgrade der verschiedenen Interessenvertretungsmodelle kontrolliert werden. Zu erwarten ist, dass das Betriebsratsmodell vor allem in ›traditionellen‹ Branchen stark verankert ist, in neuen und nicht-industriell geprägten jedoch eher eine Ausnahmeerscheinung darstellt. In diesem Zusammenhang lassen sich auch Effekte *pfadabhängiger* Entwicklung über die Variablen ›Alter‹ und Ausgründung kontrollieren. In älteren Betrieben ist die Wahrscheinlichkeit der Betriebsratsexistenz in der Regel höher. Gleiches gilt für Ausgründungen aus einem größeren Organisationszusammenhang.

Charakteristika der Betriebe bei unterschiedlichen Vertretungsformen

Bevor das Gewicht der erwähnten Einflussfaktoren mit Hilfe multivariater Verfahren genauer bestimmt wird, sollen die unterschiedlichen Organe in einem vorgelagerten Schritt bezüglich verschiedener Charakteristika der Interessenvertretungsformen und wichtiger Strukturmerkmale der Betriebe verglichen werden (siehe Tabelle 15). Hierdurch ergeben sich erste Hinweise auf die Frage nach den unterschiedlichen Kontexten, in denen die einzelnen Interessenvertretungsformen – Betriebsräte, AVOs und keine kollektive Vertretung beziehungsweise Selbstvertretung – vorkommen. Ein erster wichtiger Befund ist dabei, dass sich die Betriebsratsbetriebe recht deutlich von allen anderen Betrieben unterscheiden. Im Vergleich zu anderen Betrieben sind Betriebsratsbetriebe demnach eher groß, relativ alt, sehr viel häufiger Teil eines größeren Unternehmens oder aus bestehenden Unternehmen ausgegründet, häufiger durch angestellte Manager als durch den Eigentümer geführt und tarifgebunden. Sie zeichnen sich durch einen überdurchschnittlich hohen Anteil älterer Beschäftigter (über 50 Jahre) und einen unterdurchschnittlichen Anteil von Beschäftigten unter 35 Jahren aus. Gewerkschaftlich organisierte Beschäftigte sind in fast allen Betriebsratsbetrieben anzutreffen. Deutlich unterdurchschnittlich fällt dagegen der Anteil geringfügig Beschäftigter aus.

Tabelle 15: Betriebsmerkmale nach Form der Interessenvertretung

	Keine kollektive Vertretung	*AVO*	*Gesetzliche Vertretung (BR, MAV)*	*Gesamt*
Beschäftigte (Mittelwert)	31	38	165	62
Betriebsalter in Jahren (Mittelwert)	35	34	48	37
Betrieb entstand durch Ausgründung	24%	20%	40%	27%
Konzernbetrieb Inland	8%	11%	37%	15%
Konzernbetrieb Ausland	2%	3%	11%	4%
Sitz Ostdeutschland	20%	13%	18%	19%
Eigentümerführung	81%	82%	31%	71%
Tarifbindung	39%	44%	71%	47%
Gewerkschaftspräsenz vorhanden	24%	28%	90%	38%
Anteil Frauen	37%	42%	38%	38%
Anteil Ausländer	9%	10%	8%	9%
Anteil unter 35-Jährige	41%	45%	33%	40%
Anteil über 50-Jährige	17%	17%	22%	18%
Anteil Hochqualifizierte	16%	15%	16%	16%
Anteil Facharbeiter	56%	57%	59%	56%
Anteil Ungelernte	20%	22%	19%	21%
Anteil Teilzeitkräfte	13%	16%	15%	14%
Anteil geringfügig Beschäftigte	10%	12%	5%	9%
Anteil befristet Beschäftigte	6%	6%	7%	6%
Anteil Leiharbeiter	2%	1%	2%	2%

Basis: Privatwirtschaft ab 10 Beschäftigte, Auskünfte von 3.186–3.254 Managementvertretern, Betriebsgewichtung

Die strukturellen Unterschiede zwischen Betrieben mit AVO und Betrieben ohne kollektive Vertretung fallen demgegenüber geringer aus: Bis auf den höheren Anteil an Betrieben mit ausländischer Konzernmutter, den etwas höheren Frauenanteil und den erhöhten Anteil von Betrieben mit Gewerkschaftsmitgliedern unterscheiden sich die AVO-Betriebe und die Betriebe ohne jegliche kollektive Interessenvertretung kaum voneinander.

Bei dieser deskriptiven Analyse ist allerdings zu bedenken, dass es sich um Durchschnittswerte handelt, die aus sich überschneidenden Zusammenhängen der einzelnen Kontextfaktoren resultieren können. So sind Großbetriebe in der Regel gleichzeitig auch eher älter, managementgeführt und gewerkschaftlich organisiert. Aus diesem Grund ist eine weitergehende statistische Analyse angezeigt. Die Bedeutung der einzelnen Kontextfaktoren wird daher nachfolgend mit Hilfe multivariater statistischer Verfahren überprüft. Der Vorteil dieser Vorgehensweise liegt darin, die unterschiedlichen Einflusse gegeneinander kontrollieren zu können.

Kontextfaktoren von Betriebsräten und AVOs

In diesem Abschnitt wird mit Hilfe eines multinomialen logistischen Regressionsmodells die Wahrscheinlichkeit geschätzt, mit der bestimmte Betriebs- und Beschäftigtenmerkmale die Existenz von gesetzlichen Vertretungen beziehungsweise AVOs gegenüber dem Zustand ohne kollektive Interessenvertretung beeinflussen.[58] Dabei wird zunächst die Dreier-Klassifizierung der Interessenvertretungsformen – Betriebsräte, AVOs und Selbstvertretung – genutzt. Die Ergebnisse dieser Schätzung zeigt Tabelle 16. Dargestellt ist jeweils der Exponent des Regressionskoeffizienten (Exp(B)) als Ausdruck der Effektstärke und der Richtung des Zusammenhangs sowie dessen Signifikanzniveau und der Wert der Wald-Statistik. Werte über eins stehen beim Exponenten B für einen positiven, Werte unter eins für einen negativen Zusammenhang. Beträgt der Wert genau eins so existiert kein Zusammenhang.[59]

58 Es wird dabei jeweils untersucht, inwiefern ein einzelner Faktor unter Kontrolle aller anderen Faktoren die Wahrscheinlichkeit der Existenz von Betriebsräten beziehungsweise AVOs im Vergleich zu den Betrieben ohne kollektive Interessenvertretung erhöht beziehungsweise verringert.

59 Exp(B) gibt die Veränderung der Odds bei Steigerung der unabhängigen Variable um eine Einheit (z.B. nicht Tarifbindung=0 auf Tarifbindung=1) wieder. Die Odds bezeichnen das Verhältnis der Wahrscheinlichkeit für einen Zustand – beispielsweise die Betriebsratsexistenz – zu deren Gegenwahrscheinlichkeit. Ein Wert von 2 würde bedeuten, dass die Chance für die Betriebsratsexistenz doppelt so hoch ist, wenn eine Tarifbindung vorliegt, ein Wert von 0,5 dagegen, dass sie nur halb so hoch ausfällt wie bei nicht tarifge-

Tabelle 16: Kontextfaktoren von Betriebsräten und AVOs

Unabhängige Variablen	*Multinomiale logistische Regression Referenzkategorie: keine kollektive Vertretung*					
	Gesetzliche Vertretung (BR, MAV)			*Andere Vertretungsorgane*		
	Exp(B)	*Sig.**	*Wald*	*Exp(B)*	*Sig.**	*Wald*
Beschäftigtenzahl	1,005	+++	87,54	1,004	+++	35,92
Beschäftigte quadriert	1,000	---	74,64	1,000	---	25,47
Betrieb Teil eines größeren Unternehmens	2,147	+++	21,43	1,262		1,29
Eigentümerführung	,258	---	77,50	1,239		1,39
Tarifbindung	3,608	+++	72,74	1,021		0,02
Gew. Organisationsgrad ≥50 Prozent	17,055	+++	32,97	2,824	+	2,66
Anteil Frauen	1,003		0,51	1,003		0,59
Anteil unter 35-Jährige	,987	---	11,68	1,007	++	3,84
Anteil über 50-Jährige	1,005		0,89	1,011	+	2,93
Anteil Hochqualifizierte	1,010	++	3,73	1,001		0,05
Anteil Facharbeiter	1,006		1,71	1,005		1,16
Anteil Ungelernte	1,005		0,93	1,000		0,00
Anteil Teilzeitkräfte	,998		0,21	,994		1,98
Anteil geringfügig Beschäftigte	,969	---	19,23	,998		0,07
Anteil befristet Beschäftigte	,993		2,48	,999		0,02
Anteil Leiharbeiter	,992		1,00	,988		2,04
Gruppenarbeit/Projektarbeit	1,290	+	3,41	1,141		0,78
Langfristige MA-Bindung wichtig	,843		1,12	1,714	+++	7,02
Breite Einbeziehung Mitarbeiter wichtig	1,034		0,06	1,446	++	5,50
Betriebsklima (5er-Skala: neg-pos.)	,633	---	21,65	,937		0,38
Prinzip der Offenen Tür hohe Bedeutung	1,108		0,42	,954		0,07
Mitarbeiterinformation monatlich	,936		0,20	1,650	+++	11,46
Materielle Anreizsysteme individuell	1,028		0,03	1,412	++	5,07
Betriebsalter (log)	1,760	+++	16,00	,861		0,83
Ausgründung	2,340	+++	33,43	1,235		1,52
Ostdeutschland	,813		1,77	,585	---	9,35
Branchen:						
Gastronomie	,421	--	4,04	1,064		0,02
Personal-, Wach-, Reinigungs-DL	,232	---	9,32	,571		1,52
Gesundheits-, Veterinär- und Sozialwesen	2,032	+	2,60	1,694		1,43
Pseudo-R^2 (Nagelkerke)	0,572					
Fallzahl	2.257					

**Signifikanzniveaus: ±/ ±±/ ±±± = 10/5/1-Prozent-Niveau*
Basis: Privatwirtschaft ab 10 Beschäftigte, ungewichtete Daten

bundenen Betrieben. Da Exp(B) nicht negativ werden kann, werden die Signifikanzniveaus bei logistischen Regressionen zur besseren Lesbarkeit mit »±« statt dem üblichen »*« gekennzeichnet.

Wie die deskriptiven Auswertungen in Tabelle 11 und 12 bereits vermuten ließen, sind – unter Kontrolle aller anderen Variablen – *Betriebsgröße*[60] und *Branchenzugehörigkeit* wichtige Prädiktoren für die Existenz von Betriebsräten und teilweise auch für die Existenz von AVOs. Die Branchenunterschiede fallen allerdings wesentlich geringer aus, als die deskriptive Darstellung nahe legt. Die Ursache hierfür dürfte in der unterschiedlichen Betriebsgrößenstruktur der Branchen und weiteren branchenspezifischen Merkmalen (Betriebsalter, Tarifbindung, gewerkschaftlicher Organisationsgrad) liegen, die in der multivariaten Analyse kontrolliert werden. So unterscheiden sich in Bezug auf die Wahrscheinlichkeit der Betriebsratsexistenz nur drei Branchen signifikant vom Branchendurchschnitt: Eine überdurchschnittlich hohe Wahrscheinlichkeit für die Existenz eines Betriebsrats ergibt sich für das Gesundheits- und Sozialwesen. Betriebe im Gastgewerbe sowie bei den Personal-, Wach- und Reinigungsdienstleistungen weisen demgegenüber auch unter Kontrolle der übrigen Variablen eine signifikant geringere Wahrscheinlichkeit auf, dass ein Betriebsrat existiert. Neben der Organisationsgröße erhöhen auch die Zugehörigkeit zu einer übergeordneten Organisationseinheit (Mehrbetriebsunternehmen beziehungsweise Konzern) und das Betriebsalter die Betriebsratswahrscheinlichkeit. Der hochsignifikante Wert bei den Ausgründungen deutet zudem auf die *pfadabhängige* Nachwirkung der Organisationseingebundenheit. Betriebe, die aus anderen Unternehmen heraus entstanden sind, übernehmen Strukturelemente der ›Mutter‹-Organisation in ihre eigenen Strukturen. Bei ausgründenden Unternehmen handelt es sich in der Regel eher um große und ältere Organisationen, die daher – wie die hier präsentierten Berechnungen zeigen – mit hoher Wahrscheinlichkeit einen Betriebsrat besitzen. Hierüber erklärt sich somit auch die hohe Betriebsratswahrscheinlichkeit in den ausgegründeten Betrieben.

Weitere wichtige Kontextfaktoren der Betriebsratsexistenz sind die *berufskulturellen Orientierungen* des Managements und der Beschäftigten. Der negative Einfluss der Eigentümerführung geht konform mit Ergebnissen qualitativer Studien: Eigentümer-Unternehmer stehen der Mitbestimmung durch Betriebsräte aufgrund ihrer »Herr-im-Haus«-Politik oft eher ablehnend gegenüber. Die Tarifbindung eines Betriebes erhöht demgegenüber

60 Die Betriebsgröße geht hier sowohl als reine Beschäftigtenzahl als auch als quadrierte Beschäftigtenzahl in die Berechnung ein. Durch letztere kann der Sondereffekt von Großbetrieben abgeschätzt werden. Dieser ist für beide Vertretungsformen negativ, was bedeutet, dass sich der Betriebsgrößeneffekt mit steigender Betriebsgröße abschwächt.

die Betriebsratswahrscheinlichkeit. Dies kann durchaus als Hinweis auf eine enge Kopplung der beiden Säulen des deutschen Systems Industrieller Beziehungen gewertet werden.[61] In Betrieben mit einer Belegschaft, die zum überwiegenden Teil *gewerkschaftlich organisiert* ist, ist die Wahrscheinlichkeit der Betriebsratsexistenz hoch.[62] Dieses Ergebnis überrascht nicht und lässt sich als Ausdruck der oben diskutierten Orientierungen der Beschäftigten interpretieren: Die Mitgliedschaft in einer Gewerkschaft zeugt von einer gewissen Affinität zu kollektiven Formen der Interessenvertretung, die sich in der Befürwortung einer rechtlich abgesicherten Interessenvertretung und schließlich in dem entsprechenden Handeln der Beschäftigten – der Wahl eines Betriebsrats – niederschlägt.[63]

Entgegen den theoretischen Prognosen erhöht sich mit steigendem Anteil *hochqualifizierter Beschäftigter* die Betriebsratswahrscheinlichkeit. Die These, dass hochqualifizierte Angestellte eine kollektive Vertretung ihrer Interessen durch den Betriebsrat eher ablehnen, wird durch die BISS-Daten zunächst nicht gestützt. Erwähnenswert ist jedoch, dass dieser Effekt in unserem zweiten Regressionsmodell – in das die AVOs als vier eigenständige Interessenvertretungstypen eingehen – erheblich an Einflussstärke verliert und zudem keinerlei Signifikanz mehr aufweist. Ebenso

61 Ob die Tarifbindung eines Unternehmens die Wahrscheinlichkeit der Betriebsratsexistenz erhöht oder umgekehrt, kann mit den vorliegenden Daten nicht geklärt werden.

62 Der gewerkschaftliche Organisationsgrad erscheint in Tabelle 16 wie auch in Tabelle 17 sogar als stärkster Prädiktor (Exp(B)). Tatsächlich ist dies aber lediglich auf die unterschiedliche Skalierung der Variable Betriebsgröße (metrisch) und Organisationsgrad (Dummy) zurückzuführen. Geht die Betriebsgröße in Form von Größenklassendummies in die Berechnung ein, so übertrifft der Betriebsgrößeneffekt den Gewerkschaftseffekt. Wird die Gewerkschaftsvariable aus dem Modell entfernt, so verschlechtert sich dessen Erklärungskraft (Pseudo-R^2) nur geringfügig (um etwa 0.05), wobei Betriebsgrößen- und Brancheneffekte zunehmen.

63 Der Indikator »gewerkschaftlicher Organisationsgrad« ist in mehrfacher Hinsicht mit Unsicherheiten behaftet: Erstens handelt es sich um eine Auskunft des Managements, welches jedoch in der Regel nur eingeschränkte und ungenaue Informationen über die Gewerkschaftsmitgliedschaft der Beschäftigten besitzen dürfte. In Betriebsratsbetrieben dürfte der Informationsstand hierzu systematisch besser ausfallen, da die überwiegend hoch organisierten Betriebsräte die Geschäftsleitung eher mit dem Thema Gewerkschaft konfrontieren. Dadurch könnte es zu einer Unterschätzung des Organisationsgrades in betriebsratslosen Betrieben kommen. Die Qualität der Angaben der Geschäftsleitung hängt mitunter auch von der Qualität der Austauschbeziehungen zwischen Geschäftsleitung und Interessenvertretung ab. Aus diesen Gründen wurde der Organisationsgrad nicht als Anteilswert erfragt, sondern stattdessen eine vier-stufige ordinale Skala mit den Ausprägungen »keine Gewerkschaftsmitglieder«, »nur wenige«, »weniger als die Hälfte« und »mehr als 50% der Belegschaft« genutzt.

wenig lässt sich eine Wirkung auf die AVO-Existenz beziehungsweise auf das Vorkommen einzelner AVO-Typen nachweisen. Der Einfluss dieser Variablen auf die Formen kollektiver Interessenvertretung ist insofern eher als neutral einzuschätzen. Eine Aussage darüber, ob der Anteil Hochqualifizierter die Wahrscheinlichkeit kollektiver Vertretung per se verringert und damit die der reinen Selbstvertretung erhöht, kann hieraus nicht abgeleitet werden.

Mit wachsendem Anteil *jüngerer* Beschäftigter an der Belegschaft verringert sich die Wahrscheinlichkeit der Betriebsratsexistenz. Dieser Einfluss kann die Vermutung nahe legen, dass die Vertretung durch den Betriebsrat von jüngeren Beschäftigten teilweise nicht (mehr?) als angemessen wahrgenommen wird. Diese Vermutung ließe sich letztlich allerdings nur mit Hilfe einer Befragung der Beschäftigten valide prüfen. Zieht man hier die Ergebnisse der Brachenanalyse in Betracht, so kann sich hinter dem negativen Einfluss einer jungen Beschäftigtenstruktur auch ein gewisser Brancheneffekt verbergen. Zumindest für Betriebe im Gastgewerbe, in denen – wie wir sahen – die Betriebsratswahrscheinlichkeit gering ist, erscheint diese Interpretation schlüssig. Einige ›junge‹ Sektoren liegen zudem quer zu der hier genutzten Branchendifferenzierung. So könnte eine genauere Aufschlüsselung der Branchen F&E oder Beratungsdienstleistungen Hinweise auf die Zusammenhänge beziehungsweise Einflüsse hochqualifizierter jüngerer Beschäftigter in neuen Branchen geben. Eine derartige Detailanalyse stößt auf Basis der BISS-Daten vor allem aufgrund zu geringer Fallzahlen an methodische Grenzen.

Die Variablen, die die *Beteiligungsstrategie* und die *Betriebskultur* abbilden sollen, weisen nur einen geringen Einfluss auf die Existenz von Betriebsräten. Auffällig ist, dass sich die Betriebsratswahrscheinlichkeit erhöht, wenn im Betrieb überwiegend Gruppen- oder Projektarbeit praktiziert wird. Auf Basis unserer Überlegungen zu den Substitutionseffekten dieser Arbeitsformen war eher ein negativer Einfluss auf die Betriebsratsexistenz erwartet worden. Vorstellbar ist, dass beispielsweise Gruppenarbeit in vielen Industriebranchen und im Großbetriebsbereich zu finden ist – Bereiche, die traditionell eine hohe Betriebsratswahrscheinlichkeit aufweisen.[64] Die Einführung neuer Arbeitsformen hat diese stabilen Strukturen offenbar nicht tangiert.

64 Helfen und Krüger (2002: 674) kommen auf Basis einer Befragung des Fraunhofer IAO zu demselben Resultat: In industriellen Sektoren korreliert die Einführung »neuer Organisationskonzepte« durchaus mit der Existenz eines Betriebsrats.

Da die Größenvariable nicht eindeutig einem theoretischen Kontext – der funktional argumentierenden Transaktionskostentheorie oder dem Betriebskulturkonzept – zuzuordnen ist, kann auch über die Variable Betriebsgröße die Wirkung betriebskultureller Einflüsse indiziert werden. Das Ergebnis entspricht unseren Erwartungen. Es kann vermutet werden, dass aufgrund der direkt-partizipativen oder auch autoritär-patriarchalischen Kleinbetriebskultur eine Betriebsratswahl sowohl von Seiten der Geschäftsleitung als auch der Belegschaft nicht präferiert wird. Die anderen Betriebskulturvariablen, die die Haltung der Geschäftsleitung gegenüber der Einbindung von Mitarbeitern indizieren, weisen keinen signifikanten Einfluss auf.

Wie gestaltet sich nun der Wirkungszusammenhang der gemessenen Kontextfaktoren für die AVOs? Insgesamt existiert für sie eine geringere Anzahl signifikanter Zusammenhänge als für Betriebsräte. Während bei den gesetzlichen Vertretungen vor allem betriebsstrukturelle Variablen als Prädiktoren dienen konnten, existieren bei den AVOs, abgesehen von der Betriebsgröße, keine derartigen Einflüsse. Die Existenz von AVOs steht demgegenüber stärker mit der *Betriebskultur* und der *Beteiligungsstrategie* des Managements in Zusammenhang. Die Wahrscheinlichkeit, ein AVO vorzufinden, ist in Betrieben, in denen die befragten Geschäftsführer sich zu einer langfristigen Mitarbeiterbindung und breiten Beteiligung der Mitarbeiter bekennen, signifikant höher. Zwei der drei Variablen – die Häufigkeit der Informationsweitergabe und die Bedeutung ausschließlich individueller materieller Beteiligungsformen der Belegschaften –, die als Indikatoren für die Beteiligungsstrategie des Managements dienen, weisen hochsignifikante positive Einflüsse auf die AVO-Existenz auf. AVOs kommen also mit signifikant höherer Wahrscheinlichkeit in solchen Betrieben vor, in denen die Geschäftsleitung eine Strategie der intensiven Informationsweitergabe betreibt – wie bereits angesprochen, sind AVOs unter Umständen sogar selbst Bestandteil dieser Informationsstrategie. In diese Strategie mag sich auch die Existenz individueller materieller Beteiligungselemente einfügen, die ebenfalls in einem positiven Zusammenhang mit der AVO-Existenz steht. Allerdings zeigt der im Unterschied zu den Betriebsratsbetrieben fehlende Zusammenhang zwischen AVOs und Projekt- oder Gruppenarbeit im Betrieb an, dass AVOs nach den vorliegenden Daten nicht pauschal als Elemente oder ›Instrumente‹ der Partizipation im Leistungserstellungsprozess bezeichnet werden können, selbst wenn dies unter Umständen in einzelnen Branchen oder für einzelne AVO-Typen anders aussehen mag.

Berufskulturelle Orientierungen spielen für die Wahrscheinlichkeit der AVO-Existenz eine geringe Rolle; so finden sich AVOs sowohl in Betrieben mit einem hohen Anteil junger Mitarbeiter als auch in Betrieben mit überwiegend älteren Beschäftigten. Die Eigentümerführung weist keinen, der gewerkschaftliche Organisationsgrad einen schwach signifikanten positiven Zusammenhang auf. Letzteres untermauert, dass es sich bei den AVO-Betrieben nicht um einen vollständig gewerkschaftsfreien Raum handelt. Anscheinend gibt es gewerkschaftlich organisierte Beschäftigte, die eine kollektive Vertretung in Form eines Betriebsrats nicht durchsetzen können oder wollen und statt dessen ein AVO installieren. Denkbar wäre aber auch, dass die Geschäftsleitung hier von sich aus ein Vertretungsorgan als Betriebsratsersatz einsetzt. Dieser Punkt wird im nachfolgenden Abschnitt entlang der AVO-Strukturtypen (Tabelle 17) noch genauer behandelt.

Bezüglich der *Brancheneffekte* erreicht keine der Branchen in diesem Modell das 10-prozentige Signifikanzniveau. Es muss davon ausgegangen werden, dass AVOs in keiner der hier betrachteten Branchen als institutionelles Interessenvertretungsmodell bezeichnet werden können, an dem sich Geschäftsleitungen und Beschäftigte orientieren. Die zweite Modellrechnung bestätigt dieses Ergebnis, denn auch hier zeigen sich nur einzelne, schwach signifikante Zusammenhänge. Allein die Werte der Kontrollvariablen *Region* deuten darauf hin, dass es sich bei AVOs um ein eher westdeutsches Phänomen handelt.

Die Erklärungskraft des hier genutzten Modells fällt für Betriebsräte und AVOs sehr unterschiedlich aus. Das hohe Pseudo-R^2 (Nagelkerke) von 0,57 geht zum überwiegenden Teil auf das Konto der Betriebsratsprognose. Die Varianzaufklärung bei der Bestimmung der Kontextfaktoren von AVOs gelingt demgegenüber weniger gut. Dies deutet zum einen auf geringe strukturelle Unterschiede zwischen den AVO-Betrieben und den Betrieben ohne kollektive Vertretung und auf entsprechend große Unterschiede zu den Betriebsratsbetrieben hin. Zum anderen ist denkbar, dass innerhalb der Gruppe der AVOs selbst Unterschiede in den Kontextbedingungen bestehen, weshalb eine detailliertere Untersuchung innerhalb der AVO-Betriebe sinnvoll erscheint.

Tabelle 17: Kontextfaktoren von Betriebsräten und AVO-Strukturtypen

Unabhängige Variablen	Multinomiale logistische Regression; Referenzkategorie: keine kollektive Vertretung																	
	Gesetzliche Vertretungen (1)			Gewählte reine AN-Vertretungen (2)			Eingesetzte reine AN-Vertretungen (3)			Gewählte gemeinsame Organe (4)			Eingesetzte gemeinsame Organe (5)			AVOs nicht klassifizierbar (6)		
	Exp(B)	Sig.	Wald	Exp(B)	Sig.	Wald	Exp(B)	Sig.	Wald	Exp(B)	Sig.	Wald	Exp(B)	Sig.	Wald	Exp(B)	Sig.	Wald
Beschäftigtenzahl	1,004	+++	53,21	1,004	+++	17,29	1,002	++	6,18	1,003	+++	9,68	1,001		0,32	1,004	+++	19,38
Beschäftigte quadriert	1,000	---	40,20	1,000		1,72	1,000	--	3,94	1,000		2,12	1,000		0,10	1,000	---	6,48
Betrieb Teil eines größeren Untern.	2,123	+++	16,65	2,047	++	4,22	3,458	+++	6,91	,941		0,02	,556		2,40	1,168		0,08
Eigentümerführung	,267	---	58,82	,835		0,29	2,408	+	2,89	1,122		0,10	1,159		0,27	1,586		0,84
Tarifbindung	2,797	+++	38,33	1,003		0,00	,695		0,67	,934		0,04	1,279		0,89	,981		0,00
Gewerkschaftsmitglieder vorhanden	16,514	+++	256,82	1,476		1,70	2,776	++	6,10	1,773	+	3,31	,928		0,08	,420	-	3,16
Anteil Frauen	1,002		0,29	1,001		0,01	1,006		0,29	1,007		0,80	1,001		0,02	1,008		0,70
Anteil unter 35-Jährige	,984	---	13,76	,998		0,07	,994		0,33	1,014	+	3,59	1,012	++	4,45	1,008		0,66
Anteil über 50-Jährige	1,002		0,12	1,017		2,31	1,020		1,85	1,015		1,19	1,000		0,00	1,001		0,00
Anteil Hochqualifizierte	1,006		1,29	,990		0,82	,981		1,72	,997		0,06	1,006		0,62	1,025	+	3,55
Anteil Facharbeiter	1,003		0,36	1,001		0,01	,985		1,45	1,002		0,05	1,004		0,32	1,042	+++	10,32
Anteil Ungelernte	1,003		0,31	,992		0,60	,980		2,36	,999		0,01	1,008		1,02	1,024	+	2,90
Anteil Teilzeitkräfte	,999		0,08	,993		0,62	,985		1,36	,998		0,04	,991		1,87	,999		0,01
Anteil geringfügig Beschäftigte	,976	---	9,77	1,006		0,34	1,010		0,41	,987		1,00	,994		0,50	1,000		0,00
Anteil befristet Beschäftigte	,991	-	2,89	,999		0,02	1,004		0,14	,997		0,09	,999		0,04	1,007		0,42
Anteil Leiharbeiter	,991		1,48	,996		0,08	,987		0,17	,876		1,69	,997		0,11	,656		1,02
Gruppenarbeit/Projektarbeit	1,337	+	3,51	,980		0,01	,888		0,09	1,332		0,91	1,148		0,36	1,416		0,75
Langfristige MA-Bindung wichtig	,866		0,63	2,093	+	2,83	1,208		0,14	2,158	+	2,78	1,729	+	3,18	1,128		0,06
Breite Einbeziehung der MA wichtig	1,028		0,03	2,152	++	5,14	4,880	++	7,79	1,231		0,44	1,095		0,15	1,170		0,15
Betriebsklima (5er-Skala)	,727	---	8,26	1,031		0,02	,891		0,16	1,270		1,30	,818		1,81	,989		0,00
Prinzip der Offenen Tür wichtig	,092		0,25	,969		0,01	,655		1,01	1,143		0,14	,920		0,11	1,524		0,68
Mitarbeiterinformation monatlich	,991		0,00	1,470		1,81	,888		0,07	1,700	+	3,45	2,250	+++	13,66	1,155		0,13
Materielle Anreizsysteme individuell	,968		0,04	1,353		1,03	1,604		1,39	1,583		2,35	1,422		2,40	1,020		0,00
Betriebsalter (log)	1,650	+++	11,09	1,001		0,00	,790		0,28	,641		1,71	1,009		0,00	,790		0,31
Ausgründung	2,124	+++	21,19	1,529		1,83	1,854		2,06	,907		0,07	1,140		0,25	1,141		0,08
Ostdeutschland	,784		1,94	,425	--	5,72	,337	--	4,47	,384	---	6,54	1,059		0,05	,361	--	4,11
Branchendummies		±±±			±						±							
Pseudo-R² (Nagelkerke)	0,647																	
Fallzahl	2.257																	

**Signifikanzniveaus: ±/±±/±±± = 10/5/1-Prozent-Niveau; Quelle: BISS-Befragung 2005; Basis: Privatwirtschaft ab 10 Beschäftigte, ungewichtete Daten*

Kontextfaktoren von AVO-Strukturtypen im Vergleich

Bei AVOs handelt es sich – wie bereits beschrieben – um eine äußerst heterogene Gruppe kollektiver Organe, deren Spannbreite von betriebsratsähnlichen gewählten Arbeitnehmervertretungen bis hin zu Gremien reicht, die nicht originär als Interessenvertretungen fungieren, sondern eher als managementinitiierte Ausschüsse zu betrachten sind, in denen *auch* Interessen reguliert werden. Um dieser Heterogenität gerecht zu werden, ist eine genauere Analyse der Kontextfaktoren der unterschiedlichen AVO-Typen erforderlich. Unter Umständen könnte sich dabei herausstellen, dass ein Teil dieser Typen nicht nur in Bezug auf die interne Struktur, sondern auch in Bezug auf die externen Kontextfaktoren Ähnlichkeiten zum Betriebsrat aufweist.

In diesem Abschnitt konzentrieren wir uns zunächst auf zwei AVO-Typen: *gewählte reine Arbeitnehmervertretungen* (Tabelle 17, Spalte 2) und *eingesetzte gemeinsame Gremien* (Tabelle 17, Spalte 5). Erstere weisen die größte, letztere die geringste strukturelle Ähnlichkeit zum Betriebsrat auf. Um die möglichen Differenzen zwischen den AVO-Typen sichtbar zu machen, wird die in Tabelle 16 dargestellte Berechnung erneut durchgeführt.[65] Diesmal gehen die AVOs jedoch nicht als *eine* Kategorie, sondern als vier AVO-Typen (plus nicht klassifizierbare AVOs) in das Modell ein. Es wird also untersucht, welche Faktoren die Wahrscheinlichkeit für die Existenz der einzelnen AVO-Typen (beziehungsweise des Betriebsrats) erhöhen oder verringern.

Die Ergebnisse der Regressionsrechnung (Tabelle 17) weisen auf deutliche Unterschiede zwischen den eingesetzten gemeinsamen Gremien und den gewählten reinen Arbeitnehmervertretungen hin. Zum einen bestätigt sich der oben dokumentierte positive Zusammenhang zwischen der *Betriebsgröße* und der Existenz gewählter, reiner Arbeitnehmervertretungen. Die Wahrscheinlichkeit, ein eingesetztes gemeinsames Gremium vorzufinden, ist demgegenüber nicht von der Betriebsgröße abhängig. Die Zugehörigkeit des Betriebes zu einem größeren Unternehmen steht bei gewählten reinen Arbeitnehmervertretungen in einem signifikant positiven, bei eingesetzten gemeinsamen Gremien in einem (schwach signifikanten) negativen Zusammenhang. Insofern scheint es bei den gewählten reinen Arbeitneh-

65 Der einzige Unterschied zur Rechnung in Tabelle 16 besteht in der abweichenden Skalierung der Gewerkschaftsvariable, die aufgrund fehlender Fälle mit hohem gewerkschaftlichen Organisationsgrad in einzelnen AVO-Typen gewählt werden musste.

mervertretungen durchaus betriebstrukturelle Ähnlichkeiten mit der gesetzlichen Vertretung zu geben. Für eingesetzte gemeinsame Gremien besitzen *Betriebsstrukturvariablen* dagegen eine insgesamt eher geringe Erklärungskraft.

Die *Betriebskultur* und die *Beteiligungsstrategie* spielen darüber hinaus eine besondere Rolle: Das Bekenntnis der Geschäftsleitung zur *langfristigen Bindung* der Mitarbeiter geht mit einer erhöhten Wahrscheinlichkeit der Existenz beider AVO-Typen (Spalten 2 und 5) einher – ein Effekt, der für die Betriebsräte keine Rolle spielt. Unterschiede zwischen den AVO-Typen zeigen sich aber in Bezug auf die Haltung der Geschäftsleitung zur *breiten Einbeziehung der Mitarbeiter* in betriebliche Angelegenheiten. Befürwortet die Geschäftsleitung die Einbeziehung der Mitarbeiter, so steigt die Wahrscheinlichkeit der Existenz einer gewählten reinen Arbeitnehmervertretung. Bei den gemeinsamen eingesetzten Gremien ist dieser Effekt nicht vorhanden. Stattdessen treten diese Gremien mit höherer Wahrscheinlichkeit in Betrieben auf, die sich durch ein hohes Maß an *Informationsoffenheit* (monatliche Informationsweitergabe) auszeichnen. Dies unterscheidet die eingesetzten gemeinsamen Gremien von allen anderen Vertretungsformen und verstärkt noch einmal die Vermutung, dass es sich bei diesem AVO-Typus eher um Informations- und Konsultationsorgane handelt, die mit dem Leistungserstellungsprozess verkoppelt sind, als um dezidierte Beteiligungsorgane oder Gremien der Interessenvertretung.

Dass *jüngere Belegschaften* in einem positivem Zusammenhang mit der Existenz *gemeinsamer Gremien* stehen, erscheint angesichts der theoretisch abgeleiteten Prognosen nicht unmittelbar plausibel. Zwar könnte der positive Einfluss eines hohen Anteils junger Beschäftigter auf die Existenz *gewählter* gemeinsamer Gremien als Ausdruck von Belegschaftspräferenzen interpretiert werden; dieser Effekt wäre dann ein Indiz dafür, dass gerade jüngere Belegschaften nach Vertretungsalternativen zum Betriebsrat suchen. Eine solche Interpretation lässt sich jedoch nur schwerlich für die *eingesetzten* gemeinsamen Gremien aufrechterhalten, die kaum als Ergebnis der Realisierung von Beschäftigtenpräferenzen interpretiert werden können. Hier ist das Ergebnis unter Umständen eher einigen in der Berechnung nicht zu isolierenden Brancheneffekten geschuldet: So kann vermutet werden, dass gerade in Betrieben ›neuer‹ Branchen mit überwiegend jungen, qualifizierten Belegschaften die Geschäftsleitung entsprechende Informations- und Konsultationsorgane einsetzt.

Beim Vergleich aller AVO-Typen (Spalten 2 bis 5) zeigen sich einige interessante Aspekte. Die positive Haltung der Geschäftsleitung zu einer breiten Mitarbeiterbeteiligung ist offenbar ein typisches Merkmal von Betrieben, in denen *reine Arbeitnehmervertretungen* existieren. Diese Variable besitzt sowohl für die Existenz der gewählten als auch der eingesetzten Arbeitnehmerorgane einen positiven Effekt. Offenbar ist die Beteiligungshaltung der Geschäftsleitung ein wichtiger Faktor, der die Wahrscheinlichkeit für die Existenz reiner Arbeitnehmervertretungen erhöht, nicht jedoch die Existenz gemeinsamer Gremien.

Bei *gemeinsamen Gremien* zeigt sich hingegen durchweg eine hohe Bedeutung funktionaler Informations- und Konsultationserfordernisse (Informationen monatlich) sowie besonderer Anreizsysteme (individuelle materielle Anreizsysteme). Allerdings besitzt in diesen Betrieben auch die langfristige Mitarbeiterbindung eine besondere Bedeutung. Zudem wächst die Wahrscheinlichkeit für das Vorkommen gemeinsamer Gremien, wenn es sich um Betriebe mit einem hohen Anteil jüngerer Belegschaften handelt.

Nicht eindeutig zu interpretieren ist die Rolle der *Gewerkschaften*. Gibt es (nach Auskunft des Managements) Gewerkschaftsmitglieder im Betrieb, so erhöht sich sowohl die Wahrscheinlichkeit für das Auftreten *eingesetzter reiner Arbeitnehmervertretungen* als auch für die Existenz *gewählter gemeinsamer Gremien*. Der Einfluss auf die Wahrscheinlichkeit gewählter *reiner Arbeitnehmervertretungen* ist zwar auch positiv aber nicht signifikant. Allenfalls der fehlende Effekt bei den *eingesetzten gemeinsamen Gremien* erscheint plausibel. Ob es sich bei den in einem Gewerkschaftsumfeld agierenden AVOs vor allem um von der Geschäftsleitung installierte ›Ersatzinstitutionen‹ handelt, bleibt somit unklar. Vor allen Dingen bleibt daher festzuhalten, dass die Gewerkschaftseffekte bei den AVO-Typen im Vergleich zum Gewerkschaftseffekt beim Betriebsrat um ein Vielfaches niedriger ausfallen. Beim Betriebrat liegt also der eigentliche und den Erwartungen entsprechende Zusammenhang.

Die Frage, ob ein Teil der AVOs Ausdruck einer Strategie der Geschäftsleitung zur Vermeidung einer Betriebsratswahl ist, kann auf Basis der Daten zwar nicht abschließend beantwortet werden. Einige diesbezügliche Hinweise können sich jedoch aus dem Vergleich der Prädiktoren der Betriebsrats- und der Existenz von AVO-Typen ergeben. Dabei fällt auf, dass ein positiver Einfluss der Betriebsgröße und der Zugehörigkeit des Betriebes zu einem größeren Organisationskontext starke Prädiktoren *so-*

wohl für die Betriebsratsexistenz *als auch* für das Vorkommen reiner Arbeitnehmervertretungen sind. Folglich stellt sich die Frage, warum und unter welchen Umständen Betriebe mit diesen Strukturmerkmalen eine reine Arbeitnehmervertretung statt eines Betriebsrats besitzen. Ein wichtiger Unterschied für die Vorhersage der Existenz von Betriebsräten und eingesetzten reinen Arbeitnehmervertretungen liegt jedoch in der Variable der *Eigentümerführung*. Diese senkt die Wahrscheinlichkeit der Betriebsratsexistenz und erhöht die Wahrscheinlichkeit für das Bestehen von eingesetzten reinen Arbeitnehmervertretungen. Es ließe sich interpretieren, dass Eigentümer, indem sie ein von ihnen personell selektiertes AVO installieren, eine mögliche Betriebsratswahl abwenden können.

Diskussion der Regressionsergebnisse und Bezug zu den theoretischen Modellen

Betrachten wir die empirischen Resultate vor dem Hintergrund unserer theoretischen Überlegungen, so lassen sich Rückschlüsse auf das Zutreffen der theoretischen Prognosen der skizzierten theoretischen Ansätze ziehen. Zunächst ist festzustellen, dass keines der hier untersuchten Interessenvertretungsorgane auf Basis *eines einzigen* theoretisch begründeten Konzeptes befriedigend erklärt werden kann. Stets weisen eine Reihe von Variablen, die aus den verschiedenen Theoriekontexten stammen, signifikante und unseren Prognosen entsprechende Zusammenhänge auf. Das Vorkommen von Betriebsräten einerseits und AVOs andererseits wird dabei durch unterschiedliche Einflussfaktoren und Kontextbedingungen erklärt. Die Variablen, die innerhalb der Konzepte der *Transaktionskostentheorie* und des *organisationalen Feldes* verortet wurden, leisten einen Beitrag zur Erklärung sowohl der Existenz von Betriebsräten als auch der AVO-Typen. Diejenigen Argumente, die aus den theoretischen Kontexten von *Betriebskultur* und der *Beteiligungsstrategie des Managements* stammen, bieten gute Erklärungsangebote für die Existenz von AVOs. Demgegenüber lässt sich das Vorkommen von Betriebsräten eher durch die *berufskulturellen Orientierungen* der Beschäftigten und durch Aspekte von *Pfadabhängigkeit* erklären.

Die Komplexität der inner- und zwischenbetrieblichen Prozesse, die von der *Transaktionskostentheorie* betont werden, aber auch *kulturelle* Unterschiede zwischen Klein- und Großbetrieben scheinen eine große Rolle für die Etablierung von Kollektivorganen zu spielen.[66] Die deutlichen Unter-

66 Aufgrund der nicht eindeutigen Zuordbarkeit der Variable Betriebsgröße können hier keine weitergehenden Aussagen getroffen werden.

schiede zwischen den Branchen weisen zudem auf den jeweiligen Institutionalisierungsgrad der verschiedenen Interessenvertretungsmodelle in *organisationalen Feldern* hin. In den industriellen Kernbranchen kann der Betriebsrat als akzeptiertes Modell kollektiver Interessenregulierung betrachtet werden; in anderen Branchen, wie dem Gastgewerbe oder den gering-qualifizierten Dienstleistungen hingegen gilt dies nicht.

Einen vor allem für die Betriebsratsexistenz relevanten Erklärungsfaktor stellen die *berufskulturellen Orientierungsmuster* dar, selbst wenn hierbei jeweils nur einige der Indikatoren signifikante Einflüsse aufweisen. Die Korrelation der Betriebsratsexistenz mit dem Anteil an Gewerkschaftsmitgliedern im Betrieb scheint neben der Betriebsgröße der wichtigste Grund für die Existenz von Betriebsräten zu sein. Die Wahrscheinlichkeit der Betriebsratexistenz sinkt dabei mit abnehmendem Alter der Belegschaften. Dies könnte die Vermutung nahe legen, dass die Vertretung durch den Betriebsrat von jüngeren Beschäftigten oft nicht mehr oder noch nicht als angemessen wahrgenommen wird. Diese Vermutung ließe sich allerdings nur mit Hilfe einer Befragung der Beschäftigten valide prüfen. Qualifikationsunterschiede, die unterschiedliche berufskulturelle Orientierungen und auch die Verfügung über *(Primär-)Machtressourcen* indizieren sollten, besitzen nur geringe Erklärungskraft. Einzig der Anteil prekärer Beschäftigung steht in einem nachweisbaren Zusammenhang mit der Betriebsratsexistenz, der den theoretischen Erwartungen entspricht.

Der statistisch bedeutsame Einfluss der Eigentümerführung auf die Betriebsratsexistenz entspricht unseren Prognosen und verweist auf die Rolle *betriebskultureller Faktoren.* Für die Existenz von AVOs ist eine Betriebskultur, in der die langfristige Betriebsbindung und die breite Einbindung der Mitarbeiter bei betrieblichen Entscheidungen positive Werte darstellen, von hoher Bedeutung. Auch die *Beteiligungsstrategie* des Managements liefert einen Beitrag zur Erklärung der Existenz von AVOs. So existieren diese vor allem in solchen Betrieben, in denen das Management verschiedene Partizipationsstrategien etabliert, die auf Information und materielle Anreize zielen. Dieser Zusammenhang ist auch plausibel, denn bei einem Großteil der AVOs handelt es sich um managementseitig initiierte Gremien, die selbst Bestandteil partizipatorischer Managementkonzepte sein können. Die Ergebnisse bestätigen somit die Vermutung, dass die (internalisierten) Leitbilder angemessener Interessenregulierung der Mitglieder beider Betriebsparteien einen Einfluss auf die Form der betrieblichen Interessenvertretung ausüben.

3.2 Wandel der Interessenvertretungsformen

Die Frage nach den Veränderungstendenzen im deutschen System der Erwerbsregulierung wird mit Bezug auf die beiden klassischen Arenen der Betriebsverfassung und der Tarifautonomie unterschiedlich beantwortet. Während in den letzten Jahren ein Rückgang in der tarifvertraglichen Deckungsrate zu verzeichnen ist (vgl. beispielsweise Bispinck/Schulten 2005), erweist sich das System von Betriebsräten in der deutschen Privatwirtschaft als äußerst stabil. So stellt beispielsweise das IAB-Betriebspanel über mehrere Erhebungswellen hinweg eine recht stabile Betriebsratsquote von 10 bis 11 Prozent (bezogen auf Betriebe) fest (Ellguth/Kohaut 2004; Ellguth 2007). Es kann jedoch davon ausgegangen werden, dass die Fluktuation von Betriebsräten – Gründung neuer und ›Absterben‹ alter Betriebsräte – über einen längeren Zeitraum betrachtet nicht unbedeutend ist. Die Entstehung von Betriebsräten aus AVOs (und umgekehrt von AVOs aus Betriebsräten) konnte bislang nicht untersucht werden. Dabei stellt sich auch vor dem Hintergrund der langfristigen Entwicklung des dualen Systems die Frage, ob AVOs auf lange Sicht Betriebsräte substituieren oder ob sie im Gegenteil eine Übergangsform oder Vorform für eine Betriebsratsgründung darstellen.

Die Frage der Wandlungsdynamiken zwischen Betriebsräten, AVOs und Betrieben ohne Kollektivvertretung kann ansatzweise auf Basis der BISS-Daten beantwortet werden. So wurde zum einen in den heute betriebsratslosen Betrieben auf Seiten der Geschäftsleitung erhoben, ob es in der Vergangenheit einen Betriebsrat gab; zum anderen wurden die Betriebsräte nach möglichen Vorgängergremien befragt. Dabei zeigt sich, dass durchaus relevante ›Wanderungsbewegungen‹ zwischen den Vertretungsformen zu verzeichnen sind. So bestand in rund 10 Prozent der Betriebe, in denen heute ein AVO existiert, früher einmal ein Betriebsrat. Auch zeigt sich Evidenz für die Annahme, dass AVOs eine ›Vorstufe‹ zur Betriebsratsbildung darstellen könnten, denn in etwa jedem fünften Betriebsratsbetrieb existierte vor der Betriebsratsgründung schon einmal ein anderes Gremium. Allerdings dürfte es sich bei einem Teil der ›Vorgängergremien‹ um privatisierte Betriebe handeln, in denen zuvor ein Personalrat existierte.[67] Ein Indiz hierfür ist der überdurchschnittlich hohe An-

67 Das Vorgängergremium wurde in der Abfrage nicht näher spezifiziert.

teil von ›Vorläufergremien‹ im Bereich der Ver- und Entsorgungsbetriebe, einem typischen Privatisierungsterrain.

Abbildung 4: Wandlungsdynamik der Interessenvertretungsformen in der Grundgesamtheit

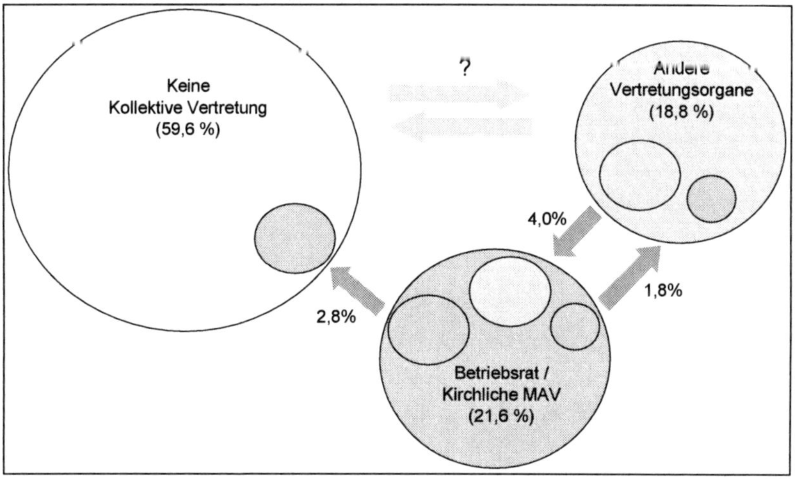

Basis: Privatwirtschaft ab 10 Beschäftigte, Auskünfte von 1.576 Managementvertretern und 1.016 gesetzlichen Vertretungen (retrospektive Betrachtung), Betriebsgewichtung (Prozentwerte bezogen auf Grundgesamtheit)

In Abbildung 4 sind die retrospektiv erhobenen Veränderungen der Vertretungsform gegenüber dem heutigen Zustand der Grundgesamtheit abgetragen. Während aus AVO-Betrieben, wie wir oben gesehen haben, eher Betriebsratsbetriebe werden als dies umgekehrt der Fall ist, scheinen aufgelöste Betriebsräte insgesamt häufiger (2,8 Prozent aller Betriebe der Grundgesamtheit) durch einen Zustand reiner Selbstvertretung ersetzt zu werden als durch AVOs (1,8 Prozent). Allerdings haben AVO-Betriebe etwa doppelt so häufig eine Betriebsratsvergangenheit wie Betriebe ohne kollektive Vertretung. Es gibt hier also durchaus eine nachwirkende Affinität zu kollektiver Regulierung. Da Aussagen über die Wanderungsbewegungen von AVOs zu Betrieben ohne Kollektivvertretung (ersatzlose Auflösung) auf Basis der vorliegenden Daten nicht getroffen werden können, ist es nicht möglich, die wahrscheinliche Situation nach Auflösung von AVOs abzuschätzen. Somit bleibt letztlich unklar, ob aus einem AVO-Betrieb eher selten oder sogar im Regelfall ein Betriebsratsbetrieb wird.

Bei allen Unsicherheiten, die mit dieser retrospektiven Betrachtung verbunden sind lässt sich doch folgern, dass eine direkte Verdrängung von Betriebsräten durch AVOs in großem Maßstab nicht zu beobachten ist. Aus den Zahlen lässt sich eher das Gegenteil ableiten, da zumindest ein Teil der AVOs als Durchgangsstadium zum Betriebsrat betrachtet werden kann.

3.3 Gründungsdynamik von Betriebsräten

Die Novelle der Betriebsverfassung im Jahre 2001 hatte neben zahlreichen anderen Reformen zum Ziel, die Etablierung von Betriebsräten im traditionell betriebsratsschwachen Kleinbetriebsbereich, unter anderem durch die Ermöglichung eines vereinfachten Wahlverfahrens, zu stärken. Einige Studien haben sich bereits mit den verschiedenen Aspekten und Effekten der BetrVG-Novelle 2001 befasst (vgl. beispielsweise Behrens 2003; Wassermann/Rudolph 2005). Für die Frage nach den Effekten für den Verbreitungsgrad von Betriebsräten – gerade im KMU-Bereich – zeigen die Befunde, dass die reformierten Wahlvorschriften durch die Betriebsräte überwiegend positiv aufgenommen werden; das vereinfachte Wahlverfahren wird häufig auch auf freiwilliger Basis angewendet (Behrens 2003). Ob sich hieraus eine verstärkte Gründungsdynamik von Betriebsräten im Kleinbetriebsbereich ergibt, ist bisher nicht eindeutig beantwortet. Wassermann/Rudolph (2005) kommen nach einer ersten Untersuchung im Organisationsbereich der IG Metall zu dem Ergebnis, dass zusätzliche Betriebsratsgründungen in der Folge der novellierten Betriebsverfassung fast ausschließlich in Filialen größerer Unternehmen stattfinden und somit auf das Konto der erweiterten Initiativrechte von Gesamtbetriebsräten gehen. Auf Basis des BISS-Datensatzes lassen sich zumindest einige Indizien dafür finden, dass es in Folge der gesetzlichen Änderungen tatsächlich zu einem Anstieg der Betriebsrats-Gründungen kam.

In der BISS-Befragung wurden die interviewten Betriebsratsmitglieder gefragt, wann ihr Betriebsrat gegründet wurde. Die Ergebnisse für den Zeitraum 1991 bis 2005 sind in Abbildung 5 getrennt nach West- und Ost-Deutschland dargestellt.

Abbildung 5: Betriebsratsgründungen im Zeitverlauf: Anteil der Neugründungen am Betriebsratsbestand 2005

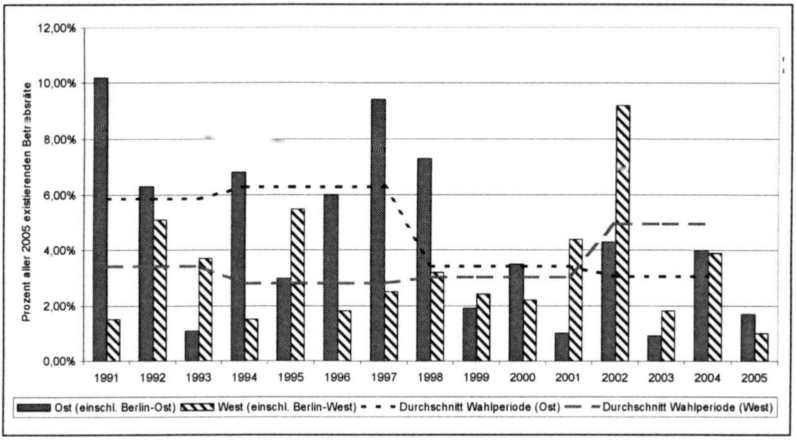

Basis: Privatwirtschaft ab 10 Beschäftigte, Betriebe mit gesetzlicher Vertretung, Auskünfte von 1.232 gesetzlichen Vertretungen, Betriebsgewichtung, Daten für 2005 nur für die Monate Januar bis Juli

Für *Westdeutschland* zeigt sich im Bezug auf die Frage nach dem Einfluss der Betriebsverfassungsnovelle auf die Gründungsdynamik von Betriebsräten ein recht eindeutiger Effekt: Im Betriebsrats-Wahljahr 2002 kam es zu einem signifikanten Anstieg der Neuwahlen; der Anteilswert der 2005 existierenden Betriebsräte, die angaben, 2002 gegründet worden zu sein, übersteigt die Werte aller vorherigen Wahljahre seit 1991 recht deutlich. Um einzelne Ausreißer und mögliche Fehler in den Angaben der Interviewten zu verringern[68], wurde ein jeweils eine Wahlperiode überspannender Mittelwert gebildet (siehe Abbildung 5). Der deutliche Sprung dieses Mittelswertes zwischen 2001 und 2002 indiziert dabei den möglichen Einfluss der BetrVG-Novelle; der Anstieg der Betriebsratsgründungen ab 2002 liegt trotz der geringen Werte der Nachfolgejahre 2003 und 2004

68 Die Tatsache, dass die Betriebsratsgründungen im Jahr 1995 deutlich über denen im Jahr 1994 – dem eigentlichen Wahljahr – liegen, kann unter Umständen zum Teil mit Inkonsistenzen im Antwortverhalten der Interviewten begründet werden. So ist denkbar, dass die im Jahr 2005 interviewten Betriebsratsmitglieder auf die Frage, wann der Betriebsrat gegründet wurde, der Einfachheit halber mit einem Näherungswert »seit zehn Jahren« antworteten, selbst wenn die eigentliche Wahl bereits 1994 stattfand. Die Angabe »seit zehn Jahren« wurde dann von den Interviewern zur Angabe »1995« kodiert.

deutlich über den vorherigen Perioden.[69] Eine ›Verlagerung‹ der Gründungsaktivitäten von den Folgejahren auf das Wahljahr – und damit eine über den Zeitverlauf ausgeglichene Verteilung der Neugründungen – kann damit tendenziell ausgeschlossen werden.

Für *Ostdeutschland* zeigt sich ein völlig anderes, jedoch nicht minder interessantes Ergebnis. Der Großteil der 2005 existierenden Betriebsräte, die in der BISS-Befragung interviewt wurden, ist zwischen 1991 und 1998 – den ersten sieben Jahren nach der Wiedervereinigung und des Beitritts der ehemaligen DDR in den Geltungsbereich des BetrVG – gegründet worden. In diesem Zeitraum entstanden ca. 80 Prozent aller Ost-Betriebsräte; allein 1991 sind bereits 10 Prozent aller 2005 existierenden Ost-Betriebsräte entstanden. Hierbei handelt es sich jedoch um eine ›nachholende Entwicklung‹, in der die vormals durchgängig betriebsratslosen Betriebe – und vor allem Großbetriebe – sich nach und nach dem westdeutschen (Großbetriebs-)Standard anpassten. Anders als im Westen der Bundesrepublik zeigt sich in Ostdeutschland ein eher geringer Effekt der Novelle des BetrVG. Mit etwa 4,5 Prozent liegt der Anteil nicht über dem Wert von 1998. Betrachtet man auch hier wieder die gemittelten Periodenwerte, so kann sogar von einer seit 1998 stetig absinkenden Betriebsrats-Gründungsdynamik gesprochen werden. Diese Entwicklung ist – angesichts der enormen Gründungswelle zwischen 1991 und 1998 – nicht verwunderlich. Auffällig ist jedoch, dass die Zahl der Neugründungen in Westdeutschland die der ostdeutschen erstmals wieder übersteigt.

Die in Abbildung 5 vorgestellten Ergebnisse sind allerdings in mehrfacher Hinsicht mit methodischen Unsicherheiten behaftet, die zu einer Überzeichnung der dargestellten Effekte führen könnten. Probleme bereitet in erster Linie die Vorgehensweise bei der *Ermittlung des Gründungsjahres* des Betriebsrats. Anders als bei einer Panel-Befragung, in der in regelmäßigen Abständen die gleichen Betriebe zu bestimmten Fragen interviewt werden, handelt es sich bei der hier gewählten Vorgehensweise um eine ex-post-Betrachtung, die sich auf retrospektive Angaben der Interviewten stützt. Problematisch ist dies insbesondere deshalb, weil nur solche Betriebe nach dem Gründungsjahr ihres Betriebsrats gefragt werden konnten, die zum Zeitpunkt der Befragung (noch) existierten. Betriebsräte, die beispielsweise 1991 gegründet, jedoch vor 2005 wieder *aufgelöst* worden sind, fallen notwendigerweise aus der Betriebsratsbefragung heraus. Nimmt man an,

69 Da für das Jahr 2005, in dem die BISS-Befragung stattfand, nur Daten für die ersten sechs Monate vorliegen, wurden diese Werte nicht in die Mittelwertbildung einbezogen.

dass zudem das *Insolvenzrisiko* eines Unternehmens im Zeitablauf ansteigt – und damit ein beispielsweise 1991 gegründeter Betriebsrat wegen Insolvenz des Unternehmens nicht mehr existieren kann –, so muss von einer systematischen *Unterschätzung* der Neugründungen vor allem in den weiter zurückliegenden Jahrgängen ausgegangen werden. Eine empirisch ›belastbare‹ Untersuchung müsste prinzipiell in möglichst kurzen Zeitabständen nach dem Gründungsjahr fragen beziehungsweise in jedem untersuchten Unternehmen im jährlichen Turnus die Gründung, den Fortbestand oder die Auflösung eines Betriebsrats erheben. Dies kann prinzipiell nur von einer Panel-Befragung geleistet werden.

3.4 Zwischenfazit

Ziel dieses Kapitels war es, die Verbreitung und Kontextbedingungen unterschiedlicher Formen betrieblicher Interessenregulierung vergleichend zu untersuchen. Dabei haben wir auf Basis der verschiedenen Klassifizierungen von Interessenvertretungen deskriptive und multivariate Analysen vorgenommen: Wir untersuchten die Verbreitung von Vertretungsformen mit Hilfe einer Dreier-Klassifizierung, die zwischen gesetzlicher Vertretung, Anderen Vertretungsorganen und ›Selbstvertretung‹ unterscheidet. Darüber hinaus wurde die Vertretung unterschiedlicher AVO-Strukturtypen, die entlang der Dimensionen ›Legitimation‹ (Wahl durch die Belegschaft versus Ernennung durch die Geschäftsleitung) und ›Zusammensetzung‹ (reine Arbeitnehmervertretungen versus Gemeinsame Gremien) gebildet wurden, untersucht.

Die empirischen Analysen zeigen, dass der Betriebsrat – zumindest bezogen auf die Beschäftigten – das dominante Modell der Interessenvertretung in der deutschen Privatwirtschaft ist. Dies gilt jedoch nicht für alle Branchen. Betriebsräte sind vor allem im verarbeitenden Gewerbe stark vertreten; in den (expandierenden) unternehmensnahen Dienstleistungsbranchen sind sie dagegen unterrepräsentiert. Eng verwoben sind diese Brancheneffekte allerdings mit anderen Betriebsstrukturvariablen, allen voran mit der Betriebsgröße. Wie die multivariaten Analysen verdeutlichen, fallen die Branchenunterschiede unter Kontrolle anderer Einflüsse weniger deutlich aus. Hinter den betriebsratsschwachen Branchen steht meist der eigentümergeführte Kleinbetrieb, der sich als besonders betriebsratsresistent erweist, während der managementgeführte gewerkschaftlich organisierte Konzernbetrieb mit an Sicherheit grenzender Wahrscheinlichkeit über einen Betriebsrat verfügt.

Ungeachtet der Dominanz des Betriebsratsmodells besitzen auch AVOs in einigen Sektoren eine gewisse Bedeutung für die Interessenregulierung. Auf alle Branchen bezogen ›repräsentieren‹ sie immerhin 11 Prozent der Arbeitnehmer in privatwirtschaftlichen Betrieben ab zehn Beschäftigten. Während sie in den industriellen Branchen eher eine Ausnahmeerscheinung darstellen, arbeiten in einigen Dienstleistungsbranchen bis zu einem Fünftel der Beschäftigten in Betrieben, in denen ein AVO existiert. Inwiefern sich AVOs hier als dauerhafte Strukturen und unter Umständen gar als Substitut des Betriebsratsmodells etablieren und verfestigen, kann auf der Basis der vorliegenden Befragungsergebnisse nicht beantwortet werden. Hierzu wäre eine Untersuchung im Zeitverlauf erforderlich.

Unsere Detailanalysen zeigen dabei, dass gerade AVOs *kaum als einheitlicher Interessenvertretungstypus* verstanden werden können. Bei diesen Organen handelt es sich mehrheitlich um *gemeinsame* Gremien aus Arbeitnehmer- und Managementvertretern. Dies könnte bedeuten, dass es in einem Teil der Betriebe, in denen AVOs vorhanden sind, weniger um die Bündelung und Durchsetzung der Belegschaftsinteressen geht. Vielmehr könnten diese Gremien als *Informations- und Konsultationsorgane* interpretiert werden, die für die Geschäftsleitung vor allem den Zweck des Informationsaustausches, der Integration und Motivation der Beschäftigten haben. Dass es nur wenige Zusammenhänge zwischen AVO-Existenz und Betriebsstruktur, dafür aber einen deutlichen Zusammenhang mit dem Informationsverhalten der Geschäftsleitung gibt, stützt diese Vermutung. Diejenigen AVOs, die nur Instrumente der einseitigen Information durch die Betriebsleitung sind, lassen sich als ›Transmissionsriemen‹ des Managements verstehen. Umgekehrt kommen diejenigen AVOs, die in gewerkschaftlich organisierten Betrieben bestehen, den Betriebsräten hinsichtlich vieler Kontextfaktoren recht nahe.

Welche inhaltliche Arbeit AVOs im Vergleich zu den Betriebsräten leisten, wie die inneren Strukturen und Arbeitsweisen der verschiedenen Interessenvertretungsformen aussehen und welche Beteiligungsstärke und welchen ›Output‹ sie in verschiedenen betrieblichen Regulierungsfeldern für Beschäftigte und Unternehmen erzielen, wird in den folgenden Kapiteln zu untersuchen sein.

4 Strukturen und Arbeitsweisen von Betriebsräten und AVOs

Während zu Fragen der inneren Strukturen, der betrieblichen Funktionen und Arbeitsweisen von Betriebsräten bereits eine große Anzahl quantitativer und qualitativer Studien existieren (siehe Kapitel 2), so liegen für AVOs hierzu bislang nur wenige und kaum repräsentative Forschungsergebnisse vor. Der Großteil der Studien, in denen AVOs thematisiert werden, widmet sich der Interessenvertretung in Betrieben der ›Neuen Wirtschaft‹. Breitere und über verschiedene Branchen vergleichende Analysen existieren bislang nicht. Vor dem Hintergrund der bisherigen Forschungsergebnisse erscheinen AVOs keineswegs als kohärenter Interessenvertretungs-Typus. Hinter AVOs verbirgt sich offenbar eine Vielzahl äußerst heterogener Formen betrieblicher Interessenregulierung. So unterscheiden sie sich nicht nur hinsichtlich ihrer Bezeichnung im Betrieb (»crew doctors«, Runde Tische, Sprecher, Ältestenrat); sie weichen auch in ihren Strukturen, Funktionen und Arbeitsweisen erheblich voneinander ab.

Das vorliegende Kapitel stellt sich die Aufgabe einer systematischen Analyse der inneren Strukturen von AVOs, ihrer Strategien, Arbeitsweisen und betrieblichen Funktionen sowie der Beziehungen von AVOs zu betrieblichen und außerbetrieblichen Akteuren (wie den Beschäftigten und der Geschäftsleitung beziehungsweise den Gewerkschaften). Dabei steht der Vergleich mit den Betriebsratsstrukturen im Vordergrund. Wo dies möglich ist, wird die in Kapitel 2 entwickelte Systematik der AVO-Typen in die Auswertung einbezogen. Bei einer Unterscheidung der AVOs entlang der beiden Dimensionen Legitimation und Zusammensetzung lassen sich demnach verschiedene *Strukturtypen* differenzieren. Da im Gegensatz zum Betriebsratsmodell keine externe Rechtsbasis existiert, die die Struktur und die Einsetzungsverfahren von AVOs vorschreibt, finden sich sowohl durch die Geschäftsleitung *eingesetzte* als auch durch die Belegschaft oder Teile der Belegschaft *gewählte* AVOs und darüber hinaus einerseits *gemein-*

same AVOs, die aus Vertretern der Beschäftigten und der Geschäftsleitung bestehen, und andererseits AVOs, die *reine Arbeitnehmervertretungen* sind.

Folgende Fragen sollen hier aufgegriffen und auf Basis der BISS-Erhebung beantwortet werden:

- Wie sind die verschiedenen Interessenvertretungsgremien – Betriebsräte auf der einen Seite, AVOs beziehungsweise verschiedene Typen von AVOs auf der anderen Seite – *strukturiert*?
- Welche *Funktionen* übernehmen die verschiedenen Interessenvertretungsgremien? Wie arbeiten sie, welche *Themen* werden bearbeitet und auf welche Weise interagieren sie mit anderen betrieblichen und außerbetrieblichen Akteuren (Geschäftsleitung, Beschäftigte, Gewerkschaften)? Hierbei ist auch von Interesse, ob sich in den Daten Hinweise darauf finden lassen, dass es sich bei AVOs um relativ *dauerhafte* Gremien (im Gegensatz zu ad hoc einberufenen Gremien oder ›Versammlungen‹) handelt, deren primäre Funktion die *Vertretung der Beschäftigteninteressen* (in Abgrenzung beispielsweise zur reinen Koordination von Arbeitsprozessen) ist.
- Welche *Faktoren* beeinflussen die Strukturen und Arbeitsweisen der Interessenvertretungsorgane? Mit welchen Kontextvariablen variieren beispielsweise Größe, Ressourcenausstattung oder die zentralen Themen von Betriebsräten und AVOs? Hierbei ist unter anderem interessant, inwieweit von einem ›normierenden Effekt‹ der institutionellen Regelungen und Vorgaben des BetrVG gesprochen werden kann oder ob andere Aspekte wie die Form der Aushandlungsbeziehungen zwischen den Betriebsparteien oder die Struktur der Betriebe die gesetzlichen Regelungen überlagern.

In Abschnitt 4.1 werden strukturelle Merkmale von Betriebsräten und AVOs auf Basis der BISS-Befragung verglichen. Abschnitt 4.2 widmet sich verschiedenen Aspekten der Sozialbeziehungen von AVOs und Betriebsräten. Die Ergebnisse werden in einem Zwischenfazit auf die eingangs aufgeworfenen Fragen bezogen und zusammengefasst.

4.1 Strukturelle Merkmale von Betriebsräten und AVOs

4.1.1 Mitgliederstruktur

4.1.1.1 Größe und Struktur der Gremien

Die Größe der Betriebsratsgremien ist im Betriebsverfassungsgesetz festgelegt und steigt mit wachsender Beschäftigtenzahl schrittweise an.[70] Die Verteilung von Betriebsräten und AVOs nach der Gremiengröße ist in Tabelle 18 dargestellt. Laut BISS-Befragung bestehen die Betriebsratsgremien im Durchschnitt aus 5,5 Mitgliedern; 41 Prozent über bis zu drei, 64 Prozent der Betriebsräte verfügen über bis zu fünf Mitglieder.

Tabelle 18: Größe der Interessenvertretungen im Vergleich

		Größe der Interessenvertretung (Anzahl der Mitglieder)					
		1	2 bis 3	4 bis 5	6 bis 7	8 bis 9	≥ 10
Gesetzliche Vertretung (BR, MAV)	%	6,1	34,9	23,0	17,4	9,5	9,1
	n	(19)	(138)	(216)	(273)	(235)	(351)
Andere Vertretungsorgane	%	32,6	23,7	16,6	6,9	1,6	18,5
	n	(93)	(86)	(75)	(41)	(15)	(68)
Gesamt	%	20,3	28,9	19,6	11,8	5,2	14,2
	n	(112)	(224)	(291)	(314)	(250)	(419)

Basis: Privatwirtschaft ab 10 Beschäftigte, Auskünfte von 378 Managementvertretern (für Andere Vertretungsorgane) und 1.232 Interessenvertretern (für gesetzliche Vertretung), Betriebsgewichtung

Der ›typische‹, also am häufigsten anzutreffende Betriebsrat besitzt drei Mitglieder. Dies mag zunächst verwundern, da die Betriebsratsquote bei Betrieben dieser Größenordung (<50 Beschäftigte) noch gering ist. Die Erklärung liegt in der Betriebsgrößenstruktur der Wirtschaft, in der Klein- und Mittelbetriebe dominieren (vgl. Tabelle 8). Lediglich 1 Prozent der Be-

70 Für die kirchlichen Mitarbeitervertretungen (MAV) gibt es analoge Regelungen in den Mitarbeitervertretungsordnungen (MAVO) beziehungsweise Mitarbeitervertretungsgesetzen. Ebenfalls durch gesetzliche oder äquivalente Regelungen werden beispielsweise die Zahl der Freistellungen, die Verfügung über Ressourcen und die Einflussrechte der Interessenvertretungen festgelegt. Die Betriebsräteforschung belegt jedoch, dass die tatsächlichen Strukturen und Arbeitsweisen mehr oder minder stark von den rechtlichen Vorgaben abweichen. Dieser Befund verweist damit auf die hohe Bedeutung kontextueller Faktoren für die Formen und Praktiken der betrieblichen Interessenvertretung.

triebsräte verfügen über mehr als 20 Mandate, dies betrifft den großbetrieblichen Bereich mit mindestens 2.500 Beschäftigten.

In geringem Umfang (fünf Prozent der Fälle) wurden bei der Befragung auch Abweichungen von gesetzlich festgelegten Mandatszahlen festgestellt. So ist ein Betriebsrat mit einer geraden Mitgliederzahl – also beispielsweise ein Zweier- oder ein Vierer-Betriebsrat – eigentlich nicht vorgesehen. Hierbei handelt es sich um nicht mehr voll besetzte oder um zusätzlich aufgestockte Gremien.

In welchem Umfang es über diese offensichtlichen Abweichungen hinaus zu Mandatsausweitungen oder -unterschreitungen im Vergleich zu den gesetzlichen Vorgaben kommt, kann prinzipiell auch mit den BISS-Daten geschätzt werden. Hierzu können die Angaben der Geschäftsleitung über die Zahl der Beschäftigten im Betrieb und die Angaben der Betriebsräte über die Gremiengröße verknüpft werden. Allerdings wird hierbei die Abweichung vermutlich überschätzt, da es in einigen Fällen für die jeweils befragten Geschäftsführungen oder Betriebsräte nicht möglich war, Detailangaben für die lokale Betriebseinheit zu machen. In diesen Fällen beziehen sich die Informationen auf die übergeordnete Organisationseinheit.[71]

Die entsprechende Schätzung anhand der BISS-Daten zeigt tatsächlich eine erhebliche Differenz zwischen den Vorgaben des BetrVG und der erfassten Betriebsratsgröße (vgl. Tabelle 19). Nur 56 Prozent der Betriebsratsgremien besitzen demnach genauso viele Mitglieder wie rechtlich vorgesehen; 15 Prozent verfügen über weniger, etwa 28 Prozent jedoch über mehr Mandate als im BetrVG für die jeweilige Betriebsgröße kodifiziert ist.[72] Dieser Befund überrascht, da von Seiten der Unternehmerverbände in der Regel kritisiert wird, bereits die gesetzlich vorgeschriebene Größe der Betriebsratsgremien sei zu hoch. Neben den erwähnten möglichen Verzerrungen bei der Datenerhebung sind die Abweichungen dadurch erklärbar, dass bei einer Verringerung der Beschäftigtenzahl die Betriebsratsgröße zunächst beibehalten wird. Ebenso ist denkbar, dass bei Vergrößerung des Betriebes nicht automatisch, sondern erst mit zeitlicher Verzögerung Betriebsratsmitglieder nachgewählt werden. In einigen Betrie-

---

71 Dieses Problem stellt sich übrigens auch in anderen Untersuchungen (vgl. Schäfer 2003: 142).

72 Diese Angaben beziehen sich auf betriebsgewichtete Daten, (n=1.244 befragte Betriebsräte). Bezogen auf ungewichtete Daten: Etwa 55 Prozent der Betriebsräte verfügen über genau so viele Mitglieder wie rechtlich vorgesehen; jeweils etwa 22 Prozent liegen darüber oder darunter.

ben wird die Größe des Betriebsrats möglicherweise auch freiwillig beziehungsweise nach Aushandlung zwischen den Betriebsparteien überschritten.

Um eine Einschätzung über die möglichen Verzerrungen aufgrund der Bezugnahme von Betriebsrat und Geschäftsleitung auf verschiedene Organisationseinheiten zu erhalten, bietet es sich an, die Ein- und Mehr-Betriebsunternehmen zu vergleichen. Wie die Daten zeigen, sind die Abweichungen nach oben und unten bei den Einbetriebsunternehmen fast ausgeglichen. Bei den Mehrbetriebsunternehmen weicht die Gremiengröße jedoch deutlich nach oben ab (35,5 zu 11 Prozent). Möglicherweise haben sich einige der interviewten Betriebsräte hier bei ihren Angaben auf eine ›höhere‹ Organisationsebene (Gesamt-/Konzernbetriebsrat) bezogen.

Tabelle 19: Berechnete Abweichung der Gremiengröße von den Vorgaben des BetrVG

Betriebstyp		*Berechnete Übereinstimmung*		
		Weniger als gesetzlich vorgeschrieben	Genauso viel wie gesetzlich vorgeschrieben	Mehr als gesetzlich vorgeschrieben
Ein-Betriebsunternehmen	%	18,8	58,8	22,4
	n	(170)	(392)	(130)
Mehr-Betriebsunternehmen	%	11,0	53,5	35,5
	n	(117)	(300)	(139)
Gesamt	%	15,2	56,4	28,3
	n	(287)	(692)	(269)

Basis: Privatwirtschaft ab 10 Beschäftigte, Auskünfte von 1.248 gesetzlichen Vertretungen zur Gremiengröße, Auskünfte von 1.248 Managementvertretern zur Beschäftigtenzahl, Betriebsgewichtung

Im Unterschied zu den Betriebsräten gibt es bei den *AVOs* keine externen Vorgaben für die Größe der Gremien oder für einen ›Vertretungsschlüssel‹. Hier werden Struktur und Größe des Gremiums entweder mit der Geschäftsleitung verhandelt oder aber einseitig von der Geschäftsleitung vorgegeben. Letzteres dürfte vor allem für die *eingesetzten* AVOs zutreffen. Möglich ist jedoch auch hier, dass Betriebe sich an den Regelungen des BetrVG – also am Betriebsratsmodell – orientieren.

Die AVOs sind im Schnitt kleiner als die Betriebsratsgremien – fast 50 Prozent verfügen über höchstens drei Mitglieder. Dies liegt vor allem daran, dass Betriebsräte eher in größeren Betrieben und AVOs eher in kleineren Betrieben verbreitet sind (vgl. Abschnitt 3.1). Tendenziell steigt auch die Größe der AVOs mit der Betriebsgröße an. Allerdings existieren große Unterschiede innerhalb der Gruppe der AVOs je nachdem, ob es sich um ein reines Arbeitnehmerorgan (meist Sprecher) oder um ein gemeinsames Organ von Beschäftigten und Betriebsleitung (vor allem Runde Tische) handelt (siehe Abbildung 6).

Abbildung 6: Größe der AVOs nach ihrer Zusammensetzung

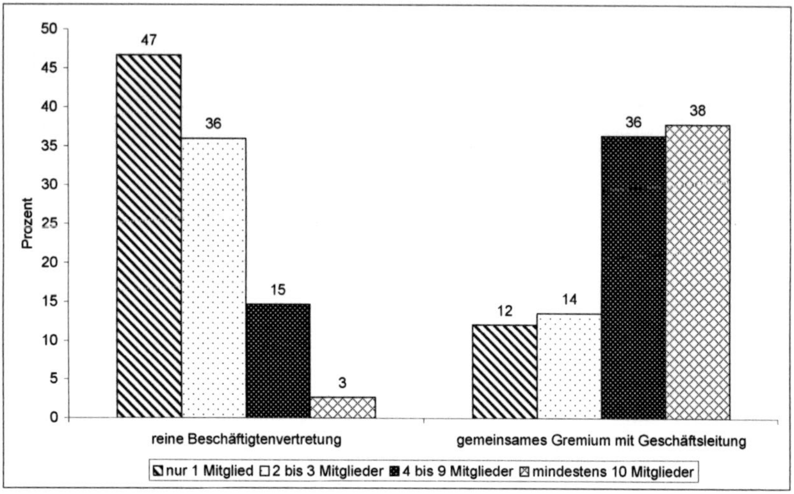

Basis: Privatwirtschaft ab 10 Beschäftigte, Auskünfte von 138 Anderen Vertretungsorganen, Betriebsgewichtung

Gemeinsame Gremien sind im Durchschnitt erheblich größer als reine Beschäftigtenvertretungen. Letztere bestehen etwa zur Hälfte aus nur einer Person und in weiteren 36 Prozent aus zwei bis drei Mitgliedern, wohingegen sich über drei Viertel der gemeinsamen Gremien jeweils aus mindestens vier Beschäftigten (plus Vertreter der Geschäftsleitung) zusammensetzen. 38 Prozent der gemeinsamen Gremien haben sogar mehr als zehn Mitglieder. Hier liegt allerdings der Verdacht nahe, dass es sich bei einem Teil dieser recht großen Gremien eher um regelmäßig tagende Mitarbeiterversammlungen handelt als um eine Vertretungsstruktur.

Repräsentation

In diesem Zusammenhang ist es auch interessant, die Relation zwischen der Größe des Betriebes und der des Interessenvertretungsgremiums zu betrachten. Dieses Repräsentationsverhältnis ist bei AVOs deutlich größer als bei Betriebsräten. In AVO-Betrieben liegt das Verhältnis von ›Mitgliederzahl des Gremiums‹ und ›Beschäftigtenanzahl des Betriebs‹ bei etwa acht zu 100, in Betriebsratsbetrieben kommen im Durchschnitt nur knapp fünf Betriebsratsmitglieder auf 100 Mitarbeiter/innen. Allerdings zeigen sich auch hier große Unterschiede zwischen den einzelnen AVO-Typen: Während die reinen Arbeitnehmervertretungen eher den Vertretungsschlüssel von Betriebsräten aufweisen (im Durchschnitt 5:100), liegt der Wert bei gemeinsamen Gremien (typischer Weise der Runde Tisch) etwa doppelt so hoch.

Auf die Frage, wen das AVO vertritt, geben 82 Prozent der interviewten Geschäftsführer beziehungsweise Personalleiter an, das AVO vertrete *alle Beschäftigten* im Betrieb. 15 Prozent sind ausschließlich Vertretungsorgane von Beschäftigten ohne Leitungsfunktion, und 2 Prozent vertreten nur die leitenden Angestellten im Betrieb.[73] Auffällig ist, dass reine Arbeitnehmervertretungen häufiger ausschließlich Beschäftigte ohne Leitungsfunktion vertreten. Im Hinblick auf die Repräsentation verschiedener Belegschaftsgruppen in den Interessenvertretungsgremien zeigt sich sowohl in Betriebsrats- als auch in AVO-Betrieben eine Überrepräsentanz älterer Beschäftigter. Jüngere Mitarbeiter sind hingegen im Durchschnitt weniger häufig Mitglied des Interessenvertretungsgremiums. Vor allem in Betriebsratsbetrieben liegt der Anteil der unter 35-Jährigen erheblich unter dem Anteil dieser Gruppe an der Gesamtbelegschaft. Möglicherweise spielt die Erfahrung älterer Beschäftigter mit höherer Verweildauer (und die damit verbundene Kenntnis der Betriebsinterna) eine wichtige Rolle, um in ein Gremium gewählt zu werden beziehungsweise sich für die Wahl aufstellen zu lassen. Aus Studien zu AVOs, die von der Geschäftsleitung eingesetzt wurden, ist auch bekannt, dass die Geschäftsleitung teilweise eher ›erfahrene Beschäftigte‹ selektiert, die eine gefestigte soziale Position im Betrieb einnehmen.

Demgegenüber korreliert der Anteil der Frauen in den Interessenvertretungsgremien äußerst hoch mit dem Frauenanteil an der Gesamtbelegschaft. Diese Ergebnisse stimmen mit anderen Studien zur Repräsentanz der Geschlechter in Betriebsräten überein, die in den letzten Jahren ein Ansteigen der Frauenquote in den Gremien verzeichneten (Rudolph/-

73 Diese Daten sind betriebsgewichtet. Die entsprechende Frage wurde auch den AVOs selbst gestellt. Hier ergeben sich leicht abweichende Werte: 89 Prozent der interviewten AVOs gaben an, alle Beschäftigten zu vertreten und 9 Prozent stellen demnach ausschließlich Vertretungen der Beschäftigten ohne Leitungsfunktion dar.

Wassermann 2007; Klenner/Lindecke 2003). Im Hinblick auf hochqualifizierte Angestellte weisen die Daten auf eine lediglich geringe Überrepräsentanz dieser Gruppierung in den Gremien hin.

Während das BetrVG für Betriebsräte die Wahl eines Betriebsratsvorsitzenden vorsieht (Paragraph 26 (1) BetrVG), verfügen nur 33 Prozent der AVOs über einen Sprecher oder Vorsitz. Signifikante Unterschiede zeigen sich hierbei zwischen gewählten und eingesetzten Gremien, wobei letztere – nach Auskunft der Geschäftsleitung – nur in 22 Prozent, erstere in 52 Prozent der Fälle über eine Vorsitzende beziehungsweise einen Sprecher verfügen.

Alter der Gremien

Im Gegensatz zu Betriebsräten, die oft als Interessenvertretungen traditioneller, fordistischer Industriebetriebe konnotiert werden, erscheinen AVOs in der Literatur als Ausdruck des Wandels der industriellen Arbeitsgesellschaft zur modernen Dienstleistungsgesellschaft. Nicht umsonst wird in einigen Studien die Dominanz dieser Gremien in den ›neuen‹ und modernen Dienstleitungsbranchen vermutet. Demgegenüber wurde jedoch bereits in älteren Fallstudien auf die Existenz Anderer Vertretungsorgane aufmerksam gemacht, die teilweise ein Substitut oder eine Alternative zum Betriebsratsmodell bilden (Hilbert/Sperling 1993). Auch mit Hilfe der BISS-Daten wurde gezeigt, dass AVOs kein spezifisches Phänomen ›neuer‹ Branchen oder von hochqualifizierten Beschäftigten sind (vgl. Kapitel 3; Hauser-Ditz u.a. 2006a). AVOs finden sich durchaus und in nicht unwesentlichem Maße in ›niedrig-qualifizierten‹ Dienstleistungsbranchen und in geringem Maße auch in industriellen Branchen.

Bei der Befragung wurden die interviewten Mitglieder der Interessenvertretung nach dem Gründungsjahr ihres Gremiums – des Betriebsrats oder des AVOs – gefragt. Die Daten bestätigen prinzipiell die Vermutung, dass es sich bei AVOs in der Regel um eher junge, bei Betriebsräten um ältere Gremien handelt. Im Schnitt sind die Betriebsratsgremien rund 18 Jahre alt. Immerhin 61 Prozent sind älter als 10, 31 Prozent (Westdeutschland 44 Prozent) sogar älter als 20 Jahre. Nur 15 Prozent der Betriebsräte wurden in den letzten drei Jahren (vor dem Zeitpunkt der Befragung 2005) gegründet.

Abbildung 7: Alter der Interessenvertretungsorgane im Vergleich

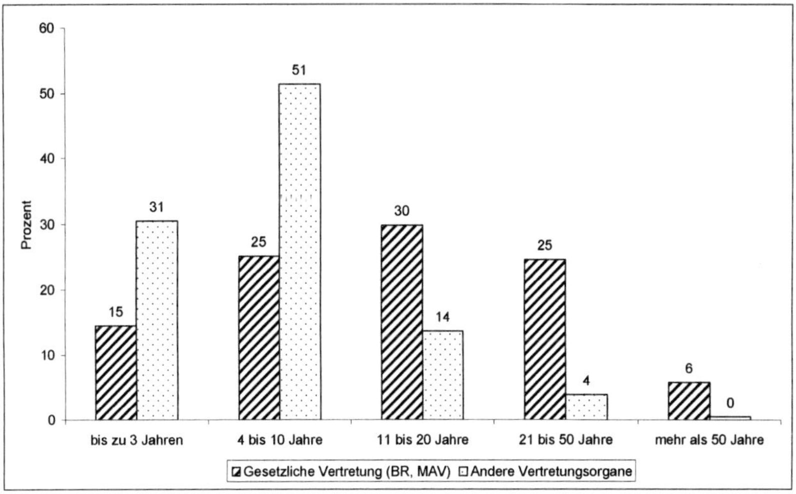

Basis: Privatwirtschaft ab 10 Beschäftigte, Betriebe mit kollektiver Vertretung, Auskünfte von 1.007 gesetzlichen Vertretungen und 131 Anderen Vertretungen, Betriebsgewichtung

Die AVOs sind im Schnitt wesentlich jünger als die Betriebsräte: 80 Prozent der Gremien sind jünger als zehn Jahre, ein knappes Drittel ist sogar höchstens drei Jahre alt. Die Tatsache, dass ein Großteil der AVOs bereits seit mehr als drei Jahren existiert, kann als ein Hinweis darauf gewertet werden, dass es sich hierbei um recht feste Gremienstrukturen und weniger um informelle Treffen oder ad hoc-Gremien handelt. Das im Vergleich zu den Betriebsräten eher geringe Durchschnittsalter der AVOs kann jedoch auch als ein Hinweis darauf gedeutet werden, dass einige AVOs nach einer gewissen Zeit aufgelöst werden oder in einen Betriebsrat ›übergehen‹. Diese Vermutungen wurden bereits in Kapitel 3 angerissen; sie müssten aber durch weitere Detailuntersuchungen überprüft werden.

Betriebsübergreifende Gremien

Um zu erfahren, inwieweit die Betriebsräte in komplexe, überbetriebliche Gremienstrukturen eingebunden sind, wurden die interviewten Betriebsratsmitglieder gefragt, welche betriebsübergreifenden Interessenvertretungsgremien in ihrem Unternehmen vorhanden sind. Die nachfolgende Tabelle zeigt die Auswertung der betriebsgewichteten Daten.

Tabelle 20: Betriebsübergreifende Gremienstrukturen von Betriebsräten

	Gesamt/Konzern-Betriebsrat	Standort-/Sparten-/regionaler BR	Europäischer Betriebsrat	Weltbetriebsrat	AN-Vertreter im Aufsichtsrat	Arbeitskreise mit anderen BR
%	30	26	9	1	26	31
n	(389)	(285)	(150)	(9)	(428)	(474)

Basis: Privatwirtschaft ab 10 Beschäftigte, Betriebe mit kollektiver Vertretung, Auskünfte von 1.254 gesetzlichen Vertretungen, Betriebsgewichtung

Insgesamt ist nach den BISS-Daten etwa ein Drittel der Betriebsräte und MAVs in übergeordnete Vertretungsstrukturen eingebunden. Etwa 30 Prozent der Betriebsräte existieren in Unternehmen, in denen auch ein Gesamt- oder Konzernbetriebsrat besteht. Ein EBR findet sich nur in 8,6 Prozent, ein Weltbetriebsrat in knapp 1 Prozent der Betriebe. Immerhin gut 30 Prozent der Betriebsräte arbeiten mit anderen Betriebsräten in Arbeitskreisen zusammen. Betrachtet man ausschließlich Betriebe, die Teil eines größeren Unternehmens/Konzerns sind – und somit überhaupt nur eine Chance haben, überbetriebliche Strukturen zu bilden–, so erhöhen sich die entsprechenden Anteile deutlich.

Betriebsratsstrukturen, die gemäß Paragraph 3 BetrVG gebildet wurden und nicht der organisatorischen Betriebsabgrenzung entsprechen, da sie die Beschäftigten mehrer formalrechtlich unabhängiger Betriebe an einem Unternehmensstandort vertreten (Standort-Betriebsrat), finden sich in gut einem Viertel der Fälle. In gleichem Umfang (26 Prozent) verfügen Betriebsratsbetriebe über Arbeitnehmervertreter im Aufsichtsrat – wobei nicht zwischen der Drittelbeteiligung und der paritätischen Mitbestimmung nach dem Mitbestimmungsgesetz differenziert wurde. In Betrieben, die Teil eines größeren Unternehmens beziehungsweise eines Konzerns sind, erreicht der Anteil rund 44 Prozent. Diese Zahl verdeutlicht, in welch hohem Maß die Ebene der Unternehmensmitbestimmung mit der betrieblichen Ebene verwoben ist. Insgesamt ist diese Verschränkung der Ebenen jedoch deutlich geringer als in der fast zeitgleich durchgeführten WSI-Betriebsrätebefragung (Behrens 2005) ermittelt wurde. Allerdings gibt es keinen Grund, warum die BISS-Befragung hier zu einer Unterschätzung kommen könnte.

Mitgliederstrukturen der Gremien

Vor allem die bisher vorgestellten Resultate und Erkenntnisse über das Vorkommen von Betriebsräten und AVOs in den verschiedenen Branchen legen die Vermutung nahe, dass sich die inneren Strukturen und die Mitgliederzusammensetzung der verschiedenen Organe erheblich unterscheiden. Während aufgrund der hohen Verbreitung von Betriebsräten in traditionellen Branchen eine Dominanz der Facharbeiter-Betriebsräte erwartet werden kann, so lässt die hohe AVO-Dichte in Dienstleistungsbranchen mit hohen Anteilen gering- beziehungsweise hochqualifizierter Beschäftigter entsprechende Unterschiede in den Mitgliederstrukturen vermuten. Hier ist entweder eine eher heterogene Gremienstruktur zu erwarten, wobei verschiedene betriebliche (›Status‹-)Gruppen involviert sind, oder aber eine homogene Gremienstruktur, bei der bestimmte betriebliche Beschäftigtengruppierungen unter- oder gar nicht repräsentiert sind.

Die Interviewpartner auf Seiten der Interessenvertretung wurden zu verschiedenen Aspekten der Mitgliederstrukturen ihrer Gremien – wie dem Qualifikationsniveau, der Altersstruktur, der Geschlechterverteilung sowie dem gewerkschaftlichen Organisationsgrad ihrer Mitglieder – befragt (vgl. Abbildung 8). Als zentrales Unterscheidungsmerkmal zwischen Betriebsräten und AVOs stellte sich dabei die Einbindung der Gremienmitglieder in *gewerkschaftliche Strukturen* heraus. Der gewerkschaftliche Organisationsgrad von AVO- und Betriebsratsmitgliedern unterscheidet sich in erheblichem Maße. Während mehr als die Hälfte der Betriebsräte gewerkschaftlich organisiert ist, ist bei den AVOs der überwiegende Teil der Interessenvertreter nicht Mitglied einer Gewerkschaft. Diese Unterschiede im Organisationsgrad korrespondieren mit der bereits dargestellten Branchenverteilung der verschiedenen Gremien; die geringe Verbreitung von AVOs in traditionellen Branchen mit hohem Organisationsgrad der Arbeitnehmer führt einerseits dazu, dass die AVOs nur über wenige Gewerkschaftsmitglieder verfügen. Andererseits – und dieses Resultat ergab die Analyse der Kontextfaktoren (siehe Kapitel 3) – ist der geringe gewerkschaftliche Organisationsgrad der Beschäftigten in AVO-Betrieben ein Grund dafür, dass in diesen Betrieben kein Betriebsrat gewählt wurde.

Abbildung 8: Mitgliederstrukturen der Vertretungsgremien im Vergleich

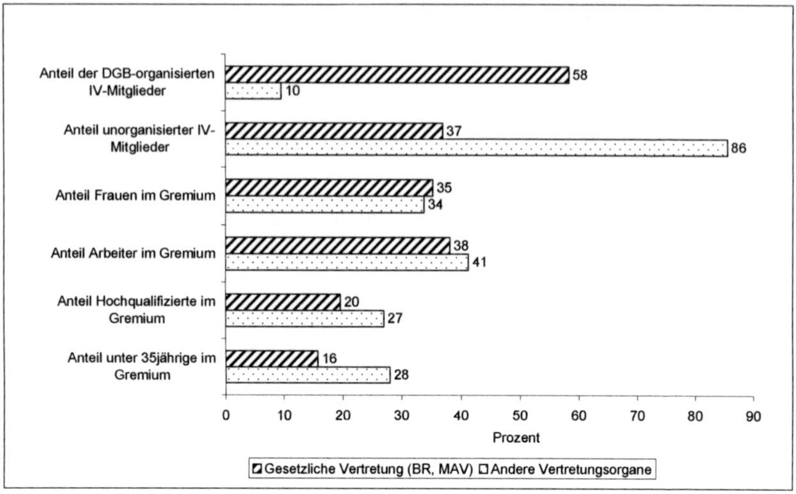

Basis: Privatwirtschaft ab 10 Beschäftigte, Auskünfte von 1.134–1.231 gesetzlichen Vertretungen und 122–144 Anderen Vertretungen, Betriebsgewichtung

Des Weiteren sind die AVO-Mitglieder tendenziell jünger (28 Prozent unter 35-jährig gegenüber 16 Prozent bei den Betriebsräten) und eher hochqualifiziert (27 Prozent gegenüber 20 Prozent bei den Betriebsräten). Hinsichtlich des Frauenanteils oder des Anteils der Arbeiter im Gremium zeigen sich nur geringe Unterschiede. Im Mittel sind 35 Prozent der Betriebsratsmitglieder Frauen gegenüber 34 Prozent der AVO-Mitglieder (betriebsgewichtet). Der Median liegt bei den Betriebsräten bei 33 Prozent, bei den AVOs bei 20 Prozent, das heißt die Hälfte der Betriebsratsgremien hat einen Frauenanteil von bis zu 33 Prozent, wohingegen die Hälfte der AVOs einen Frauenanteil von bis zu 20 Prozent aufweist. Immerhin in 24 Prozent der Betriebsratsgremien und in 36 Prozent der AVOs sind überhaupt keine Frauen vertreten.

Einflussfaktoren der Gremiengröße

Die bisherigen Ausführungen haben gezeigt, dass die Strukturen von Betriebsräten und AVOs teilweise erheblich variieren. Dabei besteht nicht nur zwischen gesetzlichen Vertretungen und AVOs, sondern auch innerhalb der einzelnen Interessenvertretungsformen offensichtlich eine mehr oder minder große Varianz. Wenn, wie im Falle der Mandatszahlen gezeigt, die tatsächlichen Strukturen der Betriebsräte nicht vollständig und die der AVOs naturgemäß nicht durch Gesetzesnormen beeinflusst sind, dann stellt sich die Frage, welche Faktoren die strukturellen Merkmale der Interessenvertretungsgremien eigentlich im Wesentlichen beeinflussen und wie sich diese Einflussfaktoren zwischen Betriebsrat und AVO unterscheiden. Als ein zentrales Strukturmerkmal konzentrieren wir uns hier auf die Gremiengröße.

Um die Fragestellung beantworten zu können, greifen wir auf die konzeptionellen Überlegungen im Rahmen der Theoriediskussion in Kapitel 2 zurück; demnach kommen unterschiedliche mögliche *Einflussfaktoren* auf die Strukturen der Interessenvertretungsgremien in Betracht. Neben einem (mindestens geringen) erwartbaren Einfluss (1) der *institutionellen Regelungen* – wobei den Regelungen des BetrVG entsprechend mit der Beschäftigtenanzahl im Betrieb auch die Größe der Gremien steigen müsste – kann die Größe der Gremien durch weitere Faktoren beeinflusst sein. Hierzu zählen (2) *betriebsstrukturelle* Faktoren (wie die Tarifbindung; Branche; Alter des Betriebes; Mehrbetriebsunternehmen versus Einzelunternehmen), (3) *betriebskulturelle Faktoren* (wie Management- versus Eigentümerführung; Betriebsgröße; Verhältnis zwischen Geschäftsleitung und Interessenvertretung; Einstellung der Geschäftsleitung zur Beteiligung und verfassten Mitbestimmung) und (4) die Beteiligungs*strategie des Managements* (wie Partizipationsangebote; materielle Beteiligung; Informationspraxis). Des Weiteren können die Strukturen des Gremiums durch (5) bestimmte *Charakteristika ihrer Mitglieder* (im Wesentlichen Altersstruktur und Qualifikation) selbst beeinflusst sein. So ist denkbar, dass ein Gremium mit überwiegend hochqualifizierten Mitgliedern und einem entsprechend hohen Grad an Primärmacht eher in der Lage ist, eine überdurchschnittliche Ressourcenausstattung oder aber zusätzliche Mandate und Freistellungen auszuhandeln. Die statistische Analyse der Kausalbeziehungen steht dabei jedoch vor dem Problem, dass die Wirkungsrichtung dieser Einflussfaktoren nicht immer eindeutig spezifizierbar ist. So lässt sich beispielsweise schwer bestimmen, ob ein hoher Anteil hochqualifizierter Gremiumsmitglieder dazu führt, dass die zugehörigen Gremien relativ groß sind – dies könnte beispielsweise dann der Fall sein, wenn die Hochqualifizierten aufgrund ihrer Primärmachtpotenziale aushandeln, dass das Gremium über möglichst viele Mitglieder verfügen soll – oder aber ob das Gremium deshalb über eine hohen Anteil Hochqualifizierter verfügt, weil es sich um ein relativ großes Gremium handelt, in dem sämtliche Belegschaftsgruppen vertreten sind. In den nachfolgenden Berechnungen verzichten wir daher auf die Aufnahme der Strukturvariablen der Gremien als (mögliche) Einflussfaktoren.

Betrachten wir die Frage der Gremiengröße, so kann ein multivariates Modell verwendet werden, in dem die Größe der Interessenvertretungsgremien als abhängige Variable konzipiert wird. Um die Bedeutung und Stärke der Einflüsse zu messen, nutzen wir jeweils eine Reihe unabhängiger Variablen, die sich innerhalb der oben genannten Theoriekontexte verorten lassen.

Um die Unterschiede zwischen Betriebsräten und AVOs, aber auch zwischen den verschiedenen AVO-Typen analysieren zu können, werden nachfolgend drei Berechnungen durchgeführt. Wir betrachten zunächst jeweils die (1) Betriebsräte und (2) AVOs separat. Danach werden dieselben Berechnungen mit dem ungefilterten Datensatz durchgeführt, wobei Betriebsräte und AVOs gemeinsam betrachtet werden. Auf diese Weise ist es möglich, dezidiert den Effekt der Zugehörigkeit eines Gremiums zu einem Interessenvertretungstypus – Betriebsrat, AVO-Strukturtypen – und damit den Einfluss des BetrVG und der AVO-Strukturtypen bestimmen zu können. Die Ergebnisse aller drei Rechnungen sind in Tabelle 21 zusammengefasst.

Den in allen drei Berechnungen stärksten signifikanten Einflussfaktor stellt die Betriebsgröße dar. Mit einem standardisierten Regressionskoeffizient (Beta) von 0,649 ist der Größeneffekt bei den Betriebsräten am stärksten ausgeprägt. In den AVO-Betrieben ist er hingegen eher gering (Beta = 0,112). Da das BetrVG einen Anstieg der Betriebsratsgröße mit wachsender Beschäftigtenzahl vorsieht, wäre alles andere als ein Effekt in dieser Größenordung verwunderlich, denn schließlich basiert die Größe der Betriebsratsgremien auf einem gesetzlichen Vertretungsschlüssel. Dass die Betriebsgröße keine vollständige Erklärung (Beta = 1) liefert, mag einerseits an der oben erläuterten Unschärfe (managementseitig erfasste Betriebsgröße versus betriebsratsseitig erfasste Gremiengröße, ›Nachrückermandate‹, verzögerte Gremienanpassung an Betriebsgrößenveränderung) liegen, zum Teil aber auch an besseren oder schlechteren Aushandlungsbedingungen, die durch betriebs- und beschäftigtenstrukturelle sowie betriebskulturelle Merkmale bedingt sein können. Die Frage ist also, ob es jenseits gesetzlicher Regelungen weitere relevante Einflussfaktoren gibt.

Tabelle 21: Einflussfaktoren der Gremiengröße

Unabhängige Variablen	lineare Regression								
	Modell 1: Größe Betriebsrat			Modell 2: Größe AVO			Modell 3: Größe alle Vertretungen		
	B	Beta	Sig.	B	Beta	Sig.	B	Beta	Sig.
Vertretungstyp									
AVO - reine Arbeitnehmervertretung							-1,097	-,06	**
AVO - Gemeinsames Gremium				2,507	,21	***	1,188	,00	**
Anzahl Beschäftigte	0,004	,65	***	0,002	,11	*	0,004	,53	***
Teil eines größeren Unternehmens	0,507	,05	*	-0,002	,00		0,504	,05	*
Unternehmen durch Eigentümer geführt	-0,272	-,02		0,154	,01		-0,171	-,02	
Betrieb tarifvertraglich gebunden	0,906	,08	***	0,011	,00		0,655	,06	**
Wirtschaftliche Lage letzte 3 J. verbessert	-0,106	-,01		1,818	,15	**	0,334	,03	
Positive Einstellung GL zu koll. Vertretung	0,810	,05	*	0,096	,01		0,488	,04	
Verhältnis der IV zur GL mind. gut	0,462	,04		-0,964	-,05		0,218	,02	
Aktive Interessenvertretung	-0,319	-,03		0,128	,01		-0,227	-,02	
Rückhalt IV bei Beschäftigten	0,109	,01		1,667	,10		0,537	,04	
Instrumentalistische Sozialbeziehung	0,590	,05	**	1,018	,06		0,677	,05	**
Dualistische Sozialbeziehung	0,700	,06	**	0,211	,01		0,713	,05	**
Index Mitarbeiterorientierung[74]	0,045	,01		-0,088	-,02		0,036	,01	
Klima GL-Beschäftigte mind. gut	-0,871	-,08	***	-0,297	-,02		-0,844	-,06	***
Information monatl. zu wirtsch. Situation	0,449	,03		1,718	,10		0,662	,04	*
Materielle Beteiligung (mind. eine Form)	0,305	,03		-0,299	-,02		0,148	,01	
Sign. Gewerkschaftsanteil Beschäftigte	1,221	,13	***	-1,544	-,08		1,104	,10	***
Anteil Frauen	0,003	,02		0,014	,07		0,009	,05	
Anteil unter 35-Jährige	0,008	,03		0,012	,04		0,010	,04	
Anteil Hochqualifizierte	-0,003	-,02		0,015	,06		0,002	,01	
Anteil Ungelernte	0,008	,04		-0,008	-,04		0,006	,03	
Anteil Teilzeitkräfte	0,007	,03		-0,013	-,04		-0,008	-,03	
Anteil geringfügig Beschäftigte	-0,050	-,07	***	0,016	,04		-0,016	-,03	
Anteil befristet Beschäftigte	-0,004	-,01		-0,018	-,05		-0,010	-,02	
Branchendummies			Ja			Ja			Ja
(Konstante)	5,465		***	-1,007			5,000		***
R^2 (korrigiertes R^2)	0,561 (0,539)			0,153 (0,110)			0,414 (0,391)		
Fallzahl	813			280			1.093		

*Signifikanzniveaus: */**/*** = 10/5/1-Prozent-Niveau*
Basis: Privatwirtschaft ab 10 Beschäftigte, Betriebe mit kollektiver Vertretung, ungewichtete Daten

Tatsächlich lassen sich einige zusätzliche Faktoren isolieren: In Betriebsratsbetrieben zeigt sich ein positiver Einfluss der *Tarifgebundenheit* und der Zugehörigkeit zu einem *Mehrbetriebsunternehmen.* Der Tarifbindungseffekt könnte einerseits im Sinne einer positiven Haltung der Geschäftsleitung zu

74 Zur Indexbildung vgl. Kapitel 5.1.

›humanen‹ Beschäftigungsbedingungen interpretiert werden, die sich auch in den Arbeitsbedingungen der betrieblichen Interessenvertretung (Größe, Ressourcen) niederschlägt. Andererseits – und dies scheint naheliegender – könnte die Variable Tarifbindung zu einem gewissen Teil tarifvertragliche Regelungen nach Paragraph 3 BetrVG abbilden, mit der einheitliche Betriebsratsgremien für größere Betriebs- oder Unternehmensteile gebildet werden können. Gremien, die ein Mandat für mehrere Betriebe eines Unternehmens wahrnehmen, sind in der Regel größer als dies ein Betriebsrat für die entsprechende Betriebseinheit wäre. Da in der Befragung jedoch nicht erfasst wurde, ob der jeweilige Tarifvertrag eine entsprechende Regelung enthält, lässt sich dieser Zusammenhang nicht genau bestimmen.

Die *wirtschaftliche Entwicklung* des Betriebs besitzt lediglich bei den AVOs einen stark positiven Einfluss. AVOs sind also vermutlich in solchen Betrieben größer, deren wirtschaftliche Lage sich in den letzten drei Jahren positiv entwickelt hat. Das Ergebnis deutet auf die hohe Bedeutung positiver Aushandlungsbedingungen in AVO-Betrieben hin. Da in prosperierenden Betrieben die ›Verteilungsspielräume‹ in der Regel höher sind oder als höher wahrgenommen werden, stehen die Chancen der Interessenvertretung tendenziell gut, eine höhere Mitgliederanzahl aushandeln zu können.

Das *Betriebsklima* beziehungsweise die Einstellung der Geschäftsleitung zur Beteiligung und Mitbestimmung besitzen vor allem für die Größe der Betriebsräte einen hohen Einfluss. Beim Betriebsrat stellt die positive Haltung der Geschäftsleitung zur Beteiligung des Betriebsrats einen wichtigen Faktor dar, der die Betriebsratsgröße tendenziell erhöht. Auch die Sozialbeziehungstypen[75] (vgl. Kapitel 2) besitzen einen signifikant positiven Einfluss. Demnach steigt in Betrieben mit einer dualistischen (also auf der individuellen und kollektiven Ebene ausgeprägten Beteiligungskultur) und auch in Betrieben mit einer instrumentalistischen Sozialbeziehung (gekennzeichnet durch überdurchschnittliche Beteiligung auf der kollektiven Ebe-

75 In Anlehnung an qualitative Untersuchungen wurde anhand der Beteiligungsstärke auf kollektiver und individueller Ebene eine Vierer-Typologie ›betrieblicher Sozialbeziehungen‹ gebildet. Diese sind durch unterschiedliche Ausprägungen individueller und kollektiver Beteiligung auf verschiedenen Regulierungsfeldern (siehe Kapitel 5) gekennzeichnet: *Instrumentalistische* Sozialbeziehung (überdurchschnittliche kollektive, unterdurchschnittliche individuelle Beteiligung), *traditionalistische* Sozialbeziehung (unterdurchschnittliche Beteiligung auf beiden Ebenen), *dualistische* Sozialbeziehung (überdurchschnittliche Beteiligung auf beiden Ebene) und *individualistische* Sozialbeziehung (überdurchschnittliche individuelle, unterdurchschnittliche kollektive Beteiligung) (siehe auch Braun 2002: 207).

ne) die Größe der Betriebsräte an. In Betrieben, in denen ein gutes oder sehr gutes Verhältnis zwischen Beschäftigten und Geschäftsleitung herrscht, sind die Betriebsräte und Interessenvertretungsgremium insgesamt eher kleiner. ›Funktionalistisch‹ gewendet kann dies bedeuten, dass eine Interessenvertretung bei einem guten Klima eher kleiner sein kann; sind die Beziehungen zur Geschäftsleitung gut, wird die Belegschaft nicht unbedingt eine ›große‹ Interessenvertretung einfordern beziehungsweise aushandeln.

Obwohl in AVO-Betrieben betriebskulturelle Aspekte keine Rolle zu spielen scheinen, zeigt sich hier ein signifikanter Einfluss der *Beteiligungsstrategie des Managements.* AVOs sind offenbar in denjenigen Betrieben größer, in denen das Management eine intensive Informationspolitik betreibt. Ein ähnlicher Effekt findet sich, wenn man die Interessenvertretungsorgane insgesamt betrachtet. Dieser Einfluss der Beteiligungsstrategie zeigte sich bereits bei der Analyse der Kontextbedingungen der AVO-Existenz (Kaitel 3), wo demonstriert wurde, dass die Beteiligungsstrategie ein wichtiger Prädiktor für die AVO-Existenz ist. Da es sich bei vielen AVOs selbst um ›Bausteine‹ einer managementinitiierten Beteiligungsstrategie – im Sinne der Information und Konsultation oder der Regulierung bestimmter Themenfelder – handelt, erscheint auch dieses Resultat durchaus plausibel.

Die Einflüsse der *Beschäftigtenstrukturen* auf die Größe der Interessenvertretungsgremien lassen sich in unseren Berechnungen nur anhand einiger weniger Variablen aufzeigen. In AVO-Betrieben besitzen die Charakteristika der Belegschaft offenbar keinerlei Einfluss auf die AVO-Größe. Für die Interessenvertretungen insgesamt und insbesondere für Betriebsräte ist der *gewerkschaftliche Organisationsgrad* der Beschäftigten ein wichtiger Einflussfaktor – sogar der nach der Betriebsgröße zweitstärkste. Ein hoher Anteil organisierter Mitarbeiter erhöht demnach die Größe von Betriebsräten. Für die AVOs zeigt sich ein derartiger Effekt nicht. Bei Betriebsräten verringert zudem ein hoher Anteil *geringfügig Beschäftigter* die Größe der Gremien. Beide Befunde verweisen wiederum auf die Bedeutung von Aushandlungssituationen für die Struktur der Betriebsräte. Ein hoher gewerkschaftlicher Organisationsgrad deutet dabei auf die Sekundärmacht-Effekte von Belegschaften hin, die eine positive Einstellung zur verfassten Mitbestimmung besitzen. Das geringe Primärmachpotenzial geringfügig Beschäftigter könnte die Ursache dafür sein, dass diese Belegschaften bei Verhandlungen über die Gremiengröße eher unterliegen oder entsprechenden Avancen der Geschäftsleitung, die Gremiengröße gering zu halten, nichts entgegen zu setzen wissen.

Die Unterschiede zwischen Betriebsrat und AVOs sowie zwischen den AVO-Typen selbst im Hinblick auf die Größenstruktur der Gremien konnten nur in den Berechnungen über alle Interessenvertretungsgremien und innerhalb der Gruppe der AVOs untersucht werden. Bei der Analyse über alle Interessenvertretungen zeigen sich dabei signifikante Effekte der AVO-Strukturtypen: *Gemeinsame Gremien* sind gegenüber Betriebsräten und dem AVO-Typ ›reine Arbeitnehmervertretung‹ signifikant größer; auch innerhalb der Gruppe der AVOs besitzt der AVO-Typ ›gemeinsames Gremium‹ einen positiven Einfluss auf die Gremiengröße. Diese Ergebnisse erklären sich vor allem dadurch, dass gemeinsame Gremien primär im Bereich der Kleinbetriebe vorkommen, in denen Betriebsräte nach dem Gesetz nur ein beziehungsweise drei Mitglieder besitzen. Gemeinsame Gremien sind tendenziell größer als andere AVOs, da neben den Beschäftigten auch Vertreter der Geschäftsleitungen repräsentiert sind. Die reinen Arbeitnehmer-AVOs sind demgegenüber kleiner als Betriebsräte und gemeinsame Gremien. Die Befunde stützen die deskriptiven Daten und unsere bisherigen Erkenntnisse über AVOs.

4.1.2 Ressourcenausstattung

Die Ausstattung der Interessenvertretungsorgane mit zeitlichen, finanziellen oder Sach-Ressourcen kann als eine wichtige Voraussetzung effektiver Interessenvertretungsarbeit angesehen werden. Von besonderem Interesse ist daher, wie sich die Grundlagen der Interessenvertretungsarbeit bei Betriebsräten und AVOs unterscheiden. Während das BetrVG für Betriebsräte ein gewisses Ausstattungsniveau an verschiedenen Ressourcen – hierzu zählen freigestellte Betriebsratsmitglieder, eigene Büros mit entsprechender Ausstattung, aber auch die Möglichkeit der Teilnahme an Schulungen oder Beratungen – vorsieht, existieren für AVOs keine derartigen Regelungen. Wiederum kann davon ausgegangen werden, dass AVOs ihre Ressourcenausstattung mit der Geschäftsleitung aushandeln (wobei Verhandlung immer auch ein passives Akzeptieren der von der Geschäftsleitung gewährten Mittel einschließen kann).

Freistellungen

Das BetrVG sieht vor, dass ab einer gewissen Betriebsgröße einige Betriebsratsmitglieder von ihren betrieblichen Aufgaben teilweise oder auf Vollzeitbasis freigestellt werden. Die Anzahl der Freistellungen steigt dabei mit wachsender Betriebsgröße an. Mit der Novellierung des BetrVG 2001 wurde die Freistellungsgrenze von 300 auf 200 Beschäftigte gesenkt. Der Effekt dieser Veränderung der gesetzlichen Rahmenbedingungen wurde erstmals im Rahmen der WSI-Befragung von Betriebs- und Personalräten untersucht. Die WSI-Befragung weist dabei für die Phase vor der Betriebsratswahl 2002 eine »Übererfüllung des gesetzlichen Betriebsratsanspruchs« auf Vollzeit-Freistellungen aus; die dritte Erhebungswelle im Sommer 2002 (also mit Wirksamwerden der Novellierung) signalisiert dagegen eher eine Unterausschöpfung, wobei die Zahl der Teilfreistellungen anstieg (vgl. Behrens 2003; Schäfer 2003).

In der BISS-Befragung wurden die interviewten Betriebsräte ebenfalls danach gefragt, inwiefern die gesetzlichen Freistellungsmöglichkeiten genutzt werden. Die Daten (Tabelle 22) sind allerdings mit Vorsicht zu interpretieren. Zum einen ist es wiederum möglich, dass sich die Angaben der Betriebsräte auf eine andere Organisationseinheit als diejenige aus dem Managementinterview beziehen, was zu Unschärfen bei der Zuordnung der Betriebsgrößenklasse führen kann; zum anderen wurde auf eine Unterscheidung zwischen Vollzeit- und Teilfreistellungen verzichtet, weshalb das Volumen der jeweiligen Abweichungen nicht bestimmt werden kann. Die erhobenen Daten zeigen, dass die Freistellungsregelungen für Betriebsräte, die das BetrVG in Betrieben mit mehr als 200 Beschäftigten vorsieht, nur in etwa zwei Dritteln der Fälle (62,8 Prozent) eingehalten werden (jeweils betriebsgewichtet). Dabei kommt es überwiegend zu einer Unterausschöpfung der Freistellungen: 28,2 Prozent weniger freigestellte Mitglieder, als es den gesetzlichen Normen nach vorgesehen ist, lediglich 9 Prozent verfügen über zusätzliche Freistellungen.

Die Überausschöpfung des gesetzlichen Freistellungsanspruches ist in den Großbetrieben (ab 500 Beschäftigte) mit 16 Prozent deutlich höher als in den Mittelbetrieben, die zwischen 200 und 500 Beschäftigte haben. In Großbetrieben gelingt es offensichtlich eher, zusätzliche Freistellungen auszuhandeln. In der Mehrzahl der Fälle, in denen nach Auskunft der befragten Betriebsräte von den gesetzlichen Freistellungsregelungen abgewichen wird, kommt es aber auch hier zu einer Unterausschöpfung der Freistellungsmandate.

Tabelle 22: Ausschöpfung gesetzlicher Freistellungsansprüche

Beschäftigtenzahl		*Freistellungen im Betriebsrat im Vergleich zu gesetzlichen Ansprüchen*		
		Mehr als gesetzlich	Genau so viele	Weniger als gesetzlich
200-499	%	5,6	64,8	29,6
	n	(15)	(194)	(99)
500 und mehr	%	16,0	60,0	24,0
	n	(54)	(176)	(83)
Gesamt	%	9,0	62,8	28,2
	n	(69)	(370)	(182)

Basis: Privatwirtschaft ab 10 Beschäftigte, Auskünfte von 621 gesetzlichen Vertretungen, Betriebsgewichtung; ungewichtete n in Klammern

Die Ursachen der Abweichungen konnten im Rahmen der Befragung nicht im einzelnen erhoben werden. Denkbar ist, dass Betriebsräte freiwillig (wegen zu erwartender beruflicher Nachteile) auf Vollfreistellungen verzichten und sich nur teilweise freistellen lassen. Möglich ist aber auch, dass Freistellungsansprüche insbesondere in den Mittelbetrieben zwischen 200 und 300 Beschäftigten, in denen seit der Novelle der Betriebsverfassung 2001 die volle Freistellung eines Betriebsratsmitgliedes möglich ist, nicht voll eingelöst werden. Auch bei den zusätzlichen Freistellungen bleibt unklar, inwieweit sie sich auf besonders durchsetzungsstarke Gremien oder ein strategisches Kalkül der Geschäftsleitung gründen.

Im Unterschied zu den Betriebsräten existieren für *AVOs* keine von außen vorgegebenen Bestimmungen für die Freistellungen von Gremienmitgliedern; allerdings ist durchaus denkbar, dass – dem Modell des Betriebsrats entsprechend – gerade in größeren Betrieben AVO-Mitglieder (zumindest teilweise) für ihre Arbeit freigestellt werden. Nach Aussage der Geschäftsleitungen[76] verfügen 88 Prozent der AVOs über *keinerlei* Freistellungen (siehe Tabelle 23). Voll freigestellte AVO-Mitglieder gibt es nur in 3,7 Prozent, teilweise freigestellte in 7,9 Prozent der Betriebe.

76 Die Frage zu den Freistellungen wurde in der Befragung sowohl den Geschäftsleitungen als auch den AVO-Mitgliedern gestellt. Dabei fällt auf, dass die Angaben der Interviewten leicht voneinander abweichen. Laut Angaben der AVO-Vertreter verfügen 93 Prozent der AVO über kein Gremiumsmitglied, das für die Gremienarbeit *voll* freigestellt ist. Etwa 6 Prozent geben an, über ein bis vier voll freigestellte Mitglieder zu verfügen.

Tabelle 23: Freistellungen bei AVOs

	Gibt es freigestellte AVO-Mitglieder?		
	Ja, voll freigestellte Mitglieder	*Ja, teilfreigestellte Mitglieder*	*Nein, keine pauschalen Freistellungen*
%	3,7	7,9	88,3
n	(20)	(00)	(321)

Basis: Privatwirtschaft ab 10 Beschäftigte, Auskünfte von 380 Managementvertretern, Betriebsgewichtung

Die Angaben über die Freistellungen der AVOs sind mit Vorsicht zu interpretieren. Einige Interview-Angaben erscheinen wenig plausibel, denn eine Reihe der Managementangaben über volle Freistellung stammt aus Betrieben mit weniger als 20 Beschäftigten. Hierbei könnte es sich teilweise um Interviewer-Fehler bei der Datenerhebung handeln, ebenso ist jedoch denkbar, dass sich die interviewten Personalverantwortlichen bei ihren Angaben auf eine andere Organisationseinheit bezogen haben. Somit scheint es angemessen festzuhalten, dass – bezogen auf das Gros der AVOs – nur ein verschwindend geringer Teil dieser Gremien über von der Arbeit freigestellte Mitglieder verfügt.[77]

Zeitressourcen

Betriebsräte und AVOs wurden gefragt, ob die Zeit, die ihnen für ihre Interessenvertretungsarbeit zur Verfügung steht, ausreicht. Dabei geben 53,5 Prozent der Betriebsräte an, die für die Interessenvertretungsarbeit zur Verfügung stehende Zeit reiche aus; 33,1 Prozent wenden auch Freizeit für die Interessenvertretungsarbeit auf und 13,4 Prozent geben an, dass aufgrund von Zeitmangel einige Aufgaben des Betriebsrats unerledigt bleiben (jeweils betriebsgewichtet). Im Vergleich zu den Angaben der Betriebsräte geben AVOs häufiger an, mit der zur Verfügung stehenden Zeit die AVO-Arbeit bewältigen zu können (65,7 Prozent). In lediglich 2,5 Prozent ist die Zeit so knapp, dass Aufgaben unerledigt bleiben.

77 Betrachtet man die Verteilung der Freistellungen auf die AVO-Strukturtypen, so zeigen die Daten, dass der Großteil der Freistellungen in den reinen Arbeitnehmervertretungen vorkommt. Gemeinsame Gremien verfügen weniger häufig über Freistellungen.

Tabelle 24: Einschätzung der Zeitressourcen durch Betriebsräte und AVOs

		Reichen zur Verfügung stehendende Zeitressourcen für Vertretungsarbeit aus?		
Interessenvertretungsform		Ja, Zeit reicht aus	Ja, aber es wird auch Freizeit verwendet	Nein, einige Aufgaben bleiben unbearbeitet
Gesetzliche Vertretung (BR, MAV)	%	53,5	33,1	13,4
	n	(649)	(455)	(147)
Andere Vertretungsorgane	%	65,7	32,8	2,5
	n	(94)	(46)	(7)

Basis: Privatwirtschaft ab 10 Beschäftigte, Betriebe mit kollektiver Vertretung, Auskünfte von 1.251 gesetzlichen Vertretungen und 147 Anderen Vertretungsorganen, Betriebsgewichtung

Obwohl AVOs weniger häufig über für die Interessenvertretungsarbeit freigestellte Beschäftigte verfügen, reichen diese Zeitressourcen offensichtlich eher aus. Eine Erklärung liegt möglicherweise darin, dass AVOs im Vergleich zu Betriebsräten in der Regel eine geringere Anzahl betrieblicher Themen bearbeiten; die Beschränkung auf wenige Themenfelder vereinfacht das Zeitmanagement (vgl. Abschnitt 4.2.1).

Ausstattung und Arbeitsmittel

Die Interessenvertreter wurden nach der Ausstattung ihrer Gremien mit Büros, Besprechungsräumen, technischer Infrastruktur und unterstützendem Personal gefragt. Die gesetzlichen Vertretungen schneiden erwartungsgemäß auch hier tendenziell besser ab als die AVOs (Abbildung 9). Betriebsräte und MAVs verfügen häufiger über eigene Büroräume mit entsprechender technischer Ausstattung und haben öfter Zugang zu modernen Kommunikationsmedien (Email, Internet, Intranet). Die bessere Ausstattung der gesetzlichen Interessenvertretung dürfte eine Folge rechtlicher Vorgaben sein. So schreibt das BetrVG den Anspruch der gesetzlichen Vertretung auf Arbeitsräume, sachliche Mittel, Informations- und Kommunikationstechnik sowie Büropersonal in »erforderlichem Umfang« vor. (Paragraph 40 BetrVG).

Abbildung 9: Ausstattung mit Arbeitsmitteln bei Betriebsräten und AVOs

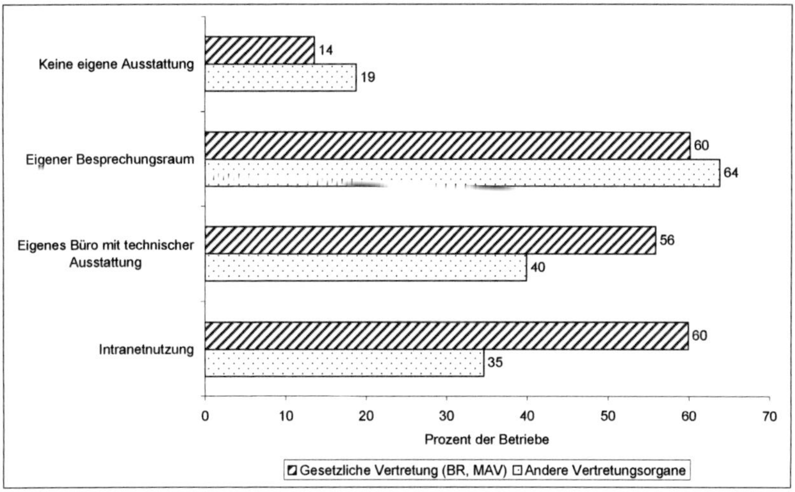

Basis: Privatwirtschaft ab 10 Beschäftigte, Betriebe mit kollektiver Vertretung, Auskünfte von 1.235 gesetzlichen Vertretungen und 146 Anderen Vertretungsorganen, Betriebsgewichtung

Nach Einschätzung der Interessenvertreter ist die Ausstattung mit Ressourcen in den letzten drei Jahren gleichgeblieben. Verschlechterungen sieht nur ein sehr geringer Teil der Befragten (5 Prozent der Betriebsräte, 1 Prozent der AVOs). Vor allem Betriebsräte sind der Ansicht, dass sich die Ausstattungssituation ihres Interessenvertretungsorgans in dem genannten Zeitraum sogar verbessert hat (40 Prozent). AVOs hingegen sind nur in 32 Prozent der Fälle dieser Ansicht. Betriebsräte und vor allem AVOs sind mit der bestehenden Ressourcenausstattung ihrer Gremien zufrieden (siehe Abbildung 10). Dabei zeigt sich bei Betriebsräten eine signifikante und starke Korrelation zwischen der Zufriedenheit und dem Grad der Ressourcenausstattung; dieser Zusammenhang existiert bei AVOs nicht.[78]

78 Hierzu wurde ein additiver Ressourcenindex gebildet, der das Vorhandensein von bestimmten Ressourcen wie einem eigenen Büro und eigener technischer Ausstattung aggregiert; dabei können maximal drei Punkte (bei Vorhandensein aller drei abgefragten Ausstattungsformen) erreicht werden. Korreliert man den Ausstattungsindex mit der Zufriedenheit, so ergibt sich für die Betriebsräte ein Rangkorrelationskoeffizient $r_{sp}=0,26$ auf dem 1%-Niveau. Für AVOs zeigt das Zusammenhangmaß keine Korrelation an.

Abbildung 10: Zufriedenheit mit der bestehenden Ressourcenausstattung

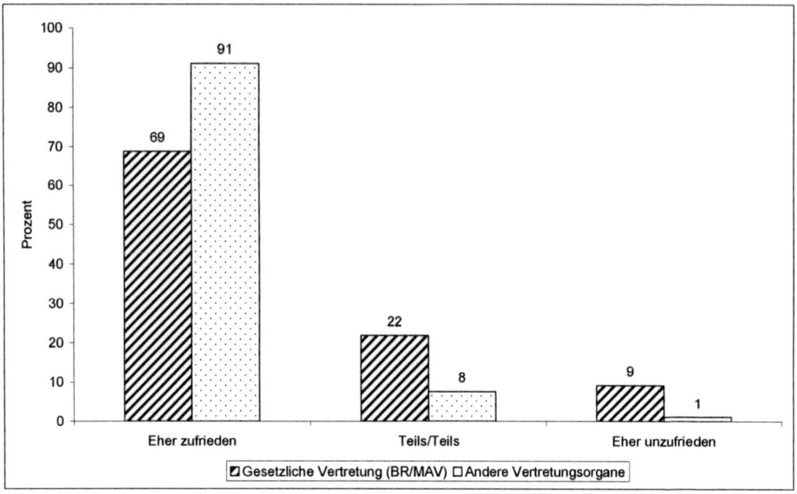

Basis: Privatwirtschaft ab 10 Beschäftigte, Betriebe mit kollektiver Vertretung, Auskünfte von 1.249 gesetzlichen Vertretungen und 142 Anderen Vertretungsorganen, Betriebsgewichtung

Schulungs- und Qualifikationsmaßnahmen

Zu Beginn dieses Berichtes (Kapitel 1) wurden einige neue Herausforderungen skizziert, die sich angesichts von Verbetrieblichungstendenzen und De-Regulierung für die betriebliche Interessenvertretung ergeben. Betriebliche Interessenvertreter sind mit einer wachsenden Anzahl und zudem mit komplexer werdenden Thematiken konfrontiert, die auf Betriebsebene bearbeitet beziehungsweise mit der Geschäftsleitung verhandelt werden. Qualifikationsmaßnahmen und Beratungsleistungen sind dabei ein wichtiges Instrument für die Interessenvertreter, um Fachwissen und Informationen zu erlangen, die für die Beurteilung betrieblicher Problemlagen oder Lösungsvorschläge unerlässlich sind. Das BetrVG sieht die bezahlte Freistellung von Betriebsratsmitgliedern für die Teilnahme an (»anerkannten«) Schulungs- und Bildungsveranstaltungen vor (Paragraph 37 (7)).

Zunächst fällt eine extreme Ungleichverteilung bezüglich der Teilnahme an Schulungsmaßnahmen zwischen AVOs und Betriebsräten auf. Die Frage, ob die Mitglieder des Interessenvertretungsorgans an externen Schulungsmaßnahmen teilnehmen, wurde von 82 Prozent der Betriebsräte bejaht. Demgegenüber nehmen Mitglieder von AVOs jedoch nur in etwa einem Drittel der Fälle externe Schulungen wahr. Die Zahlen können zunächst wiederum als ein Effekt des BetrVG interpretiert werden: Das gesetzlich verbriefte Recht der Betriebsräte, an Schulungen teilzunehmen, führt unter Umständen dazu, dass die Teilnahme an Bildungsveranstaltungen höher ausfällt als bei AVOs, denen es schwerer fällt, Bildungsmaßnahmen bei Bedarf einzufordern. Des Weiteren wäre denkbar, dass AVO-Mitglieder eher inhouse-Schulungen im eigenen Unternehmen absolvieren. Da es sich auch bei den von AVOs hauptsächlich bearbeiteten Themenfeldern um hochkomplexe Sachgebiete handelt, kann die geringere Schulungsteilnahme durchaus zu Problemen oder Defiziten in der Interessenvertretungsarbeit der AVOs führen.

Abbildung 11: Nutzung unterschiedlicher Schulungsanbieter

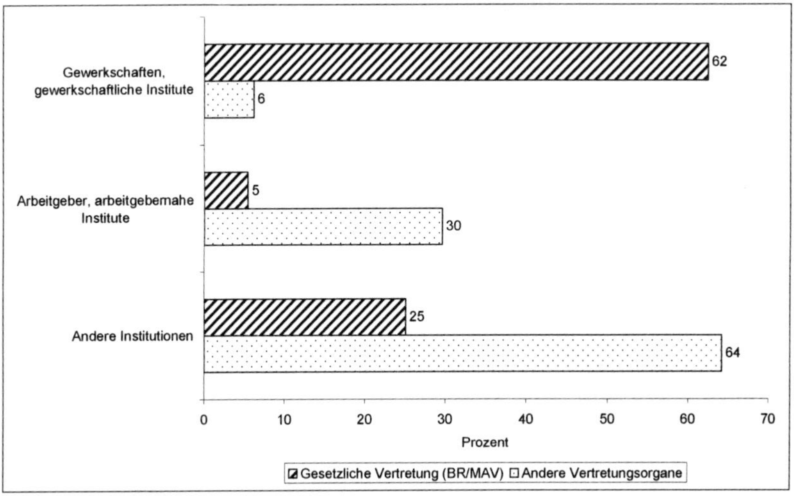

Basis: Privatwirtschaft ab 10 Beschäftigte, Betriebe mit kollektiver Vertretung, Auskünfte von 1.128 gesetzlichen Vertretungen und 60 Anderen Vertretungsorganen, Betriebsgewichtung

Ähnlich wie sich die Betriebsräte und AVOs in Bezug auf ihren durchschnittlichen gewerkschaftlichen Organisationsgrad unterscheiden, differieren sie auch hinsichtlich der Bildungseinrichtung, bei der sie Schulungen hauptsächlich wahrnehmen (Abbildung 11): Die Betriebsräte nutzen hauptsächlich gewerkschaftliche oder gewerkschaftsnahe Schulungsangebote, während die AVOs vor allem ›freie‹ Anbieter und in etwa einem Drittel der Fälle auch arbeitgebernahe Schulungsanbieter bevorzugen.[79] Dieses Ergebnis korrespondiert mit den Thematiken, zu denen die Interessenvertreter Schulungen besuchen (Abbildung 12): Während Betriebsräte hauptsächlich Wissen zu ›harten‹ Themen wie Arbeitsrecht (hier speziell zu Regelungen des BetrVG) sowie zu Arbeitszeit- und Entgeltfragen erwerben, besuchen AVO-Mitglieder vor allem Schulungen zu ›weichen‹ Themen wie Projektmanagement, Arbeitsorganisation, EDV und Technikfolgen. Wirtschaftliche Fragen sowie Arbeitszeit und Entgelt spielen bei AVO-Schulungen eine untergeordnete Rolle. Betriebsräte hingegen nutzen nur in geringem Maße Schulungen zu den Themen Arbeitsorganisation und EDV.

Abbildung 12: Schulungsthemen von Betriebsräten und AVOs

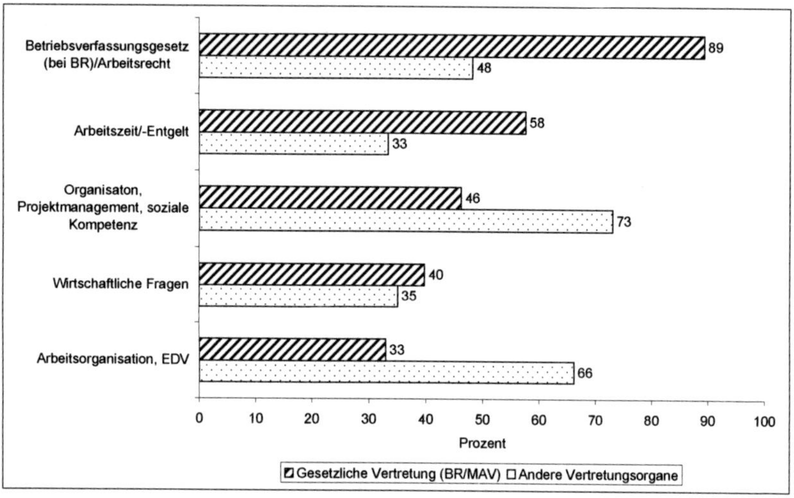

Basis: Privatwirtschaft ab 10 Beschäftigte, Betriebe mit kollektiver Vertretung, Auskünfte von 1.132 gesetzlichen Vertretungen und 63 Anderen Vertretungsorganen, Betriebsgewichtung

Die vorgestellten Befragungsdaten zu Fragen der Weiter-Qualifikation erlauben es vor allem bezüglich der AVOs, Rückschlüsse auf die Arbeit und Funktion dieser Gremien zu ziehen. Zunächst fällt auf, dass nur ein geringer Teil der AVOs überhaupt externe Schulungen wahrnimmt. Dabei stehen ›harte‹, verteilungsrelevante Themen wie Arbeitszeit und Entgelt

79 Da nur wenige AVOs Schulungen wahrnehmen, reduziert sich die Fallzahl stark. Die nachfolgenden Auswertungen sind deshalb für die AVOs mit hohen Unsicherheiten belastet.

und auch Aspekte des Arbeitsrechts nicht im Zentrum der Schulungen. Die Thematiken, zu denen hauptsächlich Schulungen besucht werden, scheinen einerseits auf funktionale Erfordernisse der Betriebsorganisation, andererseits aber auch auf Aspekte der Interessenregulierung bezogen zu sein. Ersteres trifft vor allem für das Item Arbeitsorganisation, EDV und Technikfolgen zu. Beim Item Organisation, Projektmanagement, soziale Kompetenz steht mitunter der innerbetriebliche Informationsfluss im Zentrum, der prinzipiell auch die Regulierung von Interessen beinhaltet. Demgegenüber stehen bei den Schulungen von Betriebsräten eindeutig Aspekte im Zentrum, die mit der betrieblichen Interessenvertretungsarbeit in einem engen Zusammenhang stehen.

Einflussfaktoren der Ressourcenausstattung

Wie die vorgestellten Daten zeigen, variiert die Ressourcenausstattung der Betriebsräte trotz der gesetzlichen Normierungen offenbar erheblich. So weicht beispielsweise die reale Zahl der Freistellungen von der im BetrVG vorgesehenen in einer Vielzahl von Fällen ab. Für AVOs schließlich existieren keinerlei externe Bestimmungen oder Modelle, die die Ressourcenausstattung beziehungsweise das Vorhandensein oder Ausmaß von Freistellungen kodifizieren könnten. Eine wichtige Frage ist daher, inwiefern die Verfügbarkeit von Ressourcen durch das jeweilige *Interessenvertretungsmodell* – also durch den institutionellen Effekt der Regelungen des BetrVG – oder aber durch andere, *betriebs- oder beschäftigtenbezogene Aspekte* erklärt werden kann. Auch an dieser Stelle wird daher untersucht, welche *Faktoren* die Verfügbarkeit über Ressourcen beeinflussen. Wir beschränken uns hier exemplarisch auf die Analyse der Einflussfaktoren materieller, personeller und Bildungsressourcen.

Ein systematisches Modell der Einflüsse auf die Ressourcenausstattung der Interessenvertretungsorgane kann wiederum auf verschiedene Faktoren zurückgreifen, die in Kapitel 2 im Rahmen der Theoriediskussion bereits aufgeführt wurden. Da viele Regelungen bezüglich der Ressourcenausstattung im BetrVG kodifiziert sind, ist ein relevanter Einfluss (1) dieser *institutionellen Regelungen* zu erwarten. In dieser Hinsicht sollte die Ressourcenverfügbarkeit in Betriebsratsbetrieben signifikant über der in AVO-Betrieben liegen. Als weitere Einflussfaktoren können verschiedene (2) *Strukturmerkmale der Betriebe* vermutet werden. So ist zu erwarten, dass die Ressourcenausstattung der Interessenvertretungen in verschiedenen Branchen unterschiedlich ausfällt. Auf Basis der institutionalistischen theoretischen Überlegungen ließe sich vermuten, dass in den verschiedenen Branchen ein bestimmtes Niveau oder Muster der Ressourcenausstattung von Interessenvertretungen als ›normal‹ gilt. Während in einigen Sektoren beispielsweise ein eigener Besprechungsraum für die Interessenvertretungsarbeit als völlig selbstverständlich angesehen wird, erscheint dies möglicherweise in anderen Sektoren als übertrieben oder unangemessen. Zudem können Größe, Unternehmensstruktur und die wirtschaftliche Lage eine Rolle spielen. In Konzern- und Großbetrieben sowie in Unternehmen mit guter wirtschaftlicher Situation lässt sich vermuten, dass eher Ressourcen für die Interessenvertretungsarbeit mobilisiert werden können.

Zieht man in Betracht, dass Interessenvertretungsorgane ihre Ressourcenausstattung mit der Geschäftsleitung aushandeln, dann sind (3) die *Charakteristika der Interessenvertretungsgremien* und (4) die *Betriebskultur* und das Betriebsklima beziehungsweise die Form der spezifischen *betrieblichen Sozialbeziehungen* ein wichtiger Faktor. Die Frage nach der Verfügung über Ressourcen kann als Resultat von *Verhandlungen* zwischen den Betriebsparteien begriffen werden, bei denen die Mitgliederstruktur der Interessenvertretungsgremien und auch das Klima oder die Beziehung zwischen den Betriebsparteien eine Rolle spielen. Ob eine Interessenvertretung ein hohes oder ein eher geringes Maß an Ressourcen aushandeln kann, ist mitunter abhängig von der Verhandlungsmacht und dem Verhandlungsgeschick der Interessenvertretung, die wiederum durch starken Rückhalt in der Belegschaft oder in der Gewerkschaft wachsen kann. Da die Variablen der Mitgliederstruktur als Eigenschaft und Kontextbedingung der Gremienressourcen wiederum eine Sonderrolle einnehmen, wird in den empirischen Analysen jeweils ein zweistufiges Analyseverfahren angewendet, wobei zunächst ein Modell ohne die Variablen der Gremienstruktur berechnet wird.

Die *Sozialbeziehungen* und die *Aushandlungsbedingungen* zwischen den beteiligten Akteuren – Geschäftsleitung und Interessenvertretung – lassen sich über die Einbeziehung von *Sozialbeziehungstypen* (vgl. Kapitel 2) erfassen, die sich über die Beteiligungsstrukturen von Mitarbeitern und Interessenvertretungen auf individueller und kollektiver Ebene definieren. Mit Hilfe der BISS-Daten können dabei verschiedene Sozialbeziehungstypen konstruiert beziehungsweise nachgezeichnet werden, die bereits aus qualitativen Forschungen bekannt sind.[80] In diesem Zusammenhang sind auch

80 Zur Konstruktion der Sozialbeziehungstypen vgl. FN 75.

das *Betriebsklima* und die Führungsstruktur des Betriebs (management- oder eigentümergeführt) relevant, wobei aufgrund der ›betriebsfamiliären‹ Beziehungen in Eigentümerbetrieben erwartet werden kann, dass die Interessenvertretungen ein eher geringeres Maß an Ressourcen zur Verfügung haben. Als letzte Einflussdimension kommt schließlich (5) die *Beteiligungsstrategie des Managements* in Frage, wobei eine hohe Beteiligungsorientierung die Chancen der Interessenvertretung, eine hohe Ressourcenausstattung zu erhalten, erhöhen sollte.

Für die empirische Analyse werden ordinale Logitschätzungen durchgeführt. Als abhängige Variable wird zu diesem Zweck ein additiver Index gebildet, der die positiven Nennungen der einzelnen Ressourcen-Items[81] (Tabelle 25) aufsummiert und als ordinal skalierte Variable betrachtet werden kann (siehe auch Abbildung 9).

Tabelle 25: Additiver Index der Ressourcenausstattung

Index-Wert	*Prozent*	*Fallzahl*
0	8,2	113
1	16,6	229
2	23,2	320
3	36,9	510
4	15,1	209
Gesamt	100,0	1.381

Basis: Privatwirtschaft ab 10 Beschäftigte, Betriebe mit kollektiver Vertretung, ungewichtete Daten

Die benannten Einflussfaktoren gehen wiederum in Form einer Reihe von Variablen in das Rechenmodell ein. Zunächst werden getrennte Regressionsmodelle für Betriebsräte und AVOs berechnet; um die Effekte der einzelnen Interessenvertretungsformen – Betriebsrat und AVO – gegeneinander kontrollieren zu können, wird im Anschluss eine Rechnung über alle Interessenvertretungsorgane vorgestellt.

81 Die Antwortvorgaben lauteten: eigener Besprechungsraum, Büro mit technischer Ausstattung, eigenes Personal, Intranetnutzung. Der Index kann demnach Werte zwischen null und vier annehmen.

(1) Einflüsse auf die Ressourcen von Betriebsräten

Betrachten wir zunächst die Einflüsse auf die Ressourcenausstattung von Betriebsräten, so zeigen sich über alle Dimensionen signifikante Einflüsse. Die Indikatoren der *Betriebsstruktur* stellen in beiden Modellen den dominanten Einflussfaktor dar. Die Ressourcenausstattung von Betriebsräten steigt demnach erwartungsgemäß mit der Betriebsgröße an; gleiches gilt für die Zugehörigkeit des Betriebs zu einem größeren Unternehmen. Die Eigentümerführung besitzt einen negativen Einfluss. Da eigentümergeführte Betriebe der verfassten Mitbestimmung (und möglicherweise auch den nicht von der Geschäftsleitung eingesetzten AVOs) eher negativ gegenüber stehen, ist ihre Bereitschaft, Mittel für die Interessenvertretungsarbeit zur Verfügung zu stellen, eher gering.

Ein signifikanter Einfluss des gewerkschaftlichen Organisationsgrades der Belegschaft und des Rückhalts des Betriebsrats bei den Beschäftigten zeigt sich in keinem der Modelle (siehe Tabelle 26). Auch die Beteiligungsstrategie der Geschäftsleitung besitzt anscheinend keinen Einfluss (Variable ›Materielle Beteiligung‹). Ein Effekt der *Betriebskultur* wird durch den positiven Einfluss der Indexvariable ›Mitarbeiterorientierung‹ belegt, die auf Basis der Haltung der Geschäftsleitung zu einer langfristigen Bindung der Beschäftigten und zur breiten Einbeziehung in betriebliche Belange gebildet wurde (Abschnitt 5.1). Mit dieser Haltung korrespondiert vermutlich eine erhöhte Bereitschaft der Geschäftsleitung, der Interessenvertretung ein hohes Maß an Ressourcen zur Verfügung zu stellen. Die Bedeutung der *Beschäftigtenstruktur* ist eher gering einzuschätzen; ein hoher Anteil geringfügig und vor allem in Teilzeit beschäftigter Mitarbeiter scheint die Ressourcenausstattung jedoch signifikant zu verringern.

Die in Modell 2 einbezogenen *Charakteristika der Betriebsratsmitglieder* tragen nur wenig zur Erklärung der Ressourcenausstattung bei, wenn man die Veränderungen des R^2 als Maßstab nimmt. Allerdings besitzt die Variable »Anteil der Hochqualifizierten« einen signifikant positiven Einfluss auf die Ressourcenausstattung. Vermutlich sind besser qualifizierte Betriebsratsmitglieder eher in der Lage, eine umfangreiche Ressourcenausstattung auszuhandeln als Mitglieder mit geringer Qualifizierung. Einen positiven und hoch-signifikanten Einfluss besitzt die Variable »Anteil der DGB-Mitglieder im Betriebsrat«. Die Mitgliedschaft in einer DGB-Gewerkschaft führt also dazu, dass die Interessenvertretung eine bessere Ressourcenausstattung für ihre Interessenvertretungsarbeit erhält. Mögliche Gründe sind der stärkere externe Rückhalt des Betriebsrats und vermutlich auch die bessere Kenntnis der rechtlichen Möglichkeiten und die Bereitschaft, diese Rechte einzufordern.

Tabelle 26: Einflussfaktoren der Ressourcenausstattung von Betriebsräten

Unabhängige Variablen	Ordinales Logitmodell					
	Modell 1			Modell 2		
	B	Sig.	Wald	B	Sig.	Wald
Indexwert 0	-6,911	***	01,41	0,106	***	61,13
Indexwert 1	-5,216	***	48,24	-4,390	***	27,05
Indexwert 2	-3,642	***	24,16	-2,779	***	11,02
Indexwert 3	-0,799		1,22	0,109		0,02
10-19 Beschäftigte	-4,586	***	91,70	-4,670	***	93,01
20-49 Beschäftigte	-4,182	***	180,98	-4,180	***	176,30
50-99 Beschäftigte	-3,251	***	148,72	-3,338	***	150,92
100-199 Beschäftigte	-2,523	***	104,58	-2,466	***	98,24
200-499 Beschäftigte	-1,627	***	51,57	-1,595	***	48,78
500 und mehr (Referenzkategorie)						
Teil eines größeren Unternehmens	0,522	***	11,06	-0,539	***	11,59
Eigentümerführung	-0,324	**	3,26	0,268		2,18
Tarifbindung	0,242		1,80	-0,203		1,20
Wirtschaftl. Lage letzte 3 Jahre verbessert	0,143		0,90	-0,121		0,63
Signifikanter Gewerkschaftsanteil Besch.	0,254		2,54	-0,143		0,67
Anteil Frauen	-0,003		0,39	-0,002		0,17
Anteil unter 35-Jährige	-0,005		1,58	-0,005		1,14
Anteil Hochqualifizierte	0,000		0,00	-0,007		2,40
Anteil Ungelernte	-0,002		0,39	-0,001		0,03
Anteil Teilzeitkräfte	-0,014	**	5,74	-0,016	***	7,27
Anteil geringfügig Beschäftigte	-0,021	**	3,71	-0,017		2,26
Anteil befristet Beschäftigte	0,010		2,11	0,011		2,50
Index »Mitarbeiterorientierung«	0,104	**	3,49	0,100	*	3,20
Klima GL-Beschäftigte mind. gut	-0,019		0,01	-0,015		0,01
Info monatlich zu wirtsch. Situation etc.	0,127		0,41	-0,079		0,16
Materielle Beteiligung (mind. eine Form)	0,093		0,28	-0,146		0,69
Aktive Interessenvertretung	-0,094		0,28	0,162		0,82
Verhältnis der IV zur GL mind. gut	-0,137		0,61	0,023		0,02
Rückhalt IV bei Beschäftigten	0,263		1,98	-0,267		2,01
Instrumentalistische Sozialbeziehung	-0,165		0,86	0,175		0,95
Dualistische Sozialbeziehung	-0,110		0,35	0,101		0,29
Anteil der DGB-organisierten IV-Mitglieder				0,006	***	6,53
Anteil der IV-Mitglieder andere Gewerksch.				0,078		0,22
Anteil der weiblichen IV-Mitglieder				0,002		0,13
Anteil der Arbeiter im Gremium				-0,004		2,49
Anteil der Hochqualifizierten im Gremium				0,013	***	14,18
Anteil unter 35jährige im Gremium				0,002		0,14
Anteil über 50jährige im Gremium				0,004		1,14
Branchen (Dummies)	Ja			ja		
Pseudo-R² (Nagelkerke/McFadden)	0,433/0,181			0,455/0,193		
Fallzahl	767			767		

Signifikanzniveaus: */**/*** = 10/5/1-Prozent-Niveau

Quelle: BISS-Befragung 2005; Basis: Privatwirtschaft ab 10 Beschäftigte, Betriebe mit kollektiver Vertretung, ungewichtete Daten

(2) Einflüsse auf die Ressourcen von AVOs

Aufgrund der geringen Fallzahlen von Betrieben mit einem AVO muss zur Ermittlung der Einflussfaktoren auf die Ressourcenausstattung dieser Gremien eine andere Vorgehensweise gewählt werden; im Vergleich zur empirischen Fallbasis erscheint die Zahl der Kovariaten in unserem Modell zu hoch. Die Durchführung einer (hier eigentlich angemessenen) ordinalen Regression analog zur vorangegangenen Rechung ist dadurch nicht mehr möglich. ›Behelfsweise‹ wurde eine lineare Regression (ohne Abbildung) unter Anwendung der »stepwise«-Prozedur durchgeführt, in der nur signifikante Einflüsse erhalten bleiben, womit die Komplexität des Modells reduziert wird. Die Ergebnisse sind aufgrund der unterschiedlichen Vorgehensweise nicht direkt mit der Rechung für die Betriebsräte vergleichbar. Im Unterschied zu den Betriebsratsbetrieben zeigt sich kein Einfluss der Betriebsgröße, wohl aber spielen Brancheneffekte eine Rolle. Darüber hinaus scheinen auch die Sozialbeziehungsindikatoren von Bedeutung zu sein. So liegt der Ressourcenumfang in AVO-Betrieben, deren Sozialbeziehung als dualistisch klassifiziert wurde, signifikant höher.

Von besonderem Interesse in dieser gesonderten Analyse sind die Unterschiede zwischen den einzelnen AVO-Typen. Da auch hier die geringe Fallbasis eine gesonderte Auswertung der vier Strukturtypen untersagt, werden die Einflüsse unterschiedlicher AVOs über die Variable »Gemeinsames Gremium« kontrolliert.[82] Bezogen auf die Ressourcenausstattung zeigen die Daten, dass gemeinsame Gremien über eine höhere Ressourcenbasis verfügen, als die Referenzgruppe der reinen Arbeitnehmervertretungen. Dieses Ergebnis erscheint plausibel: Da die Geschäftsleitung ›Teil‹ des Gremiums ist, kann erwartet werden, dass die für die Arbeit des Gremiums grundlegenden Ressourcen bereitgestellt werden, wohingegen bei reinen Arbeitnehmervertretungen eher davon ausgegangen werden kann, dass sich AVOs und Geschäftsleitung in einer Aushandlungssituation befinden, in der die Ressourcenausstattung mehr oder weniger umkämpft ist.[83]

82 Hierbei handelt es sich um einen Dummy (1=gemeinsames Gremium, 0=reine Arbeitnehmervertretung).

83 Dabei ist keineswegs auszuschließen, dass auch innerhalb gemeinsamer Gremien entlang der ›Fraktionen‹ Geschäftsleitung und Beschäftigte mehr oder minder konflikthafte Aushandlungen stattfinden können. Die erhobenen Daten enthalten hierüber allerdings keine Informationen.

4.2 Arbeitsweisen, Selbstbild und Interaktionsbeziehungen von Betriebsräten und AVOs

4.2.1 Thematische Schwerpunkte der Interessenvertretungsarbeit

Wie die Daten der BISS-Befragung zeigen, beschäftigen sich gesetzliche Vertretungen und AVOs in unterschiedlichem Ausmaß mit verschiedenen betrieblichen Verhandlungsthemen. Erfragt wurde, mit welchen Themen sich die Interessenvertretungsorgane in den der Befragung vorausgegangenen zwölf Monaten hauptsächlich befasst haben. Hauptthema – sowohl für Betriebsräte , als auch für AVOs – sind Personalfragen, an zweiter Stelle steht jeweils der Bereich »Arbeitszeit und Überstunden«. Für Betriebsräte sind an dritter Stelle der betriebliche Gesundheitsschutz und die Arbeitssicherheit, für AVOs Fragen der Arbeitsplatzgestaltung und der Arbeitsorganisation relevant. Besonders in den Themenbereichen »Gesundheitsschutz und Arbeitssicherheit« sowie »Betriebliche Sozialleistungen« gibt es große Unterschiede zwischen dem Anteil der gesetzlichen Vertretungen und dem Anteil der AVOs, die sich mit diesen Themen beschäftigt haben.

Ein wichtiger Indikator für den Formalisierungsgrad und die Verbindlichkeit der Regelungen, die zwischen den Betriebsparteien getroffen werden, sind *schriftliche Vereinbarungen* zwischen Geschäftsleitung und Interessenvertretern zu betrieblichen Themen. Hierbei sieht das Betriebsverfassungsgesetz vor, dass Betriebsräte und Geschäftsleitungen Betriebsvereinbarungen abschließen, die ein bestimmtes betriebliches Themenfeld schriftlich kodifiziert und rechtlich verbindlich regeln (Paragraph 77 BetrVG). Für AVOs existieren – wie auch schon bei den Gremienstrukturen – keine derartigen Rahmenbedingungen. Ob es hier zu einer verbindlichen Vereinbarung kommt, hängt somit in stärkerem Maße als bei den gesetzlichen Gremien von der Überzeugungskraft der AVO-Vertreter und vom ›*good will*‹ der Geschäftsleitung ab.

In Anbetracht dieser unterschiedlichen Rahmenbedingungen ist es nicht verwunderlich, dass Betriebsräte weitaus häufiger Vereinbarungen abschließen als AVOs (Abbildung 13). Auch zeigen sich Unterschiede in den thematischen Schwerpunkten, zu denen Vereinbarungen existieren. In Betriebsratsbetrieben sind Arbeitszeitfragen mit 81 Prozent der dominante Gegenstandsbereich für Vereinbarungen, gefolgt von Personal- und Entgeltfragen. Mit 30 Prozent nennen auch die AVOs Arbeitszeitthemen als wichtigsten Gegenstand; der zweitwichtigste Bereich sind jedoch Fragen der Arbeitsplatzorganisation und -gestaltung, der in Betriebsratsbetrieben erst an sechster Stelle rangiert. Bei den AVO-Aktivitäten scheint jedoch kein einzelnes Themenfeld zu dominieren; vielmehr verteilen sich die Aktivitäten relativ gleichmäßig auf alle hier erfragten Bereiche.

Abbildung 13: Vereinbarungen zwischen Geschäftsleitung und Interessenvertretung

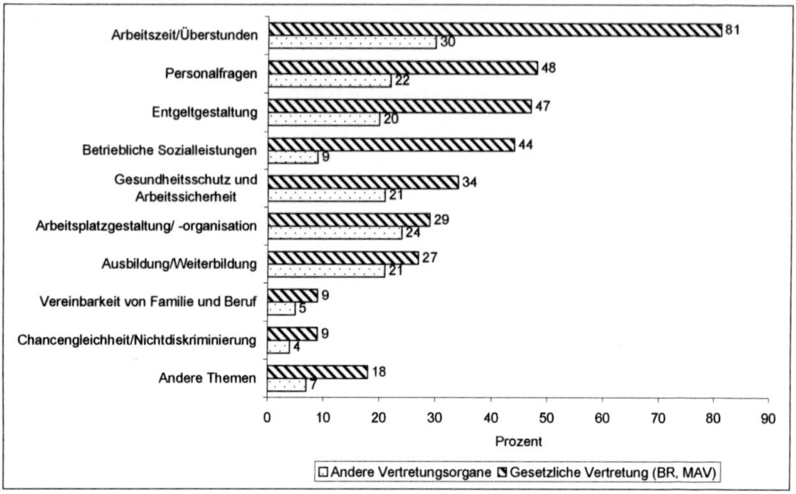

Basis: Privatwirtschaft ab 10 Beschäftigte, Betriebe mit kollektiver Vertretung, Auskünfte von 1.235 gesetzlichen Vertretungen und 146 Anderen Vertretungsorganen, Betriebsgewichtung

Dieser Befund, dass AVOs im Betrieb sehr unterschiedliche Funktionen wahrnehmen, stimmt auch mit unseren bisherigen Datenanalysen überein: AVOs bearbeiten in der Regel eine geringe Anzahl von Themen; sie sind in ihrer Arbeit auch deshalb stärker thematisch fokussiert als Betriebsräte, da sie oft speziell für die Regelung bestimmter Themenfelder eingesetzt werden. Zudem spiegelt sich hier erneut die *Heterogenität* von AVOs wider, die sich nicht nur auf Strukturen und Zusammensetzung, sondern offensichtlich auch auf die inhaltlichen Themenfelder der AVO-Arbeit bezieht.

4.2.2 Interaktionsbeziehungen zwischen Interessenvertretung und Geschäftsleitung

Gremiensitzungen und Treffen mit der Geschäftsleitung

Weiteren Aufschluss über den Formalisierungs- und Institutionalisierungsgrad der AVOs im Vergleich zu den Betriebsräten kann die Häufigkeit und Regelmäßigkeit der Interaktionsbeziehungen innerhalb des Gremiums und zwischen Gremium und Geschäftsleitung liefern. Daher wurden die Vertretungen nach der Häufigkeit von internen Sitzungen und formellen Besprechungen mit der Geschäftsleitung gefragt. Wie Abbildung 14 für die *internen Sitzungen* zeigt, ist die typische Situation bei den Betriebsräten die monatliche Betriebsratssitzung (38 Prozent). Ein Drittel der Betriebsräte trifft sich sogar mehrmals im Monat. Die Regelmäßigkeit und Häufigkeit der Sitzungen nimmt dabei mit steigender Betriebsgröße zu.

Die Sitzungsfrequenz bei den AVOs ist demgegenüber ›flexibler‹. Zwar geben 50 Prozent der AVOs an, einmal oder sogar mehrmals im Monat in Sitzungen zusammen zu kommen. Der Großteil der AVOs (39 Prozent) trifft sich jedoch nur »nach Bedarf«. Dies mag zum einen mit dem überwiegend klein- und mittelbetrieblichen Umfeld zu tun haben, in dem AVOs agieren. Die Unregelmäßigkeit der internen Treffen könnte aber auch ein Indiz dafür sein, dass es sich bei einem nicht unerheblichen Teil der AVOs eher um ›ad hoc-Gremien‹ als um dauerhafte, feste Strukturen handelt.

Dabei existieren zwischen den gemeinsamen Gremien und den reinen Arbeitnehmervertretungen signifikante Unterschiede.[84] In etwa 48 Prozent der Fälle kommen reine Arbeitnehmervertretungen nur nach Bedarf zusammen. Gleiches gilt nur für rund 31 Prozent der gemeinsamen Gremien; diese treffen in der Regel einmal oder mehr als einmal im Monat zusammen. Offensichtlich ist die Gremienstruktur der gemeinsamen Organe stärker durch eine regelmäßige Sitzungsfrequenz gekennzeichnet. AVOs, die reine Arbeitnehmervertretungen sind, scheinen demgegenüber nur dann in Aktion zu treten, wenn sie ›gebraucht‹ werden. Über die konkreten Anlässe ihres Zusammentreffens geben die BISS-Daten zwar keinen Aufschluss, jedoch sind verschiedene Konditionen denkbar: So könnten reine Arbeitnehmervertretungen beispielsweise durch einen Beschwerdefall auf den Plan gerufen werden oder aber immer dann zusammentreffen,

84 Dies zeigt ein Chi-Quadrat-Unabhängigkeitstest an ($p = 0{,}01$ bei gewichteten Daten).

wenn betriebliche Neuerungen ins Haus stehen und arbeitnehmerseitig eine Position gefunden werden soll.

Abbildung 14: Häufigkeit gremiumsinterner Sitzungen

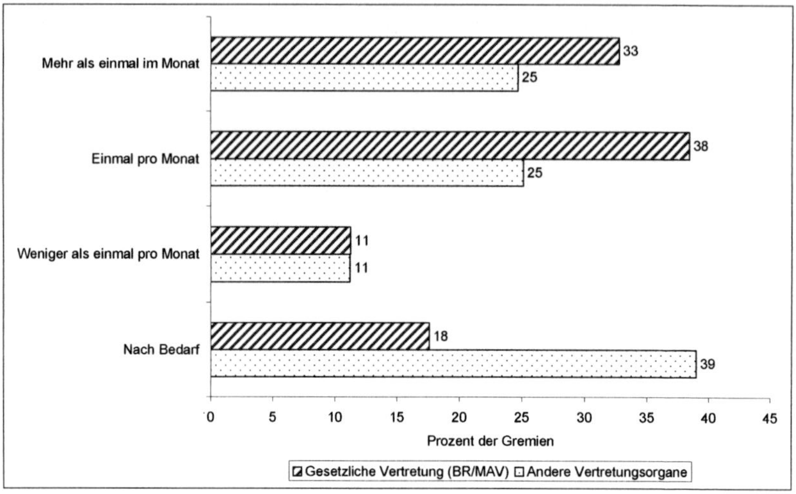

Basis: Privatwirtschaft ab 10 Beschäftigte, Betriebe mit kollektiver Vertretung, Auskünfte von 1.228 gesetzlichen Vertretungen und 138 Anderen Vertretungsorganen, Betriebsgewichtung

Bei den *gemeinsamen Sitzungen* von Interessenvertretung und Geschäftsleitung (Abbildung 15) fällt auf, dass AVOs sehr viel häufiger mit der Geschäftsleitung in Sitzungen zusammentreffen als Betriebsräte. Knapp 80 Prozent der AVOs tagen einmal oder mehrmals im Monat mit der Geschäftsleitung; bei Betriebsräten trifft dies nur für 66 Prozent der Fälle zu. Vergleicht man die Daten mit den Angaben zur internen Sitzungsfrequenz, so scheinen AVOs weitaus häufiger zusammen mit der Geschäftsleitung zu tagen als alleine beziehungsweise intern. Erklären lässt sich dieses überraschende Ergebnis vor allem aus dem Antwortverhalten gemeinsamer Gremien. Diese führen in vielen Fällen kein ›Eigenleben‹ jenseits der Treffen mit der Geschäftsleitung. So sind interne AVO-Treffen in der Regel auch gleichzeitig »Sitzungen mit der Geschäftsleitung«. Ob sich die Arbeitnehmervertreter gemeinsamer Gremien darüber hinaus auch ohne die Geschäftsleitung zu formellen oder informellen Besprechungen treffen – und damit quasi eine Fraktion innerhalb des gemeinsamen Gremiums bilden –, wie oft und unter welchen Umständen dies geschieht, kann mit den BISS-Daten nicht abgebildet werden.

Abbildung 15: Häufigkeit gemeinsamer Treffen von Interessenvertretung und Geschäftsleitung

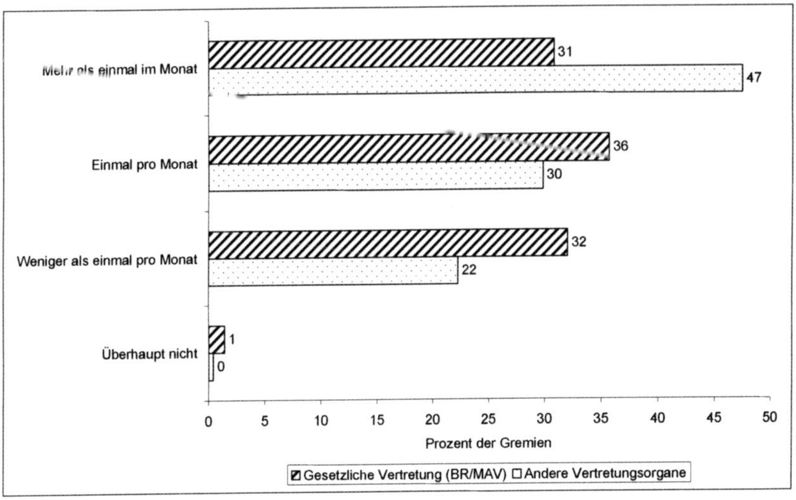

Basis: Privatwirtschaft ab 10 Beschäftigte, Betriebe mit kollektiver Vertretung, Auskünfte von 1.226 gesetzlichen Vertretungen und 166 Anderen Vertretungsorganen, Betriebsgewichtung

Was die Daten aber auch zeigen: Etwa ein Drittel der Betriebsräte und 22 Prozent der AVOs treffen sich seltener als monatlich formell mit der Geschäftsleitung. Ob dies lediglich ein Ausdruck schwach ausgeprägter Kooperationsbeziehungen ist, oder gar auf ein angespanntes Verhältnis der Akteure hindeutet, ist nicht ohne Weiteres ersichtlich.[85] Die Frage der Qualität Zusammenarbeit soll daher im nachfolgenden Abschnitt genauer untersucht werden.

Qualität der Zusammenarbeit von Geschäftsleitung und Interessenvertretung

Betrachtet man die subjektiv wahrgenommene Qualität der Zusammenarbeit von Geschäftsleitung und Betriebsrat, so zeichnen beide Akteursgruppen ein überwiegend positives Bild: Immerhin 72 Prozent der Geschäftsleitungen bewerten die Zusammenarbeit als gut oder sehr gut (Abbildung 16). Auch aus Sicht der Betriebsräte funktioniert in der Regel

85 Wie eine Korrelationsanalyse ergab, steht die Interaktionshäufigkeit tatsächlich in einem signifikant negativen Zusammenhang mit dem nachfolgend betrachteten Verhältnis der Akteure.

die Kooperation mit der Geschäftsführung – obwohl ihre Einschätzung etwas gedämpfter ausfällt: 67 Prozent gaben gut bis sehr gut an.

Abbildung 16: Zusammenarbeit von Geschäftsleitung und Interessenvertretung

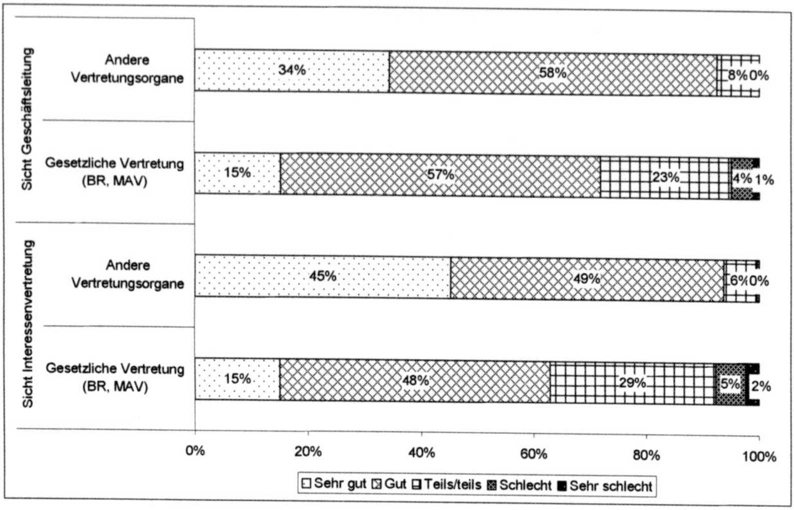

Basis: Privatwirtschaft ab 10 Beschäftigte, Betriebe mit kollektiver Vertretung, Auskünfte von 1.997 Managementvertretern, 1.230 gesetzlichen Vertretungen und 167 Anderen Vertretungsorganen, Betriebsgewichtung

Dieses insgesamt sehr positive Ergebnis gilt allerdings nicht gleichermaßen für alle Betriebssegmente. Bei genauerer Betrachtung zeigt sicht: Wo ein Betriebsrat der Normalfall ist, wie im Bergbau, der Energie- und Versorgungswirtschaft oder im Banken- und Versicherungsgewerbe, klappt die Zusammenarbeit überdurchschnittlich gut. Konfliktreicher scheint die Situation in Branchen mit ›umkämpften‹ Interessenvertretungsstrukturen zu sein: bei den Wach-, Personal- und Reinigungsdienstleistungen, dem Baugewerbe und in abgeschwächter Form in den Betrieben der Datenverarbeitung. Auch in Betrieben, in denen die Gründung des Betriebsrats erst wenige Jahre zurückliegt, vergeben geben beide Seiten schlechtere Noten. Offenbar braucht es eine gewisse Zeit, bis sich Management- und Arbeitnehmervertreter auf die neue Situation eingestellt und gemeinsame positive Erfahrungen gesammelt haben.

Erstaunlich positiv fallen die Ergebnisse dagegen in den eigentümergeführten Betrieben aus. Diese weisen kaum Unterschiede zu den Einschätzungen in Betrieben auf, die managementgeführt sind und zu einem deutschen oder ausländischen Großunternehmen gehören – zumindest aus

Sicht des Managements. Offensichtlich kommen diese mit den vergleichsweise weit reichenden Mitentscheidungsrechten der hiesigen Betriebsräte gut zurecht. Etwas skeptischer beurteilen die Betriebsräte jeweils ihre Situation: In Betrieben, die zu einem größeren einheimischen Unternehmen gehören, sind 69 Prozent mit der Kooperation zufrieden; bei den eigentümergeführtren Betrieben wie bei den Niederlassungen ausländischer Unternehmen sind es aus Sicht der Arbeitnehmervertreter etwa 10 Prozentpunkte weniger. Zudem zeigt sich, dass sich das Verhältnis zwischen Betriebsrat und Management mit steigender gewerkschaftlicher Einbindung der Betriebsräte abkühlt. Allerdings fällt dieser Zusammenhang eher gering aus.

Die Bewertung der Zusammenarbeit mit den AVOs fällt noch positiver aus als bei den gesetzlichen Vertretungen: 90 Prozent der Personalverantwortlichen und fast ebenso viele AVO-Vertreter beurteilen sie mit gut oder sehr gut. Dieses Ergebnis ist allerdings auch wenig überraschend, wenn man in betracht zieht dass die Mehrzahl der AVOs auf Initiative der Geschäftsleitung gebildet wird und in ihrer Existenz von der guten Zusammenarbeit mit dieser abhängig ist.

Selbstverständnis und Rolle der Interessenvertretung bei betrieblichen Veränderungen

Eine Reihe einschlägiger Studien zur Arbeit von Betriebsräten hat festgestellt, dass sich Betriebsräte voneinander bezüglich ihres ›Selbstkonzeptes‹ – des Verständnisses ihrer eigenen Rolle und Aufgabe im Betrieb – und auch bezüglich ihrer Haltung zum Betriebsgeschehen erheblich unterscheiden. Über den wissenschaftlichen Diskurs hinaus hat beispielsweise der Betriebsrats-Typus des »Co-Managers« breite Beachtung gefunden; der ›Co-Manager‹ versteht sich selbst als aktiver *Mitgestalter* des betrieblichen Geschehens, der anstehenden Entscheidungen und Problemen aufgeschlossen-kritisch gegenüber eingestellt und ebenso wie die Geschäftsleitung daran interessiert ist, den Betrieb ›erfolgreich zu managen‹. Im Gegensatz dazu finden sich in qualitativen Fallstudien eine Reihe von Betriebsratstypen, die eine andere und teilweise entgegengesetzte Haltung verkörpern; so wird von Betriebsräten berichtet, die zum Teil unter Rückbezug auf den Kapital-Arbeit-Antagonismus eine prinzipielle Gegenposition zur Geschäftsleitung und zu den von ihr vorgebrachten betrieblichen Vorhaben oder Veränderungsplänen einnehmen.

In der Forschung über Betriebsräte finden sich zahlreiche Ansätze, diese Varianz der Betriebsräte konzeptionell und auch empirisch abzubilden, Betriebsräte zu typologisieren und anhand verschiedener (und wechselnder) Kriterien zu klassifizieren. Dabei finden sich komplexe Typologien, die eine Vielzahl an Definitionsdimensionen umfassen – wie die bekannten Typen von Kotthoff (1981; 1994) –, aber auch gering-komplexe Ansätze, die mit Hilfe einiger weniger zentraler Variablen eine Klassenbildung versuchen. So konstruiert Nienhüser (2005) anhand der beiden Dimensionen Macht beziehungsweise Rückhalt des Betriebsrats in der Belegschaft und Kooperationsbereitschaft des Betriebsrats eine Vierer-Typologie (Nienhüser 2005). Typenbildungen in Form komplexer, mehrdimensionaler Modelle sind in der Regel Resultat qualitativer Fallstudien-Untersuchungen; auf Basis quantitativer Daten lassen sich viele der komplexen Dimensionen nur schwer valide operationalisieren und messen (vgl. beispielsweise auch Dilger 2002; Müller-Jentsch u.a. 1998; Osterloh 1993).

Für eine erste Annäherung an eine Typologisierung der Interessenvertretungsorgane betrachten wir verschiedene Aspekte des *Selbstverständnisses* und der Einstellung der Interessenvertretungen zu *betrieblichen Veränderungen*. In der BISS-Befragung wurden diese Aspekte durch verschiedene Fragen abgebildet.

Aus Sicht der befragten Geschäftsleitungen sind Betriebsräte und AVOs in der Regel *aktive Mitgestalter*, wenn es um technische und organisatorische Veränderungen im Betrieb geht (siehe Abbildung 17). Dabei stehen AVOs nach dem Urteil der Geschäftsleitungen besser da: Während knapp 70 Prozent der Geschäftsleitungen aus Betriebsratsbetrieben ihren Betriebsrat als mehr oder minder aktiven Mitgestalter einstufen, gilt gleiches für 84 Prozent der Geschäftsleitungen aus AVO-Betrieben. Diese aktive Gestaltungsrolle nimmt dabei insbesondere bei den Betriebsräten mit steigender Betriebsgröße zu: In Betrieben mit zehn bis 19 Beschäftigten bescheinigt das Management seinem Betriebsrat in 64 Prozent der Fälle betriebliche Veränderungsprozesse mit eigenen Vorschlägen zu begleiten, bei 500 und mehr Beschäftigten sind es dagegen 77 Prozent.

Die Sichtweise der Interessenvertretungen ist insgesamt noch etwas positiver: Drei Viertel der befragten Betriebsräte und nahezu alle AVOs (96 Prozent) schätzen sich selbst als aktive Mitgestalter betrieblicher Veränderungsprozesse ein.

Abbildung 17: Interessenvertretung als aktiver Mitgestalter – Selbst- und Fremdeinschätzung

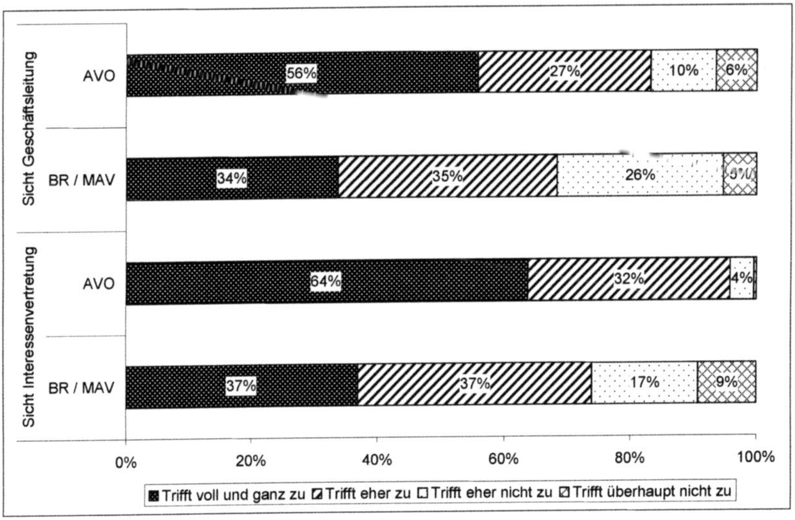

Basis: Privatwirtschaft ab 10 Beschäftigte, Betriebe mit kollektiver Vertretung, Auskünfte von 1.996 Managementvertretern und 1.396 Interessenvertretern, Betriebsgewichtung

Nach eigener Aussage verfolgt ein Großteil der Beschäftigtenvertreter – Betriebsräte oder AVOs – darüber hinaus eine Strategie der kooperativen Zusammenarbeit mit der Geschäftsleitung. Über 90 Prozent der interviewten Betriebsrats- wie der AVO-Vertreter weisen der ›*gemeinsamen Problemlösung*‹ mit der Geschäftsleitung eine sehr hohe Bedeutung zu. Gleichzeitig scheuen sie nicht davor zurück, wenn nötig auch in Konflikt mit der Geschäftsleitung zu treten: Drei Viertel der Vertreter gehen nach eigenen Angaben offenen *Konflikten* nicht aus dem Weg. Hier unterscheiden sich die Aussagen der AVOs erstaunlicherweise kaum von denen der gesetzlichen Vertretungen. Allerdings kann davon ausgegangen werden, dass die Möglichkeiten der Konflikteskalation bei den AVOs schwächer ausgeprägt sind als bei den Betriebsräten. Da ihnen rechtlich abgesicherte Eskalationsstufen wie etwa das Einigungsstellenverfahren oder intern vereinbarte Konfliktschlichtungsmechanismen in der Regel nicht zur Verfügung stehen, müssen sie im Streitfall vor allem auf die Kraft des besseren Argumentes vertrauen. Offen ausgetragene Konflikte sind daher hier weit weniger wahrscheinlich.

Abbildung 18: Durchsetzung von Veränderungen gegen den Widerstand der Interessenvertretung – Selbst- und Fremdeinschätzung

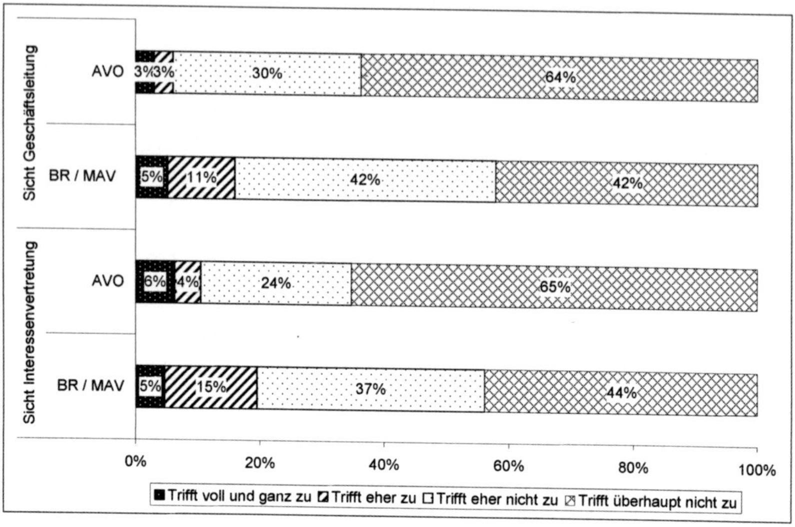

Basis: Privatwirtschaft ab 10 Beschäftigte, Betriebe mit kollektiver Vertretung, Auskünfte von 1.986 Managementvertretern und 1.391 Interessenvertretern, Betriebsgewichtung

Die befragten Arbeitnehmervertreter wurden zudem gebeten, die *Haltung der Geschäftsleitung* ihnen gegenüber bei technischen und organisatorischen Veränderungen zu beurteilen. Vor allem die Mitglieder von AVOs sind der Meinung, die Geschäftsleitung *erwarte ihre aktive Unterstützung*. Da es sich bei einem großen Teil der AVOs um von der Geschäftsleitung eingesetzte Gremien handelt, ist diese Sichtweise nicht verwunderlich. Die Betriebsräte fühlen sich bei betrieblichen Veränderungen seltener in die Pflicht genommen: Knapp 10 Prozent sind der Meinung, von ihnen werde überhaupt keine aktive Unterstützung erwartet.

Insgesamt scheint das Verhältnis vor allem von Kooperation geprägt zu sein: Rund 80 Prozent der Betriebsräte und sogar fast 90 Prozent der AVOs geben an, Veränderungen seien in der Vergangenheit von der Geschäftsleitung *nicht gegen ihren Widerstand* durchgesetzt worden (Abbildung 18). Diese Aussagen korrespondieren mit der überaus guten Einschätzung des gegenseitigen Verhältnisses. Die Geschäftsleitungen teilen mehrheitlich die Einschätzung der Interessenvertreter.[86] Mehr als zwei Drittel sind der Meinung, dass Betriebsrat oder AVO sich bei betrieblichen Veränderungen aktiv einbringen – wobei die AVOs in ihrer Beteiligung etwas positiver eingeschätzt werden als gesetzliche Vertretungen. Grund hierfür könnte die enge Anbindung zumindest eines Teils dieser Vertretungsorgane – der gemeinsamen Gremien – an die Geschäftsleitung selbst sein. In den wenigsten Fällen ist es seitens der Geschäftsleitungen notwendig, Veränderungen auch *gegen den Widerstand* der Interessenvertreter durchzusetzen: Für die AVOs meinen dies nur etwa 5 Prozent, bei den gesetzlichen Vertretungen etwa 15 Prozent der befragten Geschäftsleitungen. Auch hier könnte der recht starke Einfluss der Geschäftsleitung auf die AVOs der Grund für den Unterschied sein.

Eine Typologie der Interessenvertretung

Diese deskriptiven Darstellungen geben einen ersten Überblick über Rolle und Selbstverständnis der verschiedenen Interessenvertretungsgremien. Weitergehende Einblicke können aber erst durch die Kombination der hier betrachteten Dimensionen und damit über die Bildung von *Typen der Interessenvertretung* gewonnen werden. Dazu kann in einem ersten Schritt eine Typologisierung der Betriebsräte erfolgen; die Daten erlauben es jedoch darüber hinaus, die AVOs in die Typenbildung mit einzubeziehen. In einem zweiten Schritt soll daher eine Typenbildung der AVOs erfolgen. Dabei wird zunächst ein gering-komplexes Variablenmodell aus zwei Merkmalen, mit deren Hilfe sich grundlegende Verhaltensdispositionen einer Interessenvertretung erfassen lassen.[87] Eine mögliche und in leicht abgewandelter Form auch bereits in anderen Studien genutzte Typologie entsteht aus der Kombination der Variablen »Aktivitätsgrad« und »Kooperationsbereitschaft«. Interessant ist dabei zunächst, inwiefern sich Aktivität und Kooperationsbereitschaft beziehungsweise Passivität und Konfliktbereitschaft ergänzen und wie verbreitet diese Typen sind.

Für die erste Dimension – den *Aktivitätsgrad* des Interessenvertretungsorgans – wurde die Geschäftsleitung nach ihrer Einschätzung gefragt, ob

86 In etwa 75 Prozent der Betriebsratsbetriebe und 86 Prozent der AVO-Betriebe stimmt die grundsätzlich positive beziehungsweise negative Einschätzung beider Parteien überein.

87 Komplexere Typenbildungen mit Hilfe von Clusteranalysen sollen in nachfolgenden Projektphasen erfolgen.

sich der Betriebsrat bei »organisatorischen und technischen Veränderungen« aktiv einbringt, eventuell sogar mit eigenen Vorschlägen (siehe auch weiter oben).[88] Als zweite Dimension nutzen wir die *Kooperationsbereitschaft* beziehungsweise *Konfliktbereitschaft* des Betriebsrats. Die Geschäftsleitungen wurden um ihre Einschätzung gebeten, ob die betrieblichen Veränderungen »in der Regel gegen den Widerstand der Interessenvertretung durchgesetzt werden« müssen. Die Kombination der beiden Dimensionen »Aktivitätsgrad« und »Konfliktbereitschaft« innerhalb einer Kreuztabelle ergibt dann vier Betriebsrats-Typen (Tabelle 27). Die überwiegende Mehrheit der Betriebsräte (60,6 Prozent) zählt hierbei zum aktiv-kooperativen Typus. Nur ein sehr geringer Teil der Betriebsräte (jeweils etwa 8 Prozent) ist demnach als aktiv-konfliktbereit oder passiv-konfliktbereit zu bezeichnen. Etwa jeder Vierte wird als kooperativ aber bei betrieblichen Veränderungen eher passiv agierend eingeschätzt.

Tabelle 27: Verteilung der Betriebsratstypen (Aktivitätsgrad und Kooperationsbereitschaft)

	Kooperativ	*Konfliktbereit*
Aktiv	(1) Aktiv-kooperativer Betriebsrat 60,6% (n=1.007)	(2) Aktiv-konfliktbereiter Betriebsrat 7,9% (n=167)
Passiv	(3) Passiv-kooperativer Betriebsrat 23,4% (n=297)	(4) Passiv-konfliktbereiter Betriebsrat 8,1% (n=123)

Basis: Privatwirtschaft ab 10 Beschäftigte, Betriebe mit kollektiver Vertretung, Auskünfte von 1.594 Geschäftsleitungen, Betriebsgewichtung

Für die AVOs kann die Typenbildung analog erfolgen. Es zeigt sich, dass mehr als drei Viertel der AVOs dem aktiv-kooperativen Typ zuzuordnen sind; passiv-konfliktbereite AVOs kommen praktisch nicht vor (siehe Tabelle 28). Dabei bestehen weder signifikante Unterschiede zwischen den vier AVO-Strukturtypen noch zwischen gemeinsamen AVOs und den AVOs, die reine Arbeitnehmervertretungen sind.

88 Die Einschätzung wurde mittels einer Vierer-Skala mit den Ausprägungen »trifft voll und ganz zu« bis »trifft überhaupt nicht zu« erhoben. Zum Zwecke der Typenbildung wurden positive und negative Antworten jeweils zusammengefasst.

Tabelle 28: Verteilung der AVO-Typen (Aktivitätsgrad und Kooperationsbereitschaft)

	Kooperativ	*Konfliktbereit*
Aktiv	(1) Aktiv-kooperatives AVO 77,5% (n=288)	(2) Aktiv-konfliktbereites AVO 5,7% (n=30)
Passiv	(3) Passiv-kooperatives AVO 16,3% (n=57)	(4) Passiv-konfliktbereites AVO 0,5% (n=5)

Basis: Privatwirtschaft ab 10 Beschäftigte, Betriebe mit kollektiver Vertretung, Auskünfte von 380 Geschäftsleitungen, Betriebsgewichtung

Die Daten zeigen deutlich, dass AVOs von den Geschäftsleitungen häufiger als Betriebsräte als aktive und gleichzeitig kooperative Mitgestalter betrieblicher technisch-organisatorischer Veränderungen wahrgenommen werden. Lediglich eine verschwindend geringe Anzahl von Geschäftsleitungen attestiert ihrem AVO Konfliktbereitschaft. Ebenso wird deutlich, dass auch Betriebsräte bei betrieblichen Reorganisationsprojekten vom Gros der interviewten Managementvertreter durchaus als kooperativ beziehungsweise als aktive Partner eingeschätzt werden. Die erhöhte Konfliktbereitschaft deutet bereits darauf hin, dass Betriebsräte eher als AVOs in der Lage sind, auch eine Gegenposition zur Geschäftsleitung einzunehmen. Sie kann vermutlich eher als ›Konfliktfähigkeit‹ verstanden werden (siehe auch Kapitel 6).

4.2.3 Interessenvertretung und Belegschaft

Sowohl die interviewten Personalverantwortlichen als auch die Mitglieder des Interessenvertretungsorgans wurden nach der Beziehung zwischen dem Interessenvertretungsorgan und der Betriebsbelegschaft gefragt. Dabei ging es insbesondere darum zu untersuchen, welchen Rückhalt das Interessenvertretungsorgan – Betriebsrat oder AVO – innerhalb der Belegschaft besitzt, denn besonders für AVOs, die nicht von der Belegschaft gewählt werden, stellt sich die Frage nach der Legitimität der Repräsentanz von Beschäftigteninteressen.

Der Großteil der Befragten ist dabei der Ansicht, dass der *Rückhalt* der Interessenvertretungsorgane »sehr stark« oder »eher stark« ist (Abbildung

19). Während sich die Sichtweisen von Interessenvertretung und Geschäftsleitung bezüglich der AVOs nur gering unterscheiden, schätzen die Geschäftsleitungen in Betriebsratsbetrieben den Rückhalt des Betriebsrats weitaus geringer ein als die Betriebsratsmitglieder selbst. Knapp ein Drittel der Geschäftsleitungen gibt an, der Betriebsrat besitze nur einen schwachen Rückhalt bei den Beschäftigten; nur etwa 13 Prozent der Betriebsräte teilen diese Ansicht.

Abbildung 19: Rückhalt der Interessenvertretung in der Belegschaft – Selbst- und Fremdeinschätzung

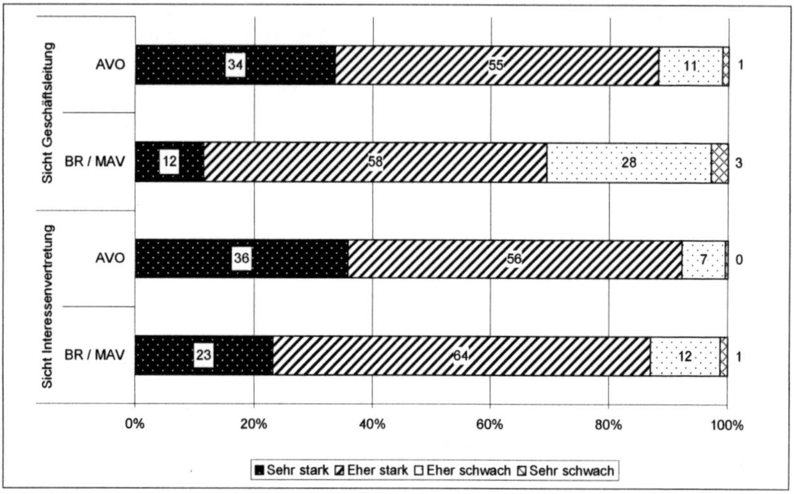

Basis: Privatwirtschaft ab 10 Beschäftigte, Betriebe mit kollektiver Vertretung, Auskünfte von 1.969 Managementvertretern und 1.381 Interessenvertretungen, Betriebsgewichtung

Die Verteilung nach AVO-Strukturtypen (Tabelle 29) kann aufgrund der geringen Fallzahlen nur mit Vorsicht interpretiert werden. Die deskriptive Verteilung legt dabei die Vermutung nahe, dass der Rückhalt, den die gewählten Gremien in der Belegschaft besitzen, etwas höher ist, als der Rückhalt der von der Geschäftsleitung eingesetzten Organe. Analysiert man die Unterschiede zwischen gemeinsamen Gremien und reinen Arbeitnehmervertretungen, so besteht kein Unterschied bezüglich des Rückhalts bei den Beschäftigten; hier konstatieren jeweils zwischen 90 Prozent der Geschäftsleitungen und 95 Prozent der Interessenvertretungen, dass das AVOs einen starken oder sehr starken Rückhalt in der Belegschaft besitzt.

Tabelle 29: Rückhalt der AVOs in der Belegschaft – Vergleich zwischen eingesetzten und gewählten Gremien

AVO-Typ		Sicht der Geschäftsleitung		Sicht der Interessenvertretung	
		Eher schwach	Eher stark	Eher schwach	Eher stark
Gewählte Gremien	%	8,5	91,5	3,6	96,4
	n	(23)	(146)	(10)	(76)
Eingesetzte Gremien	%	12,3	87,7	11,1	88,9
	n	(26)	(142)	(8)	(62)

Basis: Privatwirtschaft ab 10 Beschäftigte, Betriebe mit Anderen Vertretungsorganen, Auskünfte von 337 Managementvertretern und 156 Anderen Vertretungsorganen, Betriebsgewichtung

4.2.4 Interessenvertretung und Gewerkschaften

Über den Kontakt zu den Gewerkschaften erhalten Betriebsräte in der Regel Unterstützungs- oder Beratungsleistungen für die Betriebsratsarbeit; auch Schulungsangebote werden – wie gezeigt wurde – seitens der Betriebsräte häufig bei gewerkschaftlichen Schulungsstellen wahrgenommen. Gerade aus traditionellen Industriebetrieben ist bekannt, dass der Gewerkschaftssekretär wichtiger Gesprächspartner der Betriebsräte ist. Auch über die gewerkschaftlichen Vertrauensleute sind Gewerkschaften vor Ort präsent. Nicht selten entsteht der Kontakt eines Betriebsrats zur Gewerkschaft bereits in der Initiationsphase der Betriebsratswahl, wenn Gewerkschaften als Vorbereiter der Betriebsratswahl fungieren (vgl. auch Rudolph/Wassermann 1996).

Die Frage nach der Beziehung zu den Gewerkschaften wurde auch in der BISS-Befragung gestellt. Da der gewerkschaftliche Kontakt im Betrieb in der Regel über die Beschäftigten erfolgt, kann die Frage nur in denjenigen Betrieben sinnvoll gestellt werden, in denen zumindest ein geringer Teil der Belegschaft gewerkschaftlich organisiert ist. Die folgenden Auswertungen beziehen sich daher nur auf Betriebe mit Gewerkschaftsmitgliedern in den Reihen der Beschäftigten. Da nur ein geringer Teil der Beschäftigten in AVO-Betrieben gewerkschaftlich organisiert ist, wird die für die Analyse zur Verfügung stehende Fallzahl stark reduziert. Die weiter oben vorgestellten Resultate zu den Mitgliederstrukturen der AVOs, insbesondere der recht geringe gewerkschaftliche Organisationsgrad, lassen hier vermuten, dass Kontakte zu Gewerkschaften eher selten sind. Die

Ergebnisse zeigt die folgende Abbildung separat für Betriebsräte und AVOs.

Abbildung 20: Kontakte zwischen betrieblicher Interessenvertretung und Gewerkschaft

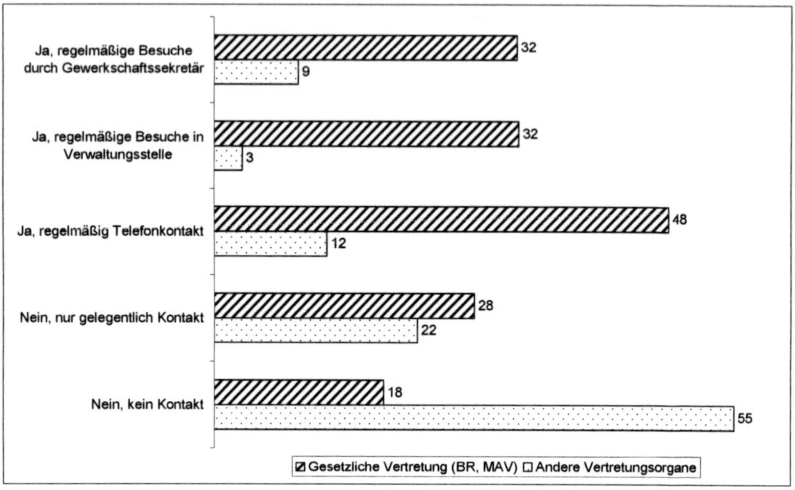

Basis: Privatwirtschaft ab 10 Beschäftigte, Betriebe mit kollektiver Vertretung, Auskünfte von 1.199 gesetzlichen Vertretungen und 103 Anderen Vertretungsorganen, Betriebsgewichtung (Mehrfachnennungen möglich)

Erwartungsgemäß besteht ein großer Unterschied zwischen Betriebsräten und AVOs: Während Gewerkschaftskontakte zumindest in gelegentlicher Form von den meisten Betriebsräten gepflegt werden, hat mehr als die Hälfte der AVOs überhaupt keinen Kontakt zu Gewerkschaften.

Auch bei Betrachtung der Inanspruchnahme gewerkschaftlicher *Unterstützungsleistungen* wird deutlich, dass der Kontakt zwischen Gewerkschaften und gesetzlichen Formen der Interessenvertretung intensiver und weitreichender ist, als der Kontakt zwischen Gewerkschaften und AVOs. Der Großteil der Betriebsräte, die Kontakte zu einer Gewerkschaft besitzen, nutzt verschiedene Leistungen. Dabei werden vor allem Rechtsberatungen (75 Prozent) oder Expertenvermittlung (69 Prozent) nachgefragt, aber auch für die Organisation der Betriebsratswahlen werden Gewerkschaftsangebote (69 Prozent) in Anspruch genommen. Annähernd 60 Prozent der Betriebsräte bewerten ihre Zusammenarbeit mit den Gewerkschaften als gut oder sehr gut. Aufgrund der geringen Fallzahlen bei den AVOs (n=37), die überhaupt Kontakt zu den Gewerkschaften haben, können hierzu für diese Organe keine robusten Aussagen getroffen werden. Betrachtet man diese wenigen Falle, so zeigt sich auch bei den Unterstützungsleistungen eine erhebliche Kluft zu den Betriebsräten.

4.3 Zwischenfazit

Während Betriebsräte als durch alle abhängig Beschäftigten gewählte, reine Arbeitnehmervertretungen über eine durch das BetrVG normierte Struktur verfügen, variieren die Strukturen von AVOs bezüglich zentraler Merkmale – der Zusammensetzung und des Einsetzungsverfahrens – erheblich. Betrachtet man diese Strukturdimensionen, so orientiert sich nur etwa ein Viertel der AVOs am Betriebsratsmodell. Der Großteil der AVOs sind gemeinsame Gremien, die aus Vertretern der Geschäftsleitung und der Beschäftigten bestehen. Vieles spricht dafür, dass die Trennung der AVOs entlang der Dimension ›Zusammensetzung‹ in gemeinsame Gremien und reine Arbeitnehmervertretungen nicht nur von analytischem Wert ist, sondern auch etwas über die Funktionslogik der Organe aussagt.

Bezüglich der Mitgliederstruktur liegt ein zentraler Unterschied zwischen Betriebsräten und AVOs in der gewerkschaftlichen Anbindung. Während die Mitglieder von Betriebsräten zum Großteil in DGB-Gewerkschaften organisiert sind, gilt für AVOs das genaue Gegenteil. Bei der Betrachtung der *Arbeitsweisen* und Themenschwerpunkte der AVOs fällt auf, dass diese sich im Durchschnitt auf eine geringe Anzahl von Thematiken beschränken, wohingegen die Themen, die Betriebsräte bearbeiten, vielfältiger sind. AVOs sind also in aller Regel Gremien, die speziell für die Regulierung bestimmter betrieblicher Themenfelder gebildet wurden. Dabei werden ›harte‹, verteilungsrelevante Themen bei AVOs in der Regel nicht behandelt. AVOs schließen weniger häufig Vereinbarungen ab als Betriebsräte und nehmen seltener an Schulungen und Bildungsmaßnahmen teil. Ihr ›Aktionsradius‹ ist insgesamt geringer als der der Betriebsräte.

Die *Strukturen und Arbeitsbedingungen* von Betriebsräten und AVOs sind – so konnte mit Hilfe der multivariaten Analyseverfahren gezeigt werden – beeinflusst von einer Vielzahl von Faktoren. Am Beispiel der Gremiengröße und der Ressourcenausstattung wurde demonstriert, dass die Regelungen des BetrVG für Betriebsräte erwartungsgemäß wichtige Bestimmungsfaktoren ihrer Strukturen (hier wurden die Gremiengröße und die Arbeitsbedingungen in Gestalt der Ressourcenausstattung analysiert) darstellen. Darüber hinaus sind jedoch noch andere Faktoren relevant, die auf die Bedeutung der betriebsstrukturellen Kontextbedingungen der Interessenvertretungsarbeit, der Aushandlungs- und Sozialbeziehungen zwischen den Betriebsparteien sowie auf die Betriebskultur und die Beteiligungsstrategie der Geschäftsleitung verweisen. Die BISS-Daten belegen also, dass auch bei den Betriebsräten trotz der rechtlichen Reglementierungen vieles ›Verhandlungssache‹ ist. Da die Strukturen und Arbeitsweisen von AVOs nicht auf gesetzlichen oder anderen Vorgaben beruhen, gilt für sie gleiches in noch stärkerem Umfang. Dabei sind Betriebsstrukturen (Branchenunterschiede, wirtschaftliche Lage des Betriebes), AVO-Strukturen (Differenzen zwischen gemeinsamen Gremien und reinen Arbeitnehmervertretungen) und betriebliche Sozialbeziehungen relevante Einflussfaktoren.

Die in der Einleitung des Kapitels aufgeworfenen Fragen nach der *Dauerhaftigkeit* beziehungsweise dem *Institutionalisierungsgrad* und dem Interessenvertretungscharakter der AVOs können auf Basis der vorliegenden Daten zumindest teilweise beantwortet werden. Die BISS-Daten liefern Indizien dafür, dass es sich bei einem Großteil der AVOs um recht *dauerhafte* Einrichtungen handelt. So existiert die Mehrheit der AVOs bereits seit mehr als drei Jahren. Zudem konnte gezeigt werden, dass viele AVOs in regelmäßigen Abständen Sitzungen mit der Geschäftsleitung abhalten. Ein Drittel aller AVOs verfügt zudem über einen Sprecher oder Vorsitz. Dies lässt darauf schließen, dass hier recht dauerhafte und stabile Strukturen etabliert worden sind. Es handelt sich bei den meisten AVOs also vermutlich nicht nur um Organe auf dem ›Papier‹, um ad hoc-Gremien oder um Gebilde aus der Vorstellungswelt der Befragten, die irrtümlicherweise als feste ›Gremienstrukturen‹ bezeichnet werden.

Die Frage, ob es sich bei AVOs lediglich um Organe zur Verbesserung der betrieblichen Kommunikation oder aber um dezidierte *Interessenvertretungsgremien* handelt, kann auf Basis der hier präsentierten Ergebnisse nur schwer getroffen werden. Für den Interessenvertretungscharakter – zumindest einer Reihe von AVOs – sprechen jedoch einige Indizien: Zahlreiche AVOs haben Vereinbarungen mit der Geschäftsleitung zu betrieblichen Themen abgeschlossen. Die Anzahl der von den AVOs abgeschlossenen Vereinbarungen unterschreitet zwar stark die der Betriebsräte; hieraus lässt sich jedoch allenfalls ein Urteil über die Qualität und Effizienz der Interessenvertretungsarbeit der AVOs ableiten. Bei etwa 40 Prozent der AVOs handelt es sich um von den Beschäftigten gewählte

Gremien, die – nach Aussage der interviewten Manager – in der überwiegenden Mehrheit der Fälle auch alle Beschäftigten des Betriebs vertreten. Dabei verfügt ein Großteil der AVOs über eigene materielle, ein geringer Teil auch über personelle Ressourcen für ihre Arbeit. Bezogen auf die Ausstattung mit *Ressourcen* erscheinen die Voraussetzungen für die Interessenvertretungsarbeit der AVOs – soweit es sich bei den AVOs tatsächlich um Interessenvertretungsgremien handelt – schlechter als bei Betriebsräten. Wenn auch die Ressourcenausstattung der AVOs ihrer Selbsteinschätzung nach für die anstehenden Aufgaben ausreicht, so zeigt sich doch ein erheblicher Vorsprung der Betriebsräte bei Freistellungen, materiellen Ressourcen und der Teilnahme an externen Schulungen.

Die Frage nach dem Interessenvertretungscharakter der AVOs und nach dem Ausmaß der Beteiligung bei betrieblichen Entscheidungen wird auch in den nächsten Kapiteln behandelt, wenn die Beziehung zwischen Interessenvertretung und Geschäftsleitung und die Beteiligungschancen der Interessenvertretungen untersucht werden.

5 Beteiligungsorientierung und Beteiligungsformen

Viele neuere Untersuchungen zu Fragen der betrieblichen Interessenregulierung betonen die Bedeutung der spezifischen ›Sozialordnung‹ als zentraler Rahmenbedingung des betrieblichen Arbeits- und Interessenhandelns. Dabei wird von der Annahme ausgegangen, dass die Beziehungen zwischen Geschäftsleitung, Beschäftigten und Interessenvertretern, die Einstellungen und Grundhaltungen der betrieblichen Akteure sowie die Beteiligungsstrategien des Managements erheblichen Einfluss auf die Ausgestaltung und die Möglichkeiten der Interessenvertretungsarbeit besitzen. In einer Reihe von Studien wurde beispielsweise die Bedeutung von ›Managementphilosophien‹ der Beteiligungsorientierung beziehungsweise grundlegender Einstellungen und Haltungen der Geschäftsleitung zur Beteiligung von Beschäftigten und Interessenvertretungen, neueren partizipativen Arbeitsformen wie Gruppen- oder Projektarbeit sowie HRM-Elementen und verschiedenen materiellen Beteiligungsformen herausgearbeitet. Nachfolgend werden diese Aspekte im Hinblick auf ihre Bedeutung für das Zusammenspiel verschiedener Formen von Interessenregulierung auf verschiedenen betrieblichen Ebenen aufgegriffen. Dabei ist zu fragen, wie das Verhältnis von kollektiver (Management, Interessenvertretung) und individueller Ebene (Management, Arbeitsgruppen und individuelle Beschäftigte) gestaltet ist, auf welchen Ebenen betriebliche Entscheidungen getroffen werden und welche Bedingungen die Beteiligungschancen auf den verschiedenen Ebenen beeinflussen. Die folgenden Fragen werden auf Basis der BISS-Befragung betrachtet:

– Welche Formen der *Managementorientierung* und *Beteiligungsstrategien* finden sich in den Betrieben der deutschen Privatwirtschaft und wie beeinflussen sie die Herausbildung und Arbeitsweise verschiedener Formen von betrieblicher Interessenregulierung beziehungsweise von Interessenvertretungsorganen?

- Welche ›Vertretungswirksamkeit‹ beziehungsweise welches *Ausmaß an Beteiligung* können Betriebsräte und AVOs auf verschiedenen betrieblichen Regulierungsfeldern realisieren? Wie unterscheiden sich hierbei die Sichtweisen der Geschäftsleitungen und der Interessenvertreter?
- Welche *Faktoren* beeinflussen das Beteiligungsniveau von Betriebsräten und AVOs? In welchem Maße hängt das Ausmaß der realisierten Beteiligung beziehungsweise die Vertretungswirksamkeit von den Vorgaben des BetrVG ab und welche Rolle spielen andere, betriebskulturelle, personen- (Beschäftigte, Management, Interessenvertreter) oder aushandlungsbezogene Aspekte für die Beteiligungsrealität in den untersuchten Betrieben?
- Wie ist das Verhältnis von Beteiligung auf kollektiver und individueller Ebene?

5.1 Beteiligungsorientierung der Geschäftsleitung

In einem ersten Schritt wurden die Geschäftsleiter beziehungsweise Personalverantwortlichen zu den in ihrem Betrieb praktizierten Führungs- und Beteiligungsgrundsätzen befragt. Zwar konnte aus Ressourcengründen kein umfassendes Strategieprofil zur Mitarbeiterführung und -beteiligung erhoben werden, jedoch wurde den Personalverantwortlichen eine Batterie von Einschätzungsfragen vorgelegt, die eine grobe Einschätzung und Klassifizierung der vorherrschenden Einstellungen in Bezug auf individuelle und kollektive Beteiligung erlauben.

Im Einzelnen wurden erhoben: (a) das Interesse an einer langfristigen Mitarbeiterbindung (als Beteiligungsvoraussetzung), (b) das Bekenntnis zur Förderung von Familie und Beruf, (c) die Einstellung zur Beteiligung der Mitarbeiter (als Ausdruck einer autokratischen oder partizipativen Orientierung) sowie (d) eine generelle Einschätzung zur Nützlichkeit einer kollektiven Vertretung im Betrieb. In Betrieben mit einer kollektiven Vertretung wurde darüber hinaus erhoben, inwiefern (e) der Kommunikationsweg über die Vertretung im Vergleich zur direkten Kommunikation mit den Mitarbeitern präferiert wird. Des Weiteren wurden Einschätzungen zur Nützlichkeit überbetrieblicher Regulierungen durch die Tarifvertragsparteien abgefragt.

Im Ergebnis zeigte sich, dass die Geschäftsleitungen nach eigener Einschätzung grundsätzlich großen Wert auf die Berücksichtigung der Beschäftigteninteressen legen (vgl. Abbildung 21). Dabei hält nur eine Minderheit der Befragten eine kollektive Vertretung für sinnvoll oder erforderlich.

Abbildung 21: Haltung der Geschäftsleitung zu verschiedenen Aspekten der Mitarbeiterorientierung und Interessenvertretung

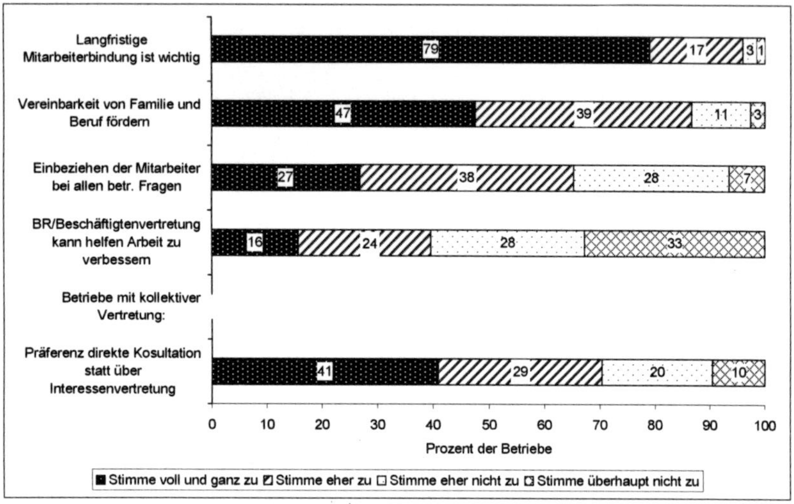

Basis: Privatwirtschaft ab 10 Beschäftigte, Auskünfte von 3.145 Managementvertretern (1.970 für letzte Frage), Betriebsgewichtung

Die höchste Zustimmung erhält die Frage nach der langfristigen Bindung der Mitarbeiter. Annähernd 80 Prozent der befragten Geschäftsleiter halten eine langfristige Bindung für sehr wichtig, weitere 17 Prozent für wichtig. Diese Einschätzung ist nicht überraschend, schließlich geht beim Ausscheiden von Mitarbeitern in der Regel viel Wissen und ›betriebsspezifisches Humankapital‹ verloren, das nicht sofort und ohne zusätzliche Kosten ersetzt werden kann. Mitarbeiterbindung und Motivation sind entscheidende Erfolgsfaktoren eines Unternehmens. Allerdings trifft dies nicht gleichermaßen auf alle Branchen zu. Insbesondere im Bereich der niedrigqualifizierten Dienstleistungen könnte diese Überlegung eine weit geringere Rolle spielen als es das Antwortverhalten nahelegt. Deshalb ist nicht auszuschließen, dass es bei dieser Frage teilweise auch zu sozial erwünschtem Antwortverhalten kam, da eine Ablehnung des Statements einer bekennenden Missachtung der eigenen Mitarbeiter gleichkäme.

Auch die Einschätzung, ein Betrieb sollte die Vereinbarkeit von Familie und Beruf fördern, die hier beispielhaft für die Berücksichtigung von Mitarbeiterinteressen im betrieblichen Alltag steht, wird von fast 70 Prozent der Geschäftsführungen bejaht. Allerdings stimmen ›nur‹ 47 Prozent dieser Einschätzung voll und ganz zu. Kritischer fällt dagegen das Urteil zur möglichst breiten Einbeziehung von Mitarbeitern bei allen betrieblichen Fragen aus. Nur 27 Prozent der Geschäftsleiter stimmen dieser Aussage voll und ganz zu, mehr als ein Drittel lehnt sie ab. Dahinter steht vermutlich die Befürchtung, eine zu weitgehende Beteiligung der Mitarbeiter könnte zu ineffizienten Entscheidungsprozessen im Betrieb führen oder das Alleinentscheidungsrecht der Betriebsleitung beeinträchtigen.

Fasst man diese drei Fragen zu einem Index »*Mitarbeiterorientierung*« zusammen (jeweils ein Punkt für Zustimmung und null Punkte für Ablehnung) und vergleicht die Indexausprägungen zwischen Betrieben mit unterschiedlicher Interessenvertretungsform, so zeigen sich für die AVO-Betriebe überdurchschnittlich hohe Werte der Mitarbeiterorientierung (vgl. Tabelle 30). Dies unterscheidet die AVO-Betriebe sowohl von den Betrieben ohne kollektive Vertretung als auch von den Betriebsratsbetrieben. In einem multivariaten Test erwies sich dieser Befund auch unter Kontrolle von Betriebsgröße und Branche als stabil.

Tabelle 30: Mitabeiterorientierung der Geschäftsleitung nach Interessenvertretungsform

Index »Mitarbeiter-orientierung«	*Keine kollektive Vertretung*	*Andere Vertretungs-organe*	*Gesetzliche Vertretung (BR, MAV)*	Durchschnitt
0	1,8%	0,5%	2,9%	1,8%
1	7,9%	6,2%	8,7%	7,7%
2	36,7%	28,5%	32,1%	34,2%
3	53,6%	64,8%	56,3%	56,2%
Gesamt	100,0%	100,0%	100,0%	100,0%

Basis: Privatwirtschaft ab 10 Beschäftigte, Auskünfte von 3.190 Managementvertretern, Betriebsgewichtung

Im Vergleich zur generell hohen Zustimmung bei den Fragen zur Mitarbeiterorientierung fällt die Sicht auf kollektive Regulierung deutlich negativer aus. Etwa 40 Prozent der Geschäftsleitungen stimmen der Aussage zu, dass ein Betriebsrat beziehungsweise eine andere Beschäftigtenvertretung

(AVO) die Arbeit im Betrieb verbessern kann. Die Einschätzung in dieser Frage hängt allerdings stark von der im Betrieb existierenden Form der Interessenvertretung ab. In Betrieben ohne kollektive Interessenvertretung gehen nur 23 Prozent der befragten Geschäftsleitungen von einem möglichen Nutzen einer kollektiven Vertretung aus. Liegen dagegen Erfahrungen mit einem Betriebsrat vor, kehrt sich das Bild vollständig um: nur 15 Prozent der Geschäftsleitungen sehen keinen prinzipiellen betrieblichen Nutzen, der mit einer kollektiven Interessenvertretung verbunden sein könnte, wohingegen 85 Prozent der Ansicht sind, der Betriebsrat trage dazu bei, die Arbeit im Betrieb zu verbessern. Die Aussagen bestätigen gewissermaßen die Zufriedenheit mit den tatsächlich im Betrieb vorhandenen Interessenregulierungsformen. Die interviewten Unternehmensvertreter befürworten offenbar die ihnen aus der täglichen Arbeit bekannten Interessenvertretungsformen und lehnen die unbekannten eher ab.

In Betrieben, die über eine kollektive Interessenvertretung verfügen, wurden die Geschäftsleitungen zusätzlich gefragt, ob sie generell die direkte Konsultation der Mitarbeiter dem Weg über die Interessenvertretung vorziehen. Insgesamt bejahen rund 70 Prozent der Befragten diese Aussage. Auch hier gibt es erhebliche Unterschiede zwischen den Vertretungsformen und deren Institutionalisierungsgrad. So ist die Zustimmung in Betrieben, in denen eine gesetzliche Vertretung existiert, deutlich geringer als in Betrieben mit Anderen Vertretungsorganen. In Betriebsratsbetrieben ab 200 Beschäftigten, in denen in der Regel freigestellte Betriebsräte als permanenter Ansprechpartner zur Verfügung stehen, bevorzugen weniger als 40 Prozent der Managementvertreter die direkte Konsultation der Mitarbeiter. Zwar mag eine direkte Konsultation hier allein schon aufgrund der Organisationsgröße als unpraktikabel erscheinen, bemerkenswert ist jedoch, dass ein Betriebsgrößeneffekt bei den AVOs nicht zu beobachten ist. In Betrieben mit Betriebsrat wird die Kollektivvertretung offenbar auch von Seiten der Geschäftsleitung als Repräsentant der Beschäftigten akzeptiert und der direkten Mitarbeiterbeteiligung vorgezogen.

5.2 Einschätzung betrieblicher und überbetrieblicher Regulierung

Die überwiegende Zufriedenheit der Geschäftsleitungen mit dem bestehenden System der Interessenvertretung zeigt Tabelle 31. Wie bereits in Kapitel 4 bei der Zusammenarbeit von Geschäftsleitung und Interessenvertretung schneiden auch hier AVO-Betriebe überdurchschnittlich gut ab. Während für AVOs fast ausschließlich positive Einschätzungen zu verzeichnen sind (96 Prozent), ist der Anteil der Betriebe, die mit ihrer derzeitigen Form der Interessenregulierung unzufrieden sind, deutlich höher, wenn ein Betriebsrat existiert (19 Prozent) oder wenn keine kollektive Interessenvertretung (17 Prozent) vorhanden ist. Besonders auffällig ist die Polarisierung innerhalb der letztgenannten Gruppe. Während die Einschätzungen bei den AVO-Betrieben vom Positiven zum Negativen steil und bei den Betriebsratsbetrieben flacher abfallen, gibt es bei den Betrieben ohne kollektive Vertretung einen Anstieg bei den extrem negativen Einschätzungen.

Tabelle 31: Zufriedenheit der Geschäftsleitung mit der derzeitigen Form der Interessenvertretung

	"Die Geschäftsleitung ist mit der derzeitigen mit Form der Interessenvertretung zufrieden"			
Interessenvertretungsform	Stimme voll und ganz zu	Stimme eher zu	Stimme eher nicht zu	Stimme überhaupt nicht zu
Keine kollektive Vertretung	66,2%	16,6%	4,0%	13,2%
Andere Vertretungsorgane	77,6%	18,9%	,7%	2,8%
Gesetzliche Vertretung (BR, MAV)	44,2%	36,5%	13,7%	5,6%
Durchschnitt	63,4%	21,6%	5,6%	9,4%

Basis: Privatwirtschaft ab 10 Beschäftigte, Auskünfte von 3.048 Managementvertretern, Betriebsgewichtung

Dies legt die Vermutung nahe, dass es sich hier um Betriebe handelt, in denen die Zusammenarbeit zwischen Geschäftsleitung und Beschäftigten problembehaftet und konfliktiv ist und ein Handlungsbedarf zur Verbesserung der Kommunikationsformen und Vertretungsstrukturen besteht. Die Befragungsergebnisse zeigen hier allerdings kein konsistentes Bild, da sich eine erhöhte Konflikthaftigkeit der internen Sozialbeziehungen für

Betriebe ohne kollektive Vertretung auch bei hoher Unzufriedenheit mit der derzeitigen Form der Interessenregulierung nicht nachweisen lässt. In Betriebsratsbetrieben ist dieser Zusammenhang dagegen deutlich sichtbar: Das Betriebsklima und die Konfliktindikatoren (vgl. Kapitel 6) weisen in diesen Fällen schlechtere beziehungsweise erhöhte Werte auf.

Weiteren Aufschluss liefert die managementseitige Einstellung zur *überbetrieblichen Regulierung* über Branchentarifverträge sowie die Einschätzung der Rolle von Gewerkschaften. Es zeigt sich, dass die Rolle gewerkschaftlicher Organisationen im Betrieb von den befragten Geschäftsleitungen deutlich negativer beurteilt wird als die Rolle einer betrieblichen Interessenvertretung (vgl. Abschnitt 4.2.2). Die Frage, ob die Gewerkschaften zur konstruktiven Problemlösung im Betrieb beitragen, wird mehrheitlich verneint (Abbildung 22).

Abbildung 22: Einschätzung der Gewerkschaftsrolle im Betrieb

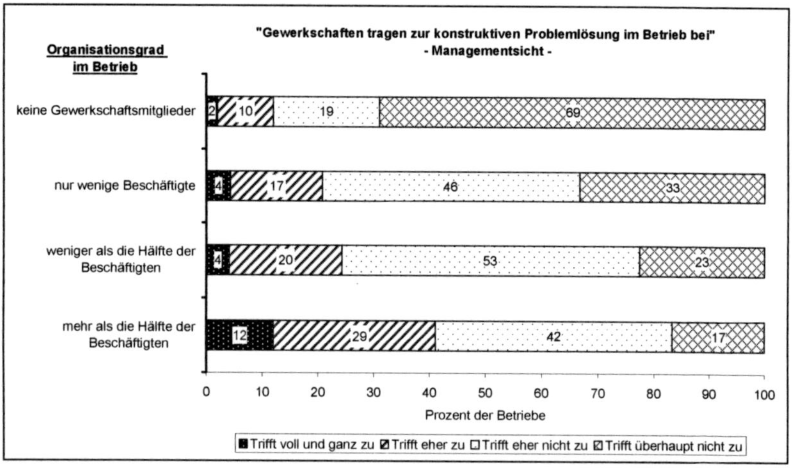

Basis: Privatwirtschaft ab 10 Beschäftigte, Auskünfte 2.536 Managementvertretern, Betriebsgewichtung

Diese Bewertung steht in einem direkten Zusammenhang mit dem gewerkschaftlichen Organisationsgrad im Betrieb. Allerdings stellt sich der Zusammenhang anders dar, als man dies intuitiv vermuten würde. In Betrieben mit hohem gewerkschaftlichen Organisationsgrad wird die Rolle der Gewerkschaften positiver eingeschätzt als in Betrieben mit geringem Organisationsgrad. Offenbar werden die Gewerkschaften vom Management in einem substantiellen Teil (fast 40 Prozent) der Betriebe mit starker gewerkschaftlicher Verankerung akzeptiert und als konstruktiv wahrgenommen. In Betrieben mit geringem Organisationsgrad oder ohne Gewerkschaftsmitglieder wird die Gewerkschaftsrolle dagegen in acht beziehungsweise neun von zehn Fällen nicht als konstruktiv eingeschätzt und vermutlich – dies lässt sich mit den Daten nicht eindeutig zeigen – als potenzieller Störfaktor für die betrieblichen Arbeitsbeziehungen wahrgenommen. Die negative Sicht auf Gewerkschaften ist damit um so stärker, je weniger praktische Erfahrungen mit gewerkschaftlichen Akteuren vorliegen.

Neben der durchweg eher negativen Einschätzung der Gewerkschaftsrolle, die zu einem gewissen Grad auch ein Abbild der allgemeinen Stimmungslage gegenüber den Gewerkschaften sein mag, zeigt sich auch eine skeptische Haltung der Unternehmensvertreter zum generellen Nutzen überbetrieblicher Regulierung. Die mögliche Entlastungswirkung von Tarifverträgen wird mehrheitlich selbst vom Management tarifgebundener Betriebe nicht gesehen. Allerdings fällt hier die Einschätzung deutlich besser aus als in den Betrieben, die keiner Tarifbindung unterliegen. Besonders negativ ist sie (erwartungsgemäß) hingegen in denjenigen Betrieben, die aus dem Arbeitgeberverband ausgetreten sind. Deutlich positiver fällt dagegen das Urteil in Großbetrieben aus, wo der gewerkschaftliche Organisationsgrad in der Regel besonders hoch ist.

Dieser Befund der überwiegenden Skepsis gegenüber der überbetrieblichen Regulierungsebene deckt sich mit anderen aktuellen Ergebnissen aus einer Befragung zum Zusammenspiel von Tarifvertrag und Betriebsvereinbarung (Nienhüser 2007), in der das Management selbst in tarifgebundenen Unternehmen mehrheitlich (im Gegensatz zu den ebenfalls befragten Betriebsräten) rein betriebliche Vereinbarungslösungen präferierte. Deutlicher Ausdruck dieser Stimmungslage ist die auch in der BISS-Befragung sichtbare ›Tarifflucht‹. Jeder fünfte Betrieb hat nach Auskunft der befragten Geschäftsleitungen die Tarifbindung aufgelöst, um entweder ganz aus den Arbeitgeberverbänden auszuscheiden (9 Prozent) oder in einen Arbeitgeberverband ohne Tarifbindung (OT-Verband) zu wechseln (11 Prozent). Die OT-Verbände bieten den Unternehmen weiterhin Unterstützung und Beratung in personalpolitischen und arbeitsrechtlichen Fragen, ohne dass eine Tarifbindung vorliegt.

Tabelle 32: Beibehaltung versus Auflösung der Tarifbindung nach Interessenvertretungsform

	Tarifbindungsstatus		
Interessenvertretungsform	Tarifbindung besteht weiterhin	Aus AGV ausgetreten	OT-Mitgliedschaft
Keine kollektive Vertretung	77,7%	8,0%	14,3%
Andere Vertretungsorgane	75,6%	9,5%	14,9%
Gesetzliche Vertretung (BR, MAV)	87,9%	9,2%	3,0%
Gesamt	80,4%	8,6%	11,0%

Basis: Privatwirtschaft ab 10 Beschäftigte, Betriebe mit Tarifbindung und abgelöster Tarifbindung (ausgeklammert: Betriebe, die nie einer Tarifbindung unterlagen), Auskünfte von 2.109 Managementvertretern, Betriebsgewichtung

Wie Tabelle 32 zeigt, sind es vor allem AVO-Betriebe und Betriebe ohne kollektive Vertretung, die sich aus der Tarifbindung herauslösen. Sie haben diesen Schritt mit 24 beziehungsweise 22 Prozent doppelt so häufig vollzogen wie die Betriebsratsbetriebe (12 Prozent). Diese Beobachtung wirkt in Anbetracht der bekannten hohen Präferenz der Betriebsräte für den Erhalt des Flächentarifs plausibel. Der eigentliche Unterschied zwischen den Betrieben mit gesetzlicher Vertretung und allen anderen besteht nicht bei den endgültigen Verbandsaustritten, sondern beim Übertritt in OT-Verbände. Die Mitgliedschaft in OT-Verbänden stellt bei den Betriebsratsbetrieben eher den Sonderfall, bei allen anderen Betrieben eher den Regelfall dar.

5.3 Bedeutung betrieblicher Kommunikationsformen und -instrumente

Im Folgenden wird die Kommunikationspraxis in den Betrieben näher beleuchtet. Dabei soll vor allem betrachtet werden, in welchem Ausmaß betriebliche Kommunikationsinstrumente existieren und in welchem Verhältnis diese zu den Formen betrieblicher Interessenregulierung stehen. Hierzu wurde auf Seiten der Geschäftsleitung sowohl die Existenz unterschiedlicher Kommunikationsinstrumente als auch deren Bedeutung für die innerbetriebliche Kommunikation erhoben. Zu den abgefragten Kommunikationsformen und Führungsinstrumenten gehörten Mitarbeiter- und Zielvereinbarungsgespräche, genauso wie Teammeetings und Betriebsversammlungen. Auch wurde versucht, die direkte Ansprechbarkeit der Leitungsebene für die Belange der Beschäftigten zu erfragen. Die Ergebnisse sind in Abbildung 23 dargestellt.

Abbildung 23: Verbreitung betrieblicher Kommunikationsformen

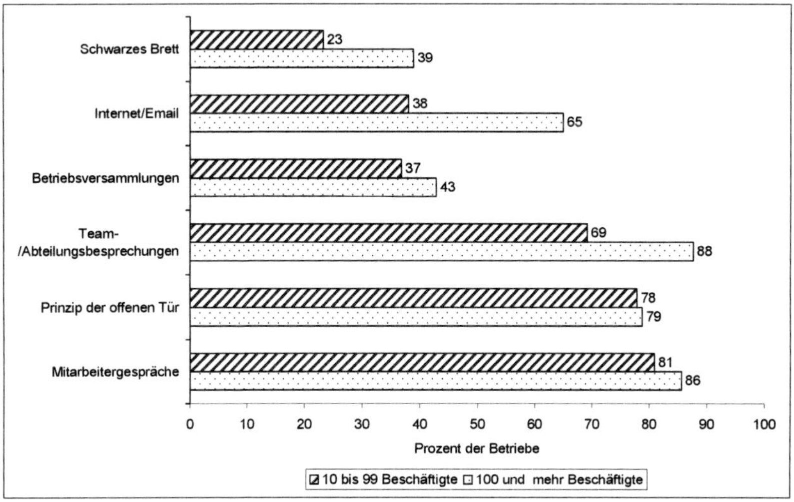

Basis: Privatwirtschaft ab 10 Beschäftigte, Auskünfte von 3.254 Managementvertretern, Betriebsgewichtung

Direkte *›face to face‹*-Kommunikationsformen zwischen der Geschäftsleitung und den Beschäftigten, wie regelmäßige Mitarbeitergespräche oder das ›Prinzip der offenen Tür‹, sind in den Betrieben nach Angaben der Geschäftsleitung nahezu flächendeckend verbreitet. In ca. 80 Prozent der Fälle werden sie als »wichtig für die Kommunikation im Betrieb« klassifiziert. Damit beansprucht der Großteil der Geschäftsleitungen für sich, jederzeit für die Belange der eigenen Mitarbeiter ansprechbar zu sein. Auch Team- beziehungsweise Abteilungsbesprechungen gehören für knapp drei Viertel der Betriebe zu den Standard-Kommunikationswegen.

Die Vollversammlung aller Mitarbeiter (Betriebs- oder Belegschaftsversammlung) ist dagegen weniger weit verbreitet. In insgesamt 60 Prozent der Betriebe werden regelmäßige Betriebsversammlungen abgehalten – aus Sicht der Geschäftsleitung zählen diese jedoch nur in etwa 37 Prozent aller Betriebe zu den wichtigen Kommunikationsformen.

Auch computergestützte Kommunikationsformen spielen gegenüber der direkten Kommunikation eine untergeordnete Rolle: Die Kommunikation mittels elektronischer Medien wie Internet/Intranet oder Email hat nur in 40 Prozent der Betriebe eine hohe Bedeutung, obwohl etwa 70 Prozent über diese Medien verfügen. Das klassische »Schwarze Brett« existiert in rund 60 Prozent der Betriebe. Allerdings wird es nur von weniger als der Hälfte der dortigen Geschäftsleiter tatsächlich für wichtig gehalten.

Eine wichtige Rolle für die Einschätzung und das Vorhandensein von Kommunikationsformen spielt die *Betriebsgröße*: Die Nutzung von Internet und Email ist vorrangig ein Phänomen größerer Betriebe. Dasselbe gilt für Team- und Abteilungsbesprechungen. Der Anteil der direkten Kommunikationsformen wie beispielsweise Mitarbeitergespräche ist hingegen unabhängig von der Betriebsgröße. Zwischen verschiedenen *Branchen* lassen sich hinsichtlich verbreiteter Kommunikationsformen nur geringe Unterschiede feststellen. So ist beispielsweise das »Schwarze Brett« eher im Verarbeitenden Gewerbe zu finden, wohingegen die Nutzung des Internet als Kommunikationsmedium vorrangig in den wissensintensiven Dienstleistungsbereichen der Datenverarbeitung sowie Forschung und Entwicklung eine hohe Bedeutung hat.

Unterschiede zwischen Betrieben mit und ohne gesetzlicher Vertretung zeigen sich insbesondere im Hinblick auf Betriebsversammlungen (Tabelle 33) beziehungsweise Vollversammlungen der Mitarbeiter. In Betriebsratsbetrieben finden häufiger Betriebsversammlungen statt. Das Betriebsverfassungsgesetz schreibt ihre regelmäßige Durchführung vor – jedoch nehmen sie nach Einschätzung der Geschäftsleitungen in weniger als 50 Prozent der Betriebsratsbetriebe auch tatsächlich eine bedeutsame Rolle ein. In AVO-Betrieben sind Betriebsversammlungen zwar seltener vorhanden, werden aber auch seltener als »nicht so wichtig« eingeschätzt. So verfügen zwar nur 67 Prozent der Betriebe mit einem AVO über Betriebsversammlungen, jedoch halten etwa zwei Drittel der dortigen Geschäftsleiter sie auch für bedeutsam.

Tabelle 33: Bedeutung von Betriebs-/Mitarbeiterversammlungen für die innerbetriebliche Kommunikation

Interessenvertretungsform	*Betriebsversammlungen/Mitarbeiterversammlungen*		
	vorhanden und sehr wichtig	vorhanden aber nicht so wichtig	nicht vorhanden
Keine kollektive Vertretung	33,6%	19,7%	46,7%
Andere Vertretungsorgane	45,6%	21,3%	33,1%
Gesetzliche Vertretung (BR, MAV)	43,7%	49,1%	7,2%
Gesamt	38,0%	26,2%	35,8%

Basis: Privatwirtschaftwirtschaft ab 10 Beschäftigte, Auskünfte von 3.204 Managementvertretern (1.203/389/1.608), Betriebsgewichtung

Fasst man die in einem Betrieb parallel existierenden Kommunikationsformen zu einem Index zusammen, so ergibt sich eine absteigende Rangfolge von Betrieben mit gesetzlicher Vertretung über AVO-Betriebe zu Betrieben ohne kollektive Vertretung. Auch wenn der Vergleich innerhalb von Betriebsgrößenklassen durchgeführt wird, bleibt die Rangfolge erhalten. Selbst wenn die Betriebsversammlungen aus dem Index entfernt werden, verändert sich die Rangfolge nicht. In Betriebsratsbetrieben findet sich also offenbar eine höhere Anzahl verschiedener Kommunikationsformen, und dies unabhängig von der Größe des Betriebs. Das Bild ändert sich allerdings, wenn die *Bedeutung* der vorhandenen Kommunikationsformen bewertet wird. Betrachtet man nur die vom Management als wichtig erachteten Kommunikationsformen, so ergibt sich in AVO-Betrieben bei Betriebsversammlungen, Mitarbeitergesprächen und dem Prinzip der offenen Tür ein leichter Vorsprung gegenüber allen anderen Betrieben. Dies kann als ein Indiz für eine gezielt auf Kommunikation ausgerichtete Führungsstrategie in den AVO-Betrieben gewertet werden.

Gestützt wird diese Vermutung auch durch einen anderen Aspekt: die Regelmäßigkeit, mit der Mitarbeiter von der Geschäftsleitung informiert werden. Die Häufigkeit beziehungsweise Regelmäßigkeit der Weitergabe von Informationen an die Beschäftigten wurde managementseitig in vier Themenfeldern erhoben. Sie umfasst Informationen zur wirtschaftliche Lage, zu Investitionsplänen, zu Umstrukturierungen und zu Qualifikationsmaßnahmen.

Tabelle 34: Häufigkeit der Mitarbeiterinformation zur wirtschaftlichen Lage

Interessenvertretungsform	*Betriebsleitung informiert Mitarbeiter über die wirtschaftliche Situation*				
	Monatlich oder öfter	Mehrmals im Jahr	Jährlich oder seltener	Bei Bedarf	Nie
Keine Interessenvertretung	18,7%	36,1%	28,5%	6,9%	9,8%
Andere Vertretungsorgane	26,8%	40,7%	20,0%	8,6%	3,8%
Gesetzliche Vertretung (BR, MAV)	17,1%	55,4%	22,8%	2,9%	1,8%
Gesamt	19,9%	41,1%	25,7%	6,4%	7,0%

Basis: Privatwirtschaft ab 10 Beschäftigte, Auskünfte von 3.202 Managementvertretern, Betriebsgewichtung

In der Frage der Information über die wirtschaftliche Lage des Betriebes (Tabelle 34) zeigt sich ein höherer Anteil von AVO-Betrieben, in denen die Information mindestens monatlich erfolgt. In Betriebsratsbetrieben geschieht dies typischer Weise mehrmals im Jahr, in Betrieben ohne kollektive Vertretung ebenfalls in der Regel mehrmals im Jahr, in jedem zehnten Betrieb nie. Nimmt man die Betriebe ohne kollektive Vertretung als Maßstab, so zeigt sich an dieser Stelle die offenere Informationspolitik der Geschäftsleitungen in der AVO-Betrieben. Auch wenn die Unterschiede in der Informationspolitik der Betriebe entlang der unterschiedlichen Interessenregulierungsformen in den anderen Themenfeldern geringer ausfallen (mit Vorteilen für die Betriebsratsbetriebe), ist auch hier eine im Durchschnitt offenere Informationspolitik in den AVO-Betrieben gegenüber den Betrieben ohne kollektive Vertretung nachweisbar.

5.4 Materielle Beteiligungsformen

Materielle Anreiz- und Beteiligungsformen gelten traditionell als ein Instrument zur Steigerung der Mitarbeitermotivation und Mitarbeiterbindung. In der aktuellen tarifpolitischen Auseinandersetzung erhalten sie allerdings einen besonderen Stellenwert. Sie bieten für die Unternehmen die Möglichkeit, die Personalkosten stärker an die jeweilige wirtschaftliche Situation anzupassen. Sie schaffen damit nicht unwesentliche Spielräume bei den Personalkosten und stellen gewissermaßen die nächste Flexibilitätsstufe nach der Arbeitszeitflexibilisierung dar. Die strategische Bedeutung des Themas wird daran deutlich, dass die Bundesregierung eine Initiative zur Förderung materieller Mitarbeiterbeteiligung vorantreibt.[89] Manchmal werden diese Beteiligungsformen auch als Ersatz oder Gegenmodell zur Mitbestimmung der Beschäftigten gesehen (siehe auch Kapitel 2).

Nach den vorliegenden Ergebnissen der BISS-Befragung verfügen rund 60 Prozent der Betriebe über mindestens eine finanzielle Anreiz- und Beteiligungsform für. Den größten Anteil machen davon die individuellen Bonuszahlungen und Prämien aus (45 Prozent aller Betriebe). Am seltensten anzutreffen sind Formen der Kapitalbeteiligung, diese gibt es nur in etwa 3 Prozent der Betriebe.

Abbildung 24: Finanzielle Beteiligungsformen nach Betriebsgröße

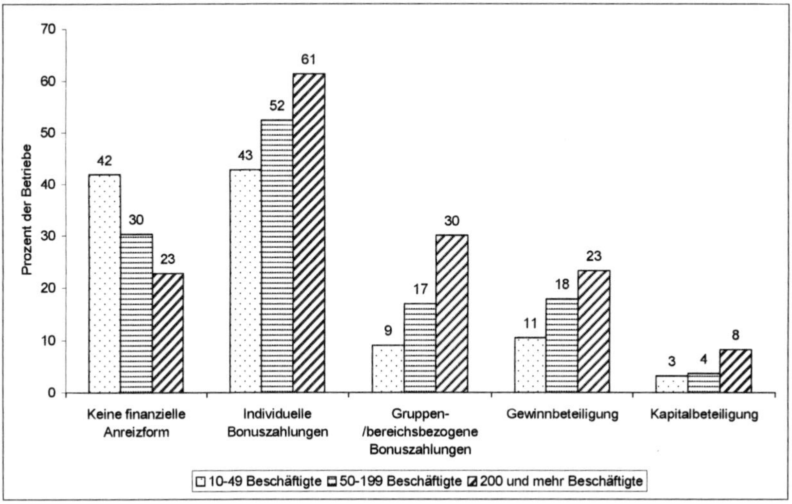

Basis: Privatwirtschaft ab 10 Beschäftigte, Auskünfte von 3.204 Managementvertretern, Betriebsgewichtung

Materielle Anreiz- und Beteiligungsformen sind, wie Abbildung 24 zeigt, vor allem ein Phänomen größerer Betriebe. So sind Gewinnbeteiligungsformen beispielsweise in 23 Prozent aller Betriebe mit mindestens 100 Beschäftigten anzutreffen, im Bereich der Betriebe mit weniger als 100 Beschäftigten jedoch nur zu 11 Prozent. In verstärktem Maße gilt dies für

89 Regierungsentwurf für ein Mitarbeiterkapitalbeteiligungsgesetz unter: http://www.bmas.de/coremedia/generator/27332/property=pdf/2008__08__27__mitarbeiterkapitalbeteiligung__entwurf.pdf

die Anreizform der Kapitalbeteiligung – diese existiert fast ausschließlich im großbetrieblichen Bereich. Gleichzeitig existiert in rund 40 Prozent aller Betriebe keinerlei finanzielle Anreizform. Hierbei handelt es sich vor allem um den kleinbetrieblichen Bereich mit weniger als 50 Beschäftigten.

Abbildung 25: Gewinn- und/ oder Kapitalbeteiligung nach Branchen

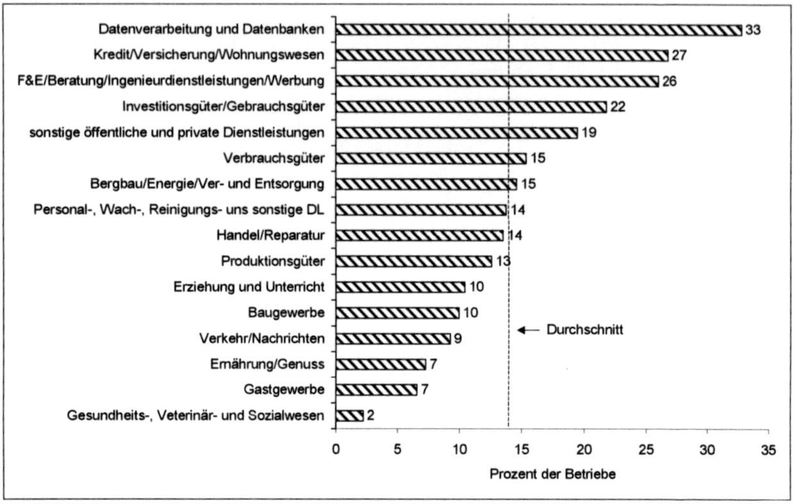

Basis: Privatwirtschaft ab 10 Beschäftigte, Auskünfte von 3.204 Managementvertretern, Betriebsgewichtung

Insgesamt verfügen rund 14 Prozent der Betriebe über eine Gewinnbeziehungsweise Kapitalbeteiligungsform, wobei Kapitalbeteiligung seltener anzutreffen ist als Gewinnbeteiligung. Wie Abbildung 25 verdeutlicht, lassen sich erhebliche Unterschiede zwischen den Branchen feststellen. Vor allem im Bereich hochqualifizierter Dienstleistungen (Datenverarbeitung, Forschung und Entwicklung, Kredit- und Versicherungswesen) sind diese Beteiligungsformen verbreitet. Hier liegt der Anteil der Betriebe mit derartigen Formen materieller Mitarbeiterbeteiligung fast doppelt so hoch wie im Branchendurchschnitt. Aber auch die Betriebe der Investitions- und Gebrauchsgüterproduktion zeichnen sich durch eine überdurchschnittliche Verbreitung von Gewinn- und Kapitalbeteiligungsformen aus. Eher selten anzutreffen sind sie dagegen im Gesundheits- und Sozialwesen und im Gastgewerbe. Unterschiede zwischen ostdeutschen und westdeutschen Betrieben sind nicht auszumachen.

Der Anteil von Gewinn- beziehungsweise Kapitalbeteiligung ist in nicht tarifgebundenen Betrieben generell höher als in Betrieben mit Tarifbindung (Abbildung 26). Dieses Phänomen lässt sich vor allem in den kleineren Betrieben (bis etwa 100 Beschäftigte) beobachten. Hier handelt es sich bei der Tarifbindung in der Regel um den Branchentarif. Nur etwa 12 Prozent der Betriebe, die einem Branchentarifvertrag unterliegen, verfügen auch über Formen von Gewinn- beziehungsweise Kapitalbeteiligung. In Betrieben mit Haustarifvertrag (die allerdings im Durchschnitt auch größer sind) liegt dieser Anteil mit rund 17 Prozent erheblich höher. Damit ist er größer als in Betrieben, die keinem Tarifvertrag unterliegen: Hier liegt der Anteil bei etwa 16 Prozent.

Abbildung 26: Anteil Betriebe mit Gewinn- und/ oder Kapitalbeteiligung nach Betriebsgröße, Tarifbindung und Vertretungsform

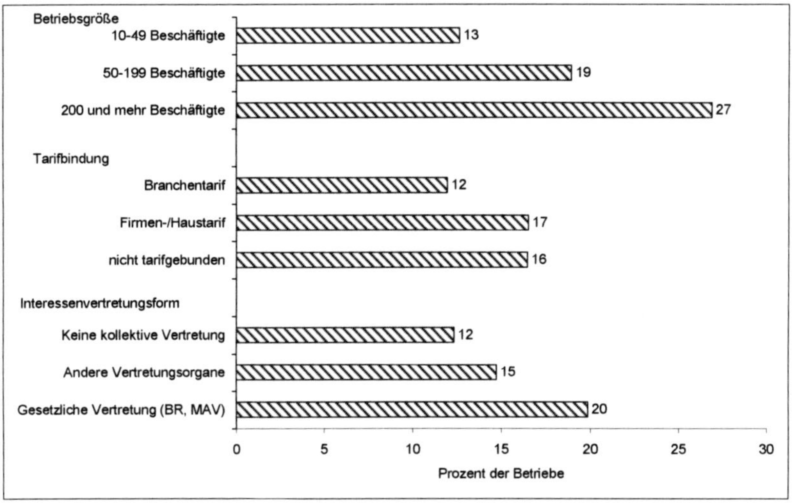

Basis: Privatwirtschaft ab 10 Beschäftigte, Auskünfte von 3.254 Managementvertretern, Betriebsgewichtung

In Bezug auf unterschiedliche Interessenvertretungsformen ergibt sich ein anderes Bild: Hier verfügen die Betriebe mit gesetzlicher Vertretung über den höchsten Anteil an Gewinn- oder Kapitalbeteiligung (20 Prozent). Ein Grund hierfür könnte in der Tatsache liegen, dass – wie bereits erwähnt – Formen materieller Mitarbeiterbeteiligung vor allem im großbetrieblichen Bereich zu finden sind, wo gleichzeitig ein Großteil der Betriebe über gesetzliche Interessenvertretungsorgane verfügt. Eine multivariate Kontrolle (binär logistische Regression) bestätigt diese Vermutung. Hier konnte das Vorhandensein von Gewinn- oder Kapitalbeteiligungsmodellen vor allem durch Betriebsgrößen- und Brancheneffekte prognostiziert werden, während Betriebsratseffekte nicht nachweisbar waren. Ein positiver, jedoch knapp das erforderliche Signifikanzniveau verfehlender Einfluss ging dagegen von AVOs aus. Signifikanten Einfluss haben darüber hinaus die Informationspolitik und die Mitarbeiterorientierung der Geschäftsleitung.

5.5 Beteiligung an betrieblichen Entscheidungen

In welchem Umfang können die Beschäftigten direkt oder über ihre Interessenvertretungen Einfluss auf Managemententscheidungen nehmen? Die Geschäftsleitungen wurden gebeten, die Beteiligung der unterschiedlichen betrieblichen Akteure (betroffene Mitarbeiter, Projekt- oder Arbeitsgruppen und – soweit vorhanden – der kollektiven Interessenvertretung) entlang von acht betrieblichen Regulierungsfeldern (Entgelt, Arbeitszeit, Einstellungen, Versetzungen und Entlassungen, Qualifizierungsmaßnahmen, Arbeitsplatzgestaltung, Arbeits- und Gesundheitsschutz sowie Investitionsplanung) entsprechend der tatsächlichen Situation im Betrieb einzuschätzen. In sieben dieser Regulierungsfelder wurde nur generell gefragt, ob der betroffene Mitarbeiter, eine Arbeitsgruppe oder eine Interessenvertretung an Entscheidungen beteiligt wird, wodurch gewisse Unschärfen im Beteiligungsniveau – insbesondere zwischen Konsultation und Mitentscheidung – auftreten können. Beim Thema Arbeitszeitregulierung wurde darüber hinaus genau zwischen Information, Konsultation und Mitentscheidung differenziert.

Obwohl die Beteiligungsrechte des Betriebsrats im Betriebverfassungsgesetz klar definiert sind (Paragraphen 87, 90, 92, 94, 96–98) werden diese in der betrieblichen Praxis nicht unbedingt nach dem Buchstaben des Gesetzes gehandhabt. Bei eingespielten Kooperationsbeziehungen mag sich eine über das Gesetz hinausgehende *Beteiligungspraxis* etabliert haben, während in Betrieben, in denen der Betriebsrat weder von der Geschäftsleitung noch von den Mitarbeitern unterstützt wird, Beteiligungsrechte von Seiten des Betriebsrates möglicherweise nicht durchgesetzt werden können. Diese Phänomene sind aus vielen qualitativen und quantitativen Untersuchungen prinzipiell bekannt (unter anderem Kotthoff 1994,

Müller-Jentsch/Seitz 1998, Schäfer 2001, Schäfer 2003; siehe auch Kapitel 2): Nahezu sämtlichen Typisierungen von Betriebsräten oder von betrieblichen Austauschbeziehungen liegt implizit oder explizit die Frage der faktisch realisierten Beteiligungsstärke zugrunde (siehe Kapitel 2). In keiner bisherigen repräsentativen Untersuchung wurde jedoch der Versuch unternommen, das *Beteiligungsniveau* zu ›messen‹. In der BISS-Befragung geht es dabei nicht um eine (ohnehin auf diesem Wege nicht zu leistende) ›Rechtstatsachenforschung‹, vielmehr dient dieses Verfahren dem Vergleich der realen beziehungsweise wahrgenommenen Beteiligungsmöglichkeiten in Betrieben mit unterschiedlichen Formen der Interessenregulierung.

Die nachfolgenden drei Tabellen geben jeweils einen ersten Überblick über die Beteiligungspraxis in den Betrieben ohne kollektive Vertretung (Tabelle 35), in AVO-Betrieben (Tabelle 36) und in den Betrieben mit gesetzlicher Vertretung (Tabelle 37) aus der Sicht der befragten Geschäftsleitungen. Dargestellt ist der Anteil der Betriebe, in denen die jeweilige Akteursgruppe an Entscheidungen in den einzelnen Themenfeldern beteiligt ist. Die letzte Zeile enthält die durchschnittliche Themenzahl für die eine Beteiligung der Akteursgruppen vorliegt. Dabei ist grundsätzlich zwischen einer Situation der Entscheidung unter ausschließlicher oder gemeinsamer Beteiligung von Mitarbeitern, Arbeitsgruppen und Interessenvertretungen (erste drei Akteursspalten) und der alleinigen Managemententscheidung (letzte Spalte) zu unterscheiden. Zur besseren Vergleichbarkeit wurde die Rangfolge der Nennungen je Regulierungsfeld graphisch hervorgehoben (Rang 1 = dunkelgrau, Rang 2 = hellgrau).

Wie die graphische Darstellung in den Betrieben ohne kollektive Vertretung erkennen lässt, werden in diesen Betrieben die wesentlichen verteilungs- und personalpolitischen Fragen (Entgelt, Einstellungen, Versetzungen und Entlassungen)[90] mehrheitlich (in über 70 Prozent der Fälle) von den Geschäftsleitungen ohne Beteiligung der Mitarbeiter gefällt. Bei arbeitsplatznahen Fragen wie Qualifikationsmaßnahmen, der Arbeitsplatzgestaltung sowie dem Arbeits- und Gesundheitsschutz kehrt sich das Bild um. Hier wird nur in der Minderheit der Fälle alles allein durch die Geschäftsleitung entschieden. Mehrheitlich werden die betroffenen Mitarbeiter oder Arbeits- und Projektgruppen an Entscheidungen beteiligt. Allerdings ist bei allen drei Themen auch kaum eine Entscheidung ohne Einbeziehung der Beschäftigten möglich. Zudem dürfte schwer zu beur-

90 Thema Arbeitszeit vgl. Abbildung 27 weiter unten.

teilen sein, welchen Aussagewert die individuelle Beteiligung bei den hier angesprochenen Fragen tatsächlich hat. In einer Situation schwacher eigener Primärmacht bedeutet starke individuelle Beteiligung eher, sich den Anforderungen der Vorgesetzten zu beugen; im Falle sehr ausgeprägter Primärmacht der Beschäftigten kann die starke individuelle Einbeziehung dagegen Ausdruck eines ›Verhandelns auf Augenhöhe‹ sein.

Tabelle 35: Beteiligungsmuster in Betrieben ohne kollektive Vertretung

Beteiligungsthemen	*An Entscheidungen beteiligte Akteure*			
	Geschäftsleitung und ...[a]			Nur Geschäftsleitung
	Betroffene Mitarbeiter	Arbeits-/ Projektgruppe	Interessen-vertretung	
Entgeltgestaltung	28%	3%	–	71%
Einstellungen/Versetzungen	22%	6%	–	74%
Entlassungen	15%	5%	–	79%
Qualifikationsmaßnahmen	58%	10%	–	37%
Arbeitsplatzgestaltung	69%	13%	–	26%
Arbeits-/Gesundheitsschutz	50%	13%	–	44%
Investitionsplanung	13%	5%	–	83%
Durchschn. Themenanzahl	2,6	0,6	–	4,1

[a] Mehrfachnennungen möglich

Rang	1	2	3

Basis: Privatwirtschaft ab 10 Beschäftigte, Betriebe ohne kollektive Vertretung, Auskünfte von 1.204 Managementvertretern, Betriebsgewichtung

Schon auf den ersten Blick fällt auf, dass sich in AVO-Betrieben am Zustand der mehrheitlich allein durch die Geschäftsführung getroffenen Entscheidungen im Vergleich zu Betrieben ohne kollektive Vertretung nichts ändert. Zwar sinkt insgesamt der Anteil der Geschäftsführungen, die Entscheidungen ohne Einbeziehung anderer betrieblicher Akteure treffen um 7 bis 21 Prozentpunkte – je nach Regulierungsfeld – und von 4,1 auf 3,3 Regulierungsfelder im Durchschnitt. Einzig beim Arbeits- und Gesundheitsschutz – einem Feld mit starker direkter Mitarbeiterbeteiligung auch in den Betrieben ohne kollektive Vertretung – sind die AVOs die am häufigsten beteiligten Akteure. Bei den verteilungspolitischen Themen Lohn und Arbeitszeit geht der Umfang der AVO-Beteiligung nicht oder nur geringfügig über die Beteiligung der einzelnen Mitarbeiter hinaus. Dies zeigt sich auch in der durchschnittlichen Anzahl der Regulierungsfelder, die sich mit 2,2 bei den AVOs und 2,4 bei den betroffenen Mitarbeitern etwa auf gleichem Niveau bewegt.

Tabelle 36: Beteiligungsmuster in AVO-Betrieben

Beteiligungsthemen	*An Entscheidungen beteiligte Akteure*			
	Geschäftsleitung und ...[a]			Nur Geschäftsleitung
	Betroffene Mitarbeiter	Arbeits-/ Projektgruppe	Interessen-vertretung	
Entgeltgestaltung	29%	3%	18%	61%
Einstellungen/Versetzungen	18%	8%	30%	60%
Entlassungen	16%	4%	32%	58%
Qualifikationsmaßnahmen	49%	12%	40%	27%
Arbeitsplatzgestaltung	67%	14%	38%	19%
Arbeits-/Gesundheitsschutz	44%	13%	45%	30%
Investitionsplanung	12%	5%	14%	78%
Durchschn. Themenanzahl	2,4	0,6	2,2	3,3

[a] Mehrfachnennungen möglich

Basis: Privatwirtschaft ab 10 Beschäftigte, AVO-Betriebe, Auskünfte von 390 Managementvertretern, Betriebsgewichtung

Tabelle 37: Beteiligungsmuster in Betrieben mit gesetzlicher Vertretung

Beteiligungsthemen	*An Entscheidungen beteiligte Akteure*			
	Geschäftsleitung und ...[a]			Nur Geschäftsleitung
	Betroffene Mitarbeiter	Arbeits-/ Projekt-gruppe	Interessen-vertretung	
Entgeltgestaltung	18%	4%	47%	43%
Einstellungen/Versetzungen	23%	7%	74%	24%
Entlassungen	16%	6%	85%	17%
Qualifikationsmaßnahmen	59%	14%	40%	23%
Arbeitsplatzgestaltung	70%	20%	57%	12%
Arbeits-/Gesundheitsschutz	37%	17%	66%	21%
Investitionsplanung	7%	11%	12%	75%
Durchschn. Themenanzahl	2,3	0,8	3,8	2,2

[a] Mehrfachnennungen möglich

Basis: Privatwirtschaft ab 10 Beschäftigte, Betriebsrats- und MAV-Betriebe, Auskünfte von1.620 Managementvertretern, Betriebsgewichtung

Anders stellt sich die Situation in den Betrieben mit Betriebsrat oder MAV dar. Hier ist die Interessenvertretung in vier von sieben Regulierungsfeldern die am häufigsten anzutreffende Regulierungsinstanz. Insbesondere bei den verteilungs- und personalpolitischen Fragen ist die Beteiligung der Interessenvertretung die typische Situation. Abgesehen von der Investitionsplanung dominiert die einseitige Entscheidung durch die Geschäftsleitung in keinem Regulierungsfeld. Dementsprechend niedriger fällt auch die durchschnittliche Anzahl der Themen aus, auf denen die Geschäftsleitung alleine Entscheidungen trifft. Im Unterschied zu den AVO-Betrieben geht der Bedeutungsgewinn kollektiver Mitsprache bei den Entgeltfragen zu Lasten individueller Beteiligung. Diese sinkt im Vergleich zu Betrieben ohne gesetzliche Vertretung um 10 Prozentpunkte.

Abbildung 27: Arbeitszeitregulierung in Betrieben mit unterschiedlicher Vertretungsform: Wer ist an Entscheidungen beteiligt?

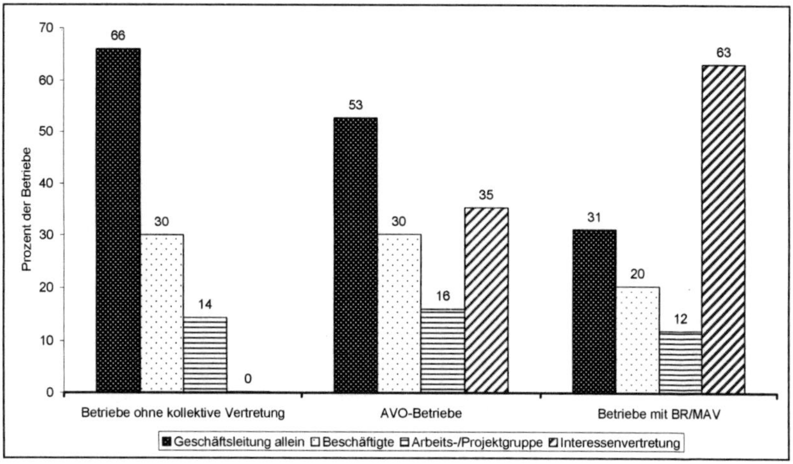

Basis: Privatwirtschaft ab 10 Beschäftigte, Auskünfte von 3.183 Managementvertretern, Betriebsgewichtung

Am Beispiel Arbeitszeitregulierung (Beteiligung an der Festsetzung von Arbeitszeitregeln) in Abbildung 27 wird die Verteilung der Entscheidungskompetenzen noch einmal in der direkten Gegenüberstellung der drei Vertretungsformen verdeutlicht. Es zeigt sich die starke Abnahme einseitiger Managemententscheidungen von 66 Prozent in Betrieben ohne kollektive Vertretung über 53 Prozent in AVO-Betrieben bis zu 31 Prozent in Betrieben mit gesetzlicher Vertretung. Hier sind annähernd zwei Drittel der gesetzlichen Vertretungen an Entscheidungen beteiligt. Die AVOs bleiben mit 35 Prozent deutlich dahinter zurück. Wie schon bei der Entgeltfrage zeigt sich auch hier die ›Neutralität‹ der AVOs für die Aushandlungsprozesse zwischen dem einzelnen Mitarbeiter und der Leitungsebene, während bei Betriebsrat und MAV ›Entscheidungsmasse‹ von der individuellen auf die kollektive Ebene verlagert wird.

Zusammengefasst lässt sich sagen, dass AVO-Betriebe in Bezug auf die Mitentscheidungsmöglichkeiten von Beschäftigten oder ihren Interessenvertretungen eine Zwischenposition im Vergleich zu Betrieben mit gesetzlicher Vertretung und solchen ohne kollektive Vertretung einnehmen: Entscheidungen werden in AVO-Betrieben weniger häufig allein durch die Leitungsebene getroffen als in Betrieben ohne kollektive Vertretung, jedoch nur gut halb so oft unter Beteiligung der Interessenvertretung wie in Betriebsrats- und MAV-Betrieben.

5.6 Beteiligungsintensität auf kollektiver Ebene

Bereits im vorangegangenen Abschnitt wurde deutlich, dass das durchschnittliche Beteiligungsniveau der AVOs insbesondere bei ›harten‹ Regulierungsthemen erwartungsgemäß hinter das der Betriebsräte zurückfällt und sie somit eine Zwischenposition zwischen Betriebsratsbetrieben und Betrieben ohne kollektive Vertretung einnehmen. Um eine genauere Abstufung des tatsächlichen Einflusses der Vertretungsorgane zu erhalten, wurden Management- und Arbeitnehmervertreter nach dem Grad der Beteiligung an Entscheidungen in allen acht betrieblichen Regulierungsfeldern (vgl. Abschnitt 5.5) befragt. Die *Stärke der Beteiligung* wurde dabei auf einer vierstufigen Skala abgetragen, die von keiner Beteiligung über Information, Konsultation und schließlich Mitentscheidung reichte. Diese Abstufung entspricht nicht genau der betriebsverfassungsrechtlichen Logik, die neben Informations-, Konsultations- und Mitbestimmungsrechten auch Initiativ- und Vetorechte (vgl. Müller-Jentsch 1997; Niedenhoff 2002) enthält.[91] Deshalb ist auch bei strikter Befolgung des Betriebsverfassungsgesetzes in den untersuchten Betrieben keine eindeutige Nachbildung des

91 Die befragten Geschäftsleitungen waren angehalten, sich bei der Beantwortung der Frage nicht von der Rechtslage sondern von der betrieblichen Praxis leiten zu lassen und eine notwendigerweise verallgemeinernde Einschätzung entlang der vorgegebenen Skala vorzunehmen.

Gesetzes möglich; dies war allerdings auch nicht das Ziel der Untersuchung. Die Abstufung wurde zum einen gewählt, um einen einfachen und praktikablen Vergleich mit den AVO-Betrieben zu ermöglichen. Zum anderen sollte die Anschlussfähigkeit an vergleichbare Untersuchungen aus dem europäischen Ausland, insbesondere zur WERS-Befragung in Großbritannien (vgl. Cully u.a. 1999).hergestellt werden. Hier hatte sich eine ähnliche Vorgehensweise – mit teilweise vergleichbaren Themen – bereits bewährt.

Im Ergebnis (Tabelle 38) zeigte sich zum einen eine weitgehende Übereinstimmung zwischen den gesetzlich kodifizierten und in der Praxis umgesetzten Beteiligungsrechten bei den Betriebsräten. Zum Zweiten verdeutlichte sich analog zu Abschnitt 5.5, dass AVOs (Tabelle 39) im Vergleich zu den gesetzlichen Vertretungen im Durchschnitt – nach Auskunft des Managements – ein geringeres Beteiligungsniveau realisieren. Im Durchschnitt (Index letzte Zeile) fällt diese Differenz mit 0,5 Mitentscheidungsthemen zwar erstaunlich gering aus. Betrachtet man allerdings die jeweils unterschiedliche Schwerpunktsetzung, so werden die substanziellen Unterschiede deutlich.

Während Betriebsräte in der *verteilungspolitischen* Frage der Arbeitszeitregelung oder bei *personalpolitischen* Fragen von Einstellungen und Entlassungen – Themen, bei denen sie über im Betriebsverfassungsgesetz verankerte Mitentscheidungsrechte verfügen – in der Regel (Modus) mitentscheiden können, besitzen AVOs hier schwächere Beteiligungsrechte. Sie werden in diesen Fragen eher konsultiert als dass sie mitentscheiden können. Im Bereich der Entgeltregulierung sind AVOs mehrheitlich überhaupt nicht involviert, sie werden also nicht einmal informiert. Bei ›harten‹ personalpolitischen Maßnahmen gilt dies für annähernd jeden vierten AVO-Betrieb.

Dies bedeutet, dass bei Vertretungen, die ohne gesetzliche Grundlage agieren, bestimmte, verteilungs- und personalpolitisch sensible Themenbereiche systematisch aus dem Kommunikationsprozess mit der Geschäftsleitung ausgeklammert werden. Mit anderen Worten: Auf freiwilliger Basis geben Geschäftsleitungen weit weniger strategische Ressourcen aus der Hand als unter Bedingungen gesetzlich festgelegter Rechte. Die Begrenztheit der Aktivitäts- und Regulierungsfelder von AVOs zeigte sich bereits in Kapitel 4. Auf der anderen Seite lässt sich jedoch argumentieren, dass ein nicht unwesentlicher Anteil der Geschäftsleitungen *freiwillig* Mitentscheidungsbefugnisse an AVOs abgibt. Weiter zeigt sich, dass der Anteil der mitentscheidungsfähigen AVOs im ›harten‹ Regulierungsfeld Arbeitszeit in ähnlichem Maße mit der Betriebsgröße steigt, wie dies bei den Betriebsräten der Fall ist. Hier könnten also durchaus ähnliche Dynamiken wirken.

Tabelle 38: Beteiligungsstärke gesetzlicher Vertretungen

Betriebsrat/MAV beteiligt bei...	*Nicht einbezogen*	*Informiert*	*Zur Beratung hinzugezogen*	*Kann mitentscheiden*
	in Prozent			
Entgeltgestaltung	19,7	29,1	23,7	27,4
Arbeitszeiten/Überstunden	3,5	11,1	26,1	59,3
Personaleinstellungen/Versetzungen	4,6	22,1	24,3	49,0
Entlassungen	1,3	14,0	28,8	55,9
Qualifizierungsmaßnahmen	22,2	33,5	26,1	18,2
Gesundheitsschutz/Arbeitssicherheit	11,4	19,2	32,9	36,6
Arbeitsplatzgestaltung/Arbeitsplatzorg.	9,4	23,0	35,5	32,1
Investitionsplanung	45,3	39,1	13,2	2,4
Mittelwert (8 Regulierungsfelder)	14,7	23,9	26,3	35,1

Rang	1	2	3

Basis: Privatwirtschaft ab 10 Beschäftigte, Betriebsrats- und MAV-Betriebe, Auskünfte von 1.563–1.602 Managementvertretern, Betriebsgewichtung

Tabelle 39: Beteiligungsstärke von AVOs

AVO beteiligt bei...	*Nicht einbezogen*	*Informiert*	*Zur Beratung hinzugezogen*	*Kann mitentscheiden*
	in Prozent			
Entgeltgestaltung	50,9	18,0	21,9	9,2
Arbeitszeiten/Überstunden	7,8	18,5	38,0	35,7
Personaleinstellungen/Versetzungen	24,5	19,9	27,8	27,8
Entlassungen	21,8	16,7	34,0	27,5
Qualifizierungsmaßnahmen	15,8	16,0	30,6	37,6
Gesundheitsschutz/Arbeitssicherheit	17,3	16,1	24,9	41,7
Arbeitsplatzgestaltung/Arbeitsplatzorg.	9,0	10,0	38,6	42,4
Investitionsplanung	46,0	24,6	16,6	12,8
Mittelwert (8 Regulierungsfelder)	24,1	17,5	29,1	29,3

Basis: Privatwirtschaft ab 10 Beschäftigte, AVO-Betriebe, Auskünfte von 256–382 Managementvertretern, Betriebsgewichtung

Jenseits der ›harten‹ Regulierungsfelder zeigt sich jedoch ein anderes Bild: In denjenigen Regulierungsfeldern, die die Gestaltung der unmittelbaren Arbeitsumgebung betreffen, bei Fragen von Gesundheitsschutz und Arbeitssicherheit sowie bei Qualifizierungsmaßnahmen – also dort, wo keine weitreichenden gesetzlichen Mitentscheidungsrechte existieren – verfügen AVOs im Vergleich zu den Betriebsräten teilweise über ebenso weitreichende oder sogar stärkere Beteiligungsmöglichkeiten. Abbildung 28 verdeutlicht diesen Tatbestand noch einmal im direkten Vergleich der Vertretungsformen. Überraschend hoch ist der Anteil von AVOs, die auch bei der Investitionsplanung mitentscheiden können.

Abbildung 28: Mitentscheidung bei ausgewählten Themen aus Sicht der Geschäftsleitung

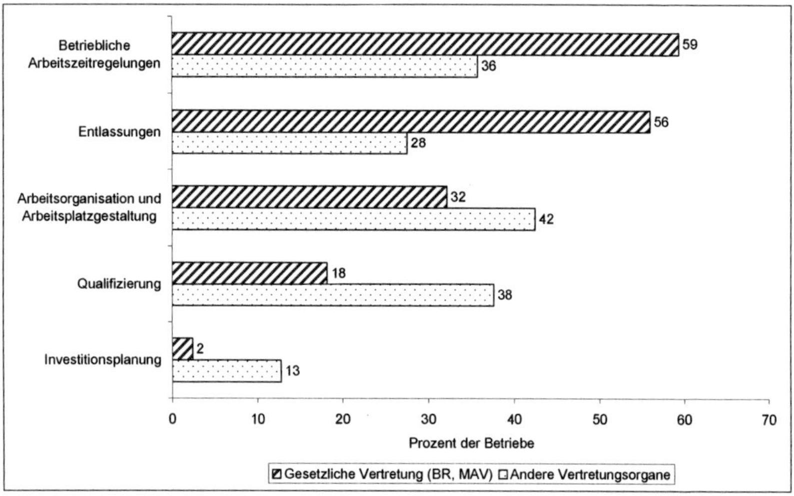

Basis: Privatwirtschaft ab 10 Beschäftigte, Betriebe mit kollektiver Vertretung, Auskünfte von 1.991 Managementvertretern (1.609 für gesetzliche Vertretung, 382 für Anderes Vertretungsorgan), Betriebsgewichtung

Wie lassen sich die Unterschiede im Beteiligungsniveau von AVOs und Betriebsräten erklären? Da AVOs über keine rechtlich einklagbaren Einflussmöglichkeiten bei den ›harten‹ Themen verfügen, hängen Mitentscheidungsrechte vom ›*good will*‹ beziehungsweise der Beteiligungsstrategie der Geschäftsleitung ab. Hierdurch kann sich eine höhere Varianz innerhalb der AVOs herausbilden. Bei vielen AVOs könnte es sich zudem um Gremien handeln, die entweder speziell für die Regulierung *eines* bestimmten Themenfeldes (und nur dieses Feldes) gegründet wurden oder um solche, die neben der Regulierung von Beschäftigteninteressen noch andere Aufgaben wahrnehmen. Hieraus könnte sich auch der relativ hohe Wert der AVOs bei dem Regelungsfeld »Investitionsplanung« erklären. Betriebsräte sind hier nach Vorgabe des BetrVG nur über den Wirtschaftsausschuss beteiligt, der allerdings erst in Betrieben ab 100 Beschäftigten gebildet wird. Die relative Schwäche mancher Betriebsräte, die selbst bei den ›Kernthemen‹ der Betriebsratsarbeit und trotz des BetrVG in der Praxis offenbar keine weitreichende Mitentscheidungsfähigkeit erlangen, lässt vermuten, dass es sich hier um »defiziente« Betriebsratsgremien handelt, die aus qualitativen Untersuchungen (Kotthoff 1994) bestens bekannt sind. Hier stellt sich die Frage, unter welchen Bedingungen wirksame und defiziente Interessenvertretungsorgane entstehen (vgl. Abschnitt 5.8; Kontextfaktoren der Vertretungswirksamkeit).

Abbildung 29: Verteilung des Mitentscheidungsindex im Vergleich

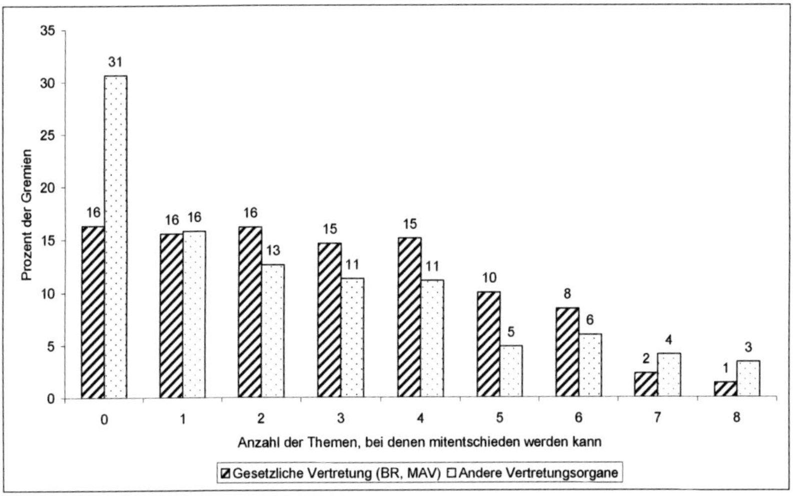

Basis: Privatwirtschaft ab 10 Beschäftigte, Betriebe mit kollektiver Vertretung, Auskünfte von 1.884 Managementvertretern (1.528 für gesetzliche Vertretung, 356 für Anderes Vertretungsorgan), Betriebsgewichtung

Weiteren Aufschluss über die Mitentscheidungsfähigkeit von Gremien kann eine auf den Einzelbetrieb bezogene Betrachtung liefern. Hierzu wurde ein *»Mitentscheidungsindex«* gebildet, der angibt, bei wie vielen der acht abgefragten Themenfelder die Interessenvertretung »mitentscheiden« kann. Abbildung 29 zeigt die Verteilung der jeweils in einem Betrieb realisierten Mitentscheidungsthemen im Vergleich der Vertretungsformen.

Der auffälligste Unterschied existiert bei den Vertretungen, die in keinem der abgefragten Themenfelder mitentscheiden können. In diese Kategorie fällt etwa ein Drittel aller AVOs. Hier handelt es sich nach Einschätzung der befragten Geschäftsleitungen offenbar um reine Informations- und Konsultationsorgane. Der Anteil dieser als partizipationsschwach oder »defizient« einzuordnenden Gremien liegt bei den Betriebsräte dagegen nur halb so hoch. In Anbetracht der unterschiedlichen Legitimationsgrundlagen und der in der Regel nicht vorhandenen rechtlichen Absicherung der AVOs fällt dieser Abstand jedoch eher gering aus. Im Hinblick auf die Betriebsräte zeigt sich, dass bei weitem nicht alle Gremien ihre rechtlich zugesicherten Beteiligungsmöglichkeiten in vollem Umfang wahrnehmen können oder wollen. Auffällig und überraschend ist darüber hinaus, dass am oberen Ende der Skala kaum Unterschiede zwischen den Vertretungsformen festzustellen sind: Mehr als 10 Prozent der Betriebsräte wie der AVOs können in mindesten sechs Themenfeldern mitentscheiden. Offenbar ist die bereits in Kapitel 3 und 4 herausgearbeitete Heterogenität innerhalb der AVOs auch in Bezug auf die Beteiligungsmöglichkeiten stärker ausgeprägt als innerhalb der Betriebsräte.

Einschränkend muss allerdings betont werden, dass die fehlende rechtliche Basis der AVOs den Vergleich der Beteiligungsmöglichkeiten verzerren könnte. Selbst bei gleicher gemessener Beteiligungsstärke könnte die Einklagbarkeit von Rechten, die bei den Betriebsräten prinzipiell gegeben ist, den entscheidenden Unterschied ausmachen. Darüber hinaus ist die Bestimmung des Arbeitnehmereinflusses in gemeinsamen Gremien, die den überwiegenden Teil der AVOs stellen, naturgemäß schwierig. Beides dürfte in den Daten zu einer Überschätzung des tatsächlichen Arbeitnehmereinflusses führen.

5.7 Beteiligungsstärke: Sicht beider Akteure im Vergleich

In der BISS-Untersuchung wurden Fragen zur Beteiligungsstärke sowohl den Vertretern der Geschäftsleitung als auch den Beschäftigtenvertretern gestellt. Dadurch kann zum einen untersucht werden, ob es systematische Verschiebungen in der Einschätzung des durchschnittlichen Beteiligungsniveaus beider Parteien gibt und zum anderen ob eher eine gemeinsame Sicht bei AVOs (Managementnähe spricht dafür) oder bei Betriebsräten

(Formalisierung und Institutionalisierung spricht dafür) existiert. Dabei ergeben sich im Durchschnitt über alle Betriebe mehr oder minder ähnliche Einschätzungen; im einzelnen Betrieb weichen jedoch die Sichtweisen und Einschätzungen von Geschäftsleitung und Interessenvertretung in stärkerem Maße voneinander ab. Inwiefern dies der unterschiedlichen Interessenlage beziehungsweise der unterschiedlichen kulturellen Verortung der Akteure Geschäftsleitung und Interessenvertretung geschuldet ist, kann jedoch nicht schlüssig beantwortet werden, denn es ist davon auszugehen, dass auch die parallele Befragung von unterschiedlichen Managementakteuren eines Betriebes zu Abweichungen im Antwortverhalten geführt hätte. Aus diesem Grund werden nachfolgend nur die aggregierten Abweichungen im Antwortverhalten der Interessenvertretungen gegenüber denen der Geschäftsleitungen dargestellt. Die Abweichungen innerhalb eines Betriebes werden an dieser Stelle nicht betrachtet.

Für den Vergleich wurden zunächst die Antworten der Betriebsräte und MAVs analog zu Tabelle 38 ausgewertet und im Anschluss hiervon jeweils zellbezogen die Managementantworten subtrahiert. Die nachfolgende Tabelle 40 enthält die hieraus resultierenden Prozentsatzdifferenzen. Diese beschreiben, um wie viele Prozentpunkte höher oder niedriger die Antwort der Interessenvertretung gegenüber der Geschäftsleitung in der jeweiligen Zelle ausfällt.

Wie die Tabelle verdeutlicht, schätzen Betriebsräte und MAVs ihre Beteiligungsmöglichkeiten im Durchschnitt höher ein als die Geschäftsleitungen. Der Anteil der Betriebe, in denen die Interessenvertretung aus eigener Sicht mitentscheiden kann, übertrifft in allen Regulierungsfeldern die Managementeinschätzung. Die Verschiebung gegenüber den Managementantworten geht dabei vor allem zu Lasten der Beteiligungsstufe »Konsultation«, die in allen Regulierungsfeldern Anteile verliert. Eine leichte Verschiebung gibt es aber auch auf der linken Seite der Skala. Gegenüber den Managementeinschätzungen sehen sich mehr Betriebsräte in keiner Weise beteiligt statt informiert. Die Situation stellt sich also polarisierter dar als aus Sicht der Geschäftsleitung.

In AVO-Betrieben (Tabelle 41) zeigt sich eher das Gegenteil: Hier schätzen die befragten AVOs ihre Beteiligungsstärke im Durchschnitt geringer ein als die Geschäftsleitungen. Allerdings gibt es im Unterschied zu den Betriebsrats- und MAV-Betrieben gegenläufige Tendenzen in einzelnen Regulierungsfeldern. Während der Einfluss der AVOs in Fragen der Entgeltgestaltung sogar um etwa 5 Prozentpunkte steigt, sinkt er bei personalpolitischen Fragen und beim Thema Gesundheitsschutz und Arbeitssicherheit in ähnlicher Größenordnung. Insgesamt zeigt sich eine Tendenz weg von den Skalenrändern (nicht einbezogen und Mitentscheidung) hin zur Skalenmitte (Information und Beratung). Im Vergleich zur Managementeinschätzung sinkt vor allem der Anteil der AVOs, die sich überhaupt nicht einbezogen fühlen und in geringerem Maße der Anteil derer, die mitentscheiden können; es wächst der Anteil von AVOs, die informiert und vor allem derer, die konsultiert werden.

Tabelle 40: Beteiligungsstärke gesetzlicher Gremien – Differenz zwischen Management- und Interessenvertretungs-Sicht

Betriebsrat/MAV beteiligt bei...	*durchschnittliche Abweichung der IV-Sicht (in Prozentpunkten)*			
	Nicht einbezogen	*Informiert*	*Zur Beratung hinzugezogen*	*Kann mitentscheiden*
Entgeltgestaltung	1,7	-3,2	-4,6	6,2
Arbeitszeiten/Überstunden	4,4	2,6	-5,4	0,9
Personaleinstellungen/Versetzungen	1,6	-1,3	-4,0	3,7
Entlassungen	0,3	-0,2	-7,5	7,3
Qualifizierungsmaßnahmen	3,3	-5,4	-8,1	10,3
Gesundheitsschutz/Arbeitssicherheit	0,8	0,2	-11,6	10,6
Arbeitsplatzgestaltung/Arbeitsplatzorg.	4,9	0,4	-9,3	4,0
Investitionsplanung	-7,0	-1,4	2,8	5,6
Bilanz:	10,1	-8,4	-47,7	48,5
Summe der Abweichungen:	24,1	14,7	53,4	48,5

Basis: Privatwirtschaft ab 10 Beschäftigte, Betriebsrats- und MAV-Betriebe mit Doppelinterview[92], Auskünfte von 1.211-1.233 Geschäftsleitungen und Interessenvertretungen, ungewichtete Daten

Insgesamt fallen die durchschnittlichen Abweichungen (positive und negative Abweichungen neutralisieren sich) in den AVO-Betrieben nur etwa halb so hoch aus wie in den Betriebsrats- und MAV-Betrieben. Die nahe-

92 Für den Vergleich der Antworten von Geschäftsleitung und Interessenvertretung wurden nur Betriebe in die Auswertung einbezogen, in denen beide Akteure tatsächlich befragt werden konnten. Dies führt bei den AVO-Betrieben zur Reduktion der Fallzahl von ca. 360 auf ca. 160. Aufgrund der relativ geringen Fallzahl und der im Durchschnitt höheren Gewichtungsfaktoren von AVO-Betrieben wurden die Differenzen in Tabelle 41 und Tabelle 42 mit ungewichteten Daten berechnet. Bei Verwendung gewichteten Daten bleiben die dargestellten Verschiebungen im Beteiligungsniveau grundsätzlich erhalten, die Differenzen im Antwortverhalten von Geschäftsleitungen und AVOs fallen aber höher aus als jene zwischen Geschäftsleitungen und Betriebsräten/MAVs.

liegende Vermutung, dass die in Abschnitt 4.2.2 dargestellte außergewöhnlich ›harmonische‹ Zusammenarbeit sich auch in einer überdurchschnittlich synchronisierten Einschätzung der Beteiligungsintensität niederschlägt, lässt sich jedoch nicht bestätigen. Die geringeren durchschnittlichen Abweichungen in den AVO-Betrieben resultieren gerade aus den im Vergleich zum Betriebsratsbetrieb uneinheitlichen Tendenzen. Positive und negative Abweichungen der einzelnen Regulierungsfelder heben sich hier in stärkerem Maße auf. Summiert man positive wie negative Abweichungen der Zellen, so zeigen sich nur geringe Unterschiede zwischen Betriebsrats- und AVO-Betrieben: 130 Prozentpunkte oder 1,3 Themen in den AVO-Betrieben stehen 140 Prozentpunkten oder 1,4 Themen in den Betriebsrats- beziehungsweise MAV-Betrieben gegenüber.

Tabelle 41: Beteiligungsstärke von AVOs – Differenz zwischen Management- und Interessenvertretungs-Sicht

AVOs beteiligt bei...	durchschnittliche Abweichung der IV-Sicht (in Prozentpunkten)			
	Nicht einbezogen	Informiert	Zur Beratung hinzugezogen	Kann mitentscheiden
Entgeltgestaltung	-8,4	-2,4	6,0	4,8
Arbeitszeiten/Überstunden	10,4	-0,4	-5,7	0,5
Personaleinstellungen/Versetzungen	-6,1	5,3	2,8	-2,0
Entlassungen	-7,8	8,6	4,4	-5,2
Qualifizierungsmaßnahmen	-2,3	1,9	3,8	-3,5
Gesundheitsschutz/Arbeitssicherheit	0,0	1,2	4,2	-5,5
Arbeitsplatzgestaltung/Arbeitsplatzorg.	1,8	-3,0	-0,6	1,8
Investitionsplanung	-10,0	3,2	6,1	0,7
Bilanz:	-22,5	14,4	21,1	-8,3
Summe der Abweichungen:	46,9	26,0	33,7	23,9

Basis: Privatwirtschaft ab 10 Beschäftigte, AVO-Betriebe mit Doppelinterview, Auskünfte von 160 Geschäftsleitungen und Interessenvertretungen, ungewichtete Daten

Zusammenfassend lässt sich sagen, dass gesetzliche Vertretungen ihre Beteiligungsmöglichkeiten im Vergleich zur Geschäftsleitung systematisch in Richtung Mitentscheidung, zu Lasten von Beratungsrechten einschätzen, während AVOs ihre Möglichkeiten stärker in Richtung Beratung und Information interpretieren, zu Lasten sowohl von Mitentscheidungsrechten als auch von nicht vorhandener Beteiligung. Damit vergrößert sich der Abstand im Beteiligungsniveau von AVOs und Betriebsräten aus der Sicht der Vertreter selbst noch einmal. Die AVO-Ergebnisse wirken insgesamt uneinheitlicher, was sowohl der deutlich geringeren Fallzahl (Zufallsschwankungen) als auch der in Kapitel 3 dargestellten Heterogenität der AVOs geschuldet sein kann.[93] Insgesamt unterscheiden sich die aufsummierten Abweichungen zwischen Geschäftsleitungs- und Interessenvertretungssicht nur geringfügig zwischen AVO- und Betriebsratsbetrieben. Dieser überraschende Befund legt die Vermutung nahe, dass eine gemeinsame Wahrnehmung von gesetzlichen Rahmenbedingungen und einem hohen Institutionalisierungsgrad der Vertretungsorgane (Betriebsräte) als auch von größerer Managementnähe (AVOs) begünstigt wird. Für eine Prüfung dieser Vermutung bedarf es detaillierterer Analysen auf der Basis einer fallweisen Betrachtung, die an dieser Stelle nicht zu leisten sind.

5.8 Bestimmungsfaktoren betrieblicher Beteiligung

Wie in der deskriptiven Analyse der Beteiligungsstärke dargelegt, existieren erhebliche Unterschiede im Beteiligungsniveau von gesetzlichen Vertretungen und AVOs. Unter Rückbezug auf die konzeptionellen Überlegungen in Kapitel 2 kann jedoch davon ausgegangen werden, dass die Beteiligungschancen eines Interessenvertretungsorgans nicht allein von den gesetzlich kodifizierten Rechten, sondern darüber hinaus von einer Vielzahl von Einflüssen abhängt. Betrachtet man die bisherige Forschung zu dieser Thematik, so drängt sich die Vermutung auf, dass dabei neben betriebs- und beschäftigtenstrukturellen Merkmalen insbesondere auch betriebskulturelle Aspekte der betrieblichen Sozialordnung und der spezifischen Interaktions- und Aushandlungsbeziehungen eine zentrale Rolle spielen.

In den bisherigen deskriptiven Darstellungen wurden betriebs- und beschäftigtenstrukturelle Merkmale (wie etwa die Eigentümerführung, Konzernzugehörigkeit oder der Hochqualifiziertenanteil) und kulturelle Aspekte (das Betriebsklima, die Haltung der Geschäftsleitung zur kollektiven Regulierung) nicht betrachtet. Diese möglichen Zusammenhänge werden nachfolgend in mehreren multivariaten Analysemodellen überprüft.

93 So folgen »reine Arbeitnehmervertretungen« eher dem Einschätzungsmuster der Betriebsräte. Auch hier gibt es tendenziell eine Verschiebung der Antworten der Interessenvertreter in Richtung Mitentscheidung. Wegen der geringen Fallzahl ist eine Auswertung entlang der AVO-Typen jedoch mit hohen Unsicherheiten behaftet.

Dabei geht es primär darum, zu eruieren, welchen Einfluss die Interessenvertretungsform unter Kontrolle anderer möglicher Einflussvariablen auf die Beteiligungsstärke der Interessenvertretung besitzt.

Die empirische Untersuchung kann dabei auf verschiedene Weisen erfolgen. Zunächst kann untersucht werden, welche Faktoren die Mitentscheidungschancen der kollektiven Interessenvertretung (Betriebsrat oder AVO) beeinflussen. Dazu wird ein Index über sieben Themenfelder[94], bei denen Betriebsräte oder AVOs an Entscheidungen beteiligt sind, gebildet. Aufschluss über die Struktur betrieblicher Entscheidungsfindung kann nicht nur die Analyse der Interessenvertretungsbeteiligung geben; es kann ebenso der umgekehrte Weg beschritten werden, indem untersucht wird, welche Faktoren dazu führen, dass das *Management* betriebliche Entscheidungen *allein* und *ohne* Beteiligung von *Beschäftigten, Arbeitsgruppen* und (sofern vorhanden) der *kollektiven Interessenvertretung* trifft. In einem ersten Analyseschritt nutzen wir daher einen Index als abhängige Variable, der angibt, wie viele Themenfelder allein durch einseitigen Managemententscheid geregelt werden.[95]

5.8.1 Alleinentscheidung der Geschäftsleitung

Wie erwartet geht der stärkste Einfluss auf die Struktur betrieblicher Entscheidungsfindung von den Variablen der Interessenvertretung aus (Tabelle 42). Zwei interessante Aspekte lassen sich herausstellen: Zunächst begrenzt die Existenz eines Betriebsrats die Alleinentscheidungsgewalt der Geschäftsleitung ganz erheblich. Im Vergleich zu AVO-Betrieben und zu Betrieben ohne Kollektivvertretung verringert sich die Anzahl der Themenfelder, auf denen die Geschäftsleitung allein bestimmt, um rund zwei Themenfelder. Es zeigt sich jedoch auch, dass AVOs in nicht unwesentlichem Ausmaß an Entscheidungen beteiligt sind. Auch hier sinkt im Vergleich zu Betrieben ohne Kollektivvertretung das Ausmaß alleiniger Managemententscheidung. Sowohl für AVOs als auch für Betriebsräte gilt,

94 Entgeltgestaltung, Qualifizierung, Arbeitsorganisation, Gesundheitsschutz, Investitionsplanung, Entlassungen, Einstellungen und Umsetzungen.

95 Auch hier nimmt der Index Werte zwischen 0 und 7 an, wobei 0 bedeutet, dass die Geschäftsleitung auf keinem der genannten Regulierungsfelder alleine entscheidet und 7, dass Entscheidungen auf allen betrieblichen Regulierungsfeldern ausschließlich durch die Geschäftsleitung getroffen werden.

dass das *Verhalten* des Interessenvertretungsorgans wesentlichen Einfluss auf die Beteiligungschancen besitzt. Dies wird deutlich, wenn man die Einflussstärke der passiven und aktiven Interessenvertretungsorgane[96] miteinander vergleicht. Aktive Betriebsräte realisieren weitaus höhere Einflusschancen als passive; aktive AVOs wiederum mehr als passive. Dabei zeigt sich jedoch, dass selbst ein passiver Betriebsrat mehr Mitentscheidungschancen realisiert als ein aktives AVO. Die gesetzliche Grundlage und die Kodifizierung von Mitbestimmungsrechten beeinflusst die betrieblichen Entscheidungsstrukturen also offenbar in höherem Maße als das Verhalten der Interessenvertretung.
Bezüglich der betrieblichen *Strukturmerkmale* fällt auf, dass die Alleinentscheidung der Geschäftsleitung in Kleinbetrieben signifikant häufiger vorzufinden ist, als in Großbetrieben. Mit steigender Betriebsgröße wächst auch das Ausmaß, in dem einzelne Beschäftigte, Arbeitsgruppen oder die kollektive Interessenvertretung an Entscheidungen partizipieren. Der Einfluss der Betriebsgröße ist jedoch weitaus geringer als der der Vertretungsform. Führt man die Analyse mit Größenklassen-Dummies durch, so zeigt sich, dass ein signifikanter Einfluss erst für die Betriebe mit einer Beschäftigtenzahl von mehr als 200 auftritt. Möglicherweise hängt dies auch mit der Freistellungsregelung des BetrVG zusammen, da freigestellte Betriebsräte in Unternehmen mit mehr als 200 Beschäftigten in höherem Maße Beteiligungsrechte wahrnehmen (können). In Betrieben des Gastgewerbes und der Personal-, Wach- und Reinigungsdienstleistungen werden Entscheidungen in signifikant höherem Maße allein durch die Geschäftsleitung getroffen, während in den Branchen Bergbau, Energie, Ver- und Entsorgung das Ausmaß alleiniger Managemententscheidungen signifikant niedriger ausfällt.

Von den *Beschäftigtenstrukturmerkmalen* trägt ein hoher gewerkschaftlicher Organisationsgrad und ein hoher Anteil Hochqualifizierter zur breiteren Beteiligung der betrieblichen Akteure bei. Vermutlich können diese Beschäftigtengruppen – Gewerkschaftsmitglieder und hochqualifizierte Angestellte – ihr Interesse, an betrieblichen Entscheidungen beteiligt zu werden, erfolgreich umsetzen. Dies kann einerseits durch den hohen externen Rückhalt, andererseits durch die höheren Machtpotenziale dieser Beschäftigtengruppen begründet sein.

---

96 Die Typisierung erfolgte auf Grundlage der Frage, ob und in welchem Maße sich die Interessenvertretung aktiv bei betrieblichen Veränderungen einbringt (vgl. Abschnitt 4.2.2).

Tabelle 42: Einflussfaktoren für das Ausmaß von Alleinentscheidungen der Geschäftsleitung

Unabhängige Variablen	*Lineare Regression*			
	B	*Beta*	*Sig.*	*T*
Vertretungsform (Referenz: BR aktiv)				
Keine IV	2,093	,51	***	19,264
AVO_passiv	1,953	,13	***	7,101
AVO_aktiv	0,944	,15	***	6,749
BR_passiv	0,296	,05	***	2,532
Tarifbindung	0,161	,04	*	1,878
Betriebsgröße (log)	-0,230	-,07	***	-2,996
Teil eines größeren Unternehmens	-0,041	-,01		-0,636
Unternehmen durch Eigentümer geführt	-0,145	-,04		-1,610
Betriebsalter(log)	0,021	,01		0,296
Ertragslage gut/sehr gut	0,050	,01		0,684
Anteil Hochqualifizierte	-0,007	-,08	***	-2,522
Anteil Geringfügig Beschäftigte	-0,007	-,04	**	-2,073
Hoher gewerkschaftlicher Organisationsgrad	-0,259	-,04	**	-2,067
Abhängigkeit von einzelnen Abnehmern/Kunden	0,195	,05	***	2,700
Erfolg abhängig vom Preis	-0,196	-,05		-1,353
Erfolg abhängig von Qualität	-0,190	-,05		-1,354
Erfolg abhängig von Innovation	-0,287	-,06	*	-1,904
Erfolg abhängig von Flexibilität	-0,190	-,05		-1,387
Index Mitarbeiterorientierung	-0,352	-,12	***	-6,382
Gewinnbeteiligung für Mitarbeiter	0,002	,00		0,025
Kapitalbeteiligung für Mitarbeiter	0,001	,00		0,003
Keine finanzielle Anreizform für Mitarbeiter	0,216	,05	***	2,611
Projekt oder Gruppenarbeit	-0,236	-,06	***	-3,203
Prinzip Offene Tür vorhanden und wichtig	-0,223	-,05	***	-2,660
Information mind. monatlich wirtsch. Situation etc.	-0,583	-,12	***	-6,416
Ostdeutschland	0,027	,01		0,308
Bergbau/Energie/Ver- und Entsorgung	-0,339	-,05	**	-2,393
Gastgewerbe	0,340	,05	**	2,131
Personal-, Wach-, Reinigungs- und sonstige Dl.	0,384	,06	***	2,516
Erziehung und Unterricht	-0,354	-,04	*	-1,630
(Konstante)	4,211		***	8,162
R^2 (korrigiertes R^2)	0,396 (0,381)			
Fallzahl	2.117			

*Signifikanzniveaus: */**/*** = 10/5/1-Prozent-Niveau; Nicht dargestellt: restliche, nicht signifikante Branchen und Beschäftigtenstrukturmerkmale lt. Tabelle 16*
Basis: Privatwirtschaft ab 10 Beschäftigte, ungewichtete Daten

Zudem steigen die Beteiligungschancen für Beschäftigte, Arbeitsgruppen und Interessenvertretungsorgane auch dann an, wenn die Geschäftsleitung eine positive Grundhaltung zur Beteiligung und Mitarbeiterbindung besitzt: Der Index »Mitarbeiterorientierung« ist hoch signifikant und signalisiert, dass sich mit steigendem Indexwert die Anzahl der Thematiken, die von der Geschäftsleitung allein entschieden werden, verringert.

Erwartungsgemäß zeigen sich auch Effekte anderer, im Betrieb vorhandener Kommunikations- und Beteiligungselemente. In Betrieben, in denen das Management HRM-Elemente wie eine offene Informations- oder *open-door-policy* betreibt oder in denen partizipative Arbeitsformen wie Gruppen- oder Projektarbeit dominieren, trifft das Management auf weniger Themenfeldern Alleinentscheidungen als in Betrieben, die nicht über diese HRM-Elemente beziehungsweise Arbeitsformen verfügen. Dieses Ergebnis ist äußerst plausibel, denn oft sind erweiterte Kommunikations- und Beteiligungsformen konstitutiver Bestandteil von HRM-Praktiken beziehungsweise ›neuen‹ Arbeitsformen in den Betrieben.

Die betriebliche Beteiligungsstruktur wird schließlich auch durch einige *externe Rahmenbedingungen* beeinflusst. Betriebe, die unter hoher Abhängigkeit von wenigen Kunden operieren, zeichnen sich durch ein erhöhtes Maß an Alleinentscheidung des Managements aus. Betriebe, die in Segmenten agieren, in denen Innovationsfähigkeit ein zentraler Erfolgsfaktor ist, beteiligen in höherem Maße Beschäftigte und Interessenvertretungsorgane als Betriebe, die beispielsweise eher unter Preiskonkurrenz handeln.[97] Die Einschätzung der aktuellen wirtschaftlichen Lage besitzt demgegenüber keinen signifikanten Einfluss.

5.8.2 Beteiligung der kollektiven Interessenvertretung

Die Analyse der Beteiligung der kollektiven Interessenvertretung über den oben beschriebenen Beteiligungsindex bestätigt im Wesentlichen die Ergebnisse des ersten Modells. Die Beteiligungsintensität wird in hohem Maße von der *Form* beziehungsweise dem *Typus* der betrieblichen Interessenvertretung beeinflusst. In der Berechnung wurde zunächst der Typus »aktiver Betriebsrat« als Referenzkategorie gesetzt. Im Vergleich zu dieser Referenzkategorie besitzt ein passiver Betriebsrat in einer geringeren Anzahl von Themenfeldern (-0,5) Beteiligungsmöglichkeiten. Viel deutlicher noch unterscheiden sich AVOs von den Betriebsräten. Bei aktiven AVOs verringert sich das Themenspektrum, auf dem mitentschieden

97 Die anderen Erfolgsfaktorvariablen weisen dabei in dieselbe Richtung, sind jedoch nicht signifikant. Die Möglichkeit der Mehrfachnennung wurde von den Befragten in der Regel auch genutzt; die Kategorien schließen sich nicht aus.

werden kann, um durchschnittlich 1,4 bei passiven AVOs um 1,8 Themenfelder. Es zeigt sich deutlich, dass das Verhalten der Interessenvertretung einen nicht unwesentlichen Einfluss auf die Beteiligungschancen und die Struktur der betrieblichen Entscheidungsfindung ausübt.

Führt man dieselbe Rechnung unter Einbeziehung einer Interessenvertretungsvariable durch, die zwischen *kooperativen* und *konfliktiven* Interessenvertretungen unterscheidet,[98] so zeigt sich ein ähnlicher Abstand zwischen Betriebsräten und AVOs. Während sich kooperative und konfliktive Betriebsräte nur gering voneinander unterscheiden, so sinkt die Mitentscheidungschance konfliktiver AVOs um durchschnittlich 1,5 Themenfelder. Für kooperative AVOs hingegen sinkt der Indexwert im Durchschnitt um 1,3 Themen im Vergleich zur Referenzgröße, dem konfliktiven Betriebsrat.

Untersucht man die Unterschiede, die zwischen den vier AVO-Strukturtypen (siehe Kapitel 2) bestehen, so fällt auf, dass die eingesetzten reinen Arbeitnehmervertretungen gegenüber den Betriebsräten um fast zwei Themen zurückfallen, während der Abstand bei gewählten reinen Arbeitnehmervertretungen und bei gemeinsamen Gremien nur halb so hoch ausfällt. Die Regressionsergebnisse bestätigen damit im Wesentlichen die Resultate, die sich auch bei der deskriptiven Analyse der Beteiligungschancen der AVO-Typen zeigen. Auch in Bezug auf den gewerkschaftlichen Organisationsgrad der Beschäftigten zeigen sich die zu erwartenden Ergebnisse: Bei einem Organisationsgrad von mehr als 50 Prozent steigt (unter Kontrolle der anderen Einflüsse) der Indexwert um 0,5 Themen.

Erwartungsgemäß steigen die Mitentscheidungsmöglichkeiten der kollektiven Interessenvertretung mit wachsender *Betriebsgröße* an. Ein signifikanter Schwellenwert ist aber bei einer Betriebgröße von 200 Beschäftigen (der Freistellungsgrenze) feststellbar. Auch Brancheneffekte sind wiederum sichtbar: So zeichnen sich die Vertretungen in den Branchen Bergbau, Energie, Ver- und Entsorgung auch unter Kontrolle anderer Strukturvariablen durch ein deutlich überdurchschnittliches Beteiligungsniveau aus. In Betrieben der Baubranche und im Hotel- und Gaststättengewerbe kann die Interessenvertretung durchschnittlich auf wenigeren

98 Gegenstand der Typenbildung ist die Frage, ob betriebliche Veränderungen in der Regel gegen den Widerstand der Interessenvertretung durchgesetzt werden müssen. Die Antwortkategorien »trifft zu« und »trifft voll und ganz zu« wurden als 1 kodiert (Indikator für »Widerstand beziehungsweise konfliktive Beziehung«), die beiden negativen Antwortkategorien als 0 (»kooperativ«). Vgl. hierzu auch Abbildung 18 in Abschnitt 4.2.2.

Themenfeldern mitentscheiden. Auch in ostdeutschen Betrieben ist das Beteiligungsniveau signifikant niedriger. Im Unterschied zur ersten Rechnung zeigt sich hier kein Einfluss der externen Marktbedingungen[99] auf die Beteiligungschancen der Interessenvertretung.

Wiederum zeigt sich der erwartbare Einfluss verschiedener HRM-Elemente. Die Beteiligungsorientierung der Geschäftsleitung und eine offene Informationspolitik erhöhen die Beteiligungschancen der Interessenvertretung. Wahrscheinlich kann dies aber nicht in einem strengen kausalen Sinn interpretiert werden. Vielmehr ist denkbar, dass Beteiligungsorientierung, Informationspolitik und die tatsächlich realisierte Beteiligung der Interessenvertretung unterschiedliche Bestandteile einer eingeübten Beteiligungskultur sind.

5.9 Zwischenfazit

In Zentrum dieses Kapitels standen die Informationspolitik und Beteiligungsorientierung der Geschäftsleitung sowie die Frage, in welchem Umfang Beschäftigte und ihre Vertretungen Einfluss auf betriebliche Entscheidungen in unterschiedlichen Regulierungsfeldern nehmen können.

Dabei zeigte sich, dass Betriebsratsbetriebe durch eine stärkere kollektive Orientierung der Geschäftsleitung gekennzeichnet sind, die sich unter anderem in einer geringeren Erosionstendenz der tarifvertraglichen Bindung, sowie in einer vergleichsweise positiven Einschätzung der Rolle von Gewerkschaften und in einer stärkeren Einbeziehung der betrieblichen Vertretung gegenüber der direkten Beteiligung der Beschäftigten ausdrückt.

AVO-Betriebe unterscheiden sich hingegen vor allem hinsichtlich der Informations- und Kommunikationsoffenheit positiv von allen anderen Betrieben. Die regelmäßige Informationsweitergabe an die Mitarbeiter besonders zu wirtschaftlichen Themen ist hier stärker verbreitet als in den Betrieben ohne kollektive Vertretung aber auch stärker als in den Betriebsrats- und MAV-Betrieben. Auch die Mitarbeiterorientierung der Geschäftsleitung scheint in den AVO-Betrieben nach eigener Einschätzung ausgeprägter zu sein: Alle drei Indikatoren – die Bedeutung einer langfristigen Mitarbeiterbindung, die Förderung der Vereinbarkeit von Familie und

99 Einschätzung der Geschäftsleitung zur Abhängigkeit des Unternehmenserfolges von: Preis, Qualität, Innovation und Flexibilität von Produkten und Produktionsverfahren.

Beruf sowie das Bekenntnis zur breiten Einbeziehung der Mitarbeiter – weisen überdurchschnittliche Werte auf. Darüber hinaus liefert das Datenmaterial schwache Hinweise für den überdurchschnittlichen Einsatz materieller Beteiligungsformen in AVO-Betrieben.

AVOs selbst – oder zumindest ein Teil dieser Gremien – können somit als Bestandteil einer besonderen Kommunikations- und Beteiligungspolitik interpretiert werden, die die Beschäftigten *freiwillig* stärker in die betrieblichen Kommunikationsprozesse einbindet und sie materiell beteiligt, um Arbeitsabläufe zu optimieren und die Mitarbeitermotivation zu verbessern. Wo es der Leitungsebene zweckmäßig erscheint, kann dies unter Einbeziehung kollektiver Strukturen erfolgen. Hierbei mag im Hintergrund durchaus auch das Kalkül mitschwingen, den Beschäftigten die Bildung einer unabhängigen, mit starkem Sanktionspotenzial (und möglichen Folgekosten) ausgestatteten Vertretung in Form eines Betriebsrats überflüssig erscheinen zu lassen.

Allerdings wurde auch deutlich, dass in den AVO-Betrieben die individuelle Regulierung mehrheitlich einer kollektiven Regulierung unter Einschaltung der Vertretung vorgezogen wird. AVO-Betriebe stehen damit in deutlichem Kontrast zu Betriebsrats- und MAV-Betrieben, wo diese Aussage mehrheitlich verneint wird. Dieses Ergebnis könnte einerseits auf die im Durchschnitt sehr viel größeren Betriebsratsbetriebe zurückzuführen sein, die eine kollektive Regulierung funktionaler erscheinen lassen als eine Vielzahl individueller Absprachen. Wahrscheinlich ist aber auch, dass die Geschäftsleitung in Betriebsratsbetrieben aufgrund einklagbarer gesetzlicher Normen nicht am Betriebsrat ›vorbeikommt‹ und deshalb ihre Präferenzen entsprechend angepasst hat.

Es konnte weiterhin gezeigt werden, dass das Vorhandensein einer gesetzlichen Vertretung und in abgeschwächter Form auch das eines AVOs (wie zu erwarten) die Alleinentscheidungskompetenz der Geschäftsleitung in Bezug auf die Arbeits- und Beschäftigungsbedingungen signifikant einschränkt. Dieses recht unspektakuläre Ergebnis bedeutet im Umkehrschluss: Ohne kollektive Vertretung findet eine substantielle Mitsprache der Mitarbeiter über ihre Arbeits- und Beschäftigungsbedingungen in der Regel in sehr viel eingeschränkterem Maße statt. Zwar mag im Einzelfall ein schwacher Betriebsrat weniger für die Berücksichtigung von Arbeitnehmerinteressen erreichen können als dies eine beteiligungsoffene Betriebsleitung auch ohne Betriebsrat sicherstellen würde. Im Durchschnitt zeigt sich jedoch ein recht deutliches Bild: Die Beteiligung von

Arbeitnehmern an der Gestaltung von Arbeits- und Beschäftigungsbedingungen fällt in betriebsratslosen Betrieben deutlich niedriger aus.

Auch wenn das Beteiligungsniveau der AVOs auf den ersten Blick – vor allem wegen der arbeitsplatznahen Themen – erstaunlich hoch ausfällt, so existieren gegenüber den gesetzlichen Vertretungen doch große Unterschiede hinsichtlich der Beteiligungsintensität in einzelnen betrieblichen Regulierungsthemen und der Breite des bearbeiteten Themenspektrums insgesamt (vgl. Kapitel 4). Betriebsräte und MAVs können, wie zu erwarten war, aufgrund der gesetzlichen Kompetenzen im Durchschnitt deutlich stärker in betriebliche Regelungsmaterien eingreifen. Besonders markant sind die Unterschiede bei ›harten‹ verteilungspolitischen Themen (Lohn und Arbeitszeit) und noch stärker bei personellen Einzelmaßnahmen. Hier wird den AVOs vergleichsweise wenig Einfluss zugestanden. Insgesamt können etwa ein Drittel aller AVOs nach Auskunft der Geschäftsleitung als reine Informations- und Konsultationsgremien klassifiziert werden, da sie in keinem der abgefragten Themenfelder über Mitentscheidungsrechte verfügen. In der Selbsteinschätzung der Vertretungen tritt der Beratungscharakter der AVOs gegenüber den Mitentscheidungsmöglichkeiten gesetzlicher Gremien noch deutlicher hervor.

Multivariate Analysen des Beteiligungsumfangs kollektiver Vertretungen bestätigten die Unterschiede zwischen den Vertretungsformen. Darüber hinaus zeigten sich strukturelle Einflüsse (Branche, Betriebsgröße, Eigentümerführung) die teilweise auch schon für die Existenz von kollektiven Vertretungen von Bedeutung waren.

6 Regulierungsoutput: Arbeitsbedingungen, wirtschaftliche und soziale Situation im Betrieb

In der gesellschaftspolitischen und wissenschaftlichen Diskussion um die Mitbestimmung spielt die Frage nach dem konkret messbaren ›Output‹ der betriebsverfassungsrechtlichen Arbeitnehmerpartizipation eine zentrale Rolle. Nachfolgend soll der Versuch unternommen werden, den Output für Betriebe und Beschäftigte entlang des in Abschnitt 2.1.3 dargestellten Untersuchungsmodells zu bestimmen. Untersucht werden dabei Zusammenhänge zwischen der Interessenvertretungsform und der Ertragslage, der Arbeitszeitlänge, der Formen der Arbeitszeitflexibilisierung, der Existenz von Beschäftigungsbündnissen sowie von Konflikten im Betrieb. Dabei muss noch einmal auf die ungelösten Probleme einer kausalen Zuschreibung der vorgefundenen Zusammenhänge verwiesen werden, weshalb die Ergebnisse – auch nach multivariater Prüfung – mit entsprechender Vorsicht interpretiert werden sollten.

6.1 Ertragslage der Betriebe

Wie in Tabelle 43 ersichtlich, gibt es in einer deskriptiven Analyse nur geringe Unterschiede zwischen Betrieben mit unterschiedlicher Vertretungsform. Die subjektiv auf einer 5er-Skala eingeschätzte aktuelle Ertragslage lag in den Betrieben mit einer gesetzlichen Vertretung auf dem Durchschnittsniveau aller untersuchten Betriebe. Dieses lag dabei etwas oberhalb der Skalenmitte, was für den Befragungszeitraum Sommer/Herbst 2005 angesichts der damals einsetzenden konjunkturellen Erholung der deutschen Wirtschaft insgesamt plausibel erscheint. Leicht überdurchschnittlich schnitten die AVO-Betriebe ab, ohne dass dieses Ergebnis als statistisch signifikant (Chi-Quadrat-Test) einzustufen ist.

Tabelle 43: Ertragslage 2005 in Abhängigkeit von der Form der Interessenvertretung

	Einschätzung Ertragslage 2005					
Interessenvertretungsform	Sehr gut 1	Gut 2	Befriedigend 3	Schlecht 4	Sehr schlecht 5	Mittel (1-5)
Keine kollektive Vertretung	5,9%	30,2%	43,2%	16,5%	4,1%	2,83
Andere Vertretungsorgane	5,6%	32,2%	45,1%	11,6%	5,5%	2,79
Gesetzliche Vertretung (BR, MAV)	4,2%	33,1%	42,5%	16,2%	3,9%	2,83
Gesamt	5,5%	31,2%	43,4%	15,5%	4,3%	2,82

Basis: Privatwirtschaft ab 10 Beschäftigte, Auskünfte von 3.126 Managementvertretern, Betriebsgewichtung

In einer multivariaten Analyse (binär-logistische Regression, mindestens gute Ertragslage als abhängige Variable) tragen vor allem Größen- und Brancheneffekte zur Erklärung der Ertragslage bei (Tabelle 44). Darüber hinaus erreichen Unternehmen, die auf Qualitäts- und Innovationsmärkten operieren, mit höherer Wahrscheinlichkeit eine positive Ertragssituation, während die Abhängigkeit von einzelnen (industriellen) Abnehmern eine gegenteilige Wirkung zeigt. Positive Zusammenhänge existieren auch zur Strategie einer langfristigen Mitarbeiterbindung und Gewinnbeteiligung der Mitarbeiter.

Daneben konnte aber auch in Bezug auf die Vertretungsformen ein negativer Zusammenhang zwischen der aktuellen Ertragslage und Betriebsratsexistenz ermittelt werden, der sich jedoch nicht robust gegenüber unterschiedlichen Modellspezifikationen verhält. So zeigte sich nur dann ein Betriebsratseffekt, wenn die Betriebsgröße als stark gestauchte Variable in das Modell einging (logarithmiert, oder wie Tabelle 44 in Form von Betriebsgrößenklassen) – nicht jedoch unter Einbeziehung der untransformierten Beschäftigtenzahl. Dies könnte dafür sprechen, dass Großbetriebe mit Betriebsrat überdurchschnittlich positiv abschneiden.

Die Stärke des Betriebsratseffekts scheint dabei auch von der Tarifbindung und dem gewerkschaftlichen Organisationsrad abzuhängen: In der Kombination der betrieblichen Vertretungsvariable mit der Tarifbindung weist der tarifgebundene Betrieb mit Betriebsrat den stärksten negativen Effekt auf, gefolgt vom Betriebsrat ohne Tarifbindung. In die gleiche Richtung bewegt sich der Effekt der tarifgebundenen AVO-Betriebe, ohne aber statistisch signifikant zu sein.

Tabelle 44: Bestimmungsfaktoren für eine mindestens gute Ertragslage

Unabhängige Variablen	*Logistische Regression*		
	Exp(B)	*Sig.**	*Wald*
Vertretungsform (Referenz: keine kollektive Vertretung)			
Andere Vertretungsorgane	,950		,156
Gesetzliche Vertretung (BR, MAV)	,730	---	7,570
Tarifbindung	,835	-	3,611
Betriebsgröße (Referenz: 10-19)			51,579
20-49	1,114		,579
50-99	1,728	+++	14,039
100-199	2,425	+++	33,559
200-499	2,144	+++	21,129
≥ 500	2,302	+++	21,923
Mehrbetriebsunternehmen Inland	1,069		,400
Mehrbetriebsunternehmen Ausland	1,203		1,463
Betriebsalter (log)	,794	---	9,672
Eigentümerführung	,852		2,544
Überstundeneinsatz	,714	---	7,092
Gewinnbeteiligung	1,256	++	4,785
Langfristige Mitarbeiterbindung wichtig	1,332	+++	14,367
Abhängigkeit einzelne Kunden	,772	---	10,337
Erfolg abhängig: Preis	,784		2,149
Erfolg abhängig: Qualität	1,659	+++	9,792
Erfolg abhängig: Innovation	1,633	+++	8,208
Erfolg abhängig: Flexibilität	1,298	+	2,707
Ostdeutschland	,859	-	2,920
Branche			75,866
Bergbau/Energie/Ver- und Entsorgung	2,290	+++	30,904
Ernährung/Genuss	1,112		,511
Verbrauchsgüter	,741	--	4,445
Produktionsgüter	,919		,379
Investitionsgüter/Gebrauchsgüter	1,163		1,231
Baugewerbe	,608	---	9,965
Handel/Reparatur	,797	-	2,749
Gastgewerbe	,875		,694
Verkehr/Nachrichten	,713	--	3,993
Kredit/Versicherung/Grundstücks- und Wohnungswesen	1,899	+++	16,867
Datenverarbeitung und Datenbanken	,912		,287
F&E/Beratung/Ingenieurdienstleistungen/Werbung	1,061		,169
Personal-, Wach-, Reinigungsdl. und sonstige Dl.	1,479	++	5,603
Erziehung und Unterricht	,790		,979
Gesundheits-, Veterinär- und Sozialwesen	,952		,092
(Konstante)	,792		,449
Pseudo-R^2 (Nagelkerke)	0,13		
Fallzahl	3.012		

**Signifikanzniveaus: ±/ ±±/ ±±± = 10/5/1-Prozent-Niveau*
Basis: Privatwirtschaft ab 10 Beschäftigte, ungewichtete Daten

Werden jedoch zusätzlich Informationen über den gewerkschaftlichen Organisationsgrad der Beschäftigten mit in die Berechnung einbezogen, so verlieren die Variablen Betriebsrat und Tarifbindung ihre Erklärungskraft, während sich für die Gewerkschaftsvariable ein signifikanter negativer Effekt zeigt. Dieser bestätigt sich, wenn die Interaktionseffekte zwischen Betriebsratsexistenz und gewerkschaftlichem Organisationsgrad in das Modell einbezogen werden. Es scheinen also weniger die Betriebsratsbetriebe an sich sondern jene mit hohem gewerkschaftlichen Organisationsgrad zu sein, die die Wahrscheinlichkeit einer überdurchschnittlichen Ertragslage zum Befragungszeitpunkt senken. Ob dies allerdings streng kausal zu interpretieren ist, bleibt angesichts der Momentaufnahme und der vielfältigen nicht beobachteten Einflussfaktoren unklar.
Unterschiede lassen sich aber auch zwischen den verschiedenen *Betriebsratstypen* (Abschnitt 4.2.2) aufzeigen. So steht die Einbeziehung der Qualität der Zusammenarbeit zwischen Interessenvertretung und Management (aus Sicht des Managements) in einem nachweisbaren Zusammenhang mit der Ertragslage. Wird das Regressionsmodell mit einer Aufgliederung in kooperative und nicht kooperative Betriebsräte beziehungsweise AVOs (vgl. Kapitel 4) erneut berechnet, so zeigen AVO-Betriebe im Vergleich zu Betrieben ohne kollektive Vertretung keine signifikanten Effekte, während Betriebe mit Betriebsräten, die als nicht kooperativ wahrgenommen werden, signifikant schlechter abschneiden. Bei Betrieben mit Betriebsräten, die als kooperativ eingestuft worden sind, ist dieser Effekt zwar auch vorhanden, aber nur schwach ausgeprägt. Zu bedenken ist jedoch, dass die Kausalitätsrichtung dieses Zusammenhangs nicht eindeutig zuzuordnen ist. Möglicherweise ist das angespannte Verhältnis zwischen Geschäftsleitung und Betriebsrat eher eine Folge als die Ursache der schlechten Ertragslage. Eine eindeutige Wirkungsrichtung kann nur in einer Längsschnittanalyse ermittelt werden.

Weiteren Aufschluss bringt die Differenzierung in aktive und passive Vertretungen, die nach dem managementseitig wahrgenommenen Verhalten der Vertretung bei organisatorischen und technischen Veränderungen (vgl. Kapitel 4) vorgenommen wurde. Im Ergebnis zeigt sich, dass ausschließlich die Zugehörigkeit zur Kategorie der aktiv gestaltenden Vertretungen, bei denen Veränderungen (aus Sicht der Geschäftsleitung) gegen ihren Widerstand durchgesetzt werden müssen, in einem signifikant negativen Zusammenhang mit der Ertragslage steht. Dieses Ergebnis zeigt in eine ähnliche Richtung wie die Untersuchung von Dilger (2002), auch wenn die Klassifikationen nicht unmittelbar vergleichbar sind. Demnach geht die negative durchschnittliche Wirkung der Betriebsräte ausschließlich auf die eher problem- und konfliktbeladenen Betriebsratsbetriebe zurück. Auf der anderen Seite konnte aber auch kein positives Ergebnis für die Betriebe gefunden werden, in denen der Betriebsrat als aktiver kooperativer Mitgestalter wahrgenommen wird. Diese unterscheiden sich entgegen den Erwartungen, die mit der Co-manageriellen Betriebsratstätigkeit gemeinhin verbunden sind, nicht von den anderen beiden Typen.

Da die Erklärungskraft des Modells insgesamt gering ist, kann davon ausgegangen werden, dass nicht beobachtete technische und organisatorische sowie das Marktumfeld und die Managementqualität betreffende Faktoren den entscheidenden Einfluss ausüben. Sowohl für den Betriebsrat als auch für die Tarifbindung als Einzelfaktoren sowie im Zusammenwirken beider lässt sich somit zwar ein tendenziell negativer Einfluss auf die Ertragslage konstatieren; diesem kommt aber im Vergleich zu anderen beobachteten Einflussfaktoren – allen voran Betriebsgrößen- und Brancheneffekten – eine geringe Wirkung zu, die sich auch nur unter bestimmten Modellkonstellationen zeigt. Der geringe Effekt sollte daher eher als ein weiterer Beleg für die auch in den meisten anderen Studien ermittelte weitgehende *wirtschaftliche Neutralität der Betriebverfassung* gewertet werden. Zudem bleibt insbesondere im Falle der Betriebe mit einer aktiven und auf Widerstand ausgerichteten Vertretung unklar, in welcher Richtung der Zusammenhang zu interpretieren ist: Bilden die Beschäftigten einen Betriebsrat, weil sie sich in einem schwierigen wirtschaftlichen Umfeld absichern wollen oder wirkt das Verhalten des Betriebsrats tatsächlich ertragssenkend, indem Entscheidungen verzögert oder Gewinne umverteilt werden? Und führt ein schwierigeres wirtschaftliches Umfeld nicht zu mehr (wahrgenommenem) Widerstand, da auch mehr und härtere Sanierungsmaßnahmen durchgeführt werden? Beide Interpretationen sind möglich, aber mit den vorliegenden Querschnittsdaten nicht zu klären.

6.2 Arbeitszeit und Überstundeneinsatz

Ein zentrales Regulierungsfeld der betrieblichen Arbeitsbeziehungen ist der Arbeitszeit- und Überstundeneinsatz. Sofern der Betrieb keiner tarifvertraglichen Regelung unterworfen ist, können Interessenvertretungen direkten Einfluss auf die Arbeitszeitlänge ausüben. Im Falle der Tarifbindung sind Betriebsräte Kontrollinstanzen der tatsächlichen Umsetzung tarifvertraglicher Normen. Die Genehmigung von Überstunden durch den Betriebsrat ist darüber hinaus betriebsverfassungsrechtlich geregelt. In Kapitel 5 konnte anhand der Beteiligungsstärke gezeigt werden, dass Betriebsräte und in geringerem Ausmaß auch AVOs tatsächlich regulierend auf diesen Bereich einwirken. Deshalb ist hier im Unterschied zur Ertragslage von einer direkten Beeinflussung der Outputfaktoren durch das Wirken der betrieblichen Interessenvertretung auszugehen. Arbeitszeitlänge und Überstundeneinsatz können dabei einerseits unter verteilungspolitischen Gesichtspunkten als Output für die Beschäftigten oder Unternehmen, andererseits aber auch als Produktivitätsindikator betrachtet werden.

Abbildung 30: Wochenarbeitszeit nach Vertretungsform, Tarifbindung und Betriebsgröße

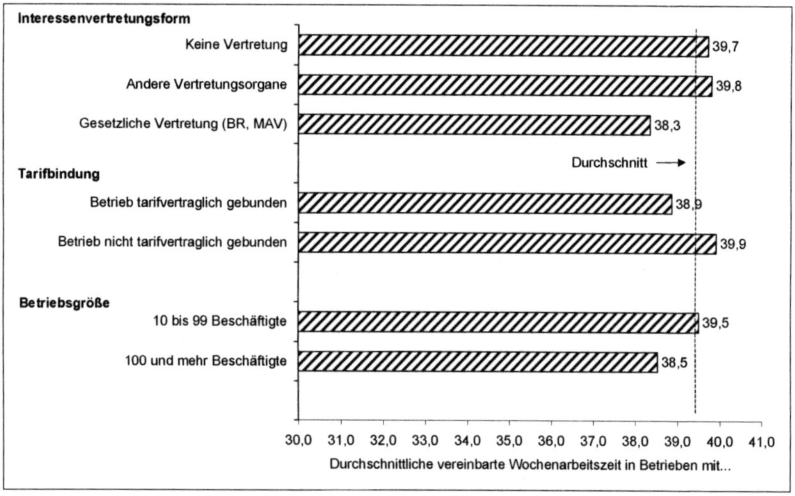

Basis: Privatwirtschaft ab 10 Beschäftigte, Auskünfte von 3.171 Managementvertretern, Betriebsgewichtung

Im Durchschnitt beträgt die vertraglich vereinbarte Wochenarbeitszeit für Vollzeitbeschäftigte hochgerechnet auf die Grundgesamtheit der Betriebe 39,4 Stunden. Wie zu erwarten sind deutliche Unterschiede in Abhängigkeit von der Form der betrieblichen Interessenvertretung zu erkennen. So ist die Arbeitszeit in Betrieben mit Betriebsrat/MAV rund 1,5 Stunden kürzer als in Betrieben mit Anderen Vertretungsorganen oder in Betrieben ohne jede Form einer kollektiven Vertretung. Die Länge der Arbeitszeit hängt allerdings auch von anderen Faktoren, wie der Tarifbindung und der Betriebsgröße (Abbildung 30) sowie der Branche ab.

In tarifgebundenen Betrieben liegt die vertraglich vereinbarte Wochenarbeitszeit im Schnitt um eine Stunde unter der in nicht tarifgebundenen Betrieben. In größeren Betrieben ab 100 Beschäftigten ist die Arbeitszeit im Durchschnitt ebenfalls um eine Stunde kürzer als in Betrieben unter 100 Beschäftigten. Dies könnte jedoch auch mit der Tatsache in Zusammenhang stehen, dass größere Betriebe häufiger tarifgebunden sind und häufiger über eine gesetzliche Vertretung verfügen.

Abbildung 31: Wochenarbeitszeit in Abhängigkeit von Tarifbindung und Vertretungsform

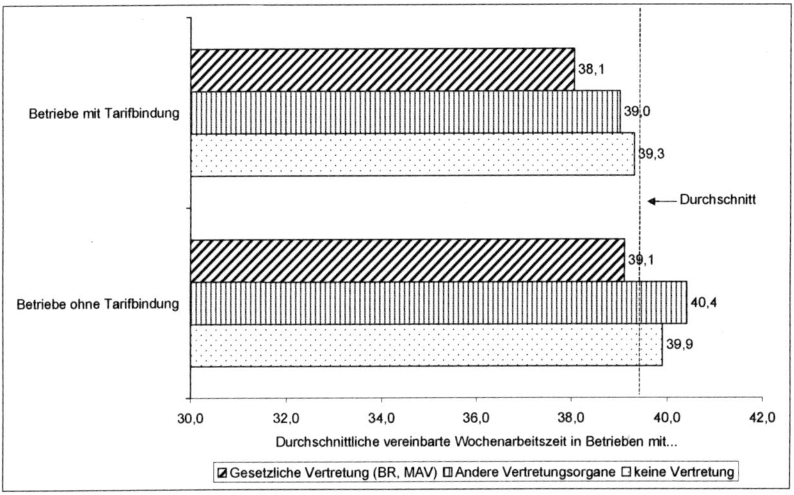

Basis: Privatwirtschaft ab 10 Beschäftigte, Auskünfte von 3.171 Managementvertretern, Betriebsgewichtung

Aus diesem Grund soll in der nachfolgenden Abbildung 31 der isolierte Einfluss von Interessenvertretungsform und Tarifbindung betrachtet werden. Hier zeigt sich sowohl in tarifgebundenen wie in nicht tarifgebundenen Betrieben ein fast gleichwertiger arbeitszeitsenkender Betriebsratseffekt. Auffällig ist dagegen die uneinheitliche Richtung bei den AVO-Betrieben. Ohne Tarifbindung haben sie die längste Arbeitszeit überhaupt, mit Tarifbindung nehmen sie hingegen eine Zwischenposition zwischen Betriebsratsbetrieben und Betrieben ohne kollektive Vertretung ein. Hier könnte erneut die Heterogenität der AVOs in Funktion und Beteiligungsstärke zum Ausdruck kommen, denkbar wären aber auch zugrundeliegende Brancheneffekte.

Der Unterschied in der Länge der vertraglich vereinbarten Wochenarbeitszeit nach der Form der betrieblichen Interessenvertretung bleibt auch dann erhalten, wenn der Vergleich zusätzlich zur Tarifbindung auch die Betriebsgrößenklassen und Branchen einbezieht. In einem multivariaten Analysemodell wurden weitere mögliche Einflussvariablen für die Berechnung der vertraglich vereinbarten durchschnittlichen Wochenarbeitszeit für Vollbeschäftigte einbezogen. Neben der Interessenvertretungsform betraf dies die Tarifbindung, die Branche, die Region, Betriebsgröße und -alter, die Unternehmens- und Führungsstruktur, das Marktumfeld, den Überstundeneinsatz und die finanzielle Beteiligung der Mitarbeiter. Tabelle 46 zeigt die Ergebnisse einer linearen Regression, mit welcher der arbeitszeitsenkende beziehungsweise arbeitszeiterhöhende Einfluss der jeweiligen Variable unter Kontrolle aller anderen Variablen bestimmt wird. Hierbei kann die Veränderung der Arbeitszeit in Wochenstunden direkt aus dem nicht-standardisierten Koeffizienten (B) abgelesen werden. Es zeigt sich, dass die Arbeitszeit in Betriebsrats- und MAV-Betrieben im Durchschnitt etwa 0,4 Stunden pro Woche geringer ist als in vergleichbaren betriebsratslosen Betrieben. AVOs haben demgegenüber keinen signifikanten Effekt auf die Arbeitszeitlänge. Der Betriebsratseffekt bleibt also erhalten, schwächt sich jedoch gegenüber der deskriptiven Darstellung (in Abbildung 31) deutlich ab. Dafür tritt die Rolle der Tarifbindung noch deutlicher in den Vordergrund. Ihr Effekt ist mit fast 0,9 Stunden mehr als doppelt so groß wie der Betriebsratseffekt.

Darüber hinaus sind vor allem die Betriebsgröße, die Branche und die Region von Bedeutung. So wird in vergleichbaren ostdeutschen Betrieben durchschnittlich 0,54 Wochenstunden länger gearbeitet als in westdeutschen. Bei den Branchen ist vor allem im Hotel- und Gaststättengewerbe sowie in Verkehr und Transport ein signifikanter arbeitszeiterhöhender Effekt zu beobachten. Dieser beträgt jeweils mehr als eine Stunde und übertrifft den Betriebsratseffekt damit deutlich. Das in Tabelle 45 dargestellte Modell für die Variationen der durchschnittlichen Wochenarbeitszeiten nach Betrieben kann insgesamt etwa ein Fünftel dieser Unterschiede zwischen den befragten Betrieben erklären.

Tabelle 45: Bestimmungsfaktoren der durchschnittlichen wöchentlichen Arbeitszeit

Unabhängige Variablen	*Lineare Regression*			
	B	*Beta*	*Sig.*	*T*
Vertretungsform (Referenz: keine koll. Vertretung)				
Gesetzliche Vertretung (BR, MAV)	-,388	-,10	***	-4,425
Andere Vertretungsorgane	,016	,00		,157
Tarifbindung	-,891	-,24	***	-12,240
Betriebsgröße (log)	,132	-,04	**	-2,074
Teil eines größeren Unternehmens	-,060	-,02		-1,109
Betriebsalter (log)	-,048	-,02		-,873
Unternehmen durch Eigentümer geführt	,100	,03		1,278
Überstundeneinsatz	,058	,01		,601
Gewinnbeteiligung für Mitarbeiter	-,005	-,00		-,061
Langfristige Mitarbeiterbindung ist wichtig	-,037	-,01		-,668
Abhängigkeit von einzelnen Abnehmern/Kunden	-,092	-,02		-1,478
Erfolg abhängig von Preis	,233	,06	*	1,907
Erfolg abhängig von Qualität	,160	,04		1,348
Erfolg abhängig von Innovation	,202	,05		1,591
Erfolg abhängig von Flexibilität	,187	,05		1,606
Ostdeutschland	,538	,14	***	7,850
Bergbau/Energie/Ver- und Entsorgung	,578	,08	***	2,957
Ernährung/Genuss	,630	,08	***	3,204
Verbrauchsgüter	-,373	-,05	**	-1,944
Produktionsgüter	,353	,05	*	1,859
Investitionsgüter/Gebrauchsgüter	-,325	-,05	*	-1,703
Baugewerbe	,660	,09	***	3,410
Handel/Reparatur	,135	,02		,720
Hotel- und Gastgewerbe	1,175	,15	***	5,828
Verkehr/Nachrichten	1,183	,14	***	5,713
Kredit/Versicherung/Wohnungswesen	,407	,05	**	2,048
Datenverarbeitung und Datenbanken	,619	,07	***	2,957
F&E/Beratung/Ingenieurdienstleist./Werbung	,367	,05	*	1,887
Personal-, Wach-, Reinigungs- und sonstige DI.	-,331	-,04		-1,595
Erziehung und Unterricht	-,016	-,00		-,066
Gesundheits-, Veterinär- und Sozialwesen	,268	,03		1,324
(Konstante)	38,45		***	98,745
R^2 (korrigiertes R^2)	0,20 (0,19)			
Fallzahl	3.057			

*Signifikanzniveaus: */**/*** = 10/5/1-Prozent-Niveau*
Basis: Privatwirtschaft ab 10 Beschäftigte, AZ- mindestens 30, höchstens 50 Stunden, .ungewichtete Daten

Es lässt sich also festhalten, dass Betriebsräte und MAVs im Unterschied zu den AVOs auch unter Kontrolle anderer Einflussgrößen eine signifikante *arbeitszeitsenkende Wirkung* entfalten. Der durchschnittliche ›Betriebsratseffekt‹ ist jedoch im Vergleich zum durchschnittlichen Tarifbindungseffekt weniger als halb so groß. Er ist darüber hinaus deutlich kleiner als der Effekt einzelner Branchen und Regionen. Auch bei weitergehenden Analysen des Zusammenspiels (Interaktionseffekte) von betrieblicher Vertretungsform und Tarifbindung zeigt sich ein stärkerer arbeitszeitsenkender Einfluss der Tarifbindung gegenüber dem der gesetzlichen Vertretungen. So tritt der arbeitszeitsenkende Betriebsratseinfluss besonders stark in tarifgebundenen Betrieben auf, während er sich in nicht tarifgebundenen Betrieben deutlich abschwächt, gleichwohl aber signifikant bleibt. Generell lässt sich also ein arbeitszeitsenkender Effekt gesetzlicher Vertretungen auch unter Kontrolle aller anderen Einflussfaktoren nachweisen. Dieser ist in seiner Stärke aber von der Tarifbindung abhängig.

Während in der Frage der durchschnittlichen vertraglichen Wochenarbeitszeit der Einfluss der Tarifbindung eines Betriebes besonders deutlich wurde, kann erwartet werden, dass kollektive betriebliche Vertretungsorgane auf das Ausmaß von geleisteten Überstunden vergleichsweise mehr Einfluss haben. Die Verweigerung von Mehrarbeit gilt gemeinhin als eine der zentralen Machtmittel von Betriebsräten. Sollte es in Betriebsratsbetrieben tatsächlich zu einem geringeren Einsatz von Mehrarbeit kommen, so könnte dies einerseits als Indiz für die Einschränkung der betrieblichen Flexibilität (Anpassung an Auftragsschwankungen), andererseits aber auch als Hinweis auf eine Politik der Reduktion von Überstunden zugunsten regulärer Einstellungen interpretiert werden. Möglich wäre aber auch, dass die Auftragslage in diesen Betrieben schlechter ist und der Überstundenanfall sich hierdurch reduziert.

Insgesamt 83 Prozent aller Betriebe gaben an, dass in den letzten zwölf Monaten bei ihnen Überstunden geleistet wurden. In diesen Betrieben war im Durchschnitt gut die Hälfte (55 Prozent) aller Beschäftigten von Überstundenleistungen betroffen; bei immerhin 23 Prozent der Überstunden leistenden Betriebe war die gesamte Belegschaft involviert. Im deskriptiven Vergleich der Interessenvertretungsformen zeigt sich entgegen der Erwartung sogar ein um 7 Prozentpunkte höherer Anteil von Betriebsratsbetrieben, die Überstunden leisten, während hier gleichzeitig der durchschnittliche Anteil der jeweils betroffenen Beschäftigten gegenüber AVO-Betrieben und Betrieben ohne kollektive Vertretung um 5 beziehungsweise 10 Prozentpunkte geringer ausfällt. Da dieses Ergebnis jedoch stark von der Betriebsgröße beeinflusst wird, muss eine multivariate Analyse mit dem oben verwendeten Variablenset erfolgen. Eine binär logistische Schätzung der Wahrscheinlichkeit der Überstundenexistenz verdeutlicht vor allem Größen- und Brancheneffekte, während signifikante Einflüsse der betrieblichen Interessenvertretungsformen nicht nachweisbar waren. Allerdings zeigten Betriebsratsbetriebe auch unter Kontrolle der anderen Einflüsse einen signifikant um 4 bis 6 Prozentpunkte niedrigeren Anteil von Beschäftigten, die im entsprechenden Zeitraum von Überstunden betroffen waren. Ebenso wenig lässt sich ein Einfluss auf die Wahrscheinlichkeit von freiwilligen im Unterschied zu angeordneten Überstunden für Betriebsratsbetriebe feststellen. In nicht-tarifgebundenen AVO-Betrieben existiert demgegenüber eine signifikant höhere Wahrscheinlichkeit für freiwillig geleistete Überstunden, die Ausdruck einer mittelständisch geprägten Betriebskultur sein könnte.

Zusammenfassend lässt sich festhalten: Auch unter Kontrolle relevanter Einflüsse wie der Größe, der Branche und der Tarifbindung ist ein *arbeitzeitsenkender Betriebsratseffekt* vorhanden, der sich sowohl in der Länge der vereinbarten Wochenarbeitszeit als auch im Anteil Mehrarbeit leistender Beschäftigter zeigte. Ob in einem Betrieb überhaupt Mehrarbeit geleistet wird und ob diese freiwillig ist oder angeordnet wird, steht dagegen in keinem Zusammenhang mit der Betriebsratsexistenz.

6.3 Arbeitszeitflexibilisierung und Arbeitszeitmodelle

Wie bereits verschiedentlich erwähnt, gewann die ›Verbetrieblichung‹ von Erwerbsregulierung vor allem seit den 1980er Jahren mit den tarifvertraglichen Bestimmungen zur Arbeitszeitverkürzung an Bedeutung. Heute sind auch andere Themenbereiche, wie beispielsweise die Beschäftigungssicherung und die Qualifizierung, von diesem Mechanismus tariflicher Rahmenvereinbarungen und betrieblicher Anpassungen und der damit einhergehenden Dezentralisierungsdynamik erfasst. Das Thema der betrieblichen Gestaltung von flexiblen Arbeitszeitmodellen nimmt aber nach wie vor eine zentrale Stellung ein. Mit einer Abweichung von der Normalarbeit[100] und der Flexibilisierung der Arbeitszeiten soll aus Unternehmenssicht eine bessere Anpassung des Arbeitseinsatzes an die Betriebsabläufe und veränderten Marktgegebenheiten (Auftragsschwankungen) erfolgen, was sich letztlich in einer Kostenersparnis niederschlägt. Auf der anderen Seite kann eine Flexibilisierung der Arbeitszeit auch den Arbeitszeitwünschen der Be-

100 Als Normalarbeitszeit wird eine Vollzeitbeschäftigung mit einer Arbeitszeit von 35 bis 40 Stunden bezeichnet, die sich tagsüber auf fünf Wochentage, in der Regel Montag bis Freitag, verteilt und in der Lage nicht variiert.

schäftigten entgegenkommen. In welchem Verhältnis die Interessen und Bedürfnisse der Beschäftigten und die betrieblichen Anforderungen dabei im Einzelnen stehen, kann auf Basis der BISS-Daten nicht beantwortet werden. Es ist aber davon auszugehen, dass Arbeitszeitmodelle, die Teilzeitarbeit oder Arbeitszeitkonten beinhalten, zumindest teilweise den Präferenzen der Beschäftigten entgegenkommen, während Schichtarbeit, Nacht- und Wochenendarbeit eher negative Folgen für die Beschäftigten haben.

Vor diesem Hintergrund ist es interessant zu sehen, welchen Einfluss die jeweiligen Interessenregulierungstypen auf die Ausgestaltung betrieblicher Arbeitszeitmuster haben. Die Geschäftsleitungen wurden gefragt, welche Arbeitszeitformen in den Betrieben existieren und wie sich deren Ausmaß in den letzten fünf Jahren verändert hat. Dabei wurden sowohl herkömmliche Formen der Abweichung von der Normalarbeitszeit wie Schichtarbeit, Nachtarbeit und Wochenendarbeit untersucht, als auch neuere Formen der Arbeitszeitflexibilisierung wie Teilzeitarbeit, Gleitzeitsysteme, Arbeitszeitkonten und Vertrauensarbeitszeit. Einen Überblick über die Ergebnisse liefert Tabelle 46. Hier ist die Verbreitung der sieben abgefragten Arbeitszeitformen in Abhängigkeit von der betrieblichen Interessenvertretungsform insgesamt sowie getrennt nach Tarifbindungsstatus dargestellt.

Insgesamt ergibt sich ein deutliches, fast durchgängiges Muster: Am stärksten verbreitet sind die abgefragten Arbeitszeitformen – mit Ausnahme der Vertrauensarbeitszeit – jeweils in den Betriebsratsbetrieben, während die AVO-Betriebe meist eine Zwischenposition (mit größerer Nähe zu den Betrieben ohne kollektive Vertretung) einnehmen. Nur bei der am wenigsten regulierten Arbeitszeitform, der Vertrauensarbeitszeit, stellt sich die Situation anders dar. Hier weisen die AVO-Betriebe die höchsten Werte auf, während in Betriebsratsbetrieben die niedrigste Verbreitung vorliegt. Eine Differenzierung nach Betrieben mit und ohne Tarifbindung ergibt insbesondere für die Existenz von Nachtarbeit und Arbeitszeitkonten eine höhere Verbreitung in tarifgebundenen Betriebsratsbetrieben. Bei den betriebsratslosen Betrieben scheint die Tarifbindung teilweise eine gegenteilige, flexibilitätssenkende Wirkung zu haben. Ein großer Teil der Varianz dürfte allerdings auf das Konto von Branchen- und Betriebsgrößeneffekten gehen, wie unter anderem der hohe Anteil von Nachtarbeit in tarifgebundenen Betriebsratsbetrieben vermuten lässt. Hier dürfte es sich um Industriebetriebe handeln, die ja gleichzeitig auch einen höheren Betriebsratsanteil aufweisen.

Tabelle 46: Arbeitszeitformen nach Interessenvertretungsform und Tarifbindung

	Teilzeit	Schichtarbeit	Nachtarbeit	Wochenendarbeit	Gleitzeit	Arbeitszeitkonten	Vertrauens-AZ
	In Prozent						
Interessenvertretungsform							
Keine kollektive Vertretung	73	34	30	65	42	60	40
Andere Vertretungsorgane	76	41	36	68	45	58	45
Gesetzliche Vertretung (BR, MAV)	91	56	49	72	64	72	37
Interessenvertretungsform und Tarifbindung							
Keine koll. Vertretung, aber TV	68	33	34	70	34	66	35
Keine koll. Vertretung und kein TV	76	34	28	62	48	57	43
AVO mit Tarifbindung	71	46	36	78	34	65	40
AVO ohne Tarifbindung	79	38	36	59	54	54	50
BR, MAV mit Tarifbindung	91	55	53	70	63	74	37
BR, MAV ohne Tarifbindung	90	58	39	76	66	67	38
Insgesamt	77	40	35	67	48	63	41

Basis: Privatwirtschaft ab 10 Beschäftigte, Auskünfte von 3.152–3.192 Managementvertretern, Betriebsgewichtung

Die Kontrolle dieser intervenierenden Effekte in logistischen Regressionen[101] für die einzelnen Arbeitszeitformen ergab, dass Branchen- und Betriebsgrößeneffekte in der Tat in allen Regressionsrechnungen dominieren. Die positiven Betriebsratseffekte bestätigen sich aber im Wesentlichen. Im Einzelnen ergab sich folgendes Bild: Die Wahrscheinlichkeit der Existenz von *Teilzeitarbeit* ist in *Betriebsratsbetrieben* auch unter Kontrolle anderer Einflüsse signifikant höher als in allen übrigen Betrieben. Dies gilt unabhängig von der Tarifbindung: Gegenüber der Referenzkategorie der nicht tarifgebunden Betriebe ohne kollektive Vertretung weisen sowohl tarifgebundene wie nicht tarifgebundene Betriebsratsbetriebe signifikant höhere Werte auf. Bei den AVO-Betrieben verzeichnen nur diejenigen mit Tarifbindung einen positiven Effekt. Einen stärkeren positiven Effekt hat

101 Regressionsmodell vgl. Tabelle 45, zusätzliche Rechnung mit Interaktionseffekten aus Interessenvertretungsform und Tarifbindung, Referenzkategorie hier Betriebe ohne kollektive Vertretung und ohne Tarifbindung.

jedoch die Betriebsgröße. Auch die Zugehörigkeit eines Betriebes zum Handel oder zum Gesundheits- und Sozialwesen erhöht die Teilzeitwahrscheinlichkeit in weit größerem Maße.

Die Wahrscheinlichkeit von *Schichtarbeit* und *Nachtarbeit* wird erwartungsgemäß noch stärker durch Branchen- und Betriebsgrößeneinflüsse bestimmt. So existiert eine überdurchschnittlich hohe Wahrscheinlichkeit für Schichtarbeit nahezu im gesamten verarbeitenden Gewerbe und für Nachtarbeit in den Branchen Ernährung/Genuss, Produktionsgüter, dem Hotel- und Gastgewerbe, Verkehr/Nachrichten sowie im Gesundheits- und Sozialwesen. Im Baugewerbe sowie bei den höherqualifizierten Dienstleistungen wie dem Kredit- und Versicherungsgewerbe oder in Erziehung und Unterricht ist sie dagegen signifikant unterdurchschnittlich. Die Existenz von Nachtarbeit wurde zudem vor allem in solchen Betrieben genannt, für die Flexibilität ein wichtiges Konkurrenzmerkmal darstellt. Die Interessenvertretungsform spielt aber auch hier eine Rolle: Es zeigte sich, dass sowohl Betriebsrats- als auch AVO-Betriebe eine signifikant höhere Wahrscheinlichkeit für die Existenz von Schichtarbeit aufweisen. Dieser Effekt trat aber nur in Verbindung mit der Tarifbindung auf. Die Wahrscheinlichkeit für Nachtarbeit erhöhte sich – wie in der deskriptiven Darstellung – nur bei tarifgebundenen Betriebsratsbetrieben. Das gleiche Bild zeigt sich bezüglich der Existenz von *Wochenendarbeit.* Brancheneffekte stellen allerdings auch hier den wichtigsten Erklärungsfaktor dar. So existiert eine höhere Wahrscheinlichkeit für Wochenendarbeit in den Branchen Ernährung/Genuss, Gastgewerbe sowie dem Gesundheits- und Sozialwesen; eine niedrigere hingegen bei Kredit- und Versicherungsunternehmen.

Brancheneffekte dominierten ebenfalls, wenn auch in geringerem Maße, die Wahrscheinlichkeit von *Gleitzeitarbeit.* Hier zeigte sich eine mehrfach erhöhte Wahrscheinlichkeit in der Investitionsgüterproduktion, der Datenverarbeitung und F&E/Beratung/Ingenieurdienstleistungen/Werbung. Aber auch das Vorhandensein einer gesetzlichen Interessenvertretung steht in einem positiven Zusammenhang mit der Existenz von Gleitzeitarbeit, und zwar unabhängig von der Tarifbindung. In tarifgebundenen AVO-Betrieben fällt die Wahrscheinlichkeit für Gleitzeitarbeit dagegen signifikant unterdurchschnittlich aus. Auch bei den *Arbeitszeitkonten* bestätigt sich die deskriptive Analyse multivariat. Hier erhöhen die Faktoren *Betriebsrat mit Tarifbindung* und die Betriebsgröße die Wahrscheinlichkeit für die Existenz dieses relativ neuen Instruments flexibler Arbeitszeitgestaltung. Hinsichtlich der Branchen zeigt sich eine positive Beeinflussung für die Verbrauchs-/Investitions- und Gebrauchsgüterindustrie sowie das Baugewerbe, eine stark negative hingegen bei Banken und Versicherungen. In einem erweiterten Regressionsmodell zeigt sich darüber hinaus auch ein Zusammenhang von Arbeitszeitkonten und kürzeren Arbeitszeiten, so dass die Einführung von Arbeitszeitkonten auch als Kompensation für insgesamt kürzere Arbeitszeiten erscheinen kann.

Beim Thema *Vertrauensarbeitszeit* stellt sich die Situation anders dar. In einem multivariaten Modell weisen nur die *AVO-Betriebe* eine signifikant überdurchschnittliche Wahrscheinlichkeit für diese Arbeitszeitform auf. Eine signifikant negative, also einschränkende Wirkung zeigen dagegen – wie in der deskriptiven Auswertung – tarifgebundene Betriebe ohne kollektive Vertretung. Entscheidend sind auch für dieses weitgehend unregulierte Arbeitszeitmodell die Brancheneffekte. Hier stechen erwartungsgemäß die hochqualifizierten Dienstleistungen – Datenverarbeitung und Datenbanken, F&E/Beratung/etc. – heraus. Eine signifikant geringere Wahrscheinlichkeit für das Vorhandensein von Vertrauensarbeitszeit weisen darüber hinaus Betriebe mit Sitz in Ostdeutschland auf. Gleichzeitig zeigt ein erweitertes Modell einen Zusammenhang zwischen Vertrauensarbeitszeit und längeren Arbeitszeiten.

Zusammenfassend lässt sich hinsichtlich der untersuchten Arbeitszeitformen sagen, dass unter Kontrolle von Betriebsgröße, Branche, Region und anderen relevanten Einflussfaktoren die Form der betrieblichen Interessenvertretung insgesamt einen signifikanten Einfluss auf die Wahrscheinlichkeit ihres Vorkommens hat. *Gesetzliche Vertretungen* erhöhen dabei die Wahrscheinlichkeit *flexibler Arbeitszeitformen* wesentlich stärker als AVOs. Letztere stehen in einem Zusammenhang mit der Existenz von Vertrauensarbeitszeit, die ihrerseits mit insgesamt längeren Arbeitszeiten einhergeht. Betriebe ohne jede kollektive Interessenvertretung weisen die geringste Wahrscheinlichkeit für die Existenz der untersuchten Arbeitszeitformen auf. Berücksichtigt man die in den vorhergehenden Abschnitten vorgestellten Befunde hinsichtlich der Beteiligungsintensität und der Formalisierung von betrieblichen Vereinbarungen, so lassen sich bei aller Vorsicht Betriebsräte eher als Beförderer denn als Verhinderer differenzierter und flexibler Instrumente der Arbeitszeitregulierung charakterisieren. Dies bezieht sich sowohl auf Arbeitszeitformen, die eher vorteilhaft für die Betriebsabläufe erscheinen als auch auf solche, die vermutlich eher der Arbeitszeitsouveränität der Beschäftigten entgegenkommen. Dabei könnte es sich teilweise – wie sich im Falle der Arbeitszeitkonten zeigt – aber auch um den ›Preis‹ für die insgesamt kürzere Arbeitszeit in diesen Betrieben handeln.

6.4 Beschäftigungssicherheit und Beschäftigungspakte

Ein wichtiger Aspekt, um die Wirksamkeit verschiedener Formen der betrieblichen Interessenregulierung zu messen, ist die Frage der betrieblichen Beschäftigungssicherheit. Diese lässt sich einerseits an der Entwicklung der Gesamtzahl der Beschäftigten im Zeitverlauf und an den erfolgten Entlassungen und andererseits an dem Vorhandensein von betrieblichen Vereinbarungen zur Beschäftigungssicherung ablesen. Letztere haben in den vergangenen Jahren eine besondere Bedeutung erlangt. Die Diskussion um eine gesetzlich erzwungene Vorfahrt für betriebliche Bündnisse vor tarifvertraglichen Regelungen spielte sogar im Bundestagswahlkampf 2005 eine bedeutende Rolle. Auch die Bereitschaft der Beschäftigten, für den Erhalt von Arbeitsplätzen Abstriche vor allem bei der Frage der Arbeitszeit zu machen, ist – nach den Daten der vorliegenden Untersuchung – überwiegend vorhanden. In etwa 50 Prozent der Betriebe ist eine solche Bereitschaft nach Einschätzung der Geschäftsleitung sehr hoch oder zumindest hoch – nach Einschätzung der befragten Interessenvertreter sind es etwa 10 Prozent weniger. Angesichts der allgemeinen Arbeitsmarktlage ist diese Konzessionsbereitschaft nicht verwunderlich.

Nach den Ergebnissen der BISS-Befragung existiert in rund 7 Prozent aller Betriebe ab zehn Beschäftigten ein betriebliches Bündnis zur Beschäftigungssicherung (vgl. Abbildung 32). Damit fällt die Quote wesentlich niedriger aus als in den Untersuchungen von Berthold u.a. 2003 und Massa-Wirth/Seifert 2004. Die Ursache hierfür dürfte im unterschiedlichen Zuschnitt der Grundgesamtheiten begründet sein, denn die BISS-Daten beziehen sich nicht nur auf den Maschinenbau oder Betriebsratsbetriebe sondern auf alle Betriebe mit zehn oder mehr Beschäftigten, unabhängig von der Interessenvertretungsform und der Branchenzugehörigkeit. Die Verbreitung betrieblicher Bündnisse beschränkt sich dabei nicht nur auf die formal tarifvertraglich gebundenen Betriebe, obwohl Bündnisse dort mehr als doppelt so häufig (10 beziehungsweise 4 Prozent) vorkommen. Betriebe mit Haustarifvertrag verfügen zu 17 Prozent über Beschäftigungssicherungsvereinbarungen. In 9 Prozent der an einen Branchentarifvertrag gebundenen Betriebe gilt ebenfalls eine Vereinbarung zur Beschäftigungssicherung.

Abbildung 32: Verbreitung von Vereinbarungen zur Beschäftigungssicherung

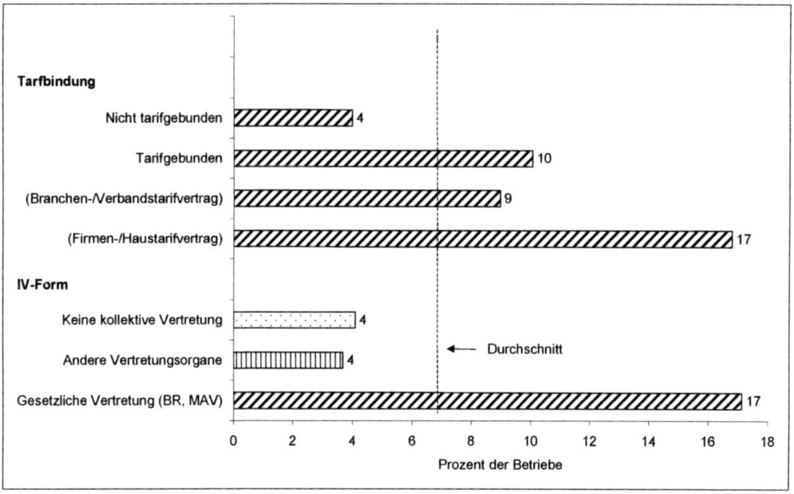

Basis: Privatwirtschaft ab 10 Beschäftigte, Auskünfte von 3.171 Managementvertretern, Betriebsgewichtung

Am häufigsten sind Beschäftigungssicherungsvereinbarungen in tarifgebundenen Betriebsratsbetrieben anzutreffen, wie Abbildung 33 verdeutlicht. Jeder fünfte Betrieb dieser Kategorie verfügt über eine solche Vereinbarung. In der Vergleichsgruppe der AVO-Betriebe liegt der Anteil mit 7 Prozent um zwei Drittel niedriger. Allerdings zeichnen sich gerade diese Betriebe durch ein besseres wirtschaftliches Umfeld aus, das Beschäftigungsbündnisse auch weniger notwendig erscheinen lässt. In Betrieben ohne kollektive Vertretung sind Bündnisse zur Beschäftigungssicherung äußerst selten. Dies spricht dafür, dass vor allem Betriebsräte die notwendigen starken Partner der Unternehmensleitung sind, damit derartige Vereinbarungen zustande kommen. Allerdings muss auch berücksichtigt werden, dass in den Tarifverträgen in der Regel entsprechende Vereinbarungen den Betriebsparteien (auf Arbeitnehmerseite dem Betriebsrat) vorbehalten sind.

Abbildung 33: Beschäftigungssicherungsvereinbarungen nach Tarifbindung und Interessenvertretungsform

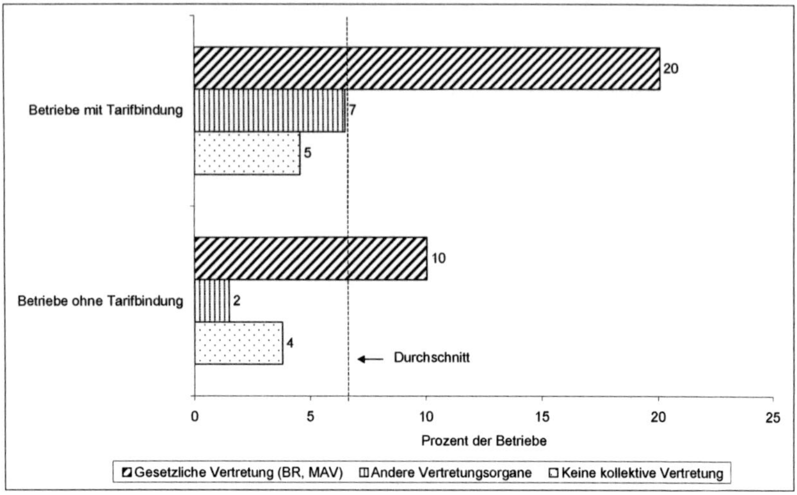

Basis: Privatwirtschaft ab 10 Beschäftigte, Auskünfte von 3.171 Managementvertretern, Betriebsgewichtung

Die in Abbildung 33 dargestellte Interaktion zwischen Tarifbindung und betrieblicher Vertretungsform bestätigt sich auch in einem multivariaten Test mit anderen betrieblichen Kontrollvariablen. Während Betriebsrat und Tarifbindung als Einzelfaktoren hier jeweils eine (auch gegenüber Größe und Branchen) herausragende Stellung einnehmen und die Wahrscheinlichkeit des Zustandekommens einer Beschäftigungssicherungsvereinbarung in ähnlicher Höhe beeinflussen, zeigt sich der entscheidende Effekt in tarifgebundenen Betriebsratsbetrieben. Der Einfluss nicht tarifgebundenener Betriebsratsbetriebe fällt dagegen nur etwa halb so hoch aus. Auch tarifgebundene AVO-Betriebe haben einen signifikanten, wenn auch schwächeren Effekt. Es ist also zum einen von einem stärkeren Tarifbindungseinfluss auszugehen, zum anderen verbleibt aber ein unabhängiger Betriebsratseinfluss, der auch außerhalb des Geltungsbereiches von Tarifverträgen wirkt. Auch hier zeigt sich also der vergleichsweise schwache Output von AVOs in ›harten‹ Regelungsbereichen wie der Beschäftigungsregulierung.

Wie Abbildung 34 zeigt, werden die betrieblichen Bündnisse in der Regel in Form von Betriebsvereinbarungen geschlossen. Dagegen spielen Tarifverträge, andere schriftliche Verträge und Regelungsabreden nur eine untergeordnete Rolle. Die Vereinbarungen gelten überwiegend (69 Prozent) für die gesamte Belegschaft und in weiteren 19 Prozent zumindest für die Mehrheit der Beschäftigten. In einem Zehntel der Fälle bezogen sich diese betrieblichen Vereinbarungen nur auf einzelne Beschäftigte.

Abbildung 34: Geltungsbereich, Inhalt und Form von Beschäftigungssicherungsvereinbarungen

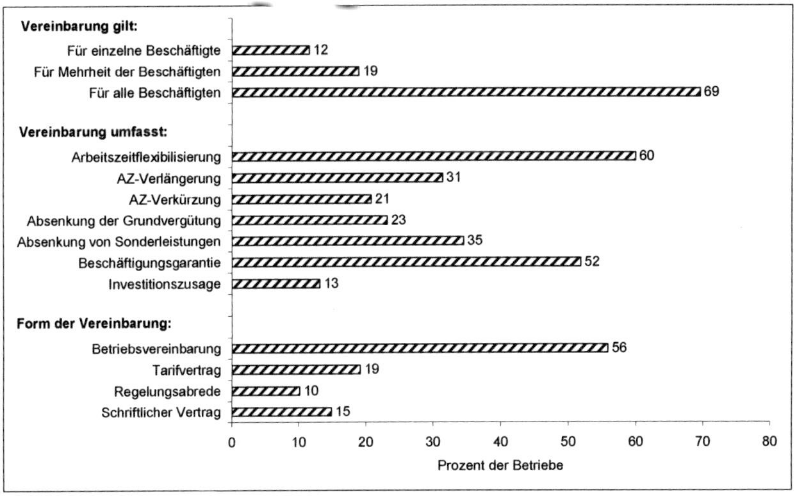

Basis: Privatwirtschaft ab 10 Beschäftigte, Betriebe mit Vereinbarung zur Beschäftigungssicherung, Auskünfte von 416 Managementvertretern, Betriebsgewichtung

Neben der Frage nach der Existenz von betrieblichen Bündnissen, den jeweiligen Verhandlungspartnern und dem Charakter der Vereinbarungen wurde auch nach wichtigen Inhalten gefragt. Als häufigste Einzelmaßnahme, die als Zugeständnis der Beschäftigten gewertet werden kann, wird eine Arbeitszeitflexibilisierung vereinbart. Deutlich seltener sind mit etwa 30 Prozent der Fälle eine Arbeitszeitverlängerung und mit etwa 20 Prozent eine Arbeitszeitverkürzung Vereinbarungsbestandteil. Beide Maßnahmen erfolgen in der Regel ohne Lohnausgleich, die Arbeitszeitverkürzung ist dann mit entsprechenden Entgeltverlusten für die Beschäftigten verbunden. Entgeltkürzungen werden meist (35 Prozent) in Gestalt der Absenkung von Sonderleistungen umgesetzt. Eine Absenkung der Grundvergütung findet dagegen deutlich seltener (23 Prozent der Fälle) statt.

Im Gegenzug existiert in gut der Hälfte der Bündnis-Betriebe eine vereinbarte Beschäftigungsgarantie. Strategische Zugeständnisse in Form von Investitionszusagen sind dagegen selten. Diese werden vor allem gegeben, wenn eine Verlängerung der betrieblichen Arbeitszeit als Maßnahme vereinbart wurde. Ein Zusammenhang zwischen Beschäftigungsgarantien und einzelnen Zugeständnissen der Beschäftigten ist dagegen aus den Daten nicht ableitbar. Beschäftigungsgarantie und Arbeitszeitflexibilisierung korrelieren (anders als Abbildung 34 suggeriert) sogar negativ. Dies könnte daran liegen, dass die konkret geschnürten Bündnispakete oft mehrere Zugeständnisse gleichzeitig beinhalten.

Trotz der teilweise schmerzhaften Einschnitte werden die Bündnisse aus Sicht der befragten Arbeitnehmervertreter überwiegend (zu etwa 75 Prozent) als ein Ergebnis bewertet, bei dem sich die Vorteile für beide Seiten die Waage halten. Einseitige Vorteile für die Arbeitgeberseite werden in 20 bis 30 Prozent der Fälle gesehen – insbesondere dort, wo eine Absenkung der Grundvergütung Bestandteil der Vereinbarung ist.

Tabelle 47: Vereinbarungsinhalte nach Interessenvertretungsform

Interessenvertretungsform	*AZ-Flexibilisierung*	*AZ-Verlängerung*	*AZ-Verkürzung*	*Absenkung der Grundvergütung*	*Absenkung von Sonderleistungen*	*Beschäftigungs-garantie*	*Investitionszusage*
	In Prozent						
AVO-Betriebe und Betriebe ohne kollektive Vertretung	56	26	17	(18)	(20)	36	(9)
Betriebe mit gesetzlicher Vertretung (BR, MAV)	63	36	24	28	47	65	17
Gesamt	60	31	21	23	35	52	13

Basis: Privatwirtschaft ab 10 Beschäftigte, Betriebe mit Vereinbarung zur Beschäftigungssicherung, Auskünfte von 442 Managementvertretern (62/380), Betriebsgewichtung, Fallzahlen <20 in Klammern

Die Verbreitung der untersuchten Vereinbarungselemente in Betrieben mit und ohne Betriebsrat/MAV ist in Tabelle 47 dargestellt. Durchgängig weisen Betriebe mit einer gesetzlichen Vertretung die höchsten Quoten auf.[102] Besonders ausgeprägt (und durch hinreichende Fallzahlen unterlegt)

102 Eine getrennte Aufschlüsselung der AVO-Betriebe wurde aufgrund der geringen Fallzahl (n=21) und der hiermit verbundenen Unsicherheiten nicht ausgewiesen. Wagt man dennoch einen Blick auf die AVOs, so fällt auf, dass sofern ein Bündnis vorhanden ist, der Anteil von AVO-Betrieben mit vereinbarter Beschäftigungsgarantie etwa auf dem Niveau der Betriebsratsbetriebe liegt.

sind die Unterschiede zu den Betrieben ohne Betriebsrat bei den verbrieften Beschäftigungsgarantien. In zwei von drei Betriebsratsbetrieben werden Beschäftigungsgarantien vereinbart – annähernd doppelt so häufig wie in den restlichen Betrieben. Bei den Maßnahmen zur Arbeitszeitflexibilisierung, fällt die Differenz hingegen nur gering aus. Allerdings kann das durchgängig höhere Niveau in den Betriebsratsbetrieben auch ein Effekt der Betriebsgröße und anderer Faktoren sein.

In der Tat zeigt eine multivariate Analyse (logistische Regression) weniger Zusammenhänge als Tabelle 47 nahelegt. In erster Linie tragen Branchen- und Größeneffekte zur Erklärung der Existenz einzelner Vereinbarungselemente bei. In der zentralen Frage der Existenz einer *Beschäftigungsgarantie* sowie bei der Absenkung von Sonderleistungen ist jedoch auch unter multivariater Kontrolle ein signifikanter positiver, also deren Wahrscheinlichkeit erhöhender *Betriebsratseffekt* feststellbar.

6.5 »Betriebsklima« und Konflikte

In Kontext betrieblicher Outputfaktoren wurde auch das Verhältnis zwischen Geschäftsleitung und Beschäftigten (»Betriebsklima«) abgefragt, das als subjektive Sicht der befragten Manager auf einer ähnlichen Fünfer-Skala wie die Ertragslage erhoben wurde. Während sich hier vor allem der Einfluss der Ertragslage niederschlägt und Eigentümerführung sowie das Bekenntnis zur langfristigen Mitarbeiterbindung das managementseitig wahrgenommene Klima positiv beeinflussen, zeigt sich bei diesem betrieblichen Klimaindikator ein tendenziell negativer Zusammenhang mit der Betriebsratsexistenz, während AVO-Betriebe überdurchschnittlich positiv abschneiden. Dies kann als Hinweis darauf gelesen werden, dass der Betriebsrat im Vergleich zu den AVOs nicht die Funktion der betrieblichen Kommunikationsoptimierung erfüllt. Eine mögliche Erklärung für das negative Abschneiden könnte aber gerade darin liegen, dass die Information von der Basis über den Betriebsrat ungefiltert an das Management gelangt und somit nur das subjektiv wahrgenommene, nicht das tatsächliche Verhältnis als konfliktbeladener erscheint. Eine weitere Klärung soll durch die Analyse der nachfolgenden Konfliktindikatoren herbeigeführt werden.

6.5.1 Konfliktfelder

Im Geschäftsleiterinterview wurde auch die Frage nach betrieblichen Konflikten in unterschiedlichen Themenfeldern gestellt. Insgesamt berichteten rund 34 Prozent der Geschäftsführer von Konflikten in mindestens einem der aufgeführten Themenfelder. Etwa zu gleichen Teilen verteilten sich die Nennungen auf Entgelt- und Arbeitszeitfragen (jeweils 13 Prozent) sowie Entlassungen (12 Prozent) und somit auf die ›härteren‹, verteilungsrelevanten Konfliktthemen. Der Bereich Arbeits- und Gesundheitsschutz spielt dagegen mit nur einem Prozent eine verschwindend geringe Rolle.

Abbildung 35: Arbeitszeitkonflikte nach Betriebsgröße

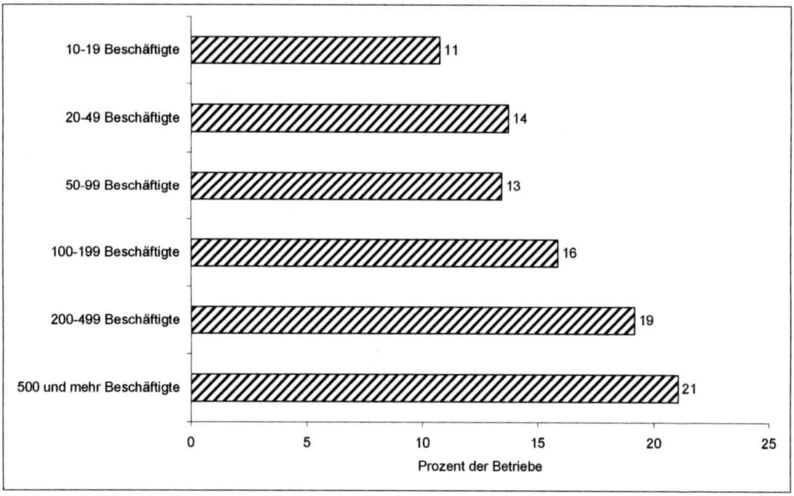

Basis: Privatwirtschaft ab 10 Beschäftigte, Auskünfte von 3.184 Managementvertretern, Betriebsgewichtung

Öffentlich ausgetragene Konflikte und Spannungen sind vor allem eine Erscheinung größerer Betriebe, wie Abbildung 35 am Beispiel von Arbeitszeitkonflikten zeigt: In Großbetrieben treten Konflikte zu Arbeitszeitfragen doppelt so häufig auf wie in Kleinbetrieben. Dass größere Betriebe häufiger Konflikte verzeichnen, erscheint plausibel: Hier arbeiten zum einen mehr Menschen zusammen und zum zweiten nimmt die organisatorische Komplexität dieser Betriebe und die damit verbundene Ausdifferenzierung unterschiedlicher Interessenlagen zu.

Zugleich zeigen sich aber auch Unterschiede bei der Konflikthäufigkeit in Abhängigkeit von der Interessenvertretungsform, wie Tabelle 48 verdeutlicht. In Betrieben mit einer gesetzlichen Vertretung wird überdurchschnittlich häufig von Konflikten entlang der abgefragten Themenfelder berichtet. So gab es in 20 Prozent dieser Betriebe Arbeitszeitkonflikte, gegenüber nur 12 Prozent in Betrieben mit Anderen Vertretungsorganen. Über Spannungen und Konflikte im Zusammenhang mit Entgeltfragen berichteten die Personalverantwortlichen in 17 Prozent der Betriebsrats- und MAV-Betriebe, jedoch nur in 11 Prozent der AVO-Betriebe. Lediglich der Aspekt des Gesundheitsschutzes besitzt in Betrieben mit gesetzlicher Vertretung eine ähnlich geringe Bedeutung wie in Betrieben mit Anderen Vertretungsorganen.

Tabelle 48: Konfliktthemen nach Interessenvertretungsform

Interessenvertretungsform	*Entgelt*	*Arbeitszeit*	*Entlassungen*	*Gesundheitsschutz*	*Andere Themen*
	In Prozent				
Keine kollektive Vertretung	12,1	10,5	11,6	(1,2)	9,2
Andere Vertretungsorgane	10,8	11,6	6,2	(1,2)	14,5
Gesetzliche Vertretung (BR, MAV)	17,2	20,3	19,4	1,3	12,6
Gesamt	13,0	12,8	12,2	1,2	10,9

Basis: Privatwirtschaft ab 10 Beschäftigte, Auskünfte von 3.184 Managementvertretern, Betriebsgewichtung, Fallzahlen <20 in Klammern

Allerdings ist die Form der Interessenvertretung eng verknüpft mit der Betriebsgröße (vgl. Kapitel 3), so dass eine eindeutige ›Abschätzung‹ des Betriebsratseffektes nur unter Kontrolle der Betriebsgröße erfolgen kann. Nicht auszuschließen ist auch die konfliktfördernde oder –senkende Wirkung weiterer Faktoren, wie des gewerkschaftlichen Organisationsgrades der Beschäftigten, der Eigentums- und Führungsverhältnisse, Brancheneigenheiten sowie des wirtschaftlichen Umfeldes.

Welchen genuinen Anteil die unterschiedlichen Formen der betrieblichen Interessenregulierung am Zustandekommen oder an der Vermeidung von Konflikten in einzelnen Themenfeldern haben, soll nachfolgend in mehreren multivariaten Analysen geschätzt werden. In Tabelle 49 sind die in das Regressionsmodell aufgenommenen Variablen und der zugehörige

Exponent des Regressionskoeffizienten (<1=negativ, >1=positiv) inklusive Signifikanzniveau dargestellt. Hierbei zeigt sich, dass das Vorhandensein einer gesetzlichen Vertretung unter Kontrolle anderer Variablen die Wahrscheinlichkeit von Konflikten im Zusammenhang mit Entlassungen schwach, aber signifikant erhöht. Betrachtet man allerdings in einer Kontrollrechnung ausschließlich Betriebe, die in den letzten drei Jahren Entlassungen vorgenommen haben, so gibt es hier keinen signifikanten Betriebsratseffekt.

In AVO-Betrieben ist die Konfliktwahrscheinlichkeit dagegen signifikant niedriger als in Betrieben ohne kollektive Vertretung. Entscheidend scheint allerdings erwartungsgemäß das wirtschaftliche Umfeld zu sein. Mehrere Indikatoren deuten in diese Richtung: die Ertragslage, das Agieren auf preissensitiven Märkten und die Abhängigkeit von einzelnen Kunden. Darüber hinaus scheint auch die Abhängigkeit von ausländischen Unternehmenseignern mit einer höheren Konfliktwahrscheinlichkeit bei Entlassungen einherzugehen. Der Einfluss der Betriebsgröße, der sich auch schon in der deskriptiven Darstellung zeigte, wird auch in der multivariaten Analyse bestätigt. Brancheneinflüsse sind ebenfalls deutlich erkennbar. So liegt die Konfliktwahrscheinlichkeit insbesondere bei den hochqualifizierten unternehmensnahen Dienstleistungen (Datenverarbeitung; F&E/Beratung etc.) und im Bereich Erziehung/Unterricht signifikant höher, während sie in den Energie- und Versorgungsunternehmen aber auch bei den distributiven Dienstleistungen (Handel und Nachrichten/Verkehr) signifikant niedriger ausfällt.

Um die Binnendifferenzierung innerhalb der kollektiven Vertretungsformen abzubilden, wurden verschiedene Typologien der Interessenvertretung in das Modell einbezogen. Neben der Dreiteilung »keine kollektive Vertretung/AVO/gesetzliche Vertretung« (Modell 1) wurde eine Unterteilung in kooperative und konfliktive Vertretungen (Modell 2) anhand der Managementeinschätzung zum Verhalten der Vertretung bei betrieblichen Veränderungen (unterstützt/leistet Widerstand) vorgenommen. Außerdem erfolgte eine Kombination aus betrieblicher Interessenvertretungsform und Tarifbindung (Modell 3). Die Referenzgruppe bilden dabei in allen Fällen die Betriebe ohne kollektive Vertretung (Modell 1 und 2) beziehungsweise ohne kollektive Vertretung und ohne Tarifvertrag (Modell 3). Zusätzlich wurden in die Modelle jeweils die Kontrollvariablen aus Tabelle 49 aufgenommen, da vermutet werden kann, dass sie ebenfalls Einfluss auf die Entstehung von Konflikten in den vier Themenfeldern haben.

Tabelle 49: Einflussfaktoren für das Auftreten von Konflikten bei Entlassungen

Einflussfaktoren	Binär logistische Regression		
	Exp(B)	Sig.*	Wald
Vertretungsform (Referenz: keine koll. Vertretung)			
Andere Vertretungsorgane	,587	---	6,32
Gesetzliche Vertretung (BR, MAV)	1,284	+	2,75
Tarifbindung	,930		0,34
Signifikanter Gewerkschaftsanteil	,989		0,01
Betriebsgröße (10-19 Referenz)			
20-49	1,647	++	5,95
50-99	1,757	+++	6,13
100-199	1,890	+++	8,67
200-499	1,776	+++	6,11
≥ 500	2,257	+++	11,62
Teil eines größeren Unternehmens	1,138		1,10
Eigentümerführung	1,085		0,39
Erfolg abhängig von Preis	2,083	+++	11,66
Erfolg abhängig von Qualität	1,203		0,81
Erfolg abhängig von Innovation	1,188		0,59
Erfolg abhängig von Flexibilität	1,333		2,00
Mind. gute wirtschaftliche Lage (2005)	,429	---	53,27
Materielle Beteiligung	1,058		0,22
Langfristige Mitarbeiterbindung ist wichtig	,842		0,46
Information monatlich zu wirtsch. Situation etc.	,854		1,52
Ostdeutschland	,845		2,19
Bergbau/Energie/Ver- und Entsorgung	,511	---	8,94
Produktionsgüter	,725	-	2,95
Baugewerbe	1,347	+	3,01
Handel/Reparatur	,697	-	3,36
Gastgewerbe	,615	-	3,49
Verkehr/Nachrichten	,600	-	4,57
Datenverarbeitung und Datenbanken	1,828	+++	7,96
F&E/Beratung/Ingenieurdienstleistungen/Werbung	1,418	+	3,52
Erziehung und Unterricht	2,809	+++	20,07
Gesundheits-, Veterinär- und Sozialwesen	,586	--	4,11
(Konstante)	,072	---	28,45
Pseudo-R^2 (Nagelkerke)	0,113		
Fallzahl	3.117		

**Signifikanzniveaus: ±/ ±±/ ±±± = 10/5/1-Prozent-Niveau*
Basis: Privatwirtschaft ab 10 Beschäftigte, ungewichtete Daten

Es stellt sich heraus, dass in Betriebsratsbetrieben – unter Kontrolle weiterer Einflussfaktoren wie Betriebsgröße und Branche – die Wahrscheinlichkeit für Konflikte auch in den anderen Themenfeldern höher ist. Statistisch gesehen erhöhen also Betriebsräte die Wahrscheinlichkeit der durch die Geschäftsleitung wahrgenommenen betrieblichen Konflikte. Besonders ausgeprägt ist diese Tendenz für den Themenbereich Arbeitszeit.

Für AVOs lassen sich keine vergleichbar klaren Aussagen treffen. Auch die Richtung der Zusammenhänge ergibt bei ihnen kein eindeutiges Bild: So führt ihre Existenz statistisch gesehen zu einer höheren Konfliktwahrscheinlichkeit beim Thema Arbeitszeit, aber zu weniger Konflikten beim Thema Entlassungen als in der Referenzgruppe der Betriebe ohne kollektive Vertretung. Generell ist zu beachten, dass verstärkende AVO-Einflüsse auf die Konfliktwahrscheinlichkeit mehrheitlich von den konfliktorientierteren AVOs stammen, während bei den Betriebsräten auch als kooperativ klassifizierte Vertretungen in einem (allerdings schwächeren) Zusammenhang mit erhöhter Konfliktwahrscheinlichkeit stehen. Wird die Typologie »kooperativ – konfliktiv« als Einflussgröße verwendet, so zeigt sich erwartungsgemäß, dass in Betrieben mit eher konfliktorientierter Interessenvertretung eine höhere Konfliktwahrscheinlichkeit besteht. Es fällt dabei auf, dass konfliktorientierte AVOs statistisch eher Konflikte nach sich ziehen als kooperative Betriebsräte.

Alle Befunde wurden über die Variable »Tarifbindung« kontrolliert. Die Tarifbindung selbst stand in keinem Zusammenhang mit der Konfliktwahrscheinlichkeit (Modell 1+2). Die Kombination von Interessenvertretung und Tarifbindung in Modell 3 diente zur Überprüfung des Interaktionseffektes beider Faktoren. Dabei sollte nach Indizien für die konfliktreduzierende Wirkung von überbetrieblichen tarifvertraglichen Regelungen gesucht werden. Durch die Tarifbindung wird – so das plausible Argument der Befürworter des Flächentarifs – Konfliktmasse von der betrieblichen auf die überbetriebliche Ebene (der Tarifparteien) verlagert und damit die Ebene der Betriebsparteien tendenziell von Konflikten entlastet. Wie die Ergebnisse im Modell 3 nahe legen, ist eine schwache Tendenz in diese Richtung auszumachen, ohne dass es sich hierbei jedoch um statistisch signifikante Effekte handelt.

Allerdings muss hinzugefügt werden, dass sich die Qualität der Schätzungen insgesamt eher schwach darstellt. Die Regressionsmodelle erreichen lediglich eine Varianzaufklärung (Nagelkerkes R^2) von 7 bis 12 Prozent. Viele, vielleicht die wesentlichen Ursachen für die untersuchten betrieblichen Konfliktthemen, bleiben demnach unbeobachtet.

6.5.2 Konfliktformen

Wie äußern sich Konflikte im Betrieb? Die Geschäftsleitungen wurden gefragt, welche Konfliktformen in ihrem Betrieb am häufigsten zu finden sind. Die Ergebnisse zeigt die folgende Abbildung 36.

Abbildung 36: Häufigkeit des Auftretens unterschiedlicher Konfliktformen

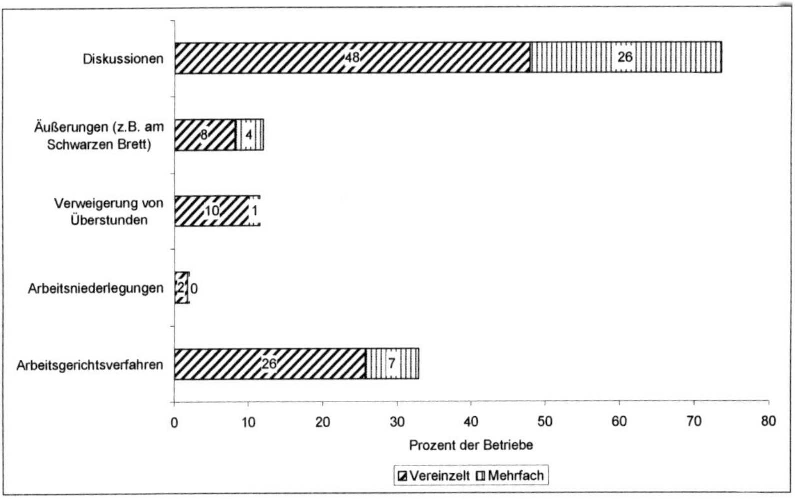

Basis: Privatwirtschaft ab 10 Beschäftigte, Betriebe mit Konflikten in den letzten zwölf Monaten, Auskünfte von 1.241 Managementvertretern, Betriebsgewichtung

Kommt es zu Konflikten im Betrieb, stellen mehr oder weniger ›hitzige‹ Diskussionen die mit Abstand häufigste Form der Konfliktäußerung dar. Allerdings kam es in über 30 Prozent der Betriebe, die von Konflikten berichteten, auch zu Arbeitsgerichtsverfahren – bei 7 Prozent sogar mehrfach. Einseitige Beschwerden (beispielsweise am »Schwarzen Brett«), die Verweigerung von Überstunden oder gar Arbeitsniederlegungen haben dagegen nur eine vergleichsweise geringe Bedeutung. Als weitere Formen der Konfliktäußerung wurden von den Befragten besonders häufig »Dienst nach Vorschrift«, »Krankfeiern« oder »Hinzuziehen der Gewerkschaft« genannt.

Auch die unterschiedlichen Konfliktformen sind in Großbetrieben wiederum häufiger anzutreffen als in Kleinbetrieben. Setzt man die Form der betrieblichen Interessenvertretung mit der Häufigkeit der unterschiedlichen Konfliktindikatoren in Beziehung (Abbildung 37), so zeigt sich eine

Tendenz zu mehr Konflikten in Betrieben mit gesetzlicher Vertretung – mit einer Ausnahme: In diesen Betrieben wird seltener über die Verweigerung von Überstunden berichtet als in den Betrieben ohne kollektive Vertretung.

Abbildung 37: Konfliktformen nach Interessenvertretungstypen

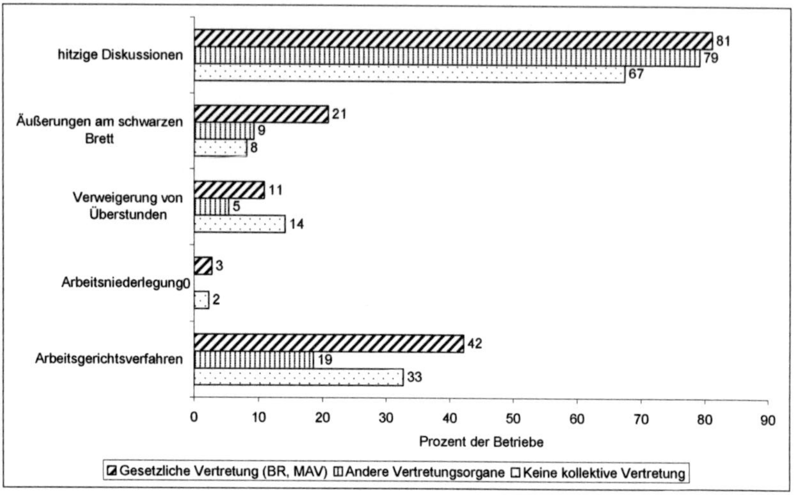

Basis: Privatwirtschaft ab 10 Beschäftigte, Betriebe mit Konflikten in den letzten zwölf Monaten (736 für gesetzliche Vertretung, 129 für Anderes Vertretungsorgan, 377 für keine kollektive Vertretung), Auskünfte von 1.242 Managementvertretern, Betriebsgewichtung

In den Betrieben mit Anderen Vertretungsorganen scheint es am seltensten Probleme zu geben, wenn man die ›harten‹ Konfliktformen betrachtet: Die Verweigerung von Überstunden wird nur in 5 Prozent der Fälle berichtet, Arbeitsniederlegungen kommen gar nicht vor und Arbeitsgerichtsverfahren sind mit 19 Prozent weniger als halb so häufig wie in Betrieben mit gesetzlicher Vertretung und deutlich seltener als in Betrieben ohne kollektive Vertretung anzutreffen. Konflikte bleiben in den Betrieben mit Anderen Vertretungsorganen fast ausschließlich auf (mehr oder weniger hitzige) Diskussionen beschränkt.

Allerdings wird auch die Wahrscheinlichkeit des Auftretens bestimmter Konfliktformen natürlich noch von einer Reihe weiterer Faktoren beeinflusst. Deshalb ist auch hier eine multivariate Kontrolle des Effekts der Vertretungsformen erforderlich. Die Ergebnisse dieser Logit-Modelle sind in Tabelle 51 dargestellt.

Tabelle 50: Multivariate Analyse des Zusammenhangs zwischen Regulierungstyp und dem Auftreten unterschiedlicher Konfliktformen

	Hitzige Diskussionen	Schriftliche Äußerungen	Verweigerung von Überstunden	Arbeitsgerichts-verfahren
	Binär logistische Regressionen (Modell 1)			
Einflussfaktoren[a]	*Exp[B]*	*Exp[B]*	*Exp[B]*	*Exp[B]*
AVO	1,232	1,312	,606	,601 --
BR, MAV	1,773 +++	1,995 +++	1,267	1,527 +++
Tarifbindung	1,005	1,321	,946	,980
Pseudo-R²	,145	,169	,117	,195
Fallzahl	1.206	1.206	1.206	1.206
	Binär logistische Regressionen (Modell 2)			
Einflussfaktoren[a]	*Exp[B]*	*Exp[B]*	*Exp[B]*	*Exp[B]*
AVO kooperativ	1,134	1,208	∅	,560 --
AVO konfliktiv	2,659 +++	2,918 +	∅	1,300
BR kooperativ	1,578 +++	1,740 ++	1,048	1,329 +
BR konfliktiv	3,459 +++	3,666 +++	2,611 +++	2,808 +++
Tarifbindung	,990	1,291	,903	1,633
Pseudo-R²	,161	,184	,130	,207
Fallzahl	1.206	1.206	1.206	1.206
	Binär logistische Regressionen (Modell 3)			
Einflussfaktoren[a]	*Exp[B]*	*Exp[B]*	*Exp[B]*	*Exp[B]*
AVO mit TV	1,463 +	1,601	,310	,896
AVO ohne TV	1,143	1,219	,815	,435 ---
BR mit TV	1,753 +++	2,504 +++	1,264	1,442 ++
BR ohne TV	1,905 +++	1,785 ++	1,217	1,675 +++
TV ohne IV	1,061	1,064	,972	1,034
Pseudo-R²	,145	,170	,119	,197
Fallzahl	1.206	1.206	1.206	1.206

[a]Kontrollvariablen lt. Tabelle 49, Referenz: Betriebe ohne kollektive Vertretung, ∅ aufgrund geringer Fallzahl hier keine AVO-Differenzierung, Signifikanzniveaus: ±/±±/±±± = 10/5/1-Prozent-Niveau
Basis: Privatwirtschaft ab 10 Beschäftigte, Betriebe mit Konflikten

Es wurden jeweils drei Modelle mit unterschiedlicher Spezifikation der Interessenvertretungsform für die einzelnen Konfliktformen geschätzt. Die Kontrollvariablen entsprechen denen in Tabelle 50. Die Erklärungskraft der Modelle (R^2 nach Nagelkerke) fällt im Durchschnitt fast doppelt so hoch aus, wie bei den Konfliktthemen, was auf eine bessere Anpassung des Modells schließen lässt.

Die multivariate Analyse bestätigt dabei im Wesentlichen die deskriptiven Auswertungen in Abbildung 37 – mit Ausnahme der Verweigerung von Überstunden. Hier dreht sich die Richtung des Einflusses um. Signifikant ist dieser Effekt aber nur in den als konfliktiv klassifizierten Betriebsratsbetrieben. Insgesamt entsteht damit in Bezug auf die Interessenvertretungsform ein ähnliches Bild wie bei den Konfliktthemen: Betriebratsbetriebe zeichnen sich gegenüber Betrieben ohne kollektive Vertretung (Referenzgruppe) durch eine signifikant erhöhte Wahrscheinlichkeit für das Aufkommen von hitzigen Diskussionen und kritischen schriftlichen Äußerungen (am Schwarzen Brett) aus. AVOs tendieren bei diesen ›weichen‹ Konfliktindikatoren in die selbe Richtung, auch wenn dieser Effekt nur bei den als konfliktiv klassifizierten AVOs signifikant ist. Bei den ›harten‹ Konfliktindikatoren laufen Betriebsrats- und AVO-Betriebe tendenziell in eine entgegengesetzte Richtung: Während Betriebsratsbetriebe (insbesondere solche mit als konfliktiv charakterisiertem Betriebsrat) die Wahrscheinlichkeit von Überstundenverweigerungen und Arbeitsgerichtsverfahren erhöhen, haben AVO-Betriebe entweder keinen oder einen senkenden Einfluss. Besonders deutlich treten die Unterschiede zwischen AVO- und Betriebsratsbetrieben bei Arbeitsgerichtsverfahren zutage[103]. Hier haben Betriebsräte einen signifikant positiven, AVOs einen signifikant negativen Einfluss. Im Falle der (äußerst selten auftretenden) Arbeitsniederlegung zeigen sich zwar keine signifikanten Effekte der Vertretungsformen; tendenziell senken jedoch sowohl AVOs als auch Betriebsratsbetriebe deren Wahrscheinlichkeit. In tarifgebundenen Betriebsratsbetrieben und bei Betriebsräten, die als konfliktiv durch das Management eingeschätzt wurden, kehrt sich das Vorzeichen jedoch um.

Insgesamt zeigt sich also auch unter Kontrolle relevanter Einflussfaktoren wie der Betriebsgröße, der Branche, der Tarifbindung und weiterer betrieblicher Kontextvariablen, dass Konflikte in Betrieben mit gesetzlicher Vertretung häufiger auftreten. Demgegenüber verhalten sich AVO-Betriebe meist wie Betriebe ohne kollektive Vertretung; in einigen Feldern sind sie sogar noch weniger mit Konflikten konfrontiert. Zwei Interpretationen sind möglich: Gesetzliche Vertretungen bringen strukturell in Betrieben aufkommende Konflikte und Probleme angemessener zum Ausdruck und sorgen für deren geregelte Austragung. Umgekehrt könnte

103 Allerdings ist bei den Arbeitsgerichtsverfahren mit dem BISS-Erhebungsinstrument keine eindeutige Unterscheidung zwischen individuellen Arbeitsgerichtsverfahren (typischerweise Kündigungsschutzklagen) und verfahrenstechnischen Streitigkeiten in Bezug auf die Anwendung des Betriebsverfassungsgesetzes möglich. Hierdurch erhöht sich die Wahrscheinlichkeit der Nennung von Arbeitsgerichtsverfahren in Betriebsratsbetrieben deutlich.

auch geschlussfolgert werden, dass Betriebsräte/MAVs nicht nur als Konfliktregulierer sondern auch als Konfliktkatalysatoren wirken. Weitere Auswertungen sind notwendig, um zu einer klaren Antwort zu gelangen.

6.6 Zwischenfazit

In diesem Kapitel wurde der Zusammenhang zwischen betrieblichen Outputgrößen und der Form der Interessenregulierung untersucht. Dabei wurde implizit unterstellt, dass gesetzliche und Andere Vertretungsorgane – sofern sie bestehen – auch in relevanter Weise Einfluss auf die hier analysierten Outputindikatoren haben. Im Falle der Arbeitszeit, des Überstundeneinsatzes und der Konfliktregulierung konnte dies direkt durch die Befragungsdaten nachgewiesen werden. Bei der Ertragslage oder dem als ›Betriebsklima‹ dargestellten Verhältnis zwischen Beschäftigten und Geschäftsleitung kann allenfalls ein indirekter Wirkungszusammenhang bestehen. Da eine Vielzahl von outputbeeinflussenden Faktoren nicht in der Befragung erfasst werden konnte, präsentieren sich die multivariaten Erklärungsmodelle entsprechend schwach. Der größte Erklärungsanteil entfiel in der Regel auf Branchen-, Regionen und Betriebsgrößeneffekte. Demgegenüber hat die jeweilige Form der Interessenvertretung meist eine untergeordnete, wenn auch nicht zu vernachlässigende Bedeutung.

Vor diesem Hintergrund lässt sich zusammenfassend Folgendes sagen: In Bezug auf die ökonomische Performance – gemessen durch die subjektiv von der Geschäftsleitung eingeschätzte Ertragslage – war unter Einbeziehung einer Vielzahl von Kontrollvariablen ein negativer Betriebsrats-Effekt festzustellen, der sich allerdings nicht in allen Modellvarianten zeigte. Aufgrund der geringen Effektstärke und der nicht zweifelsfrei zu bestimmenden Wirkungsrichtung des Zusammenhangs sollte dies nicht als Indiz für negative wirtschaftliche Folgen der Betriebsverfassung gewertet werden. Deutlich nachweisbar war hingegen ein arbeitszeitsenkender Einfluss gesetzlicher Vertretungen: Auch wenn hier Branchen-, Betriebsgrößen- und Tarifbindungseffekte größer sind, in Betriebsratsbetrieben ist die vertraglich vereinbarte Arbeitszeit im Durchschnitt etwa 0,4 Stunden kürzer als in vergleichbaren Betrieben ohne Betriebsrat. In Bezug auf den Einsatz flexibler Arbeitszeitmodelle zeigte sich, dass der ›Preis‹ für die kürzere Arbeitszeit die stärkere Flexibilisierung der betrieblichen Arbeitszeitregimes in den Betriebsratsbetrieben sein könnte. Zwar fallen Betriebsratsbetriebe nicht durch einen erhöhten Einsatz von Überstunden auf – sowohl gemessen am Anteil der Betriebe, in denen im Jahr vor der Befragung Überstunden geleistet wurden als auch am Anteil der hiervon jeweils betroffenen Beschäftigten. Zu beobachten ist allerdings eine höhere Quote beim Einsatz von flexiblen Arbeitszeitformen wie der Teilzeitarbeit, der Gleitzeitarbeit oder der Einrichtung von Arbeitszeitkonten, die sich auch in multivariaten Kontrollrechnungen bestätigte. Dabei wirkte sich insbesondere die Kombination von gesetzlicher Vertretung und Tarifbindung flexibilitätsfördernd aus. Die Wahrscheinlichkeit für die Arbeitszeitsteuerung über Vertrauensarbeitszeit unterscheidet sich in Betriebsratsbetrieben hingegen nicht von anderen Betrieben. Deutlich zeigte sich auch die höhere Verbreitung von Beschäftigungssicherungsvereinbarungen in Betrieben mit gesetzlicher Vertretung. Getroffene Vereinbarungen zeichneten sich dabei überdurchschnittlich oft durch langfristige verbindliche Zusagen, wie Standortgarantien oder Investitionszusagen aus.

Das Betriebsklima (gemessen als subjektive Einschätzung der Geschäftsleitung) ist dabei in Betriebsratsbetrieben weniger durch Harmonie geprägt als in allen anderen Betrieben. Die Existenz von Betriebsräten steht, wie mehrere multivariate Analysen zeigen, in positivem Zusammenhang mit dem Auftreten von Konflikten zwischen Geschäftsleitung und Beschäftigen – sowohl in Bezug auf Themen als auch auf Konfliktformen (deutlich bei Arbeitsgerichtsverfahren). Dies könnte als Hinweis auf die Konfliktregulierungs- beziehungsweise Konfliktkatalysatorfunktion gesetzlicher Vertretungen gewertet werden, bedarf für das genaue Verständnis der Zusammenhänge aber noch weitergehender Analysen.

Nicht eindeutig war das Bild bei den AVOs. Meist unterschieden sie sich nicht signifikant von Betrieben ohne kollektive Vertretung. Teilweise – so bei den Beschäftigungsbündnissen oder bei betrieblichen Konflikten – nehmen sie, wie bereits in anderen Abschnitten deutlich wurde, eine Zwischenposition zwischen Betriebsratsbetrieben und Betrieben ohne kollektive Vertretung ein. Oft sind die Unterschiede zu den Betrieben ohne kollektive Vertretung aber nicht statistisch signifikant. Teilweise verhalten sie sich jedoch auch entgegengesetzt zu den Betriebsratsbetrieben. So zeichnen sich tarifgebundene AVO-Betriebe im Gegensatz zu tariflich gebundenen Betriebsratsbetrieben durch einen unterdurchschnittlichen Einsatz von flexiblen Arbeitszeitformen aus. Auch weisen die AVO-Betriebe die geringste Wahrscheinlichkeit von Arbeitsgerichtsverfahren auf. Dies fügt sich in das bereits in den vorangegangenen Kapiteln gezeichnete Bild einer stärkeren Mitarbeiterorientierung, Beteiligungsorientierung und überwiegend harmonischen Zusammenarbeit auf kollektiver Ebene in diesen Betrieben.

Möglicherweise schlägt auch in der Frage des betrieblichen Outputs wieder die Heterogenität unter den AVOs durch. Dies wäre durch eine weitergehende Analyse unter Einbeziehung der AVO-Strukturtypen sowie weiterer, noch zu erarbeitender Klassifizierungen gesetzlich nicht legitimierter Vertretungen zu klären.

7 Zusammenfassung und Ausblick

Die vorliegende Untersuchung lieferte einen Überblick über die Praxis der betrieblichen Interessenregulierung und der Arbeitnehmerbeteiligung in der deutschen Privatwirtschaft. Dabei wurden erstmals in größerem Umfang auch betriebliche Vertretungs- und Beteiligungsstrukturen untersucht, die jenseits der auf der Grundlage des Betriebsverfassungsgesetzes wirkenden Betriebsräte zustande kamen. Diese Anderen Vertretungsorgane (AVOs) wurden sowohl hinsichtlich ihrer Verbreitung, Struktur und Arbeitsweise sowie ihrer Beteiligungsmöglichkeiten als auch hinsichtlich möglicher Wirkungen für Betriebe und Beschäftigte mit den Betriebsräten verglichen. Basierend auf den präsentierten empirischen Befunden werden im Folgenden nun einige zusammenfassende Schlussfolgerungen und generelle Perspektiven der betrieblichen Arbeitnehmerpartizipation entwickelt: Hat die betriebliche Mitbestimmung in Deutschland angesichts des generellen Globalisierungsumfeldes heute überhaupt noch eine Wirksamkeit? Wie wird sie von den betrieblichen Sozialpartnern beurteilt? Sind neue Formen der Arbeitnehmerbeteiligung im Entstehen, die zu einer ernsthaften Alternative zur Mitbestimmung werden könnten? Wie wirksam werden Beschäftigteninteressen in Betrieben mit Betriebsräten, in solchen mit Anderen Vertretungsorganen und in denjenigen ohne jede Form kollektiver Repräsentation berücksichtigt? Gibt es einen Veränderungsbedarf bei der betrieblichen Mitbestimmung? Im Folgenden werden zunächst die wichtigsten Befunde der deutschlandweit repräsentativen Untersuchung zusammengefasst und anschließend einige verallgemeinernde Schlussfolgerungen diskutiert.

Ergebnisse der Untersuchung

Generell zeigt die Studie: Die verfasste betriebliche Mitbestimmung ist ein fester Bestandteil industriell geprägter Betriebsstrukturen. In kleineren Betrieben und in vielen Dienstleistungsbranchen hat sie aber (nach wie vor) eine geringe Bedeutung. Nach der BISS-Erhebung verfügen etwa 22 Prozent aller Betriebe mit mindestens zehn Beschäftigten in Deutschland über einen Betriebsrat oder eine kirchliche Mitarbeitervertretung – beides Vertretungsformen mit einer ähnlichen gesetzlichen Rechtsgrundlage.[104] In diesen Betrieben arbeiten allerdings rund 57 Prozent aller Beschäftigten der Privatwirtschaft. Die Mehrheit der Beschäftigten wird also durch einen Betriebsrat vertreten, während die große Mehrheit der Betriebe betriebsratsfrei ist. Diese Differenz der Deckungsrate nach Betrieben und Beschäftigten ergibt sich aus dem engen Zusammenhang von Betriebsratsexistenz und Betriebsgröße. Die BISS-Daten bestätigen im Wesentlichen die Ergebnisse des Betriebspanels, welches vom Institut für Arbeitsmarkt und Berufsforschung (IAB) der Bundesagentur für Arbeit in Nürnberg regelmäßig durchgeführt wird.

Entscheidenden Einfluss auf die Betriebsratsexistenz hat die Betriebsgröße. Betriebsräte kommen vor allem in größeren, relativ alten, in einen übergeordneten Unternehmenszusammenhang eingebundenen, tarifgebundenen und von angestellten Managern geführten Betrieben vor. Die Betriebsratsdichte ist überdurchschnittlich hoch in den industriellen Kernbranchen, den Energie- und Versorgungsunternehmen sowie im Verarbeitenden Gewerbe und im Kredit- und Versicherungswesen. Stark unterdurchschnittlich dagegen ist sie im Baugewerbe, in der Gastronomie sowie bei den einfachen unternehmensnahen Dienstleistungen. Diese Branchendifferenzierung ist jedoch zum Teil den unterschiedlichen branchenspezifischen Betriebsgrößenstrukturen geschuldet. Als erstaunlich gering erweist sich der Einfluss der Qualifikationsstruktur der Beschäftigten in den entsprechenden Betrieben. Im Durchschnitt gibt es kaum Hinweise auf ›Betriebsratsaversion‹ bei hochqualifizierten Beschäftigten.

Sofern ein Betriebsrat existiert, ist er überwiegend von der Geschäftsleitung akzeptiert. Die Zusammenarbeit zwischen Interessenvertretung und Geschäftsleitung wird hier zu über 70 Prozent als gut oder sehr gut eingeschätzt. In der Wahrnehmung der befragten Geschäftsleitungen sind Betriebsräte in

104 Kirchliche Mitarbeitervertretungen, die insgesamt in 1 bis 2 Prozent der Betriebe der Grundgesamtheit vorhanden sind, wurden mit den BISS-Daten erstmals erfasst.

mehr als drei Viertel aller Betriebe aktive Mitgestalter betrieblicher Veränderungen. Auch wenn diese Einschätzung durch die Betriebsräte etwas kritischer ausfällt, ist die vertrauensvolle Zusammenarbeit der Regelfall. Insbesondere in den Großunternehmen lassen sich Anzeichen für eine verbreitete Rolle der Betriebsräte als Co-Manager finden. Dies kann gelegentliche Konflikte auch unter Einschaltung der Einigungsstelle durchaus einschließen. Nur in einer kleinen Minderheit der Fälle wird von Geschäftsleitungs- und/oder von Betriebsratsseite von ernsthaften Schwierigkeiten und betrieblichen Blockadehaltungen berichtet. Zusammen mit den überwiegend positiven Antworten der befragten Betriebs- beziehungsweise Personalleiter auf die direkte Frage nach der generellen Zufriedenheit mit der gesetzlichen Institution des Betriebsrats zeigt sich: Offensichtlich betrachten sehr viele Geschäftsleitungen ihre Betriebsräte in der Praxis als ein wichtiges und akzeptiertes Interessenregulierungsorgan, das auch Bestanteil eines modernen Personalmanagements sein kann. In Betrieben ohne Betriebsrat herrscht hingegen ganz überwiegend eine ablehnende Haltung der Geschäftsleitung gegenüber der Institution Betriebsrat.

Gewerkschaften spielen für die Existenz und die Arbeit der Betriebsräte eine entscheidende Rolle. Ewa 60 Prozent der Betriebsratsmitglieder sind gewerkschaftlich organisiert; nur 15 Prozent der Gremien arbeiten völlig ohne gewerkschaftliche Einbindung. Zudem sind die Betriebsräte über Schulungen und Beratungen in hohem Maße mit der für sie zuständigen Gewerkschaft verbunden. Der Grad gewerkschaftlicher Organisation der Gremien fällt dabei in einzelnen Branchen sehr unterschiedlich aus. Insbesondere im hochqualifizierten Dienstleistungssektor – von den Finanzdienstleistungen über die Softwarebranche bis zu den Beratungsunternehmen – liegt der Anteil gewerkschaftlich organisierter Betriebsratsmitglieder nur bei 20 bis 30 Prozent.

Eine (auch nur in geringem Umfang) vorhandene Gewerkschaftspräsenz im Betrieb erhöht die Wahrscheinlichkeit der Betriebsratsexistenz entscheidend. Dass ein einmal mit gewerkschaftlicher Unterstützung installierter Betriebsrat die entscheidende Rekrutierungsquelle für neue Gewerkschaftsmitglieder darstellt, ist allgemein bekannt.

Die überbetriebliche Einbindung der Betriebsräte zeigt sich auch in den komplexen Betriebsratsstrukturen selbst. Ein Viertel der Betriebsräte ist in übergreifende Standort-, Sparten- und regionale Betriebsräte eingebunden; ein knappes Drittel gab an, Teil von Gesamt- und Konzernbetriebsräten zu sein; ebenso viele erwähnten Arbeitskreise mit anderen Betriebsräten als Kooperationsvernetzungen außerhalb ihrer Betriebe.

Jenseits der betriebsverfassungsrechtlichen Strukturen spielen Andere Vertretungsorgane eine größere Rolle als bisher angenommen. Neben der Erfassung von gesetzlichen Vertretungen war für die BISS-Studie die detaillierte Ausleuchtung des bisher wenig beachteten Bereichs der AVOs von zentraler Bedeutung. In immerhin jedem fünften bis sechsten Betrieb unserer Grundgesamtheit ist nach Auskunft der interviewten Personalverantwortlichen ein AVO das einzige oder das wichtigste Organ der Beschäftigtenvertretung. Zwar weicht dieses Ergebnis stark von der wesentlich niedrigeren Quote von etwa 4 Prozent ab, die das IAB in einer ersten Erhebung im Jahre 2003 – allerdings mit einem anderen Fragedesign und anderem Zuschnitt der Grundgesamtheit – ermittelt hatte und übertrifft, wenn auch nur geringfügig, jüngere IAB-Erhebungen. Diese Abweichungen lassen sich jedoch nicht im Sinne unterschiedlicher Stichprobenqualität interpretieren. Vielmehr zeigen die ermittelten Spannbreiten die generellen methodischen Schwierigkeiten bei der ›Vermessung‹ von betrieblichen Strukturen, die nicht auf einer gesetzlichen Basis aufbauen. Ein Ziel künftiger Befragungen muss es daher sein, das Erhebungsinstrumentarium zu verfeinern, um eine bessere Abgrenzbarkeit insbesondere zwischen themenspezifischen ad hoc-Gremien und dauerhaften, thematisch breit aufgestellten Vertretungsstrukturen herzustellen. Welche Ergebnisse auch immer weitere Folgeuntersuchungen erbringen werden, schon jetzt ist deutlich: Jenseits der nach wie vor vergleichsweise stabilen dominanten Repräsentationsform durch Betriebsräte existiert ein weites Feld sehr unterschiedlicher Anderer Vertretungsorgane, durch die Beschäftigteninteressen in den Betrieben kollektiv zur Sprache kommen. In Kleinbetrieben mit bis zu 50 Beschäftigten sind diese unterschiedlichen Formen von AVOs quantitativ mindestens so wichtig wie die Vertretung durch Betriebsräte. Ab einer Betriebsgröße von 100 Beschäftigten existieren dagegen mehrheitlich Betriebsräte, und der Anteil der AVOs nimmt ab. Der Gesamtanteil von Betrieben mit einer kollektiven Interessenvertretung (Betriebsrat und/oder AVO) erhöht sich durch die AVOs immerhin von 21 auf 40 Prozent für Betriebe ab zehn Beschäftigte. Da dieser kleinbetriebliche Bereich aber nach Beschäftigten weniger ins Gewicht fällt, erhöht sich der Anteil der von einem Betriebsrat oder einem AVO vertretenen Beschäftigten an allen Beschäftigten nur von 57 Prozent auf zwei Drittel.

AVOs existieren häufiger in kleineren Betrieben mit vergleichsweise jüngerer Belegschaft und einer vergleichsweise ausgeprägten Mitarbeiter- und Beteiligungsorientierung der Unternehmensleitung. Sie sind vor allem ein Phänomen des Dienstleistungssektors. Allerdings sind generell die betriebsstrukturellen Charakteristika der AVO-Betriebe wesentlich weniger eindeutig und signifikant ausgeprägt als die von Betriebsratsbetrieben. Mit anderen Worten: AVO-Betriebe unterscheiden sich strukturell kaum von den Betrieben ohne kollektive Vertretung, wohl aber von den Betriebsratsbetrieben. Ein zentrales Kennzeichen der AVOs in dieser Hinsicht ist ihre Gewerkschaftsferne: Es bestehen kaum Kontakte der Gremien zu den Gewerkschaften, und AVO-Betriebe sind – genau wie Betriebe ohne kollektive Vertretungsstrukturen – weitgehend gewerkschaftsfrei. Dies dürfte kein Zufall sein, weil es verständlicher Weise die Strategie der Gewerkschaften ist, gerade keine AVOs, sondern Betriebsräte zu gründen und Unternehmensleitungen auf der anderen Seite versuchen werden, ›ihre‹ Vertretung möglichst von gewerkschaftlichem Einfluss frei zu halten. Ein weiteres Kerncharakteristikum der AVOs ist zudem der hohe Grad an Betriebsbezogenheit und die geringe Einbettung in überbetriebliche Strukturen.

Bei den AVOs handelt es sich um ein sehr breites Spektrum unterschiedlicher Organe. Diese reichen von Mitarbeiterausschüssen oder gewählten Sprechern über formell oder informell bestimmte (nicht gewerkschaftliche) Vertrauensleute bis hin zu Runden Tischen, zu denen Vertreter der Geschäftsleitung und der Beschäftigten sich regelmäßig gemeinsam treffen. Nach den Angaben der interviewten Geschäftsleiter besteht etwa die Hälfte der AVOs aus größeren Gremien wie Runden Tischen und die andere Hälfte aus eher kleinen Vertretungsorganen von Sprechern, Ausschüssen und Vertrauenspersonen.

Unterscheidet man danach, ob es sich um reine Arbeitnehmergremien oder um gemeinsame Gremien von Beschäftigten und Management handelt und danach, ob diese Gremien gewählt oder eingesetzt wurden, so kann durch die BISS-Befragung die Verbreitung der sich so ergebenden vier Strukturtypen abgeschätzt werden: Am einen Pol finden sich mit etwa 23 Prozent der Betriebe und etwa 30 Prozent der Beschäftigten die *gewählten reinen Arbeitnehmergremien*; am anderen Pol mit etwa 42 Prozent der Betriebe und etwa 36 Prozent der Beschäftigten die *vom Management eingesetzten gemeinsamen Gremien*. Hieran wird deutlich, dass es sich bei den *AVOs um heterogene Strukturen* handelt, die in ihrer *Mehrheit wenig mit dem Betriebsratsmodell gemeinsam haben.*

Nun ist die Versuchung groß, diese AVOs entweder (von Arbeitgeberseite) als positive und hinreichende Alternative zu Betriebsräten zu betrachten, oder aber sie (von gewerkschaftlicher Seite) für negativ zu beurteilende ›Placebo-Vertretungen‹ zu halten. Beide Einschätzungen treffen allerdings immer nur einen Teil der Wirklichkeit, denn bei den AVOs findet sich sehr unterschiedliche Untertypen, die mit jeweils spezifischen Kontextbedingungen auftreten: Es gibt Hinweise darauf, dass einige AVOs aus einer ›Betriebsratsvermeidungsstrategie‹ der Geschäftsleitung resultieren. Diese findet sich möglicherweise in eigentümergeführten Betrieben, die ein hohes Maß an Beteiligungsoffenheit und Mitarbeiterorientierung aufweisen, jedoch der Einflussnahme durch einen Betriebsrat ablehnend gegenüberstehen. AVOs können aber auch Ausdruck eines Einstellungs- oder Interessenwandels bestimmter Beschäftigtengruppen hinsichtlich der präferierten Formen der Interessenvertretung sein. Einige AVOs fungieren mitunter als ein ›Erprobungsfeld für Beteiligung‹. Laut BISS-Befragung geht etwa jeder fünfte neu gegründete Betriebsrat aus einem Vorläufergremium hervor. Auch wenn es sich hierbei nicht ausschließlich um AVOs handelt, zeigt sich somit, dass diese ein ›Durchgangsstadium‹ für die Entstehung eines Betriebsrats darstellen können. Schließlich ist umgekehrt nicht auszuschließen, dass es sich bei einigen der (eingesetzten) AVOs nicht primär um Organe der *Interessenvertretung* der abhängig Beschäftigten handelt, sondern um Arbeitskreise oder Gremien, die eingerichtet worden sind, um Aspekte der betrieblichen Leistungserstellung zu bearbeiten und die zudem ›nebenher‹ bestimmte Funktionen der Interessenregulierung übernehmen.

Die AVOs fallen hinsichtlich ihrer Arbeitsmöglichkeiten und Ressourcenausstattung mehrheitlich hinter das Betriebsratsmodell zurück; nur etwa ein Drittel der AVOs kommt in diesen Aspekten den Betriebsräten nahe. Dies lässt zusammen mit dem niedrigen Durchschnittsalter der Gremien auf einen geringeren Institutionalisierungsgrad schließen. Dieser Befund ist prinzipiell nicht verwunderlich, da AVOs auf freiwilligen Vereinbarungen zwischen Unternehmensleitung und Beschäftigten und nicht auf einklagbaren Gesetzen beruhen. Die überwiegende Mehrheit der AVOs (80 Prozent) sind zwar jünger als zehn Jahre, mehr als zwei Drittel aber bestanden zum Befragungszeitpunkt seit mehr als drei Jahren – es handelt sich nach den vorliegenden Daten also nicht in erster Linie um kurzfristig einberufene ad hoc-Problemlösungsgruppen. Diese Charakterisierung kann für einen Teil der AVOs unter Umständen zutreffen, die meisten allerdings müssen als relativ junge, gleichwohl bereits etablierte Bestandteile der betrieblichen Interessenaushandlungsstrukturen verstanden werden. Ob sie sich allerdings zu langfristig stabilen Institutionen entwickeln können, ist damit aber noch nicht ausgemacht. Wahrscheinlich sind die Beharrungstendenzen in Abwesenheit gesetzlicher Regelungen erheblich geringer als beim Betriebsrat.

Im Vergleich zu Betriebsräten sind die *Beteiligungsmöglichkeiten der AVOs erwartungsgemäß geringer*; indes verfügen einige AVOs bei bestimmten Themen über weitreichende Einflusschancen. Sowohl in Bezug auf die behandelte Themenbreite als auch hinsichtlich des Umfangs formal abgeschlossener Vereinbarungen mit dem Management sind die *AVOs* in ihrer Gesamtheit *nur bedingt als wirksame und eigenständige Interessenvertretungsorgane* zu bezeichnen. Sie behandeln im Durchschnitt wesentlich weniger und tendenziell ›weiche‹ Themen der betrieblichen Interessenregulierung; sie nehmen wesentlich seltener an Qualifizierungsmaßnahmen für ihre Tätigkeiten teil, und ihnen steht – sofern es sich nicht um gemeinsame Gremien mit dem Management handelt – wesentlich weniger Zeit für ihre Interessenvertretungsarbeit zur Verfügung.

Im direkten Vergleich zeigt sich sehr deutlich, dass *Betriebsräte bei den ›harten‹ Regulierungsgegenständen Entgelt, Arbeitszeiten/Überstunden, Personaleinstellungen/Versetzungen und Entlassungen erheblich stärkere Beteiligungsmöglichkeiten* haben als AVOs. Insbesondere im personalpolitischen Bereich wäre es auch verwunderlich, wenn Unternehmensleitungen sich freiwillig ähnlichen Beschränkungen unterwerfen würden wie denen des Betriebsverfassungsgesetzes. Jenseits der ›harten‹ Regulierungsfelder zeigt sich jedoch ein anderes Bild: In denjenigen Themenfeldern, die die *Gestaltung der unmittelbaren Arbeitsumgebung* betreffen, bei Fragen von Gesundheitsschutz und Arbeitssicherheit sowie bei Qualifizierungsmaßnahmen – also dort, wo keine weitreichenden gesetzlichen Mitentscheidungsrechte existieren –, *verfügen AVOs im Vergleich zu den Betriebsräten teilweise über ebenso weitreichende oder sogar stärkere Beteiligungsmöglichkeiten.* Bezieht man die Sicht der Interessenvertretungen auf die Beteilgunspraxis in den genannten Regulierungsfeldern mit ein, so zeigt sich, dass Betriebsräte ihre Mitentscheidungsmöglichkeiten sogar noch höher einschätzen als die Geschäftsleitungen. Umgekehrt stellt sich die Situation in den AVO-Betrieben dar. Hier schätzen die befragten AVO-Vertreter ihre Möglichkeiten, direkt auf Entscheidungen einzuwirken, im Durchschnitt geringer ein als die Geschäftsleitungen. Stattdessen sehen sie sich stärker in beratender Funktion. Aus der Sicht der beteiligten Interessenvertretungen verstärkt sich somit der Befund einer unterschiedlichen Beteiligungsqualität von AVOs und gesetzlichen Vertretungen: Betriebsräte sind intensiver und an den ›härteren‹ Regulierungsfeldern beteiligt.

Berücksichtigt man jedoch die Heterogenität der AVOs, so spricht einiges dafür, dass ein Teil von ihnen durchaus wirksame und bestimmten, eher ›passiven‹ Betriebsräten vergleichbare oder gar solchen überlegene Vertretungsorgane der Beschäftigten sein können und dass ein anderer Teil eher von den Geschäftsleitungen gesteuerte Informationsorgane darstellen.

Gibt es *Verdrängungstendenzen* zwischen den Vertretungsformen? Die BISS-Befragung liefert einige Hinweise auf die Wandlungsdynamik von Interessenvertretungsformen. In rund einem Zehntel der Betriebe, in denen zum Befragungszeitpunkt ein AVO existierte, gab es früher bereits einmal einen Betriebsrat. Umgekehrt wurde für etwa jeden fünften Betriebsratsbetrieb angegeben, dass früher einmal eine andere Interessenvertretung bestanden habe.

Generell sind die Absterbe- und Neugründungsquoten bei Betriebsräten durchaus beachtlich – es gibt also für einen Betriebsrat keine ›Bestandsgarantie‹. Die *Befunde sprechen aber nicht für eine direkte Verdrängung von gesetzlichen Vertretungsstrukturen durch AVOs in großem Maßstab.* Eher könnte man davon ausgehen, dass AVOs sich als wesentlich instabiler erweisen. Und obwohl inzwischen ein legaler Markt für die Abschaffung von Betriebsräten und die Einrichtung von »Belegschaftsausschüssen« besteht, werden die meisten Betriebsräte wohl eher mangels Interesse der Beschäftigten aufgegeben (beziehungsweise ›versanden‹ im Zeitverlauf) und nicht von der Unternehmensleitung aufgelöst. In unseren Daten finden sich auch nur wenige Fälle, in denen die Bildung eines Betriebsrats vordergründig am Widerstand der Geschäftsleitung gescheitert ist und statt dessen ein AVO gebildet wurde.

Weit größere Herausforderungen als durch die AVOs ergeben sich für das System der betrieblichen Mitbestimmung aus dem wirtschaftlichen Strukturwandel, vor allem aus dem Wachstum von Dienstleistungsbereichen, die heute eine sehr geringe Betriebsratsquote haben. Sofern Unternehmensorganisationen aus bestehenden Strukturen heraus etwa durch Abspaltung und Ausgründung gebildet werden, ist die Wahrscheinlichkeit hoch, dass Teile des bestehenden Organisationsdesigns (zu dem auch der

Betriebsrat gehört) gleichsam mitexportiert werden. Entsteht dagegen ein völlig neues Organisationsdesign ›auf der grünen Wiese‹, so können Kommunikations- und Vertretungsstrukturen vom Unternehmen her definiert werden, die auch die Bildung eines AVOs wahrscheinlicher machen.

AVOs agieren im ›Schatten der Betriebsverfassung‹: Die BISS-Befunde geben Hinweise darauf, dass ein Teil der AVOs von Seiten der Beschäftigten in einer bewussten Entscheidung gegen das Betriebsratsmodell gebildet wurde. Allerdings ist unklar, inwieweit die Betriebsverfassung in der Lage ist, Sogeffekte zu entwickeln, die im Zeitverlauf einen Legitimierungsdruck auf die AVOs entfalten. Es stellt sich die Frage, inwiefern als Betriebsrats-Ersatz eingeführte AVOs einer ständigen latenten Herausforderung durch die weiterreichenden Regelungen der Betriebsverfassung ausgesetzt sind und den Beschäftigten glaubhaft machen müssen, nicht die im Vergleich zum Betriebsrat deutlich schlechtere Alternative darzustellen. Insbesondere dürfte sich dieses Problem für Betriebe stellen, die in einem Umfeld operieren, in dem der Betriebsrat durchaus als eine mögliche Option erscheint. Hier kann es angesichts niedriger formaler Eingangshürden letztlich doch zur Bildung eines Betriebsrates kommen. Möglicherweise führen die weitreichenden Beteiligungsrechte des Betriebsrats aber auch dazu, dass den AVOs zumindest auf einigen Themenfeldern ähnliche Mitsprachemöglichkeiten eingeräumt werden beziehungsweise dass die Arbeits- und Beschäftigungsbedingungen ein Niveau bieten, das ohne den ›Schatten der Betriebsverfassung‹ nicht realisiert worden wäre. Generell zeigen die Befunde, dass die Wirkungen der Betriebsverfassung sehr viel weiter reichen als nur in die Betriebe mit Betriebsräten.

Schließlich liefert die BISS-Erhebung auch Erkenntnisse über die möglichen *Wirkungen unterschiedlicher Interessenvertretungsformen für Unternehmen und Beschäftigte im Sinne des jeweiligen Verhandlungs-›Outputs‹*. Zum einen wurde die wirtschaftliche Situation zum Befragungszeitpunkt durch eine subjektive Einschätzung der Ertragslage seitens der Geschäftsleitung erhoben. Für diesen Ertragsindikator wurde der Einfluss der betrieblichen Vertretungsstruktur unter Kontrolle anderer relevanter betrieblicher Merkmale wie der Betriebsgröße, der Eigentümerführung, der Tarifbindung, dem Betriebsalter, der Region und der Branche in mehreren logistischen Regressionsmodellen berechnet. Dabei zeigt sich neben anderen Effekten ein leichter negativer Einfluss der Betriebsratsexistenz auf die (wahrgenommene) Ertragslage, der in seiner Effektstärke im Vergleich zu anderen Einflüssen aber gering ausfiel. Dieser Zusammenhang zeigte sich noch stärker in Betrieben mit einem als konfliktiv wahrgenommenen Betriebsrat, wobei hier die Wirkungsrichtung in besonderer Weise als ungesichert gelten kann. Für AVO-Betriebe konnte weder ein positiver noch ein negativer Einfluss auf die Ertragslage ermittelt werden.

Der Blick auf die *Wirkungen der Betriebsratsexistenz* verändert sich allerdings, wenn nicht nur die Interessen der Betriebseigentümer beziehungsweise Shareholder in Form etwa der Messgröße ›wirtschaftliche Ertragslage‹ in Rechnung gestellt, sondern wenn zum anderen auch bestimmte Wirkungen der Betriebsratsexistenz für die Beschäftigten berücksichtigt werden. Die Datenanalysen ergaben im Hinblick auf die Arbeitszeit einen statistisch signifikanten und auch in der Größenordnung durchaus beachtlichen Unterschied zwischen Betrieben mit Betriebsrat einerseits und solchen ohne jede Interessenvertretung und mit AVOs andererseits. In Betriebsratsbetrieben ist die vereinbarte wöchentliche *Arbeitszeit* im spürbar kürzer als in vergleichbaren Betrieben ohne Betriebsrat. Gleichzeitig waren die Modelle zur *Arbeitzeitflexibilisierung* hier wesentlich stärker verbreitet. Dies lässt den Schluss zu, dass in Betrieben mit Betriebsräten in der Regel differenzierte und intelligente Modelle entwickelt werden, um betriebliche Produktionsflexibilität mit Beschäftigungsstabilität zu verbinden. Betriebsräte wirken sich somit stabilisierend und kompensierend auf die entsprechenden Regelungen aus.

Ähnliches gilt für den Bereich betrieblicher Vereinbarungen zur Beschäftigungssicherung (›Betriebliche Bündnisse‹): In Betrieben mit Betriebsräten finden sich wesentlich häufiger formell ausgehandelte Vereinbarungen zur *Beschäftigungssicherung*. Schließlich zeigte sich im Hinblick auf die Konfliktregulierung im Betrieb, dass in Betrieben mit Betriebsräten in aller Regel sowohl die Geschäftsleitung als auch die befragten Betriebsräte die Verhandlungsbeziehungen als produktiv und gewinnbringend für den Betrieb insgesamt einschätzen. Nur in einem kleineren Teil von Betriebsratsbetrieben scheinen latente und offene Konflikte zwischen Arbeitnehmervertretung und Management das Betriebsklima dauerhaft zu bestimmen. Insgesamt deuten die Daten zwar – vor allem beim Thema Arbeitszeit und Entgelt – auf ein *höheres Konfliktniveau in Betriebsratsbetrieben* hin, das sich unter anderem auch in der Wahrscheinlichkeit von Arbeitsgerichtsverfahren zeigt. AVO-Betriebe wie AVOs selbst erscheinen demgegenüber als konfliktarm. Dies könnte in Richtung einer höheren *›Konfliktfähigkeit‹* gesetzlicher Vertretungen interpretiert werden, die die ›Manifestierungsschwelle‹ latent vorhandener Konflikte senkt. Entgegen den Erwartungen finden sich dabei nur sehr schwache statistische Hinweise auf eine konfliktreduzierende Wirkung überbetrieblicher Regelungen, also der Entlastung der Betriebsparteien durch Flächentarifverträge.

Während also für den Betriebsrat eine Reihe von ›Outputeffekten‹ nachgewiesen werden konnten, zeigen sich bei den *AVOs insgesamt nur wenige signifikante Zusammenhänge*. Die gefundenen Zusammenhänge beziehen sich vor allem auf den Bereich der betrieblichen Sozialbeziehungen und nicht auf die Erfolgs- und Flexibilitätsindikatoren. Dieses Ergebnis kann als Hinweis auf den im Durchschnitt vergleichsweise geringen Einfluss der AVOs gewertet werden.

Vor dem Hintergrund der breiten, teilweise aufgeregt und ideologisch geführten Debatte über die Kosten und den Nutzen der betrieblichen Mitbestimmung kann angesichts der Erfahrungen aus der BISS-Studie nur dafür plädiert werden, die stark ökonomistisch, vor allem nur unter Kostenaspekten geführte Diskussion in einen breiteren Bewertungsansatz zu überführen. In der bisherigen Forschung – wie auch in dieser Studie – zeigen sich nur vergleichsweise geringe Ertragseffekte, die die von einigen Unternehmer- und Arbeitgeberverbandsvertretern geäußerte Kritik und die Heftigkeit der hierüber geführten Diskussion als nicht gerechtfertigt erscheinen lassen. Eine Bewertung gesellschaftlich gewünschter Institutionen wie der verfassten Mitbestimmung kann ohnehin nicht allein nach ökonomischen Kennzahlen erfolgen. Sie muss sowohl ›weichere‹ betriebliche Erfolgsindikatoren wie die interne Flexibilität und die Bildung von ›betriebsspezifischem Humankapital‹ berücksichtigen als auch Auswirkungen auf die Qualität der betrieblichen Sozialbeziehungen (Motivation, Kooperation, Konflikte) im Blick haben. Nicht zuletzt sollte sie – wie hier ansatzweise gezeigt wurde – auch den realisierten Output für die Beschäftigten bilanzieren.

Wie bereits in Kapitel 2 beschrieben, handelt es sich bei den Zusammenhängen zwischen der Existenz einer Interessenvertretung, dem wirtschaftlichen Ertrag der Betriebe, dem positiven Ertrag für die Beschäftigten sowie der in einem Betrieb praktizierten Personalpolitik und den Arbeitsbeziehungen insgesamt um ein komplexes Geflecht von Wechselwirkungen. Letztlich können diese Beziehungen durch eine nur zu einem Zeitpunkt durchgeführte Befragung (Querschnittsbefragung) nur sehr unzureichend abgebildet werden. Für eine wirklich zuverlässige und kausal zu interpretierende Berechnung der Effekte unterschiedlicher Interessenvertretungsformen und des unterschiedlichen strategischen Handelns der betrieblichen Akteure wären Längsschnittdaten mit einem umfangreichen

Katalog an potentiellen Einfluss- und Outputvariablen erforderlich, die auch direkte Beschäftigtenbefragungen in ausgewählten Betrieben einschließen sollten.

Fasst man die mit der BISS-Befragung gewonnenen Erkenntnisse zusammen, so ergeben sich hieraus direkt vier wichtige Schlussfolgerungen. *Erstens* zeigte die Untersuchung, dass die betriebliche Mitbestimmung in Deutschland ein fester und akzeptierter Bestandteil der betrieblichen Wirklichkeit ist. Auch wenn in der Öffentlichkeit vor allem über die Unternehmensmitbestimmung heftige Diskussionen geführt werden und einige Unternehmensverbandsvertreter negative Auswirkungen der Mitbestimmung auf die internationale Wettbewerbsfähigkeit und auf die Flexibilität von Unternehmen und Betrieben beklagen, zeigen die Befunde der BISS-Befragung, dass solche partiellen Erfahrungen und Einschätzungen der betrieblichen Mitbestimmung in keiner Weise als repräsentativ gelten können.[105] Betriebsräte existieren vor allem in größeren Betrieben und sind ein wichtiger Teil der erfolgreichen Regulierung von Arbeits- und Beschäftigungsbeziehungen. Sie mögen für Unternehmer zunächst, wenn sie neu eingeführt wurden, gewöhnungsbedürftig sein und vielleicht auch auf Abwehr stoßen. Dort, wo sie mehrere Jahre existieren, wird ihr Wert für die betriebliche Interessenregulierung und für die Leistungserstellungsprozesse geschätzt und anerkannt. Nur in einem kleinen Teil von etwa einem Zehntel der befragten Betriebe bestehen Situationen anhaltender Konfrontation und eventuell wechselseitiger Blockaden zwischen Management und Arbeitnehmervertretung. Für die betriebliche Mitbestimmung gibt es keine signifikanten Hinweise darauf, dass sie für die wirtschaftliche Entwicklung der Betriebe generell von Nachteil wäre. In über zwei Dritteln der befragten Betriebe werden ihre grundsätzlich positiven Wirkungen auch von den Geschäftsleitungen anerkannt.

Eine *zweite* wichtige Erkenntnis der BISS-Befragung bezieht sich auf den überraschend hohen Verbreitungsgrad der AVOs. Mit schätzungsweise einem Fünftel bis einem Sechstel aller Betriebe sind AVOs nach unserer Untersuchung sogar fast genauso häufig anzutreffen wie Betriebsräte. Zwar relativiert ein Blick auf die Beschäftigten den überraschend hohen Verbreitungsgrad der AVOs. Im Bereich der (betriebsratsschwachen) Klein- und Mittelbetriebe sind sie jedoch eine relevante Größe. Im Unterschied zu den Betriebsräten handelt es sich bei den AVOs zu großen Tei-

105 Als durchaus weit verbreitet zeigten sich dagegen in der BISS-Studie Vorbehalte gegenüber Gewerkschaften und überbetrieblichen, vor allem tariflichen Regulierungen.

len um von der Geschäftsleitung eingesetzte gemeinsame Gremien, die der besseren Kommunikation in die Belegschaft hinein dienen sollen und die weniger mit Interessenvertretung der Beschäftigten im klassischen Sinne zu tun haben. Auf der anderen Seite existieren aber auch reine Arbeitnehmergremien, die von allen Beschäftigten gewählt wurden und die ›im Schatten der Betriebsverfassung‹ ähnliche Funktionen wahrnehmen wie die Betriebsräte – meist allerdings mit geringeren Verhandlungskompetenzen. Interessant ist auch, dass AVOs nach den vorliegenden Daten nicht nur in den Bereichen der hochqualifizierten Wissensarbeit wie etwa der IT- und Softwarebranche bestehen, sondern auch in (Dienstleistungs-) Bereichen überdurchschnittlich häufig vorkommen, die wie der Handel, das Gastgewerbe oder das Gesundheits- und Sozialwesen bisher nicht als wichtiger Bereich von Anderen Vertretungsorganen galten. Selbst im verarbeitenden Gewerbe finden sie eine – wenn auch unterdurchschnittliche – Verbreitung. Welche Funktion AVOs hier im Einzelnen wahrnehmen (Kommunikationsoptimierung, Partizipation im Leistungserstellungsprozess, Vermeidung von Betriebsratsgründungen), konnte in der vorliegenden Untersuchung nicht geklärt werden. Möglicherweise basieren AVOs in mittel- und niedrigqualifizierten Dienstleistungsunternehmen auf ganz anderen Wirkungsmechanismen als im Bereich hochqualifizierter Wissensarbeit. Vielleicht sind die Unterschiede aber auch geringer als man zunächst erwarten würde. Hier können nur weitere und vertiefte Studien Aufschluss geben.

Diese beiden ersten Befunde lassen es *drittens* für die Arbeitgeberverbände und auch für die Gewerkschaften ratsam erscheinen, bestimmte zum Teil lieb gewordene Stereotype zu überdenken. Nicht selten findet sich bei Unternehmerverbänden und einzelnen Unternehmensvertretern die Auffassung, dass Betriebsräte grundsätzlich die Handlungsmöglichkeiten der Unternehmer unverhältnismäßig einschränkten und als Instrument der Interessenvertretung im 21. Jahrhundert keinen Platz mehr hätten. Demgegenüber zeigen die Befunde der BISS-Befragung, *dass von mangelnder Kooperation und mangelnder Flexibilität insgesamt kaum die Rede sein kann.* Dass es gelegentlich zu Konflikten kommt, muss in der Gesamtbilanz für die Betriebe nicht schädlich sein; es kann schlicht die Sichtbarkeit von latenten Konflikten erhöhen. Die BISS-Befragung zeigt, dass diejenigen Geschäftsführer, die die Betriebsratsarbeit aus eigener Erfahrung in ihrem Betrieb kennen, ihr gegenüber wesentlich positiver eingestellt sind als diejenigen Manager, die über keinerlei direkte Erfahrungen mit der betrieblichen Mitbestimmung verfügen. Ähnliches gilt, wenn auch in weitaus geringerem

Maße, für die Beurteilung der Gewerkschaften durch die befragten Geschäftsführer. Hier sank das Misstrauen und die Negativbeurteilung in dem Maße, wie der Anteil von Gewerkschaftsmitgliedern im Betrieb anstieg. Somit zeigte sich auch hier eine eher durch allgemeine Vorurteile als durch eigene Erfahrungen fundierte Einschätzung.

Stereotype müssen aber nicht nur bei einigen Arbeitgebern, sondern auch bei einigen Gewerkschaftsvertretern abgebaut werden. So herrschen etwa in Bezug auf Klein- und Mittelbetriebe oder hinsichtlich des so genannten Mittelstands häufig Vorurteile bei Teilen der hauptamtlichen Gewerkschaftsfunktionäre vor, nicht zuletzt vielleicht, weil die Gewerkschaften in diesem Betriebssegment nur wenig vertreten sind. Nicht selten werden die entsprechenden Unternehmensleiter als autoritäre Alleinentscheider dargestellt, die einen rigorosen »Herr-im-Hause«-Standpunkt verträten. Wie die vorliegenden Ergebnisse im Hinblick auf die Mitarbeiter- und Beteiligungsorientierung zeigen, ist diese Einschätzung in ihrer Pauschalität nicht gerechtfertigt. Tatsächlich ist die betriebliche Sozialordnung in diesen Klein- und Mittelbetrieben – wie auch qualitative Studien vielfach gezeigt haben – stark durch direkte Kommunikation, wechselseitiges Vertrauen und informelle Normen der Interessenregulierung gekennzeichnet. Betriebliche Beteiligung funktioniert in diesen Bereichen meist direkter, weniger auf Gesetzesvorgaben gestützt, aber deswegen muss sie nicht unbedingt wirkungslos sein.

Gerade im Bereich von qualifizierter handwerklicher Arbeit, von hochqualifizierter Wissensarbeit oder von langjährig gewachsenen Vertrauensbeziehungen in kleinbetrieblichen Strukturen werden die Grenzen des Arbeitgeberhandelns wesentlich stärker durch den Zwang zum ›Einverständnishandeln‹ geprägt als in großbetrieblichen Strukturen. Deshalb ist es nicht verwunderlich, dass der Ruf nach einem Betriebsrat unter diesen Bedingungen zum Teil als Aufkündigung eines bestehenden traditionellen betrieblichen Sozialpaktes interpretiert werden kann oder als Eingeständnis der eigenen Hilflosigkeit und fehlenden Primärmacht gedeutet wird. In diesem Umfeld sind auch gesetzlich nicht regulierte Vertretungsstrukturen von Bedeutung, von denen einige keineswegs nur als Ausführungsorgane und Manipulationsinstrumente des Managements zu betrachten sind. Mehr oder weniger informell durch Zuruf bestimmte Sprecher, Runde Tische, vom Eigentümerunternehmer und seinen Beschäftigten im Laufe der Zeit als Vertrauenspersonen für beide Seiten akzeptierte Vermittler oder auch von den Beschäftigten direkt gewählte Vertretungen, die ähnlich wie Betriebsräte arbeiten – all dies sind Formen Anderer Vertretungsorgane, die vielfach im Milieu von Klein- und Mittelbetrieben als Interessenregulierungsformen erwachsen. Weil die Gewerkschaften – aber häufig auch die Arbeitgeberverbände – ihre Arbeit vor allem auf großbetriebliche Strukturen ausgerichtet haben, ist es für sie von großer Bedeutung, diese besonderen Bedingungen ernst zu nehmen, sie gründlich zu studieren und angemessene Strategien und Politiken ihnen gegenüber zu entwickeln.

Die BISS-Studie hat *viertens* gezeigt, dass trotz einer jahrzehntelangen Tradition der Mitbestimmungsforschung und trotz hervorragender Einzelstudien die Basis repräsentativ abgesicherten Wissens über viele Zusammenhänge noch recht schmal ist. Dies gilt in besonderem Maße für die Welt der Betriebe mit Anderen Vertretungsorganen und für die konkreten Mechanismen der Interessenregulierung in Betrieben ohne jede Form der kollektiven Beschäftigtenvertretung. Aber selbst für die Betriebe mit Betriebsräten sind viele für die Wirtschaft und die Gesellschaft zentrale Kenntnisse bisher immer noch sehr schwach entwickelt und kaum repräsentativ empirisch abgesichert. Dies betrifft zum Beispiel die Fragen nach der Bedeutung der verschiedenen Interessenregulierungsformen für die betriebliche Innovations- und Wettbewerbsfähigkeit, für eine innovative Personalpolitik und für ein zeitgemäßes Kommunikations- und Konfliktmanagement.

Einige zentrale Fragen konnten auch mit der vorliegenden Untersuchung *nicht* beantwortet werden: Ein offener Punkt bleibt die Kernfunktion der beziehungsweise die Kernmotivation für die Gründung von AVOs. Geht es um Interessenvertretung, Partizipation bei der Leistungserstellung, Betriebsratsvermeidung oder um alles zusammen? Bei der beobachteten Heterogenität ist zu erwarten, dass hier in unterschiedlichen Konstellationen durchaus unterschiedliche Antworten dominieren werden. Ein zweiter Punkt betrifft die Ausstrahlungswirkung der Betriebsverfassung: Welche Struktur- und Verfahrenselemente werden auch von den AVOs genutzt? Welcher Legitimationsdruck geht von der Betriebsverfassung konkret auf die AVOs aus? Wie gestalten sich die Übergänge zwischen den Vertretungsformen, und unter welchen Bedingungen finden sie statt? Und schließlich: Was wollen die Beschäftigten? Inwiefern nehmen die Beschäftigten die AVOs im Bereich der Klein- und Mittelbetriebe als angemessene Regulierungsinstanzen wahr, die ihnen akzeptable Lösungen garantieren? Oder sind AVOs aus Sicht der Beschäftigten nur die zweitbeste Lösung, in Ermangelung der praktischen Durchsetzbarkeit von Betriebsräten? Ob die

Beschäftigten keine rechtlich abgesicherten Strukturen wollen, weil sie mit ihrem Einfluss auf die Gestaltung der Arbeits- und Beschäftigungsbedingungen zufrieden sind, oder ob sie schlicht nicht mehr durchsetzen können, weil offene oder verdeckte Drohungen der Leitungsebene im Raum stehen – dies lässt sich mit den vorliegenden BISS-Daten nicht beurteilen.

Aufschluss hierüber könnte nur eine Beschäftigtenbefragung liefern. Insbesondere für Betriebe ohne kollektive Vertretung wird auf diesem Wege eine Einschätzung der Mitarbeiter- und Beteiligungsorientierung der Unternehmensleitung aus Arbeitnehmersicht überhaupt erst möglich. Aber auch die Motivationslagen der Beschäftigten und die Zufriedenheit einzelner Beschäftigtengruppen mit den vorhandenen Mechanismen der Interessenregulierung und mit der wahrgenommenen Tätigkeit von Geschäftsleitung und – sofern vorhanden – von kollektiver Vertretung ließen sich nur durch solche direkten Mitarbeiterbefragungen erfassen. Dies ist ein Weg, der in vergleichbaren Befragungen in Großbritannien (WERS) oder Kanada (WES) bereits erfolgreich beschritten wurde.

Die Zukunft der Mitbestimmung in der Globalisierung

Bisher wurde die Mitbestimmung vor allem im Hinblick auf ihre wirtschaftlichen Aspekte diskutiert. Für die Frage nach der Zukunftsfähigkeit des spezifischen deutschen Modells der verfassten Mitbestimmung angesichts eines globalen Standortwettbewerbs und der Niederlassungsfreiheit im europäischen Binnenmarkt müssen aber auch Aspekte betrachtet werden, die über eine enge ökonomische Sicht hinausgehen. Für eine umfassende Beurteilung der Mitbestimmung müssen sowohl ihr Stellenwert in der Wirtschaft als auch ihre Wirkungen für die Gesellschaft als Ganzes in Betracht gezogen werden.

Ein erster Aspekt betrifft die *Funktionen* der Mitbestimmung: In den Betrieben und Unternehmen hat die Mitbestimmung neben ihrer nachgewiesenen und bereits weiter oben behandelten *Konfliktregulierungs- und Stabilisierungsfunktion* auch eine *Motivations- und Identifikationsfunktion* für die Beschäftigten: Wer am Leistungserstellungsprozess und an strategischen Entscheidungen beteiligt wird, ist eher bereit, nicht nur ›Dienst nach Vorschrift‹ zu machen, sondern alle seine Fähigkeiten aus eigenem Antrieb voll und ganz einzubringen. Gerade dies ist eine entscheidende Frage beim

Übergang von der Industrie- zur Dienstleistungs- und Wissensgesellschaft. Denn im 21. Jahrhundert entscheiden sich Wettbewerbsfähigkeit und nachhaltige Unternehmensentwicklung weniger an der Durchsetzungsfähigkeit des Managements, einzelne Beschäftigtengruppen oder ganze Belegschaften in einer weltweiten Unterbietungskonkurrenz zu immer neuen Zugeständnissen hinsichtlich der Arbeits- und Beschäftigungsbedingungen zu drängen, als vielmehr durch die Fähigkeit, die an den verschiedensten Orten rund um den Globus vorhandenen Wissensbestände in Bezug auf Märkte, Produkte, Produktionssysteme und Menschen zusammen zu bringen und global als Ressourcen zu mobilisieren.

Diese Wissensbestände sind immer personen- und standortgebunden, ihre möglichst reibungslose globale Zirkulation kann durch technische Hilfsmittel unterstützt, aber nicht erzwungen werden – dies zeigen alle Bemühungen um die Entwicklung globaler Wissensmanagementsysteme. Die globale Mobilisierung von Wissensressourcen setzt zu aller erst Vertrauen, Verlässlichkeit und längerfristige Berechenbarkeit bei den Einzelnen, den Standorten und innerhalb der gesamten weltweiten Unternehmensorganisation voraus. Durch kurzatmige, an Börsenquartalsberichten orientierte Handlungslogiken lassen sich eventuell temporäre Ressourcenoptimierungen erreichen, aber keine nachhaltigen Erfolge im globalen Wissensmanagement. Gerade für Letzteres kann die Mitbestimmung ein wichtiger, wenn nicht sogar ein unverzichtbarer Innovationsmotor sein. Denn Mitbestimmung ist vom Grundsatz her nicht auf die Privilegien einzelner Gruppen oder Standorte ausgerichtet, sondern auf den vertrauensfördernden Interessenausgleich zwischen den unterschiedlichen Interessengruppen auf der Basis einer nachhaltigen Entwicklung von Arbeit und Beschäftigung im Rahmen von Betrieb und Unternehmen.

Je stärker Produktionssysteme auf qualifizierter und Wissensarbeit aufbauen, desto weniger können sie erfolgreich durch autoritäre, bürokratische oder technische Steuerungs- und Kontrollansprüche *gegen* die Beschäftigten entwickelt werden – wie dies im Rahmen einer tayloristischen oder fordistischen Produktionslogik vielleicht noch eher möglich war. Einzelne Menschen und Standorte teilen ihr Wissen mit der Gesamtorganisation nur im Rahmen nachhaltiger Vertrauens- und Reziprozitätsbeziehungen. Letztere lassen sich nur sehr schwer in einem ›einkanaligen‹ Kommunikations- und Repräsentationssystem entwickeln. Mitbestimmung kann hier dazu beitragen, anstelle eines unilateralen Anweisungstrichters ein tatsächliches *System kommunizierender Röhren des Wissens- und Interessenmanage-*

ments zu fördern. Sie kann die Legitimität unternehmerischer Entscheidungen gegenüber den Beschäftigten steigern und die Umsetzungsgeschwindigkeit von eingeschlagenen Strategien erhöhen helfen. Seit etwa Hundert Jahren profitieren Unternehmen und Beschäftigte im Rahmen des Betrieblichen Vorschlagswesens von dem konkreten Produkt- und Produktionswissen der Arbeitnehmer. Die Aufgabe, solcherart lokales Wissen global zu vernetzen und weiter zu entwickeln, lässt sich nur durch ein Grenzen überschreitendes und interaktives System der Kommunikation von Wissen und Repräsentation von Interessen erreichen. Mitbestimmte Unternehmen könnten sich auf diese Weise als intelligentere und innovativere Global Player erweisen – vor allem dann, wenn die Mitbestimmung einen Beitrag gegen pyramidale Erstarrung und für netzwerkförmige, vertrauensbasierte internationale Wissenskooperation leisten kann.

Ein zweiter Aspekt der allgemeinen Bedeutung von Mitbestimmung weist weit über den Rahmen der Erörterung von wirtschaftlicher Effizienz und Innovation hinaus, er bezieht sich auf die bürgerrechtlichen und allgemeinen demokratischen Potentiale von Mitbestimmung. Vor dreißig Jahren wäre eine Mitbestimmungsdiskussion kaum denkbar gewesen, die sich ausschließlich auf deren Effizienzaspekte begrenzt hätte. Eher wurde die Mitbestimmung damals vielleicht als möglicher ›dritter Weg zwischen liberalem Kapitalismus und staatlich gelenkter Wirtschaft‹ diskutiert. Oder es wurde die Frage diskutiert: ›Sind Demokratie und Freiheit möglich ohne Mitbestimmung in dem gesellschaftlichen Daseinsbereich, in dem die Menschen einen Großteil ihres Lebens verbringen, nämlich in Betrieb und Arbeit?‹ Auch heute würde wohl niemand diese Frage offen bejahen. Aber die Mitbestimmung muss in Zeiten zunehmend intensiveren und globalen Wettbewerbs neu und in erweiterter Weise legitimiert werden. Sie muss auch in einer politischen und in einer demokratietheoretischen Perspektive erörtert werden. Ihr möglicher Beitrag zum sozialen Zusammenhalt von Gesellschaften insgesamt ist zu würdigen. Denn Mitbestimmung wird am Beginn des 21. Jahrhunderts nicht vorrangig als Teil einer Sozialutopie oder eines längerfristigen Gesellschaftsprojektes gedacht. Wenn sich Demokratie aber nicht auf die sporadischen Urnengänge von Minderheiten beschränken soll und wenn Freiheit nicht nur vielfältige Möglichkeiten für Wenige und Freiheit von Beteiligungschancen für Viele bedeuten soll, dann kann Mitbestimmung ein Kernkonzept sein für die Verklammerung von politischer Teilhabe am Gemeinwesen einerseits und ökonomischer Freiheit und Verantwortung für Unternehmen und Beschäftigte andererseits.

Aus den skizzierten Aspekten der Mitbestimmung in der globalisierten Wissensgesellschaft und für die demokratische Teilhabe der Wirtschaftsbürger insgesamt ergeben sich abschließend drei wesentliche Bereiche, in denen sich trotz aller Bewährung der Mitbestimmung im Allgemeinen vielfältige Herausforderungen zu deren kreativer Weiterentwicklung zeigen.

Die *erste Herausforderung* ließe sich als das Problem der ›Mitbestimmung zwischen Stellvertretung und Coaching‹ charakterisieren. Durch die Novelle des Betriebsverfassungsgesetzes im Jahre 2001 wurden betriebsübergreifende neue Formen von Betriebsratsarbeit gefördert und die Möglichkeit geschaffen, Betriebsratskompetenzen an Arbeitsgruppen zu delegieren sowie einzelne Beschäftigte als Experten in die Betriebsratsarbeit einzubeziehen. Was dabei aber keine Berücksichtigung fand, sind die existierenden Formen alternativer Interessenregulierung auf der betrieblichen Ebene, die weiter oben vor allem unter dem Stichwort der Anderen Vertretungsorgane behandelt wurden. Auch in den Kleinbetrieben mit weniger als 50 Beschäftigten – und diese stellen immerhin 96 Prozent aller Betriebe und 42 Prozent aller abhängig Beschäftigten in Deutschland – gibt es konkrete Formen der Berücksichtigung von Beschäftigteninteressen. Diese beruhen, wie die Befragung gezeigt hat, nicht in erster Linie auf formellen Mitbestimmungsstrukturen, sondern auf unternehmensseitig definierten AVO-Strukturen und mitunter ausgeprägten Praktiken direkter Beteiligung.

In größeren Betrieben sind traditionell repräsentative Formen der Beteiligung und eine gewisse Stellvertreterdemokratie üblich und wohl auch sinnvoll. Aber sowohl der klein- und mittelbetrieblich strukturierte Bereich als auch die Segmente der hochqualifizierten Wissensarbeit sind stark durch Formen der individuellen Selbstvertretung geprägt. Wie kann man hier zu sinnvollen und angemessenen Formen der Förderung von direkter Demokratie und von ‹*empowerment*‹ kommen? Was können traditionelle Großbetriebe eventuell von diesem Klein- und Mittelbetriebssektor lernen? Wie kann man ›Mitbestimmung durch Stellvertretung‹ systematisch kombinieren mit ›Partizipation in der ersten Person‹? Hier gilt es, den Formen betrieblicher Interessenregulierung jenseits beziehungsweise unterhalb der Betriebsratsmitbestimmung mehr Aufmerksamkeit zu schenken. Entsprechende Lösungen könnten in eine – im Moment allerdings sicherlich nicht vorrangige – Reform der betrieblichen Mitbestimmung einfließen (etwa durch die Formulierung von ›Allgemeinen Bürgerrechten in der Arbeit‹, die unabhängig von der Struktur der kollektiven Interessenvertretung gelten könnten, und durch die Ausgestaltung der Mitbestimmung am Arbeitsplatz). Ob es möglich ist, auf diesem Wege zumindest einen Teil der AVOs an das Betriebsverfassungsgesetz heranzuführen ohne die bestehenden Betriebsratsstrukturen einem Konkurrenzdruck in Richtung *›Betriebsrat light‹* auszusetzen, kann an dieser Stelle nicht beantwortet werden. Dies hängt von der konkreten Ausgestaltung der rechtlichen Rahmenbedingungen und dem strategischen Verhalten der Sozialpartner ab.

Ein *zweiter Gestaltungsbereich* ließe sich unter dem Stichwort ›Mitbestimmung nur für Stammbelegschaften?‹ zusammenfassen. Durch die zunehmende Entstandardisierung von Beschäftigungsverhältnissen und Arbeitsformen fallen immer mehr Beschäftigtengruppen zwar nicht unbedingt formal, wohl aber praktisch aus der Mitbestimmung heraus. Dies gilt etwa traditionell für Teilzeit- und geringfügig Beschäftigte und gegenwärtig zunehmend für Beschäftigungsverhältnisse im Niedriglohnbereich sowie für den Bereich der Leiharbeit. Weil die betriebliche und die Unternehmensmitbestimmung traditionell auf Normalarbeit in industriellen Großbetrieben fokussiert waren, ist zu fragen, wie dieses System an die neue, immer differenziertere und flexiblere Beschäftigungslandschaft angepasst werden kann. Ohne die Lösung dieses Problems dürfte sich mittelfristig eine tiefe soziale Spaltung von Wirtschaft und Gesellschaft in einen teilhabenden Kern und einen von Beteiligungsmöglichkeiten ausgeschlossenen Rand ergeben!

Neue Herausforderungen ergeben sich schließlich *drittens* auch aus der Europäisierung und Internationalisierung von wirtschaftlichen Verflechtungen und politischen Regulierungen. Zwar gibt es wenig Grund zu der Annahme, dass die deutsche Mitbestimmung durch den wirtschaftlichen Globalisierungsdruck sowie aufgrund der Europäisierung durch Europäische Betriebsräte (EBR) und durch die neue Rechtsform der Europäischen Aktiengesellschaft (*Societas Europeae, SE*) grundsätzlich erodieren wird. Aufgrund der Vielfalt der institutionellen Rahmenbedingungen in den Ländern der EU liegt der EBR-Richtlinie nicht ein spezifischer und fester Mitbestimmungsbegriff zugrunde; grundsätzlich wird auf die Begründung von Strukturen zur Information und Konsultation, nicht aber der Mitbestimmung von Arbeitnehmervertretern fokussiert. Neben dem deutschen Betriebsratsmodell sind auch andere Gremien der Interessenregulierung möglich wie zum Beispiel das französische Unternehmenskomitee, in dem Management und Arbeitnehmervertreter gemeinsam vertreten sind.

Bisher hat die Arbeit der EBRs das deutsche Mitbestimmungssystem nicht unter einen starken Veränderungsdruck gestellt. Dies ist auch für die

Zukunft nicht wahrscheinlich. Etwas anders könnte es sich mit der SE verhalten. Auch wenn, wie das Beispiel der Allianz SE zeigt, das Prinzip der paritätischen Mitbestimmung unangetastet bleibt, so schwindet doch durch die Verkleinerung und Internationalisierung der Aufsichtsräte potenziell die Rolle der deutschen Betriebsräte und Gewerkschaften. Weit stärker betroffen scheinen allerdings der leitenden Angestellten. Deren Sonderrolle über den Sprecherausschuss auf der Arbeitnehmerbank ist dem verkleinerten Aufsichtsrat der MAN SE bereits zum Opfer gefallen. Zudem strahlt die paritätische Mitbestimmung über die SEs aber auch in Länder aus, die bisher nicht über weitreichende nationale Mitbestimmungsregelungen verfügten. Eine schnelle Ausbreitung von SEs – nach der es im Moment nicht aussieht – könnte die nationalen Systeme der Unternehmensverfassung unter Veränderungsdruck setzen. Andererseits könnten sich die SEs – ähnlich wie die EBRs – aber auch je nach Stammsitzland oder Stammsitzländerkombination stark an die jeweiligen nationalen Besonderheiten anpassen, sodass kaum von einer schnellen Homogenisierung auf europäischer Ebene auszugehen ist. Erst die nächsten Jahre werden konkret zeigen, wie der rechtliche Umsetzungsrahmen der SE in den Nationalstaaten genutzt wird und wie viele SE sich dann mit welchen Unternehmensverfassungen und Beteiligungsformen herausbilden. Aus wissenschaftlicher Sicht ist es gegenwärtig eine völlig offene Frage, ob deutsche Unternehmen und ausländische Investoren die Möglichkeiten der Europa-AG massiv für eine Flucht aus der deutschen Mitbestimmung nutzen werden. Der unerwartet hohe Zufluss an Investitionskapital in deutsche Unternehmen in der ersten Dekade des neuen Jahrhunderts deutet eher darauf hin, dass das deutsche Modell von betrieblicher und Unternehmensmitbestimmung kein Hinderungsgrund für ausländische Beteiligungen war.

Es gibt keine wissenschaftlichen Belege dafür, dass die Mitbestimmung in Deutschland ein Investitionshemmnis im Globalisierungsprozess ist. Umgekehrt sollte man sich aber auch davor hüten, sie automatisch als einen Standortvorteil auszugeben. Die gute Botschaft ist: Es führen verschiedene Wege nach Rom; Länder und Regionen können sich auf verschiedene Art und Weise erfolgreich am globalisierten Wettbewerb beteiligen. Deutschland hat dies bisher mit einem sehr ausgeprägten System der betrieblichen und der Unternehmensmitbestimmung getan und war dabei gleichzeitig extrem erfolgreich. Selbstverständlich gibt es keinen Grund für Selbstgefälligkeit und Stillstand. Nationale Strukturprobleme wie Arbeitslosigkeit, demographischer Wandel und Finanzierbarkeit der Sozialsysteme zwingen ebenso wie die globalen wirtschaftlichen, sozialen und ökologischen Herausforderungen zu nachhaltigen Innovationen.

Dieser Weg sollte aber besser mit mehr als mit weniger Mitbestimmung bewältigt werden. Mitbestimmung ist mit ökonomischer Effizienz absolut vereinbar, aber Mitbestimmung ist mehr als ökonomische Effizienz. Sie ist, wie Kurt Biedenkopf schon 1970 betonte, ein sozialethisches Postulat. Wenn es einen dritten Weg zwischen liberalem Kapitalismus und staatlich gelenkter Wirtschaft gibt, dann ist Mitbestimmung mehr als nur ein Pflasterstein dazu. Mitbestimmung ist ein wesentliches Scharnier zwischen sozialer Demokratie und sozialer Marktwirtschaft. Sie kann in der Wissensgesellschaft eine der wichtigsten Ressourcen für Innovationsmanagement und nachhaltige Entwicklung sein. Die vorliegende Studie versteht sich als empirisch begründeter wissenschaftlicher Beitrag über die betriebliche Mitbestimmung und Arbeitnehmerpartizipation. Sie zeigt, dass wirtschaftliche Effizienz, Innovationskraft und flexible Anpassung an neue globale Herausforderungen nicht in einem unauflöslichen Widerspruch zur Demokratie in der Wirtschaft und zur Partizipation der Beschäftigten stehen. Eher scheinen sie sich selbst wechselseitig verstärkende Motoren einer nachhaltigen Entwicklung zu sein.

Literaturverzeichnis

Abel, Jörg/Ittermann, Peter (2006), »Strukturen und Wirksamkeit von Beschäftigtenpartizipation in Neue-Medien-Unternehmen«, in: Artus, Ingrid; Böhm, Sabine; Lücking, Stefan; Trinczek, Rainer (Hg.), *Betriebe ohne Betriebsrat. Informelle Interessenvertretung in Unternehmen*, Frankfurt und New York, S. 197–221.

Abel, Jörg; Ittermann, Peter; Pries, Ludger (2005), »Erwerbsregulierung in hochqualifizierter Wissensarbeit – individuell und kollektiv, diskursiv und partizipativ«, *Industrielle Beziehungen*, Jg. 12, H. 1, S. 28–50.

Abel, Jörg/Pries, Ludger (2005), »Von der Stellvertretung zur Selbstvertretung? Interessenvertretung bei hochqualifizierter Wissensarbeit in Neue-Medien-Unternehmen«, in: Mayer-Ahuja, Nicole/Wolf, Harald (Hg.), *Entfesselte Arbeit – neue Bindungen. Grenzen der Entgrenzung in der Medien- und Kulturindustrie*, Berlin, S. 109–152.

Addison, John T.; Bellmann, Lutz; Schnabel, Claus; Wagner, Joachim (2002), *German Works Councils Old and New: Incidence, Coverage and Determinants*, Lüneburg.

Addison, John T.; Schank, Thorsten; Schnabel, Claus; Wagner, Joachim (2005), *Do Works Councils Inhibit Investment? IZA Discussion Paper No. 1473*, Bonn.

Addison, John T.; Schnabel, Claus; Wagner, Joachim (1999), »Verbreitung, Bestimmungsgründe und Auswirkungen von Betriebsräten: Empirische Befunde aus dem Hannoveraner Firmenpanel«, in: Frick, Bernd; Kluge, Norbert; Streeck, Wolfgang (Hg.), *Die wirtschaftlichen Folgen der Mitbestimmung*, Frankfurt und New York, S. 223–252.

Addison, John T.; Schnabel, Claus; Wagner, Joachim (2000), *Die mitbestimmungsfreie Zone aus ökonomischer Sicht*, Lüneburg.

Addison, John T.; Schnabel, Claus; Wagner, Joachim (2004), »The Course of Research into the Economic Consequences of German Works Councils«, *British Journal of Industrial Relations*, Jg. 42, H. 2, S. 255–281.

Addison, John T./Wagner, Joachim (1997), »The Impact of German Works Councils on Profitability and Innovation: New Evidence from Micro Data«, *Jahrbücher für Nationalökonomie und Statistik*, S. 1–20.

Artus, Ingrid; Böhm, Sabine; Lücking, Stefan; Trinczek, Rainer (Hg.) (2006), *Betriebe ohne Betriebsrat. Informelle Interessenvertretung in Unternehmen*, Frankfurt/New York.

Bäcker, Gerhard (2006), »Was heißt hier ›geringfügig‹? – Minijobs als wachsendes Segment prekärer Beschäftigung«, *WSI-Mitteilungen*, Jg. 59, H. 5, S. 255–261.

Baethge, Martin; Denkinger, Joachim; Kadritzke, Ulf (1995), *Das Führungskräfte-Dilemma. Manager und industrielle Experten zwischen Unternehmen und Lebenswelt*, Frankfurt am Main.

Baethge, Martin/Oberbeck, Herbert (1986), *Die Zukunft der Angestellten*, Frankfurt/New York.

Baukrowitz, Andrea/Boes, Andreas (2000), *Neue Arbeitskrafttypen in der IT-Industrie*, Chemnitz.

Beck, Ulrich; Brater, Michael; Daheim, Hansjürgen (1980), *Soziologie der Arbeit und der Berufe. Grundlagen, Problemfelder, Forschungsergebnisse*, Reinbek bei Hamburg.

Behrens, Martin (2003), »Wie gut kehren neue Besen? Das neue Betriebsverfassungsgesetz in der Praxis«, *WSI-Mitteilungen*, Jg. 56, H. 3, S. 167–176.

Behrens, Martin (2005), »Arbeit des Betriebsrats in komplexen Gremienstrukturen«, *WSI-Mitteilungen*, Jg. 58, H. 11, S. 638–645.

Behrens, Martin (2006), »Der institutionalisierte Konflikt im Betrieb«, in: Schäfer, Claus/Seifert, Hartmut (Hg.), *Kein bisschen leise: 60 Jahre WSI*, Hamburg, S. 147–166.

Behrens, Martin/Kädtler, Jürgen (2006), »Die Rolle des Managements bei der betrieblichen Restrukturierung«, *WSI-Mitteilungen*, Jg. 59, H. 11, S. 609–616.

Bertelsmann-Stiftung/Hans-Böckler-Stiftung (Hg.) (2002), *Mitbestimmung in der digitalen Wirtschaft – (k)ein Widerspruch*, Gütersloh.

Berthold, Norbert; Brischke, Marita; Stettes, Oliver (2003), *Betriebliche Bündnisse für Arbeit. Eine empirische Untersuchung für den norddeutschen Maschinen- und Anlagenbau. Wirtschaftswissenschaftliche Beiträge des Lehrstuhls für Volkswirtschaftslehre, Wirtschaftsordnung und Sozialpolitik der Universität Würzburg, Nr. 68*, Würzburg.

Beyer, Jürgen (2005), »Pfadabhängigkeit ist nicht gleich Pfadabhängigkeit! Wider den impliziten Konservatismus eines gängigen Konzepts«, *Zeitschrift für Soziologie*, Jg. 34, H. 1, S. 5–21.

Bispinck, Reinhard/Schulten, Thorsten (2005), »Deutschland vor dem tarifpolitischen Systemwechsel?«, *WSI-Mitteilungen*, Jg. 58, H. 8, S. 466–472.

Boes, Andreas (2004), »Die wundersame Neubelebung eines vermeintlichen Auslaufsmodells. IT-Beschäftigte und Mitbestimmung nach dem Ende des New Economy-Hypes«, *Internationaler Workshop: Arbeitspolitische Regulierung in Betrieben ohne institutionalisierte Interessenvertretung*, TU München.

Boes, Andreas/Baukrowitz, Andrea (2002), *Arbeitsbeziehungen in der IT-Industrie. Erosion oder Innovation der Mitbestimmung?* Berlin.

Boes, Andreas; Kratzer, Nick; Marrs, Kira (2003), *Terra Incognita IT-Industrie. Eine empirische Bestandsaufnahme der Entwicklungstendenzen der Mitbestimmung (Arbeitspapier 4)*, München.

Böhm, Sabine/Lücking, Stefan (2006), »Orientierungsmuster des Managements in betriebsratslosen Betrieben. Zwischen Willkürherrschaft und Human Resource Management«, in: Artus, Ingrid; Böhm, Sabine; Lücking, Stefan; Trinczek, Rainer (Hg.), *Betriebe ohne Betriebsrat. Informelle Interessenvertretung in Unternehmen*, Frankfurt/New York, S. 107–139.

Bosch, Aida (1997), *Vom Interessenkonflikt zur Kultur der Rationalität*, München/Mering.

Bosch, Aida; Ellguth, Peter; Schmidt, Rudi; Trinczek, Rainer (1995), *Innerbetriebliche Interaktionsmuster. Eine Typologie der Austauschbeziehungen zwischen Management und Betriebsrat*, Erlangen.

Bosch, Aida; Ellguth, Peter; Schmidt, Rudi; Trinczek, Rainer (1999), *Betriebliches Interessenhandeln. Zur politischen Kultur der Austauschbeziehungen zwischen Management und Betriebsrat in der westdeutschen Industrie*, Opladen.

Braun, Wolf Matthias (2002), *Strategisches Management der industriellen Beziehungen. Zur Empirie und Theorie des Verhältnisses zwischen Management und Betriebsrat*, München/Mering.

Bundesagentur für Arbeit (2004), *Arbeitsmarkt 2003. Amtliche Nachrichten der Bundesagentur für Arbeit*, Nürnberg.

Carley, Mark; Baradel, Annalisa; Welz, Christian (2005), *Works councils. Workplace representation and participation structures*, Dublin.

Carstensen, Vivian; Gerlach, Knut; Hübler, Olaf (1995), »Erfolgsbeteiligung von Arbeitnehmern. Motive, Ausgestaltung und empirische Befunde«, in: Semlinger, Klaus/Frick, Bernd (Hg.), *Betriebliche Modernisierung in personeller Erneuerung. Personalentwicklung, Personalaustausch und betriebliche Fluktuation*, Berlin, S. 193–209.

Commission on the Future of Worker-Management (1994), *Report and Recommendations, Executive Summary*, United States Department of Labor Relations.

Cully, Mark; Woodland, Stephen; O'Reilly, Andrew; Dix, Gill (1999), *Britain at Work. As depicted by the 1998 Workplace Employee Relations Survey*, London/New York.

Damm, H. J. (2001), »Szenarioprognose für ein künftiges HR-Management. Neue Aufgaben für das Personalmanagement vor dem Hintergrund von Zukunftsszenarien zu Wirtschaft, Gesellschaft und Bildung«, *Personalführung*, Jg. H. 5, S. 64–71.

Deutscher Gewerkschaftsbund (2004), *Stellungnahme des DGB Bundesvorstandes, Abt. Mitbestimmung und Rechtspolitik zu dem Bericht der »Kommission Mitbestimmung« von BDA und BDI*, Berlin.

Dilger, Alexander (1997), *Ertragswirkungen von Betriebsräten. Eine Untersuchung mit Hilfe des NIFA-Panels*, Greifswald.

Dilger, Alexander (2002), *Ökonomik betrieblicher Mitbestimmung. Die wirtschaftlichen Folgen von Betriebsräten*, München/Mering.

DiMaggio, Paul J./Powell, Walter W. (1983), »The iron cage revisited. Institutional isomorphism and collective rationality in organizational fields«, *American Sociological Review*, Jg. 48, H. 2, S. 147–160.

Ellguth, Peter (2003), »Quantitative Reichweite der betrieblichen Mitbestimmung«, *WSI-Mitteilungen*, Jg. 56, H. 3, S. 194–199.

Ellguth, Peter (2005), »Betriebe ohne Betriebsrat. Welche Rolle spielen betriebsspezifische Formen der Mitarbeitervertretung?«, *Industrielle Beziehungen*, Jg. 12, H. 2, S. 149–176.

Ellguth, Peter (2006), »Betriebe ohne Betriebsrat. Verbreitung, Entwicklung und Charakteristika«, in: Artus, Ingrid; Böhm, Sabine; Lücking, Stefan; Trinczek, Rainer (Hg.), *Betriebe ohne Betriebsrat. Informelle Interessenvertretung in Unternehmen*, Frankfurt/New York, S. 43–80.

Ellguth, Peter (2007), »Betriebliche und überbetriebliche Interessenvertretung. Ergebnisse aus dem IAB-Betriebspanel 2005«, *WSI-Mitteilungen*, Jg. 60, H. 3, S. 155–157.

Ellguth, Peter/Ahlers, Elke (2003), *Betriebsräte und betriebliche Personalpolitik, Abschlussbericht für die Hans-Böckler-Stiftung*, Nürnberg/Düsseldorf.

Ellguth, Peter/Kohaut, Susanne (2004), »Tarifbindung und betriebliche Interessenvertretung. Ergebnisse des IAB-Betriebspanels 2003«, *WSI-Mitteilungen*, Jg. 57, H. 8, S. 450–454.

Ellguth, Peter/Promberger, Markus (2004), »Arbeitszeitsituation und Betriebsrat. Eine Matched-Pair-Analyse mit Daten des IAB-Betriebspanels«, in: Bellmann, Lutz/Schnabel, Claus (Hg.), *Betriebliche Arbeitszeitpolitik im Wandel. Beiträge zur Arbeitsmarkt- und Berufsforschung 288*, Nürnberg, S. 111–131.

Ellguth, Peter/Promberger, Markus (2007), »Arbeitszeitsituation und betriebliche Interessenvertretung. Bessere Zeiten mit Betriebsrat?«, *WSI-Mitteilungen*, Jg. 60, H. 4, S. 209–215.

Fernie, Sue/Metcalf, David (1995), »Participation, contingent pay, representation and workplace performance: Evidence from Great Britain«, *British Journal of Industrial Relations*, Jg. 33, H. 3, S. 379–415.

Fischer, Stephan (1998), *Human Resource Management und Arbeitbeziehungen im Betrieb. Eine empirische Untersuchung in der Chemischen Industrie Deutschlands*, München/Mering.

Freeman, Richard/Lazear, Edward (1995), »An Economic Analysis of Works Councils«, in: Rogers, Joel/Streeck, Wolfgang (Hg.), *Works Councils. Consultation, Representation, and Cooperation in Industrial Relations*, Chicago/London, S. 27–50.

Frick, Bernd (2005), »Kontrolle und Performance der mitbestimmten Unternehmung. Rechtsökonomische Überlegungen und empirische Befunde«, *Kölner Zeitschrift für Soziologie und Sozialpsychologie*, Jg. 57, H. 45 (Sonderheft »Finanzmarkt-Kapitalismus: Analysen zum Wandel von Produktionsregimen«), S. 418–440.

Frick, Bernd (2006), »Mitbestimmung und Unternehmensperformance: Ergebnisse der empirischen Wirtschaftsforschung«, *Tagung »Erfolgsmodell Mitbestimmung?« am 17. Januar 2006*, Wissenschaftszentrum Berlin für Sozialforschung.

Frick, Bernd/Möller, Iris (2003), »Mandated Works Councils and Firm Performance: Labor Productivity and Personnel Turnover in German Establishments«,

Schmollers Jahrbuch. Zeitschrift für Wirtschafts- und Sozialwissenschaften, Jg. 123, H. 3, S. 423–454.

Frick, Bernd/Sadowski, Dieter (1995), »Works Councils, Unions, and Firm Performance. The Impact of Workers' Participation in Germany«, in: Buttler, Friedrich; Franz, Wolfgang; Schettkat, Ronald (Hg.), *Institutional Frameworks and Labor Market Performance. Comparative Views on the U.S. and the German Economies*, London/New York, S. 46–81.

Fürstenberg, Friedrich (2000), *Berufsgesellschaft in der Krise. Auslaufmodell oder Zukunftspotential?* Berlin.

Haas, Peter M. (1989), »Do Regimes Matter? Epistemic Communities and Mediterranean Pollution Control«, *International Organization*, Jg. 43, H. 3, S. 377–403.

Hans-Böckler-Stiftung (2004), *Zur aktuellen Kritik der Mitbestimmung im Aufsichtsrat*, Düsseldorf.

Hartmann, Michael (2001), »Klassenspezifischer Habitus und/oder exklusive Bildungstitel als soziales Selektionskriterium? Die Besetzung von Spitzenpositionen in der Wirtschaft«, in: Krais, Beate (Hg.), *An der Spitze*, Konstanz, S. 157–215.

Hasse, Raimund/Krücken, Georg (1999), *Neo-Institutionalismus*, Bielefeld.

Hauser-Ditz, Axel; Hertwig, Markus; Pries, Ludger (2006a), »Betriebsräte und ›Andere Vertretungsorgane‹. Verbreitung und Kontext betrieblicher Beschäftigtenvertretungen in der deutschen Privatwirtschaft«, *Industrielle Beziehungen*, Jg. 13, H. 4, S. 340–369.

Hauser-Ditz, Axel; Hertwig, Markus; Pries, Ludger (2006b), »Betriebsräte und Andere Vertretungsorgane im Vergleich. Strukturen, Arbeitsweisen und Beteiligungsmöglichkeiten«, *WSI-Mitteilungen*, Jg. 59, H. 9, S. 500–506.

Heidemann, Winfried (1999), *Beschäftigungssicherung. Betriebs- und Dienstvereinbarungen – Analyse und Handlungsempfehlungen*, Düsseldorf.

Helfen, Markus/Krüger, Lydia (2002), »Informationstechnologie, neue Organisationskonzepte und Mitbestimmung«, *WSI-Mitteilungen*, Jg. 55, H. 11, S. 670–677.

Hilbert, Josef/Sperling, Hans Joachim (1993), *Die kleine Fabrik*, München/Mering.

Hirschman, Albert O. (1974), *Abwanderung und Widerspruch*, Tübingen.

Hofmann, Herbert/Munz, Sonja (2002), »Mitarbeiterkapitalbeteiligung und Insolvenzschutz der dafür eingesetzten vermögenswirksamen Leistungen«, *ifo Schnelldienst*, Jg. 55, H. 22, S. 15–19.

Hübler, Olaf (2003), »Fördern oder behindern Betriebsräte die Unternehmensentwicklung?«, *Perspektiven der Wirtschaftspolitik*, Jg. 4, H. 4, S. 379–397.

Hübler, Olaf (2005a), »Sind betriebliche Bündnisse für Arbeit erfolgreich?«, *Jahrbuch für Nationalökonomie und Statistik*, Jg. 225, H. 6, S. 630–652.

Hübler, Olaf (2005b), »Betriebliche Vereinbarungen zur Beschäftigungs- und Standortsicherung«, in: Bellmann, Lutz; Hübler, Olaf; Meyer, Wolfgang; Stephan, Gesine (Hg.), *Institutionen, Löhne und Beschäftigung. Beiträge zur Arbeitsmarkt- und Berufsforschung 294*, Nürnberg, S. 157–173.

input consulting (2006), *Liberalisierung und Prekarisierung. Beschäftigungsbedingungen bei den neuen Briefdienstleistern in Deutschland*, Stuttgart.

Institut für Arbeitsmarkt- und Berufsforschung (2001), *IAB-Kurzbericht 9*, Nürnberg.

Ittermann, Peter (2003a), *Mitbestimmung in der digitalen Wirtschaft. Trendreport. Unter Mitarbeit von Jörg Abel*, Gütersloh.

Ittermann, Peter (2003b), »Mitbestimmung in der neuen Wirtschaft: Gratwanderung zwischen Tradition und Innovation«, in: Hangebrauck, U.-M.; Kock, K.; Kutzner, E.; Muesmann, G. (Hg.), *Handbuch Betriebsklima*, München und Mering, S. 199–210.

Ittermann, Peter/Abel, Jörg (2002), »Gratwanderung zwischen Tradition und Innovation«, *Industrielle Beziehungen*, Jg. 9, H. 4, S. 463–470.

Ittermann, Peter/Niewerth, Claudia (2004), *Bleibt alles anders? Organisations- und Beteiligungsstrukturen in der digitalen Wirtschaft. Ergebnisse einer repräsentativen Befragung. SOAPS-Paper 4*, Bochum.

Ittermann, Peter/Niewerth, Claudia (2005), *»Mitbestimmungsalternativen«. Betriebliche Muster der Partizipation und Interessenregulierung in der digitalen Wirtschaft. Unveröff. Abschlussbericht des HBS-Forschungsprojektes »Zwischen Selbstvertretung und Mitbestimmung«*, Bochum.

Jirjahn, Uwe (1998), *Effizienzwirkungen von Erfolgsbeteiligung und Partizipation. Eine mikroökonomische Analyse*, Frankfurt/New York.

Jirjahn, Uwe (2005), »Ökonomische Wirkungen des novellierten Betriebsverfassungsgesetzes. Was können wir vor dem Hintergrund zunehmender Globalisierung und veränderter arbeitsorganisatorischer Bedingungen erwarten?«, *Zeitschrift für Arbeitsmarktforschung*, Jg. 38, H. 2/3, S. 241–267.

Jürgens, Ulrich (1984), »Die Entwicklung von Macht, Herrschaft und Kontrolle im Betrieb als politischer Prozess. Eine Problemskizze zur Arbeitspolitik«, in: Jürgens, Ulrich/Naschold, Frieder (Hg.), *Arbeitspolitik*, Opladen, S. 58–91.

Kalina, Thorsten/Weinkopf, Claudia (2006), *Mindestens sechs Millionen Niedriglohnbeschäftigte in Deutschland: Welche Rolle spielen Teilzeitbeschäftigung und Minijobs? IAT-Report*, Gelsenkirchen.

Kaufman, Bruce E./Taras, Daphne Gottlieb (2000), *Nonunion Employee Representation. History, Contemporary Practice, and Policy*, Armonk.

Keller, Berndt (1997), *Einführung in die Arbeitspolitik*, Wien/München.

Keller, Berndt/Seifert, Hartmut (2006), »Atypische Beschäftigungsverhältnisse. Flexibilität, soziale Sicherheit und Prekarität«, *WSI-Mitteilungen*, Jg. 59, H. 5, S. 235–240.

Kieser, Alfred/Walgenbach, Peter (2003), *Organisation*, Stuttgart.

Kinkel, Steffen; Lay, Gunter; Maloca, Spomenka (2004), *Produktionsverlagerung ins Ausland und Rückverlagerung*, Karlsruhe.

Klenner, Christina/Lindecke, Christiane (2003), »Representation of Women in Works Councils and Equal Treatment of Men and Women at Company Level«,

WSI-Mitteilungen, Jg. 56, H. 00 (Schwerpunktheft »Industrial Relations on Germany – an empirical survey«), S. 66–73.

Kluge, Norbert (2001), »"Wilde Ehen?" Mitbestimmungspraxis und -bedarf in der New Economy«, *Gewerkschaftliche Monatshefte*, Jg. 52, H. 4, S. 229–236.

Kochan, Thomas A.; Katz, Harry C.; McKersie, Robert B. (1991), »Strategic choice and industrial relations theory. An elaboration«, in: Katz, Harry C. (Hg.), *The Future of Industrial Relations: Proceedings of the Second Bargaining Group Conference*, Ithaca, S. 104–115.

Kochan, Thomas A./Lipsky, David B. (2003), »Walton and McKersie's Subprocesses of Negotiations«, in: Kochan, Thomas A./Lipsky, David B. (Hg.), *Negotiations and Change. From the Workplace to Society*, Ithaca/London, S. 15–19.

Kommission Mitbestimmung (1998), *Mitbestimmung und neue Unternehmenskulturen. Bilanz und Perspektiven*, Gütersloh.

Kommission Mitbestimmung (2004), *Mitbestimmung modernisieren. Bericht der Kommission Mitbestimmung*, Berlin.

Kotthoff, Hermann (1981), *Betriebsräte und betriebliche Herrschaft. Eine Typologie von Partizipationsmustern*, Frankfurt am Main.

Kotthoff, Hermann (1994), *Betriebsräte und Bürgerstatus. Wandel und Kontinuität betrieblicher Mitbestimmung*, München/Mering.

Kotthoff, Hermann (1997), *Führungskräfte im Wandel der Firmenkultur. Quasi-Unternehmer oder Arbeitnehmer?* Berlin.

Kotthoff, Hermann/Reindl, Joseph (1990), *Die soziale Welt kleiner Betriebe*, Göttingen.

Kotthoff, Hermann/Reindl, Joseph (1991), »Sozialordnung und Interessenvertretung in Klein- und Mittelbetrieben«, in: Hildebrandt, Eckart (Hg.), *Betriebliche Sozialverfassung unter Veränderungsdruck*, Berlin, S. 114–129.

Lengfeld, Holger (2003), *Mitbestimmung und Gerechtigkeit. Zur moralischen Grundstruktur betrieblicher Verhandlungen*, München/Mering.

Lücking, Stefan (2006), »Labor relations in enterprises without works council in Germany«, *14. IIRA World Congress*, Lima.

Marginson, Paul/Arrowsmith, James (2006), »The European cross border dimension to collective bargaining in MNCs«, *European Journal of Industrial Relations*, Jg. 12, H. 3, S. 245–266.

Massa-Wirth, Heiko/Seifert, Hartmut (2004), »Betriebliche Bündnisse für Arbeit nur mit begrenzter Reichweite?«, *WSI-Mitteilungen*, Jg. 57, H. 5, S. 246–254.

Meyer, John W./Rowan, Brian (1977), »Institutionalized organizations: Formal structures and myth and ceremony«, *American Journal of sociology*, Jg. 83, H. 2, S. 340–363.

Minssen, Heiner (1999), »Direkte Partizipation contra Mitbestimmung? Herausforderung durch diskursive Koordinierung«, in: Müller-Jentsch, Walther (Hg.), *Konfliktpartnerschaft. Akteure und Institutionen der industriellen Beziehungen*, München/Mering, S. 102–129.

Minssen, Heiner (2001), »Kooperation und Konflikt. Der Fall Gruppenarbeit«, in: Abel, Jörg/Sperling, Hans Joachim (Hg.), *Umbrüche und Kontinuitäten. Perspektiven nationaler und internationaler Arbeitsbeziehungen. Walther Müller-Jentsch zum 65. Geburtstag*, München/Mering, S. 83–99.

Möller, Iris (2000), »Produktivitätswirkung von Mitarbeiterbeteiligung«, *MittAB*, Jg. 32, H. 4, S. 565–582.

Mückenberger, Ulrich (1985), »Die Krise des Normalarbeitsverhältnisses. Hat das Arbeitsrecht noch Zukunft?«, *Zeitschrift für Sozialreform*, Jg. 31, H. 7/8, S. 415–434 u. 457–475.

Müller-Jentsch, Walther (Hg.) (1991), *Konfliktpartnerschaft. Akteure und Institutionen der industriellen Beziehungen*, München/Mering.

Müller-Jentsch, Walther (1997), *Soziologie der Industriellen Beziehungen. Eine Einführung*, Frankfurt/New York.

Müller-Jentsch, Walther (2004), »Unternehmensmitbestimmung. Eine bewährte Institution der Konsensgesellschaft«, *ifo-Schnelldienst*, Jg. 57, H. 22, S. 5–7.

Müller-Jentsch, Walther; Malanowski, Norbert; Seitz, Beate; Drescher, Ina (1998), *Betriebsräte-Befragung und Analyse der Industriepolitik im Maschinen- und Anlagenbau: »Modernisierung von Arbeitssystemen und industriellen Beziehungen im Maschinenbau«*, Bochum.

Müller-Jentsch, Walther/Seitz, Beate (1998), »Betriebsräte gewinnen Konturen. Ergebnisse einer Betriebsräte-Befragung im Maschinenbau«, *Industrielle Beziehungen*, Jg. 5, H. 4, S. 361–387.

Niedenhoff, Horst-Udo (1990), *Mitbestimmung in der Bundesrepublik Deutschland*, Köln.

Niedenhoff, Horst-Udo (1999), *Die Praxis der betrieblichen Mitbestimmung: Zusammenarbeit von Betriebsrat und Arbeitgeber, Kosten des Betriebsverfassungsgesetzes, Betriebsrats- und Sprecherausschußwahlen*, Köln.

Niedenhoff, Horst-Udo (2002), »Betriebsratswahlen 2002: Der DGB ließ weiter Federn«, *Unternehmen und Gesellschaft*, Jg. H. 4, S. 3–6.

Niedenhoff, Horst-Udo (2003), *Betriebsratswahlen 2002. Eine Analyse der Zusammensetzung der Betriebsräte bis 2006*, Köln.

Nienhüser, Werner (2005), »Der Einfluss des Betriebsrats-Typs auf die Nutzung und Bewertung von Betriebsvereinbarungen. Bewertung einer empirischen Untersuchung«, *Industrielle Beziehungen*, Jg. 12, H. 1, S. 405–427.

Nienhüser, Werner/Hoßfeld, Heiko. (2007), »Regulierungsform und Verbetrieblichungsneigung von Managern und Betriebsräten. Ergebnisse einer empirischen Erhebung«, *Industrielle Beziehungen*, Jg. 14, H. 4, S. 289–315.

Osterloh, Margit (1993), *Interpretative Organisations- und Mitbestimmungsforschung*, Stuttgart.

pol-di.net (2001), *Are we family? Umfang und Formen der Mitarbeiter-Mitbestimmung in der New Economy*, Berlin.

Pries, Ludger (2001), »Industrielle Beziehungen im globalen Wandel«, in: Abel, Jörg/Sperling, Hans Joachim (Hg.), *Umbrüche und Kontinuitäten. Perspektiven nationaler und internationaler Arbeitsbeziehungen*, München/Mering, S. 295–313.

Pries, Ludger (2002), »Globalisierung und Arbeitnehmer-Interessenvertretung«, in: Röder, Wolf J./Dörre, Klaus (Hg.), *Lernchancen und Marktzwänge. Bildungsarbeit im flexiblen Kapitalismus*, Münster, S. 47–68.

Pries, Ludger (2005), *Kräftefelder der Strukturierung und Regulierung von Erwerbsarbeit. Überlegungen zu einer entwicklungs- und institutionenorientierten Sozialwissenschaft der Erwerbsarbeit. SOAPS Paper 1*, Bochum.

Pries, Ludger; Ittermann, Peter; Abel, Jörg (2002), »Neue Wirtschaft – Neue Mitbestimmung?«, *Die Mitbestimmung*, Jg. 48, H. 5, S. 32–35.

Rudolph, Wolfgang/Wassermann, Wolfram (1996), *Betriebsräte im Wandel. Aktuelle Entwicklungsprobleme gewerkschaftlicher Betriebspolitik im Spiegel der Betriebsratswahlen*, Münster.

Rudolph, Wolfgang/Wassermann, Wolfram (2002), »Zukunftsmusik. Trendreport Betriebsratswahlen 2002«, *Die Mitbestimmung*, Jg. 48, H. 7, S. 62–65.

Rudolph, Wolfgang/Wassermann, Wolfram (2007), *Gestärkte Betriebsräte. Trendreport Betriebsratswahlen 2006. Ergebnisse und erweiterte Analyse. Abschlussbericht*, Kassel.

Säcker, Franz J. (2005), *Die Mitbestimmung – ein deutsches Modell für die Zukunft Europas oder ein ›Irrtum der Geschichte?‹ Vortrag vor dem Überseeclub am 8. März 2005*, Hamburg.

Schäfer, Claus (2001), »Die WSI-Befragung von Betriebs- und Personalräten 1999/2000 im Überblick«, *WSI-Mitteilungen*, Jg. 54, H. 2, S. 65–75.

Schäfer, Claus (2003), »Die WSI-Befragung von Betriebs- und Personalräten 2002. Ein Überblick«, *WSI-Mitteilungen*, Jg. 56, H. 3, S. 139–148.

Schäfer, Claus (2005), »Die WSI-Befragung von Betriebs- und Personalräten 2004/05. Ein Überblick«, *WSI-Mitteilungen*, Jg. 58, H. 6, S. 291–300.

Schank, Thorsten/Schnabel, Claus (2004), *Betriebliche Determinanten des Überstundeneinsatzes. Diskussionspapier Nr. 24, Lehrstuhl für VWL, Friedrich-Alexander-Universität Erlangen-Nürnberg*, Erlangen.

Schlömer, Nadine; Kay, Rosemarie; Backes-Gellner, Uschi; Rudolph, Wolfgang; Wassermann, Wolfram (2007), *Mittelstand und Mitbestimmung. Unternehmensführung, Mitbestimmung und Beteiligung in mittelständischen Unternehmen*, Münster.

Schmierl, Klaus (2006), »Neue Muster der Interessendurchsetzung in der Wissens- und Dienstleistungsökonomie. Elemente einer Hybridisierung industrieller Beziehungen«, in: Artus, Ingrid; Böhm, Sabine; Lücking, Stefan; Trinczek, Rainer (Hg.), *Betriebe ohne Betriebsrat. Informelle Interessenvertretung in Unternehmen*, Frankfurt/New York, S. 171–194.

Schmierl, Klaus/Heidling, Eckhard (2004), »Klassische Interessenvertretung im toten Winkel. Zur Hybridisierung industrieller Beziehungen«, *Internationaler Workshop: Arbeitspolitische Regulierung in Betrieben ohne institutionalisierte Interessenvertretung*, TU München.

Schnabel, Claus/Wagner, Joachim (1999), »Betriebliche Altersversorgung. Verbreitung, Bestimmungsgründe und Auswirkungen auf die Personalfluktuation«, in: Frick, Bernd; Neubäumer, Bernd; Sesselmeier, Werner (Hg.), *Die Anreizwirkungen betrieblicher Zusatzleistungen*, München, S. 69–93.

Schnabel, Claus/Wagner, Joachim (2001), »Verbreitung und Bestimmungsgründe verschiedener Formen der Arbeitnehmerpartizipation in Industriebetrieben«, *Industrielle Beziehungen*, Jg. 8, H. 4, S. 445–462.

Schreyögg, Georg; Koch, Jochen; Sydow, Jörg (2001), »Routinen und Pfadabhängigkeit«, in: Schreyögg, Georg/v. Werder, Axel (Hg.), *Handwörterbuch Unternehmensführung und Organisation*, Stuttgart, S. 1295–1304.

Scott, W. Richard (2001), *Institutions and organizations*, Thousand Oaks.

Scott, W. Richard (2003), *Organizations. Rational, Natural, and Open Systems. 5. Auflage*, Upper Saddle River.

Singh, Gangaram (2001), »Supplements and Complements to the Current Employee Representation System in the United States«, *Employee Responsibilities and Rights Journal*, Jg. 13, H. 2, S. 107–124.

Streeck, Wolfgang (1997), »German Capitalism: Does It Exist? Can It Survive?«, *New Political Economy*, Jg. 2, H. 2, S. 237–256.

Strotmann, Harald (2002), *Zur Bedeutung materieller Mitarbeiterbeteiligung in Baden-Württemberg. Eine empirische Analyse mit dem IAB Betriebspanel*, Tübingen.

Tolbert, Pamela S./Zucker, Lyrine G. (1983), »Institutional sources of change in the formal structure of organizations. The Diffusion of civil service reform, 1880–1935«, *Administrative Science Quarterly*, Jg. 28, H. 1, S. 22–39.

Traxler, Franz (1999), »Gewerkschaften und Arbeitgeberverbände. Probleme der Verbandsbildung und Interessenvereinheitlichung«, in: Müller-Jentsch, Walther (Hg.), *Konfliktpartnerschaft. Akteure und Institutionen der industriellen Beziehungen*, München/Mering, S. 57–77.

Trinczek, Rainer (1987), *Zur Struktur innerbetrieblicher Aushandlungsprozesse. Dissertation*, Erlangen.

Trinczek, Rainer (1989), »Betriebliche Mitbestimmung als soziale Interaktion«, *Zeitschrift für Soziologie*, Jg. 18, H. 6, S. 444–456.

Trinczek, Rainer (1993), *Management und innerbetriebliche Mitbestimmung. Eine Typologie kollektiver Orientierungsmuster. Habilitationsschrift*, Erlangen.

Trinczek, Rainer (2006), »Betriebe ohne Betriebsrat. Zur Einleitung«, in: Artus, Ingrid; Böhm, Sabine; Lücking, Stefan; Trinczek, Rainer (Hg.), *Betriebe ohne Betriebsrat. Informelle Interessenvertretung in Unternehmen*, Frankfurt/New York, S. 9–41.

Vitols, Sigurt (2004), »Mitbestimmung und ausländische Investoren: Investitionshindernisse als Drohkulisse«, *Die Mitbestimmung*, Jg. 50, H. 12, S. 46–49.

Voß, Eckhard/Wilke, Peter (Hg.) (2002), *Materielle und immaterielle Beteiligung in deutschen Unternehmen. Analyse und Bilanzierung der Auswirkungen von Mitarbeiterbeteiligung auf die Unternehmensorganisation und Arbeitsgestaltung*, Hamburg.

Walgenbach, Peter (2001), »Institutionalistische Ansätze in der Organisationstheorie«, in: Kieser, Alfred (Hg.), *Organisationstheorien*, Stuttgart, S. 319–353.

Walgenbach, Peter/Meyer, Renate (2006), *Neoinstitutionalistische Organisationstheorie*, Stuttgart.

Walton, Richard E./McKersie, Robert B. (1965), *A Behavioral Theory of Labor Negotiations. An Analysis of a Social Interaction System*, Ithaca.

Wassermann, Wolfram (2003), »Daten zu Betriebsräten. Hohe Dunkelziffer«, *Die Mitbestimmung*, Jg. 49, H. 5, S. 56–59.

Wassermann, Wolfram/Rudolph, Wolfgang (2005), *Betriebsräte nach der Reform. Eine empirische Untersuchung ausgewählter Effekte der Reform des BetrVG 2001 in der Praxis*, Münster.

Weitbrecht, Hansjörg/Fischer, Stephan (1993), »Human Resource Management und industrielle Beziehungen«, in: Müller-Jentsch, Walther (Hg.), *Profitable Ethik – effiziente Kultur. Neue Sinnstiftungen durch das Management?* München/Mering, S. 179–208.

Widmaier, Ulrich (Hg.) (2000), *Der deutsche Maschinenbau in den neunziger Jahren: Kontinuität und Wandel einer Branche*, Frankfurt.

Williamson, Oliver E. (1985), *The Economic Institutions of Capitalism. Firms, Markets, Relational Contracting*, New York.

Wolf, Elke/Zwick, Thomas (2002), »Produktivitätswirkung von Mitarbeiterbeteiligung: Der Einfluss von unbeobachteter Heterogenität«, *MittAB*, Jg. 35, H. 1, S. 123–132.

Abbildungsverzeichnis

Tabellenverzeichnis

Abkürzungsverzeichnis

AGV	Arbeitgeberverband
AVOs	Andere Vertretungsorgane
BA	Bundesagentur für Arbeit
BetrVG	Betriebsverfassungsgesetz
BISS	Betriebliche Interessenregulierung in Deutschland – Survey und Strukturanalyse
BR	Betriebsrat
EBR	Europäischer Betriebsrat
DGB	Deutscher Gewerkschaftsbund
DL	Dienstleistungen
exp (B)	Exponent des Regressionskoefizienten; Effektkoeffizient
GL	Geschäftsleitung
HBS	Hans-Böckler-Stiftung
HRM	Human Ressource Management
IAB	Institut für Arbeitsmarkt- und Berufsforschung
IV	Interessenvertretung
MA	Mitarbeiter
MAV	Mitarbeitervertretung (nach Kirchenrecht)
MAVO	Mitarbeitervertretungsordung
OT-Verband	Arbeitgeberverband ohne Tarifbindung
SE	Societas Europeae (Europäische Aktiengesellschaft)
TV	Tarifvertrag
WERS	Workplace Employment Relation Survey
WES	Workplace and Employee Survey
WSI	Wirtschafts- und Sozialwissenschaftliches Institut in der Hans-Böckler-Stiftung

Fragebogenübersicht

Fragebogen Geschäftsleitung/Personalverantwortlicher (G)

GA Betriebliche Strukturdaten

- GA.1 Betriebsstruktur
- GA.2 Beschäftigtenstruktur
- GA.3 Wirtschaftliches Umfeld

GB Führungsphilosophie und Betriebsklima

GC Information, Konsultation und Beteiligung der Beschäftigen

GD Kollektive Interessenvertretung

- GD.1 Strukturdaten
- GD.2 Einfluss der Interessenvertretung

GE Gewerkschaften im Unternehmen

GF Regelungsgegenstand Arbeitszeit

GG Regelungsgegenstand Beschäftigungssicherung

GH Spannungen und Konflikte sowie deren Lösungen

GI Angaben zur Person des Befragten

Fragebogen Interessenvertretung (I)

IA Strukturdaten der Kollektiven Interessenvertretung

- IA.1 Form der Interessenvertretung
- IA.2 Struktur und Arbeitsweise des Betriebsrats/der MAV
- IA.3 Struktur und Arbeitsweise des AVOs

IB Beziehungen der Interessenvertretung zu anderen Akteuren

- IB.1 Verhältnis zur Geschäftsleitung
- IB.2 Verhältnis zu anderen Interessenvertretungsgremien
- IB.3 Verhältnis zu den Beschäftigten
- IB.4 Verhältnis zur Gewerkschaft

IC Information, Konsultation und Beteiligung

ID Regelungsgegenstand Arbeitszeit

IF Regelungsgegenstand Beschäftigungssicherung

IG Konflikte und Beteiligungswünsche

IH Angaben zur Person des Befragten

Vollständiger Fragebogen unter:

www.campus.de/sbn/3593387387